neue frau
herausgegeben von
Angela Praesent

Sandra Young

Ein Rattenloch ist kein Vogelnest

Eine Jugend in den Slums von Baltimore

Deutsch von
Helga Pfetsch

rororo
Rowohlt

Veröffentlicht im Rowohlt Taschenbuch Verlag GmbH,
Reinbek bei Hamburg, September 1983

Umschlagentwurf Isa Petrikat-Velonis
Gesetzt aus der Garamond (Linotron 404)
Gesamtherstellung Clausen & Bosse, Leck
Printed in Germany
780-ISBN 3 499 15188 x

Für Gina

Ein Leben voller Löcher
ist besser als
überhaupt kein Leben …

1

Ich wurde im Dezember geboren, in ein Haus hinein, in dem es schon viel zu viele Münder zu stopfen und zu wenig zu essen gab. Meine Mutter war noch keine 15, sie wohnte bei ihrer Mutter, zusammen mit acht Geschwistern. Ich war das zweite Enkelkind, das vaterlos geboren wurde. Meine Großmutter arbeitete als Haushaltshilfe bei jüdischen Familien, als Hebamme und manchmal sogar als Notärztin. Es gab nichts, was sie nicht konnte. Meine Tanten und einer meiner Onkel weigerten sich meistens, in Häusern von Juden oder überhaupt von Weißen zu arbeiten, wenn es nicht unbedingt nötig war, und nach ihrer Meinung war es verdammt selten nötig. Sie lebten von anderen zweifelhaften Geschäften und davon, daß Großmutter sich abschuftete. In der ganzen neunköpfigen Familie hatte keiner eine regelmäßige Arbeit. Großmutter arbeitete als «Tagesarbeiterin», und das hieß, daß sie jeweils einen Tag Arbeit hatte und dann wieder viele Tage keine. Die Juden ließen Großmutter über irgend jemand ausrichten, daß man sie brauchte, meistens über eine andere Tagesarbeiterin aus der Nachbarschaft. Der anderen Frau wurde aufgetragen, Großmutter zu sagen, daß sie zu einer bestimmten Zeit oder an einem bestimmten Tag gebraucht wurde. Die Nachricht kam nie mit der Post und meistens erst nach Sonnenuntergang am Tag vorher, langsam, von müden, schwarzen Lippen. Ich erinnere mich gut an diesen Ausdruck auf Großmutters Gesicht, Kummer und Erleichterung, wenn sie den Mund aufmachte und der Nachbarin für die Nachricht dankte.

«Ich danke dir, Schwester, ich bin dann morgen in aller Frühe dort, wenn es der Wille des Herrn ist.» Die Nachbarin antwortete dann: «Schwester Young, ich weiß schon, wie du es meinst. Manchmal hab ich das Gefühl, die alten Knochen halten kaum mehr durch, mein Kopf weiß, daß der Tag kommt, an dem ich diese Knochen zur letzten Ruhe legen kann.» Großmutter schloß mit «Amen» und machte manchmal dieses lange summende Geräusch wie in der Kirche, wenn der Prediger etwas Ergreifendes sagt. Sie antwortete dann:

«Ach ja, Schwester, bring du nur deine Sorgen im Gebet vor den Herrn. Er verläßt dich nicht, er ist für uns alle da.» Oft sah ich mich um, sah nach oben und unten, nach diesem Gott, von dem sie erzählte. In meiner Kindheit wurde von Frieden oder einem Dasein ohne Kälte, Hunger und Elend immer nur gesprochen mit Blick auf die kommende Erlösung durch den Tod. Es gab das Jenseits, auf das sollte ich warten, sagte man mir, und alles würde gut werden. Gott stellte ich mir mit einem großen Taschentuch vor, um die vielen Tränen all der Seelen um uns herum zu trocknen, wie Großmutter immer sagte. Straßen aus Gold und Milch und Honig. Ich würde ein langes, weißes Kleid anhaben und wunderschöne Schuhe, und ich würde nicht mehr vor Hunger weinen. Diese Vorstellung begleitete mich, bis aufkommende Zweifel mich zwangen, einzusehen, daß alle diese Träume nichts anderes als eben Träume waren. Ich sagte zu Großmutter: «Wenn es im Himmel so schön ist, warum bleiben wir dann hier unten, wo wir dauernd hungrig sind. Die Milch wird doch schlecht, wenn keiner sie trinkt, wir könnten uns doch einfach gegenseitig umbringen und jetzt schon in diesen Himmel kommen.» Sie sagte, das wäre Blasphemie und daß Gott mich dafür strafen und einen Blitz auf mich runterschleudern würde.

Für die Juden zählte es nicht, daß Großmutter eine Familie hatte; wenn sie nach ihr schickten, mußte sie hin, oder sie vergab die einzige Möglichkeit, ein bißchen Geld zu verdienen, sonst wären sie vielleicht verärgert gewesen und hätten sie nie wieder geholt. Großmutter stand sogar vom Krankenlager auf, um hinzugehen, manchmal war sie so krank, daß sie es kaum schaffte. Wenn ich fragte warum, sagte sie: «Bei diesen Leuten muß man beweisen, daß man krank ist. Sie müssen dich halbtot rumlaufen sehen.» Manchmal mußte sie vom Essen aufstehen, wenn der Ehemann der Frau, für die sie arbeiten sollte, an unsere Tür klopfte. Wenn ich morgens aufwachte, war sie nie da, außer an den Tagen, an denen es keine Arbeit gab.

Großmutter war sehr stark und hart und immer müde. Sie war für alles zu müde, außer für die Kirche. Sie hatte immer ihr blaues Kostüm an, wenn sie zur Arbeit ging, die Arbeitskleidung trug sie in ihrer Tasche. Sie lehnte es ab, in ihrer Arbeitskleidung auf die Straße zu gehen, und fand es ekelhaft, in der schmutzigen Arbeitskleidung nach Hause zu kommen, wenn sie bei jemand anderem den Dreck weggemacht hatte. Im Winter hatte sie das marineblaue Kostüm an, das ihr eine Jüdin, für die sie einmal gearbeitet hatte, geschenkt hatte. Dieses Kostüm machte sie schlank, und wenn sie es anzog, stellte ich mir immer vor, daß sie etwas anderes vorhatte, als Miss Annes Fußböden zu scheuern. Im Sommer hatte sie Baumwollkleider an, die man an der Seite übereinanderschlug und zuband. Sie waren meistens groß geblümt. In unserer Straße sah ich eine große Donnelly–Reklame für hawaiische Musik im Radio, und die Frauen darauf hatten dieselben Blumen auf ihren Kleidern, und mir kam Großmutter genauso schön wie sie vor. Sie war sehr groß und ihre Haut war rötlich–braun, und wenn sie in der Haustür stand, sah es aus, als ob die Tür voller Leute stände. Ihr Gesicht war selten freundlich, und sie jagte mir Angst ein. Ich kann mich nicht daran erinnern, daß sie mich jemals umarmt oder mich geküßt hätte. Im Winter stand sie morgens auf und machte im Kohleherd in der Küche Feuer, wenn gerade Holz und Kohlen da waren. Dann ging sie zur Arbeit, meistens zu Fuß in die Jewtown, wie das Judenviertel bei uns hieß. Im Winter war es morgens, wenn sie wegging, noch dunkel, und wieder dunkel, wenn sie abends nach Hause kam. Manchmal kam sie erst gegen oder sogar nach Mitternacht zurück, und wir Kleinen, mein Cousin Boo-Boo, meine Schwester und ich, schliefen schon.

Sie weckte uns dann und gab uns die Essensreste, die in der Familie übriggeblieben waren, für die sie an dem Tag gearbeitet hatte. Großmutter machte bei den Juden alles, auch kochen und putzen und Kinder versorgen, sie brachte sie ins Bett, während wir im Sessel saßen, uns der Kopf vornüber fiel und wir nicht ins Bett wollten, weil wir so hungrig waren, und manchmal saßen wir nur und warteten darauf, sie noch mal zu sehen, wenn sie zurückkam. Manchmal blieb sie über Nacht bei der Familie, bei der sie arbeitete, dann bekam ich Angst und meinte, sie würde nie wieder kommen. Ich stellte mir oft vor, daß die Weißen sie auf irgendeiner dunklen Straße gelyncht hätten. Meine Kindheit war voller Geschichten von Lynchmorden, und es war ganz normal, daß man dasaß und auf so etwas wartete wie auf einen angekündigten Besuch.

Meine Mutter wohnte mit uns im Haus ihrer Mutter; sie kam mir gar nicht wie meine Mutter vor, erst ein paar Jahre später, denn Großmutter wurde von allen im Haus Mama genannt, auch von uns Enkeln. Sie hatte das Sagen, und alle parierten mit «Ja, Ma'am» und «Nein, Ma'am». Keiner gab ihr freche Antworten, außer meiner

Tante Chelsea, die aber selten nach Hause kam. So wurde meine richtige Mutter eine Art Ersatz für Großmutter, wenn sie nicht da war. Ich beachtete sie nur, wenn Großmutter weg war. Großmutter sprach mit meiner Mutter genauso wie mit uns anderen Kindern, und meine Mutter antwortete genauso respektvoll wie wir. Mama war tagsüber da, wenn Großmutter arbeitete; abends, wenn wir hungrig waren, erwarteten wir das Essen nicht von Mama, sondern von Großmutter, manchmal knurrte uns der Magen so laut, daß wir nicht schlafen konnten. Wir drängten uns dicht aneinander, um uns gegenseitig zu wärmen, weil in unserem Haus meistens nicht geheizt war. Wir drängten uns aneinander und warteten darauf, daß sie uns die ersehnten Essensreste brachte. Immer wenn die Tür aufging, reckten wir den Kopf ein bißchen höher und hofften, daß sie es war. Der Hunger am Grund unseres Magens war so heftig, daß uns schien, als wollte er uns erdrücken.

Wenn dann ihre große Gestalt endlich in der Tür erschien, sprangen wir vom Sessel auf, aber vor Schwäche fielen wir oft gleich wieder hin. Manchmal halfen wir uns gegenseitig auf die Beine, aber meistens rannten wir ihr einfach nach in die Küche und schnüffelten an ihrer Tasche wie Hunde, die eine offene Büchse Hundefutter wittern. Vor lauter Hunger konnten wir sie nicht einmal umarmen und richtig begrüßen oder guten Abend sagen oder auch nur ‹bitte› oder ‹danke› für das, was sie uns mitgebracht hatte. Wir hängten uns an ihr Kleid und ihre Beine, wenn sie den Tisch deckte, so daß sie sich kaum bewegen konnte. In ihrer Müdigkeit vergaß sie manchmal unseren Hunger, und ihre Bosheit gewann die Überhand. Wenn sie sich aus irgendeinem Grund über meine Mutter ärgerte, verweigerte sie uns, meiner Schwester und mir, die Reste, die sie mitgebracht hatte. Cousin Boo-Boo war der größte und stärkste von uns dreien und versuchte manchmal, alles alleine zu essen. Ich oder meine Schwester schrien um Hilfe, aber meistens waren wir auf uns selbst angewiesen, wenn kein Erwachsener da war, um ihn ständig in Schach zu halten. In ihrem Ärger sagte Großmutter manchmal zu meiner Mutter, für Boo-Boo sei sie verantwortlich, der hätte keine Mutter. Aber für meine Schwester und mich sei sie nicht verantwortlich. Sie war wütend und zeterte, daß man von ihr schließlich nicht erwarten könnte, jeden Tag diese vielen Mäuler zu stopfen.

Im Sommer warteten wir manchmal auf der Straße auf Großmutter. Wir standen dann an der Ecke, an der sie morgens oft auf eine

Tagesarbeit wartete. Von dort liefen wir ihr dann hinterher wie dem Rattenfänger, den Blick ständig auf ihre Tasche geheftet. Die größte Enttäuschung des Tages war es, wenn sie ohne etwas nach Hause kam und wir wieder einmal hungrig ins Bett gingen oder ein bißchen übriggebliebenen Haferbrei aufwärmen mußten oder altes Brot essen, das wir in Schmalz tauchten. Egal wie scheußlich das schmeckte, wir beklagten uns nie, weil es wenigstens die Schmerzen im Magen eine Weile unterdrückte und wir noch schlimmere Zeiten kannten.

Wenn Großmutter noch keine feste Arbeit für den Tag hatte, ging sie zur Tagesarbeitsecke. Schon früh morgens sah man Männer und Frauen an dieser Ecke stehen. Die Männer warteten auf die Lastwagen. Wenn einer kam, hielt der weiße Fahrer am Straßenrand, hob die Hand und zeigte mit den Fingern, wie viele Männer er brauchte, und brüllte herüber, für welche Arbeit. «Sechs Mann auf den Bau, vier zum Ausschachten, einen Stahlschneider und einen Schweißer.» Die Männer rannten los und stürzten manchmal übereinander, um schnell auf den Lastwagen zu kommen und für einen Tag Arbeit zu haben. Es wurde nie darüber gesprochen, wieviel Geld dafür gezahlt würde, und sie erfuhren erst nach einem Tag Arbeit, was sie bezahlt bekamen, und manchmal bekamen sie gar nichts. Der Weiße versprach dann, sie am nächsten Morgen wieder mitzunehmen und am Ende der Woche zu zahlen. Meistens kam er aber nie wieder, und wenn er kam, machte er weiter Versprechungen zu zahlen, und die Männer arbeiteten weiter für ihn und hofften, daß er zahlen würde, weil sie schon zuviel Zeit darangesetzt hatten, um jetzt einfach aussteigen zu können. Einige schwarze Frauen wurden weiterempfohlen, eine Weiße erzählte es der anderen, wie gut das Mädchen bei ihr arbeitete. Ich erfuhr später, daß die meisten dieser weißen Frauen Schwarze zur Arbeit mitnahmen, ohne deren vollen Namen oder Adresse zu kennen. Die weißen Frauen kamen auch zu dieser Ecke, immer mit dem Auto. Sie riefen den Namen der Frau herüber, die sie für den Tag haben wollten. Wenn sie da war, kam sie aus der Menge und stieg zu der weißen Frau ins Auto oder bekam das Geld für den Bus. Wenn die Gesuchte nicht an der Ecke stand, stieg die Weiße aus dem Auto und kam herüber, um sich eine andere Frau auszusuchen. Die Weißen waren meistens noch im Nachthemd mit einem Bademantel drüber, eine Zigarette zwischen trockenen weißen Lippen und ein Auge zugekniffen, um es vor dem beißenden Zigarettenqualm zu schützen. Sie suchte aus der Gruppe eine andere Frau heraus, wobei deren Größe eine Rolle spielte. Je größer sie war, desto mehr Arbeit konnte man aus ihr rauspressen. Ein Dollar am Tag und das Fahrgeld war der Durchschnittslohn für die Frauen an der Ecke.

Manchmal saßen die Männer im Sommer auf dem Boden. Ich staunte, daß ganze Familien bei einer weißen Familie arbeiteten, und ich wollte so gerne wissen warum. Aber ich war klug genug, Großmutter keine Fragen zu stellen. Wer mittags noch an der Ecke stand, ging heim und kam am nächsten Morgen in aller Frühe wieder an die gleiche Ecke und wartete wieder darauf, ausgesucht zu werden. Die Juden und andere Weiße kamen auch jeden Tag zu dieser Ecke, um jemand für ihre Tagesarbeit, wie sie es nannten, zu suchen. Ich hatte Großmutter und meine Mutter und andere Leute in meiner Umgebung von dieser Ecke erzählen hören, aber erst als ich acht war, lernte ich sie selbst kennen. Im Sommer, als ich acht geworden war, fing Großmutter an, mich nach Jewtown mitzunehmen, gegen den Willen meiner Mutter. Mama sagte, ich sei zu jung für schwere Arbeit, und Heben und Tragen und Fußböden schrubben würde mir den Unterleib ruinieren. Großmutter sagte, sie rede dummes Zeug, und nahm mich trotzdem mit.

So stand ich dann also im Sommer an dieser Ecke und beobachtete die anderen Erwachsenen, die ihr Frühstück in der Hand hatten und sich unterhielten, meistens über die Kirche. Hin und wieder stimmte eine der Schwestern aus der Kirche einen Choral an. Die Frauen sangen meistens mit und von den Männern wurden einige still, andere lachten über die verzückten Gottesdiener, wieder andere tranken Bier oder billigen Wein. Ich hörte den Gesprächen ringsum zu wie ein Jagdhund, der durch ein Gewirr von Geräuschen hindurch seiner Beute auf der Spur ist. Großmutter drohte, sie würde mich windelweich schlagen, wenn ich nicht aufhörte, den Erwachsenen ständig auf den Mund zu schauen. Man brachte mir bei, ich dürfte Erwachsenen nicht ins Gesicht sehen, außer wenn ich aufgefordert würde. Sonst müßte ich die Augen auf ihre Schuhe senken. Ich hörte, wie die Männer über ihr Handwerk sprachen, Handwerk war ein neues Wort für mich. Ein Wort, das mich erst verwirrte, aber bald lernte ich, was es bedeutete. Ich lernte auch den Unterschied zwischen Weißen und Juden. Juden waren welche, die einen ausnützten, weil man ihnen etwas wert war, und die einem viel weniger zahlten, als man wert war. Und Weiße waren welche, die einen ausnützten und einen eher umbrachten, als überhaupt zu zahlen. Ich sah, wie schwarze Frauen vor weißen Frauen standen und vor aller Augen runterbeteten, was sie alles könnten. Aus ihren schwarzen Lippen kamen die Namen von Speisen wie aus einem Lexikon. Ich stand staunend vor dieser Welt voller neuer und seltsamer Vorgänge und der unbekannten Sprache, die sich vor meinen Ohren auftat. Die Sprache des ausgebeuteten Schwarzen und des anonymen weißen Ausbeuters.

An diesem entscheidenden Punkt in meinem Leben wurde mir klar, daß ich in einer von zwei Welten lebte. Meine Welt war schwarz und arm und voller Zorn, und ihre war weiß und reich. Ich hatte gehört, daß es diese Leute auf der Welt gab, aber meine Vorstellungskraft hatte nicht an das herangereicht, was ich auf meinem ersten Ausflug nach Jewtown sehen sollte. Ich entdeckte in mir ein neues Gefühl, das später wachsen und in mir selbst weitere Nahrung finden sollte. Es war Haß, ein Haß, der alles um mich her zuzudekken und zu verzerren schien.

Ich ging frühmorgens mit Großmutter weg, meistens gingen wir zu Fuß. Wenn wir unseren Slum verließen, begrüßten uns ein paar frühe Vögel mit ihrem Gesang. Pirole, Rotkehlchen und Eichelhäher, auch die vertrauten Spatzen. Für sie war das Ghetto das Zuhause, für das sich sogar ein Lied lohnte. Als ich noch ganz verschlafen dahinging, fühlte ich in mir eine gewisse Aufregung, und ich war voller Spannung auf das, was uns in Jewtown erwartete. Ich stellte mir eine Art Märchenwelt vor. Die Häuser sahen sicher so aus wie in meinem Dick-und-Jane-Lesebuch. Als wir dort waren, schien uns die Sonne ins Gesicht und die einzigen Geräusche waren das Vogelgezwitscher, das gleichgültige Gebell von ein paar Hunden und Großmutters und meine Schritte. Ein paar schwarze Gesichter kamen hinter verschlossenen Türen hervor, einige lächelten, andere nickten, während sie die Milch hereinnahmen oder die Bettvorleger oder einen alten Mop aus dem Fenster schüttelten. Die Gesichter, die nicht lächelten, erinnerten mich an Großmutter, neben der ich herging. Während des ganzen Weges sprachen wir beide kein Wort.

Mein erster Eindruck vom Judenviertel war, als würde ich einen großen Park betreten. Ein paar Häuser thronten alleine mitten im Grünen, andere waren aneinander gebaut. Einige hatten Backsteinfassaden, und andere waren alt und ragten hoch auf und waren ganz aus Holz. Großmutter blieb vor einem Haus stehen, das riesengroß war und weiß, und ringsherum schien es einen eigenen Park zu haben. Als wir ankamen, schliefen die Kinder der Juden noch. Während Großmutter daranging, alles für den Tag vorzubereiten, saß ich in der Ecke, die sie mir zugewiesen hatte. Ich wußte, daß das mein Platz war, bis mir befohlen würde, aufzustehen. Ich zappelte ein bißchen herum und wäre gern auf Entdeckungsreise gegangen, aber ich wagte nicht zu tun, wozu ich Lust hatte. Zwischendurch sprang ich immer mal auf, um Großmutter das Handtuch zu geben, das ihr von der Schulter gefallen war. Ich hätte am liebsten geweint. Aber ich war klug genug, auch das nicht zu tun. Später wachte die Familie langsam auf, aber keiner sagte etwas zu mir, das heißt die Erwachsenen. Die Kinder machten sich höchstens über mich lustig oder befahlen mir, ihnen etwas zu trinken zu bringen oder ein Spielzeug zu holen. Meine Aufgabe war es vor allem, die Kinder zu bedienen oder Großmutter bei leichteren Arbeiten zu helfen, Geschirr abzutrocknen, Silber zu putzen oder hinter den Kindern aufzuräumen. Ich mußte den Kindern die Knöpfe zumachen und ihnen die Schuhsenkel binden. Zwei dieser Kinder waren älter als ich, und so kam ich zu dem Schluß, daß die Weißen blöd und faul seien. Ich spielte nie mit ihnen, und sie kamen mir irgendwie nicht ganz normal vor. Die kleinen Mädchen rochen so komisch, wie Blumen, und sie mußten sich ständig wegen der Hitze übergeben, wenn sie zu schnell rannten.

Sie spielten nicht Murmeln wie die Kinder, wo ich wohnte, und sie stiegen auch nicht auf Bäume. Ich hörte auch nie, daß sie sich etwas erzählten. Ich hatte gar keine Lust, mit ihnen zusammen zu sein, weil ich fand, daß sie noch halbe Babies waren, aber ich schon lange nicht mehr. Ich fand es seltsam, daß sie mich zum Anziehen und zum Schuhezuschnüren brauchten oder dazu, einfach ein Glas Wasser zu holen. Sie saßen in ihren feinen Kleidern herum und taten nichts, außer essen und schlafen. Freitag abends, wenn der Vater nach Hause kam, setzte der kleine Junge sein halbes Mützchen auf, wie ich es nannte, und sie hielten im Eßzimmer eine Feier ab mit Kerzen und Gesängen in einer seltsamen Sprache. Großmutter sagte, es sei ihre Religion.

Ich sagte zu Großmutter, die in der Küche arbeitete, ich fände die Kinder dumm. Sie schalt mich wegen meines vorlauten Mundes und sagte, ich sollte nur aufpassen, oder ich müßte mich beim nächstenmal nach neuen Zähnen umsehen. Die Frau, für die Großmutter arbeitete, redete pausenlos, und Großmutter versetzte mich in helles Staunen, als sie aus ihrer Arbeitstasche einen Kamm zum Entkrausen und Lockenwickler nahm, um das Haar dieser Weißen glatt zu machen. Ich dachte, nur Neger hätten schlechtes Haar, wie man das nannte. Ich brannte darauf, endlich zurück ins Ghetto zu kommen und allen schwarzen Kindern dort zu erzählen, daß die Weißen auch schlechtes Haar hätten und daß die Großmutter es sei, die es ihnen glatt mache. Die ganze Zeit, während ich mit Großmutter ins Judenviertel ging, arbeitete sie bei derselben Familie. Eines Tages nahm ich allen Mut zusammen und brachte meine Murmeln mit nach Jewtown, und als ich Großmutter nicht mehr helfen mußte, ging ich nach einem Weilchen in eine Ecke, malte mit einem Zweig ein Dreieck auf den Boden und fing an, ganz alleine Murmeln zu schießen. Ich war glücklich und hatte das Gefühl, nicht hier, sondern zu Hause zu sein, wo ich hingehörte. Die weißen Kinder beobachteten mich aus der Ferne, und schließlich kamen sie näher und baten mich, ihnen das Murmelspiel beizubringen. Nach kurzer Zeit kam der Vater an die Tür und rief die Kinder herein. Es war der erste und letzte Kontakt, den ich mit diesen Kindern hatte. Am nächsten Wochenende, als Großmutter mich wieder mitnehmen sollte, sagte sie, die Juden wollten mich dort nicht mehr sehen wegen der Murmeln. Mir war es egal, eigentlich freute ich mich sogar darüber, weil ich jetzt wieder ungebunden war und bei den Leuten sein konnte, die ich kannte und verstand. In unserer Gegend kam ich mir nicht so ärmlich vor, weil dort alle so aussahen wie ich.

Fast jedes Mal, wenn Großmutter mich mit nach Jewtown genommen hatte, mußte sie mich nach Hause tragen. Ich schlief im Bus ein oder im Auto, falls die Leute, für die sie arbeitete, beschlossen, uns nach Hause zu fahren. Sie fuhren nie bis vor unsere Tür, außer wenn sie Großmutter holen wollten. Wenn sie uns nach Hause fuhren, setzten sie uns an der Ecke ab. Wenn wir an der Ecke waren, versuchte Großmutter, mich aufzuwecken und dazu zu bringen, selbst zu gehen, aber manchmal wachte ich erst auf, wenn ich hingefallen war. Das war der erste und letzte Sommer, in dem ich mit Großmutter nach Jewtown ging. Ich putzte soviel Silber, daß ich das Zeug nicht mehr sehen konnte, und auch dieses Kristall und Wedgwood Porzellan und all die anderen Luxusdinge. Schon das Geräusch von einem Staubsauger machte mich halb verrückt. Zu Hause putzten wir mit Lappen und Besen. Die Weißen in den Bussen, in denen wir fuhren, spielten immer noch Rassentrennung, und wir spielten «Reise nach Jerusalem» den ganzen Bus durch, bis wir so weit in der schwarzen Gegend waren, daß keine Weißen mehr für dieses Spiel übrig waren. Immer wenn ein Weißer einstieg, mußten wir für ihn aufstehen.

Ich verbrachte meine Kindheit in Furcht vor meiner Großmutter, ich beobachtete jede ihrer Bewegungen und versuchte, was sehr wichtig war, ihr nicht in die Quere zu kommen. Keiner konnte so grausam sein wie sie, ein bloßer Blick von ihr meldete mir höchste Gefahr oder ob ich gleich Schläge oder eine Strafe bekommen würde. Am Muttertag, wenn meine Tanten mit ihren Geschenken ankamen, die höchstwahrscheinlich alle gestohlen waren, wurde sehr mit Umarmungen und Küssen gespart.

Tante Chelsea war die einzige im Haus, die mir geradeheraus antwortete, wenn ich irgend etwas fragte, falls ich es in anständigem Ton tat. Sie sagte, Großmutter sei so wegen dieser verzückt protestantischen Offenbarungs-Kirche, in die sie ging. Sie sagte, der Prediger würde ständig die gleiche müde alte Predigt runterbeten, über die Schwachheit des Fleisches und die Versuchung der Seele. Und Großmutter wiederholte ständig Sätze aus dieser Predigt, wenn sie sah, daß irgendeiner von uns zeigte, daß er den anderen gerne mochte. Wir durften nicht mal unsere Mutter küssen. Mir schien, daß sich unser ganzes Leben um die Juden und die Kirche der Schwarzen drehte. Ich fing an zu glauben, daß alle unsere Leute wie wir seien und alle Weißen so wie die, für die wir in der anderen Welt arbeiteten. Es war sehr schwer für mich, mir vorzustellen, daß wir auf derselben Erde mit diesen Leuten lebten, nur auf der anderen Seite von Baltimore. Bevor ich mit nach Jewtown ging, hatte ich gedacht, daß die Weißen von einem anderen Stern irgendwo im Weltall kämen. Aber dieser Sommer zeigte mir, daß die Busse und Autos, die an meinem Haus vorbeifuhren, auch dorthin fuhren. Auch wenn die Fahrt weit war und die Straßen ganz anders aussahen als die Straßen, in denen ich mich bewegte. Und die Menschen für mich eigentlich keine Menschen waren. Das mußten zwei verschiedene Welten sein, und ich hatte sie schließlich kennengelernt. Ich hatte sie jetzt endlich kennengelernt, diese Weißen ohne Gesichter, die Gott bestrafen würde, wie ich gehört hatte, dafür, daß sie uns bestahlen und belogen und lynchten.

Ich war verwirrt und fragte mich, wie der weiße Fischverkäufer in dieses ganze System hineinpaßte und der Brotverkäufer und der Versicherungsagent und der Zigeuner, der alte Kleider kaufte und wieder verkaufte. Sie alle kamen doch ständig zu uns, und keiner bezeichnete sie als Diebe. Der Brotverkäufer gab uns Kredit, solange er konnte. Der Versicherungsmann verlängerte Großmutters Lebensversicherung, damit sie nicht ungültig wurde, wenn sie die fünfzig Cent im Monat nicht aufbrachte. Der Fischmann gab uns den Fischrogen, weil den sonst keiner kaufte, und er wußte, daß Großmutter den Rogen für uns kochte, weil er ungefährlicher war als richtiger Fisch mit Gräten. Meine ganze Welt hatte sich plötzlich verändert, als Großmutter mich aus dem Ghetto mitnahm, um *sie* zu sehen. Diese Diebe und Mörder und Lügner. Diese stummen Gesichter, die mich überhaupt erst wahrnahmen, wenn ich für etwas gebraucht wurde, Münder, die nie danke sagten. Diese häßlichen weißen Gesichter, die nie lächelten, und die kalten blauen Augen, die mir Furcht einjagten. Wie ein Ungeheuer, das im Dunkeln lauert, man hört es nicht und sieht es nicht, aber man weiß, daß es da ist. Ich fühlte mich in ihrer Nähe unwohl und ertappte mich dabei, daß ich ihnen immer ins Gesicht sah, ganz gegen Großmutters Erziehungsgrundsatz. Irgendwie hatte ich das Gefühl, daß diese Menschen gegen uns waren und daß ich niemals versuchen dürfte, sie zu mögen.

Jetzt begann ich, jedes Wort aufzuschnappen, das von den Weißen handelte, und ich fing an, mich den Weißen gegenüber, die ich schon kannte und gerne mochte, anders zu benehmen. Die, die in unser Ghetto kamen, um ihre Waren zu verkaufen. Ich war häßlich zu ihnen und unhöflich, und ich wußte genau, daß Großmutter ganz recht hatte, mir dafür den Hintern zu versohlen. All die Stimmen, die ich um mich herum gegen die Weißen gehört hatte, verfolgten mich und verwehten nicht mehr im Wind, sondern wurden vor meinem inneren Auge zu Visionen. In mir breitete sich eine Energie aus und erfüllte mich ganz, und es gab niemand, mit dem ich darüber sprechen konnte, und ich konnte einfach nicht verstehen, was über mich gekommen war. Der einzige Mensch, mit dem ich darüber hätte sprechen können, wäre der Großvater gewesen, und der war tot. Meine letzte Erinnerung an ihn war, wie wir durch die Wälder in Catonsville gingen und ein seltsamer Geruch aus dem Nichts in die warme Luft aufstieg. Ich sagte zu ihm: «Großvater, jemand sengt Hühner.» Ich stieß gegen sein Bein, um zu sehen, ob er mich gehört hatte, er stand stockstill und antwortete mit ruhiger Stimme: «Sei mal still, mein Kind!» Ich blickte zu ihm auf, um sein Gesicht zu sehen, und er versuchte, meinen Kopf wegzudrehen, aber es war zu spät. Ich hatte das Ding schon gesehen, das an den Baumstumpf gelehnt lag mit der dicken Kette um den Hals. Ich war sechs Jahre alt, und meinem Großvater liefen die Tränen über das Gesicht, als er mich schnell auf den Arm nahm und aus dem Wald trug. Ich stellte nur eine Frage: «Wer hat das getan, Großvater?» Und er sagte: «Die Weißen.»

Als wir an diesem Abend zurück nach Baltimore fuhren, sagte er kein Wort zu mir, und als wir zu Hause waren, wurde ich ins Bett gebracht und man fragte mich, ob ich wüßte, was ich gesehen hatte. Ich schüttelte den Kopf, nein, und als ich wach lag und auf die Gespräche der Erwachsenen lauschte, die über die Treppe heraufdrangen, hörte ich, wie Großvater sagte, daß wir im Wald einen Gelynchten gesehen hätten. Für mich bedeutete Lynchen jetzt, daß im Wald etwas verbrannt wurde. Er sagte: «Das war kein Erwachsener, sah aus wie ein Junge, vielleicht dreizehn, vierzehn.» Ich verstand die Einzelheiten über das Lynchen nicht, aber ich wußte, daß es etwas Schreckliches war, das meinen Großvater zum Weinen brachte. Er wohnte nicht bei uns, deshalb war es das letzte Mal, daß ich ihn sah, weil er ein paar Monate später starb.

Meine Tante Chelsea gab den verdammten Juden die Schuld, die hätten ihn zu Tode geschunden. Sie sagte, die hätten gewußt, daß er ein schwaches Herz hatte, und sie hätten ihm keinen Urlaub geben wollen, damit er sich von seinem Herzanfall erholen konnte. Tante Chelsea schimpfte jeden Tag aus irgendeinem Grund auf die Juden, und Großmutter ermahnte sie ständig, das sei nicht christlich. Wenn sie zu Hause war und irgendein Weißer kam, um Geld zu kassieren, das Großmutter ihm schuldete, ließ sie ihn draußen darauf warten, auf keinen Fall wurde er ins Haus gelassen. Tante Chelsea sagte, sie behandle die Weißen so, wie sie uns behandelten, sie prügelte sich fast mit Großmutter, wenn Großmutter versuchte, sie davon abzuhalten, die Weißen so offen zu demütigen. Sie haßte sie, und sie sagte es so laut, daß alle es hören konnten, sie empörte sich nicht wie die anderen abends in der Zurückgezogenheit der Küche über die Schandtaten der Weißen, sie schrie sie ihnen ins Gesicht.

Eines Tages im Sommer kam der Hausbesitzer, um die Miete zu

kassieren, lange nachdem Großvater gestorben war. Die Haustür, die ins Wohnzimmer führte, war offen und Großmutter lag auf den Knien und schrubbte den Boden, und ich schob ihr den Wassereimer nach. Der Hausbesitzer kam zur Tür herein, und seine schmutzigen Schuhe hinterließen Flecke auf dem frischgeputzten Boden. Schwarze Schuhe mit dicken Sohlen und dicken Falten wie in seinem Gesicht. Er rief Großmutter bei ihrem Vornamen. Sie fragte, was er wolle, denn sie schuldete ihm keine Miete. Er sagte, es sei sein Haus und er könnte reinkommen, wann er wollte. Er räusperte sich und spuckte auf den Boden. Großmutter hörte auf zu putzen und sagte, er solle gehen, sie hätte ihn nicht gebeten zu kommen. Er antwortete: «Das ist mein Haus und eine Einladung brauch ich nicht.» In diesem Augenblick hörte ich meine Tante Chelsea, die sich in der Küche räusperte und anfing, ihre Riesenfüße in Bewegung zu setzen. Als sie ins Wohnzimmer kam, hatte sie ein Fleischmesser in der Hand. Sie schaute Großmutter an, die sich von den Knien erhob, und dann sah sie mir ins Gesicht. Ich merkte gar nicht, wie wütend sie war, ihr Gesicht verriet nichts. Ich bekam erst Angst, als ich ihre Stimme hörte. «Hör zu, du dreckiges Judenschwein, mach daß du von hier verschwindest und laß dich nicht mehr blicken, auch nicht wenn du deine verdammte Miete willst! Wenn du dich noch einmal blicken läßt, hol ich nach, was Hitler an dir versäumt hat!»

Dies war das zweite Mal, daß ich hörte, wie sie in der Gegenwart eines Juden das Wort Hitler benützte. Das erste Mal war es im Kaufladen an der Ecke gewesen. Der Hausbesitzer rannte aus dem Haus, und Tante Chelsea rannte hinterher und brüllte «Du dreckiges Judenschwein, Hitler hätte euch alle umbringen sollen!» Ich hätte zu gerne gewußt, wer Hitler war, aber ich war klug genug, mich nicht in die Gespräche von Erwachsenen einzumischen. Tante Chelsea hatte einen Wutanfall, der mich verblüffte; ich hatte noch nie gehört, daß jemand mit einem Weißen so umsprang wie sie. Ihre Wut hielt lange an. Sie erzählte wieder mal die Geschichte von dem Juden, dem der Kaufladen an der Ecke gehörte, die ich so oft gehört und erlebt hatte, nur dachte ich jetzt, als sie sie wieder erzählte, zurück an meine Ausflüge ins Judenviertel. Und ich hörte jetzt genauer hin als je zuvor.

Großmutter sagte traurig, sie solle bei ihren Angriffen auf diese Leute Hitler aus dem Spiel lassen. Tante Chelsea wandte sich Großmutter zu und fing an, ihr alle Gemeinheiten der Juden ins Gesicht zu schreien. Ich stand da und horchte auf alles, was sie sagte, das meiste davon wußte ich ja schon. Das schimmelige Brot, die Maden im Fleisch, das sie uns verkauften, die grünliche Mettwurst. Die Auseinandersetzungen, die meine Mutter und meine Tante mit ihnen hatten, weil sie uns verdorbene Waren verkaufen wollten in ihren Eckläden links und rechts von uns. Die Socken, die sie für uns kauften, wenn sie die Löcher in den alten nicht mehr stopfen konnten, diese neuen Socken, die kaum die erste Wäsche überstanden. Die Trockenfäule nannte meine Mutter das. Ich wollte etwas sagen, konnte es aber nicht. Tante Chelsea redete ohne Punkt und Komma von der Milch, die mehr kostete, weil man sie erst am nächsten Tag zahlen konnte. «Und dieser Jude, der glaubt, er könnte mir was über irgendwelche verdammten Zinsen erzählen.» Die Weigerung, eine Quittung für etwas auszustellen, was man gekauft hatte, und wenn man drauf bestand, bekam man automatisch keinen Kredit mehr.

Als Tante Chelsea sprach, erinnerte ich mich an den Morgen, an dem Mama sich geweigert hatte, das alte, grün angelaufene Brot bei der alten Frau Fulman zu kaufen. Und wie sie dann zum Juden an der anderen Ecke gegangen war. Und die alte Frau Fulman schickte ihren Sohn Jerome an die Tür, er sollte sie beobachten. Als Mama und ich dann von dem anderen Laden zurückkamen, rannte die alte Frau Fulman auf die Straße und schwenkte die Arme wie ein Zielrichter beim Pferderennen, der anzeigt, daß das Rennen aus ist. Sie schwenkte die Arme und schrie zu Mama rüber: «Mit Ihnen bin ich fertig, absolut fertig, kein Kredit mehr, bei mir nicht, kein Kredit mehr!» Mama antwortete nicht. Als Mama wieder in das Geschäft kam, um etwas zu kaufen und auch dafür bezahlen konnte, schimpfte die Alte Mama aus und fuchtelte mit dem ausgestreckten Zeigefinger vor Mamas Gesicht herum und sprang mit ihr um wie mit einem ungezogenen Kind. Ich hatte eine solche Wut, daß ich zitterte, aber ich konnte kein Wort herausbringen. Danach schickte Mama mich immer in das Geschäft, um auf Kredit zu kaufen, weil sie sich schämte, selbst zu gehen.

Ich konnte es schon an Mamas Ton hören, wenn sie wollte, daß ich hingehen solle und Lebensmittel auf Kredit kaufen. Ich sah, wie sie den Kopf senkte, wenn ich sie fragte: «Warum gehst du nicht selbst?» Sie sagte, sie schäme sich. Ein seltsames Gefühl überkam mich, wenn ich Mama sagen hörte, daß diese dreckigen Schweine, die tagaus tagein die gleichen Kleider trugen und sie nie auszogen, um sich mal zu waschen, daß die Mama beschämen konnten. Ich ärgerte mich und hätte am liebsten geweint, aber ich stand da und sah Mama an, wenn sie dann sagte: «Du bist ein Kind. Zu dir sagen sie so etwas nicht wie zu mir. Sie geben dir die Sachen und lassen dich gehen.» Also fragte ich nicht weiter, sondern stolzierte in den Laden und sagte, was ich wollte. Ich sagte immer bitte und danke und dachte immer daran, daß ich mich nicht demütigen lassen wollte und daß sie mich nicht dazu bringen konnten, daß ich mich schämte, jedenfalls nicht vor ihren Augen. Tante Chelsea hatte mir beigebracht, immer eine Quittung zu verlangen, also konnte ich nicht ohne eine rausgehen. Sie ließen mich in der Ecke warten, bis der letzte Kunde, der bezahlen konnte, gegangen war, und bedienten mich erst dann. Ich schämte mich, wenn meine Freunde in den Laden kamen und hörten, wie ich etwas auf Kredit verlangte. Eigentlich hatte ich gar keinen Grund, mich zu schämen, weil alle meine Nachbarn es ebenso machten. Wenn die Kinder mich ärgerten und sagten, wir lebten von Judenalmosen, lernte ich, statt zu weinen, ihnen zurückzugeben: «Das ist kein Judenalmosen, das ist Judenkredit.»

Tante Chelsea sagte, der Judenkredit sei etwas Besonderes, es sei, wie wenn man für sein Leben bezahlen müßte, wie so eine Art Lebensversicherung. Man bezahlt an einem einzigen Brotlaib, bis man stirbt. Wenn ich eine Quittung verlangte, ärgerten sie sich, aber ich ertrug ihren Ärger lieber als den von Tante Chelsea. Ich nutzte es aus, als ich merkte, daß ich die einfachste Höflichkeit, die sie meiner Mutter verweigerten, nur erfuhr, weil ich ein Kind war.

Der einzige Jude, von dem überhaupt Gutes gesprochen wurde, war der Besitzer der Solo-Bar. Das war ein Spirituosengeschäft mit Ausschank, und seine Frau und seine zwei Söhne wohnten darüber, man sah sie nie unten. Das Lokal hieß Solo-Bar, weil keine Frauen reindurften. Frauen durften nur hinein, um versiegelte Flaschen zu kaufen, und mußten damit gehen. Manchmal kaufte Großmutter eine Flasche Bier bei ihm, und ich war jedesmal überrascht darüber. Es war nie mehr als eine Flasche, und es war sehr selten der Fall.

Am Wochenende war fast jeder Mann aus dem ganzen Block in dieser Solo-Bar. Wenn ich an der Tür vorbeiging, hörte ich das Gerede über Baseball und Jackie Robinson. Die Bar hatte Schwingtüren wie ein alter Western Saloon im Film, und ich lag manchmal auf dem Bauch unter der Tür und versuchte, etwas von drinnen zu hören und gleichzeitig keinen Fuß ins Gesicht zu kriegen. Ich sah mir völlig selbstvergessen diese Gesichter mit den seltsamen, undeutlichen oder heiseren Stimmen an. Manchmal verlor ich mich ganz in der Unterhaltung und mir war gar nicht mehr klar, daß ich etwas Verbotenes tat, bis ich das Brennen von Mamas Gürtel auf meinem Hintern fühlte. Ich taumelte auf die Füße, wobei ich mich vor dem Gürtel duckte, der durch die Luft sauste, und versuchte auszuweichen, bis wir zu Hause waren. Dort angekommen, verdrosch sie mir kräftig den Hintern. Sie schlug mich dafür, daß ich so verdammt frech sei, wie sie es nannte. Und während sie schlug, brüllte sie: «Das sind dreckige Schweine, die Männer da, und die vergewaltigen dich noch eines Tages.» Ich verstand nicht, was daran so schlimm sein sollte, und keiner nahm sich Zeit, es mir zu erklären. Ich wußte noch nichts über Vergewaltigungen, sollte es aber bald erfahren.

Es war verwirrend für mich, daß ich nicht einmal die kleinste Frage stellen konnte über alle diese Dinge, die da um mich herum geschahen. Nichts wurde je erklärt, und ich sollte still sein und zuhören und damit basta.

2

Die Küche war in unserem Haus der Mittelpunkt, wo sich alles Leben abspielte. Hätte sie sprechen können, so hätte es keine Geheimnisse mehr gegeben. Sie hörte alle diese Gewaltausbrüche, und es gab weiß Gott eine Menge. Die Wände sahen, wie die Nachwirkungen der Familienstreitigkeiten abgewaschen wurden. In diesem Raum wuschen wir unsere Hintern und Füße und wärmten uns von der Kälte auf, weil es der einzige geheizte Raum in unserem Haus war. Die verblaßten, gelben Küchenwände waren ein einziges Gewirr von Rissen und Sprüngen. Den Boden bedeckte Linoleum, es war ein entsetzliches verwaschenes Grau, mit einem Gewirr von kotzfarbenen riesigen Blumen. Unter dem Küchenboden war der schimmelige schwarze Keller. Dorthin wurde ich manchmal zur Strafe gesperrt. In die Dunkelheit eingeschlossen, ganz allein, ich und die Ratten. In diesem Haus mit seinen vier Zimmern wohnten wir zu zwölft. Wir schliefen in Schichten und meistens auf dem Fußboden. Die einzige Gelegenheit, in einem Bett zu schlafen, war für meine Schwester und mich, wenn eine von den Tanten mal für kurze Zeit auszog, und meistens war das eine sehr kurze Zeit. Vielleicht konnten wir dann eine Weile in dem leeren Bett schlafen. Normalerweise schliefen wir auf einer Matratze auf dem Boden, und meine Mutter saß die ganze Nacht mit einem Besen dabei und verscheuchte die Ratten. Wenn meine Schwester und ich dann tagsüber in der Schule waren, schlief meine Mutter, bis wir nach Hause kamen. Das war die einzige Möglichkeit für sie, ein wenig Schlaf zu bekommen. Die beiden Schlafzimmer im oberen Stockwerk sahen aus wie eine Mischung aus Trödelladen und Stundenhotel mit herumliegenden Kleidern und zerrauften Betten von einer Wand bis zur anderen. Es wurde in Schichten geschlafen; die Glücklichen, die manchmal Arbeit hatten, schliefen nachts, und die ohne Arbeit schliefen tagsüber.

Unsere Küche wurde von einem Kohleofen geheizt, und die ganze Familie versammelte sich lieber hier, um zu streiten und zu diskutieren, als in der Kälte. In unserem Haus geschah nie etwas, das nicht in der Küche anfing und aufhörte. Das Blut meines Onkels lief hier über den schiefen Boden, als er in einer heißen Sommernacht angeschossen worden war. Ich, mein Onkel und eine schwangere Tante saßen auf den Stufen vor unserem kleinen Backsteinhaus, um ein bißchen frische Luft zu schnappen. Die *Harmonizers* standen unter ihrer Lieblingslaterne und sangen sich ein, um dem Ghetto bis spät in die Nacht ein Ständchen zu bringen. Ihre beste Nummer war ‹In der Stille der Nacht›, und sie waren dabei, es hinreißend vorzutragen, als die Kugel den Oberschenkel meines Onkels traf. Dann kam ein zweiter Schuß, dieser Ganove gab noch einen Schuß auf meine schreiende Tante ab, die im Eingang saß. Sie schrie und schob sich ins Haus, die Arme schützend um ihren schwangeren Bauch gelegt. Dann lag sie im Wohnzimmer auf dem Boden und schrie um Hilfe. Ich saß derweilen immer noch am selben Fleck auf der unteren Stufe neben meinem Onkel, an den ich mich gelehnt hatte, als der Schuß ihn von den Stufen zu Boden riß. Ich dachte ans Feuerwerk am Nationalfeiertag und fing an zu lachen, als er stöhnend und jammernd zusammengekrümmt auf dem Boden lag. Ich hatte das Blut noch nicht gesehen und dachte, daß er rumkasperte. Die Gangster waren davongerannt, und ich saß immer noch da. Die *Harmonizers* hatten aufgehört zu singen und jemand rief nach Großmutter, Pally und Lewis seien angeschossen worden.

Ein paar Leute hoben meinen Onkel auf und trugen ihn ins Haus, gleich in die Küche. Als ich Großmutters Gesicht im Küchenlicht sah, wußte ich, daß die Sache böse aussah. Mein Onkel lag auf dem Küchenboden, und das Blut schoß aus seinem Bein im Rhythmus seines Herzschlags. Ich hatte plötzlich die Vorstellung, sein Herz sei da drin, in seinem Oberschenkel. Ich war weder aufgeregt noch hatte ich Angst. Ich hoffte nur inbrünstig, daß er sterben würde. Eine junge Schwesternschülerin, die einen Block weiter wohnte, erklärte Großmutter, daß die Arterie getroffen worden sei. «Er verliert viel Blut und vielleicht stirbt er, wenn er nicht ins Krankenhaus kommt.» Und ich stand dabei und hoffte, dieser gemeine Arsch von einem Nigger würde sterben, dann gäbe es einen weniger, der mir für nichts und wieder nichts den Hintern versohlte.

Sie schnitt seine Hose auf, während er auf der unverletzten Seite lag, und jeder konnte seinen Arsch sehen. Ich wartete die ganze Zeit darauf, daß Großmutter mir befehlen würde, das Zimmer zu verlassen. Sie war zwar in Sorge und hatte Schiß, aber das würde sie bestimmt nicht davon abhalten, daran zu denken, daß er nackt vor mir lag. Und nur einen Augenblick, nachdem ich daran gedacht hatte, tat sie es auch schon. Sie befahl meiner Mutter, mich aus dem Zimmer zu bringen. Ich saß auf der Treppe nach oben, zwischen Wohnzimmer und Küchentür, und hoffte, daß er sterben würde. Großmutter sagte: «Wir müssen ein Auto besorgen, holt ja keinen Krankenwagen, sonst kommen die Bullen am Ende auch noch, und die bringen nur noch mehr Ärger.» Die Schwesternschülerin sagte: «Ich hab den Krankenwagen schon bestellt, er muß unbedingt ins Krankenhaus, sonst verblutet er, so was kann man nicht zu Hause kurieren.» Und zu meinem Onkel sagte sie, er solle die Augen schließen und nichts zu den Bullen sagen, wenn sie kämen. «Sagen Sie bloß nichts, kein Wort, ich mach das dann schon. Wenn sie Sie nicht vernehmen können, rufen sie einen Krankenwagen.» Ich spähte um die Ecke der Treppe in die Küche und sah, wie Großmutters Gesichtsausdruck sich änderte, als die Schwester sagte, sie würde das schon machen. Schließlich hatte Großmutter von jeher das Sagen in diesem Haus gehabt.

Die Bullen stürmten ins Haus, Leute standen im Wohnzimmer

rum, sie standen nicht im Weg, aber die Bullen schoben sie trotzdem beiseite. Sie drängten sich in die Küche vor, wo die Familie und die ganz Neugierigen versammelt waren. Mein Onkel lag auf dem Boden, voller Blut, überall war Blut. Er hatte sich schon lange nicht mehr bewegt, und ich war ganz sicher, daß er tot war. Die Schwester versuchte, die Schlagader an der Wunde abzudrücken. Alle waren ganz still geworden, und da standen die Bullen, die Hände in die Hüften gestützt, wippten auf den Beinen, mit platten Ärschen in ihren Hosen, die hinten wie leere Säcke an ihnen runterhingen, mit fettigem, strähnigem Haar, und ihre dunkelblauen Hosen glänzten wie neues Geld. Am schlimmsten waren ihre lächerlichen Südstaatler-Stimmen. «Was habt ihr denn alle hier drin verloren?» Die Schwester antwortete: «Er ist angeschossen worden, wir brauchen dringend einen Krankenwagen, die Arterie ist getroffen.» Die Bullen sagten: «Na, und wer hat auf ihn geschossen?» Großmutter sagte, ein paar Jungen, die auf der Straße vorbeigingen, hätten Streit gehabt, und sie hätten angefangen, aufeinander zu schießen und hätten ihn getroffen, als er auf der Treppe vor dem Haus saß. «Sie sind davongelaufen, und wir kennen sie nicht.» Der Bulle fuhr mit seiner Fußspitze unter das Gesicht meines Onkels und drehte seinen Kopf auf die andere Seite. Sein Kopf blieb so liegen, wie der Bulle ihn hingedreht hatte, und er sah tot aus, seine Augen waren ganz weiß. Ich sah nichts von dem Weißen, die Schwester sagte, er hätte einen Schock, und Großmutter begann, an den Seiten ihrer Schürze zu ziehen. Der Bulle sah uns alle an, wie das nur so ein weißer Scheißer fertigbringt, die Unterlippe hing runter und seine Augen hatten nichts als Haß für unsere dürftige schwarze Not. Die Bullen trollten sich durchs Haus, so langsam wie Onkel Remus, und beschimpften die anderen, die sich im Wohnzimmer angesammelt hatten. «Was wollt ihr denn alle hier, wohnst du hier, Nigger, und du? und du?»

Füße scharrten und Stimmen begannen brav ihr «Nein, Sir». Die Bullen brüllten: «Dann schert euch doch heim, raus hier!» Ich war so wütend, daß mein Mund ganz trocken wurde, aber ich konnte kein Wort sagen. Ich sah Großmutter an. Sie sah zutiefst verletzt aus, und zum erstenmal sah ich, daß etwas anderes die harte, böse Maske ersetzte, die sie sonst nach außen zeigte.

Die Bullen sahen die Leute an, die sich mit gesenktem Blick aus der Tür drückten. Sie hatten immer noch keinen Krankenwagen gerufen. Sie standen im Wohnzimmer rum und unterhielten sich über das Negerproblem. «Ich kann dir sagen, die ersparen uns jede Menge Ärger, wenn sie sich nur gegenseitig umbringen. Bald gibt's keine jungen Nigger mehr. Nur diese Alterchen, und wenn die ins Gras beißen, ist das Negerproblem bestens gelöst.» Inzwischen war ich so wütend, daß ich anfing zu schreien, und Mama brachte mich nach oben und legte mich ins Bett. Am nächsten Morgen war kein Blut mehr auf dem Küchenfußboden und mein Onkel war weg und meine schwangere Tante von der ganzen Aufregung krank.

Großmutter erwischte mich, als ich gerade aus der Tür schlüpfen wollte, um Murmeln zu spielen. Ich hatte beide Taschen voller Königsmurmeln und Schießern. Sie hatte ihren normalen Gesichtsausdruck, diesen häßlichen, gemeinen Ausdruck, der bedeutete, daß sie nicht mit sich spaßen ließ. Sie sagte, ich hätte den Mund zu halten über alles, was am Abend vorher geschehen sei. Ich war sechs, aber nicht gerade kleine sechs, ich war überdurchschnittlich groß und verstand das meiste ganz gut, besonders Großmutter. Ich hatte früh gelernt, daß Rumplappern Prügel einbrachte.

Meine Großmutter war eine normale Frau, kein Fabelwesen und beileibe kein Ideal dessen, wie eine Frau sein sollte. Ich weiß nicht, wie oft ich sie tot gewünscht habe oder vor Wut hätte umbringen können. Sie war die geballte Heftigkeit und Wut, deren eine einzelne Person fähig sein kann. Die traurigste meiner Erinnerungen an sie ist, daß sie nie mitfühlend und gütig zu mir oder meiner Mutter war. Ihre Hände waren keine Hände, die meine Sorgen und Nöte milderten und beruhigten, sondern eher Hände, die mir viel Schmerz zufügten und mich oft verletzten. Als ich heranwuchs, gab ich mir selbst die Schuld dafür, daß sie mich nicht lieben konnte, weil sie mich immer ‹schwarz und häßlich› nannte. Ich sah ihr erst in die Augen, als ich erwachsen und sie betagt und vom Alter geschwächt war. Sie hatte allen ihren Enkeln verboten, sie Groß-irgend etwas zu nennen. Wir sollten Mama zu ihr sagen.

Ich mochte das nicht, denn jedesmal, wenn ich meine Mutter Mama nannte, antwortete Großmutter und unterbrach mein Gespräch mit ihr. Nie konnten meine Mutter und ich uns ungestört unterhalten, außer wenn wir es heimlich taten. Ich beschloß, meine Mutter ‹Mutter› statt Mama zu nennen. Großmutter bekam einen Wutanfall und sagte, das gefiele ihr überhaupt nicht, weil die Kinder der Weißen dieses Wort benützten. Deshalb verbot sie uns, das Wort in ihrem Haus zu verwenden. Meine Versuche, die Bindung zu meiner Mutter enger zu machen, waren wieder einmal unterdrückt worden.

Als ich aus dem Haus ging, um Murmeln zu spielen, wußte ich genau, was auf mich wartete, wenn ich etwas ausplauderte. Deshalb war ich stumm wie ein Fisch, als alle Kinder sich um mich scharten, um zu erfahren, ob mein Onkel tot sei. Ich gab niemandem Antwort und spielte einfach weiter mit meinen Murmeln. Ich spielte sehr gerne Murmeln, weil es eigentlich ein Jungenspiel war, und mir gefiel alles, was Jungen tun durften, weil es außerhalb des Hauses stattfand.

Unsere Straße umfaßte zwei Häuserblocks, und ich durfte mich nur im Bereich des einen Blocks aufhalten. Die Lorman Street fing bei der Monroe an und hörte bei der Mount Street auf. Der Rest auf der anderen Seite war fremdes Land, wo ich nicht spielen oder mich überhaupt hinwagen durfte. Unser Block hörte an der Querstraße zur Fulton Avenue oben auf dem Hügel und an der anderen Seite bei der Monroe Street auf. Diese drei Straßen waren lange Zeit die einzigen, die ich kannte. Auch wenn ich durch die umliegenden Gegenden zur Schule gehen mußte, kam es mir nie in den Sinn, dorthin Streifzüge zu unternehmen. Ich war zwar neugierig, aber ich hatte Angst wegen der Geschichten, die ich von Lynchmorden gehört hatte, und den Bildern, die ich von Emmitt Till im Afro-Blatt gesehen hatte, sein geschwollener Kopf blutverschmiert und übel zugerichtet, das alles bestätigte nur, was meine Familie über die Weißen gesagt hatte, die immer hinter einer Ecke standen, um unschuldigen Schwarzen aufzulauern und sie zu lynchen. Wieder und wieder fragte ich mich, warum sie uns eigentlich alle umbringen wollten.

Bei einer der wenigen Gelegenheiten, bei denen ich mal eine Antwort auf meine Fragen bekam und keinen Schlag auf den Mund, sagte meine Großmutter, daß die Weißen krank im Kopf seien und daß Satan in ihrer Haut stecke. Mir war es unverständlich, wie er wohl unter ihre Haut kam, aber das erklärte sie, indem sie sagte, Satan sei ein Geist, und er könne durch jede Öffnung in den Körper hinein.

Großmutter hatte eine sehr bestimmte Art, andere dazu zu bringen, etwas anderes zu sagen, als sie wirklich wollten. Sie schlug mich solange, bis ich irgend etwas so gestand, wie sie es hören wollte. Sie interessierte sich nur für die Wahrheit, wenn es eine Wahrheit in ihrem Sinne war. Großmutter und meine Tanten saßen oft im Wohnzimmer und machten mich schlecht und lobten meine Schwester in den Himmel. Wenn je ein Engel geboren wurde, dann war sie es. Es war kein Geheimnis, daß meine Schwester der auserkorene Liebling war. Ihre Haut war auch heller als meine. Sie war eigentlich gelb und hatte helle Augen und hellbraunes Haar. Sie war genau das Gegenteil von mir. Was immer sie von ihr wollten, das gab sie ihnen, sie war ein richtiger Jasager. Ich haßte sie, und ich haßte es noch mehr, wie sie sich dazu bringen ließ, für ein Bonbon oder ein Stück Brot zu lügen.

Großmutter hatte die größten Hände der Welt, und sie wußte sie zu benützen. Wenn sie mich prügelte, war es schlimm genug, aber wenn sie ausholte und mir ohne Warnung ins Gesicht schlug und die Gewalt des Schlages mir die Zähne lockerte oder mich von den Füßen oder vom Tisch schleuderte, das war noch schlimmer. Und diese ganze Mißhandlung für einen winzigen Fehler, und die Nachwirkungen schienen stundenlang anzuhalten. Allen schien es richtig Spaß zu machen, drohend die Hand zu heben, und wenn ich dann auswich und mich vor der erhobenen Hand duckte, erwischte mich der Schlag manchmal so schlimm, daß mir die Nase oder der Mund blutete. Manchmal senkte sich die Hand einfach wieder, und das ganze Zimmer füllte sich mit Gelächter, wenn ich vor Angst zitterte und in die Hosen machte. Manchmal schickten mich meine Tanten die ganze Reihe längs, und jede drohte mir in derselben Art, und schließlich hob eine die Hand und ließ sie nicht wieder sinken, sondern landete einen heftigen Schlag auf meiner Backe. Und wenn ich von einer zur anderen geschubst wurde, wußte ich nie, wer diesen Schlag tun würde, der so schmerzen und noch stundenlang nachher auf meinem Gesicht brennen würe. Wenn meine Mutter versuchte, dazwischenzutreten, fielen sie vor Großmutters Augen über sie her. Großmutter saß da und sah zu, bis sie genug hatte, dann befahl sie ihnen, Mama nicht mehr zu schlagen. Meine Mutter wurde von ihrer Familie geistig und körperlich getreten, gebrandmarkt und verschreckt. Ich wollte sie alle umbringen, und jeden Tag meiner Kindheit träumte ich davon, wie ich sterben würde und beim Begräbnis alle um mich weinen und ihre Liebe für mich laut hinausschreien würden. Ich hätte gern von anderen Dingen geträumt, aber Tod und Leid war alles, was jede Nacht bei mir hängenblieb, auch wenn ich tagsüber meinen Träumen nachhing. Großmutter mochte meine Tagträume nicht, sie sagte, das sei etwas für Narren. Nachdem ich Jewtown kennengelernt hatte und wußte, daß es dort für mich keine Zukunft gab und auch hier, wo meine Familie lebte, nicht, hatte ich keine Hoffnung mehr, es jemals in meinem Leben zu etwas zu bringen. Keine von den Geschichten in meinem Dick-und-Jane-Lesebuch war für mich geschrieben.

Meine Lehrer in der Schule hatten mehr Schuld an meiner Hoffnungs- und Hilflosigkeit als sonst jemand im Ghetto. Ich ging in die Schule und lernte dort, was ich nie werden konnte, anstatt das, war mir vielleicht möglich war. Sie waren es, die mir diese protestantische Lüge von der Vorherbestimmung einimpften. Es waren meine Lehrer, die jeden Tag über uns herfielen, wie unbrauchbar und zurückgeblieben wir seien und daß wir nie was Besseres werden würden als unsere Eltern. Mir wurde gesagt, daß meine Mutter ein leichtes Mädchen sei und daß wir deshalb keinen Vater hätten und von der Sozialhilfe lebten. «Sandra Young, du vergeudest das Geld der Steuerzahler damit, daß du in die Schule kommst. Aus dir wird nie was, schon was du anhast, und hier diese Hausaufgabe voller Fettflecken. Aber man kann nicht mehr erwarten von Familien, wo keiner arbeitet und alles rumsitzt und jeden Monat auf die Sozialhilfe wartet.» Alle Augen starrten auf mich, obwohl ich nicht die einzige war, die von der Sozialhilfe lebte. Es war sogar mehr als die Hälfte meiner Klasse, aber ich senkte nicht beschämt den Kopf wie die anderen, und ich hatte noch nie wie die anderen vor der ganzen Klasse geweint, und deshalb war meine Lehrerin entschlossen, meinen Willen zu brechen und mich klein zu machen wie die anderen.

Ich weinte innerlich, o Gott, wie ich weinte. Nachts allein in meinem Bett weinte ich und betete um den Tod oder einen Vater. «Sandra Young, deine Mutter arbeitet doch nicht, warum ist dein Haar nicht besser gekämmt und warum ist deine Haut so grau, und du hast ein riesiges Loch im Strumpf, und dein Unterrock hängt raus, ach diese Sozialhilfefälle sind eine Plage.» Einige Kinder lachten, meistens die, die keine Sozialhilfe bekamen. Die Sozialhilfekinder senkten den Kopf und blieben so den Rest des Tages sitzen. Ich hob die Hand, um auf eine Frage zu antworten oder um eine zu stellen. Aber ich wurde nicht beachtet, obwohl ich nicht dumm war und die Lehrerin wußte, daß ich meine Aufgaben immer konnte. Aber auch dann, wenn sonst niemand antworten konnte, beachtete sie mich immer noch nicht. Dann beantwortete sie ihre Frage selbst oder rief mich doch noch widerwillig auf. Ich stand auf, gab meine Antwort mit erhobenem Kopf, und wenn ein einziges Wort falsch war, ließ sie die ganze Antwort nicht gelten. Alle in der Klasse merkten, daß ich schikaniert wurde, und sie wußten, warum. Einige sagten, es sei, weil ich zu gescheit sei und weil ich keine Dummheiten machte wie die anderen Sozialhilfekinder, aber vor allem, weil ich nie weinte. Ich weinte oft innerlich, und durch meine Tränen sah ich der Lehrerin in das schwarze Gesicht, und ich sagte mir: «Dir werd ich's zeigen, allen werde ich es zeigen. Wenn ich auch Sozialhilfe bekomme, bin ich doch ein Mensch. Ich bin ein Mensch, und eines Tages werde ich jemand sein. Ich werde es euch zeigen.»

Unser Haus war oft voller Leute, die sich über Vergewaltigungen unterhielten, über Lynchmorde, über kein Geld und keine Arbeitsstelle, kein Garnichts und über die Kirche der Schwarzen.

Als ich anfing, den Gesprächen um mich herum mehr Aufmerksamkeit zu schenken, hörte ich die Leute wieder und wieder sagen, daß der weiße Mann schuld sei und er uns betrog und uns anlog. Es würde uns nie besser gehen, und es sei hoffnungslos, und für uns würde es nie Frieden geben. Eine bessere Ausbildung würde auch nichts ändern, es sei einfach unser Schicksal. Mir jagten diese Reden Angst ein, und ich beschloß, das nicht hinzunehmen, weil es mir so blind zudiktiert wurde. Ich verstand aus den Unterhaltungen, daß das, was wir waren, nicht unsere wahre Bestimmung sei, und diese Bestimmung würden wir ihrer Meinung nach nie erreichen. Die Alten sagten, daß jeder junge Schwarze, der etwas aus sich machen wollte, vom weißen Mann zugrunde gerichtet würde. Sie sprachen vom Krieg und wie sie für Amerika gekämpft hätten, und daß in Amerika keiner für unsere Rechte kämpfen wollte, sondern daß die Weißen dafür kämpfen würden, uns unsere Rechte vorzuenthalten bis ans Ende aller Tage. Aus jedem Mund kam eine Geschichte über Ablehnung und Ungerechtigkeit. Ich weinte fast, wenn unsere Lehrerin in der Schule uns aufstehen und die Nationalhymne singen ließ. Die Worte, die ich einmal so stolz gesungen hatte, hatten keinen Wahrheitsgehalt mehr für mich. Wir hatten keine Freiheit, und der weiße Mann war in meinen Augen längst nicht mehr tapfer, und die Gesichter des Ku Klux Klan bedeckten die amerikanische Fahne, die nur die Jungens halten durften, jeden Morgen, wenn wir uns fast die Seele aus dem Leib sangen bei dieser Lüge.

3

Hinter unserem Haus war ein völlig öder Hinterhof. Nur ein paar Grasbüschel schoben sich hier und dort nach oben. Großmutter hatte jahrelang versucht, hier etwas anderes als Unkraut anzubauen. Sie säte Blumen und Gemüse und nie kam etwas. Ein Pfirsichbaum stand da, der aufgehört hatte zu wachsen, noch bevor ich geboren war, und nie Früchte getragen hatte. «Schlechte Erde, da wird nie was draus. Ein alter Unkrautfleck.» Der Hof war größer als die Grundfläche unseres Hauses, mit einem alten kaputten Zaun, der ihn wie eine Dornenkrone umgab. Ein paar Purpurwinden schlängelten sich um die Metallspiralen, die den Zaun bildeten. Sie hatten die Blüten auf unsere Seite des Zauns durchgesteckt, obwohl Miss Flood nebenan sie gepflanzt hatte. Ihr Hof war auch voller Unkraut, aber wenigstens wuchsen diese Purpurwinden dort. Sie wohnte neben Großmutter, seit Großmutter hier lebte. Manchmal sagte Großmutter etwas zu ihr, aber meistens sprach sie mit gar niemand.

Ich stand oft auf diesem unfruchtbaren Flecken hinter dem Haus und träumte von der großen, weiten Welt. Dieses Stück unfruchtbarer Erde war der Ort, von dem ich täglich meine Träume hinaus in die große Welt schweifen ließ. Dieses Stück unfruchtbare Erde lechzte wie alles ringsumher nach Nahrung, nach Leben. Ich stand oft dort und betete zu Gott, mir meinen Vater zu schicken, diesen Mann, den ich nie gesehen hatte und den ich nie kennenlernen würde. Ich betete darum, daß er aus seiner Hintertür treten sollte, damit ich sein Gesicht sehen konnte, das für mich rätselhafter war als das Angesicht Gottes. Ich wollte meinen Vater sehen, ich wollte dieses Gesicht sehen, das mich abgelehnt hatte. Obwohl ich praktisch nur auf einen Steinwurf von ihm entfernt wohnte, hätte ich sein Gesicht nicht erkannt, wenn ich ihm begegnet wäre, und ich konnte es mir weiß Gott nicht erklären, warum das so war. Mein Vater wohnte auf der anderen Seite der Hinterhöfe zusammen mit einer anderen Frau und anderen Kindern. Mit kleinen, ziemlich hellhäutigen Kindern; und ich, ich war schwarz wie meine Mutter.

Ich verstand nicht, warum er lieber mit ihnen zusammenlebte, wo ich doch wußte, daß ich ihn mehr liebte und ihn soviel notwendiger brauchte als sie. Das Verwirrendste an der Sache war, daß keiner mir je erzählt hatte, daß er mein Vater war, Großmutter nicht und meine Mutter auch nicht. Die größeren Kinder in unserem Block hatten gesagt, daß er mein Vater sei und daß er meine Mutter vergewaltigt hätte, als sie vierzehn oder fünfzehn war. Ich war acht Jahre alt, als ich die aufwühlende Erfahrung machte, daß ich einen Vater hatte. Ich hatte gewußt, daß ich ein uneheliches Kind war und keinen Vater hatte, aber das hatte mich nie davon abgehalten, mir auszudenken, wie es wäre, wenn man einen hätte, aber ich hatte mich auch schon mehr oder weniger damit abgefunden, daß ich nie einen haben würde. Die größeren Kinder in unserem Block hatten es wohl schon eine ganze Weile gewußt, und nachdem ich diese aufschlußreiche Neuigkeit erfahren hatte, fing ich an, darüber nachzudenken. Sie zeigten mir das Haus, in dem mein Vater wohnte, und erzählten, er hieße Lawrence Davis. Ich ging zu Tante Chelsea und fragte, ob ich was sagen könnte, ohne dafür Schläge zu bekommen. Sie sagte: «Klar, was ist es denn?» Ich wiederholte, was Tootsie und Maggie mir erzählt hatten, und zeigte aus dem Küchenfenster über den Hinterhof auf das Haus, in dem angeblich mein Vater lebte. «Hat er Mama vergewaltigt und bin ich so auf die Welt gekommen?» – «Ja, das stimmt, aber sag das ja nie wieder vor irgendeinem Erwachsenen, die verdreschen dir den Hintern dafür.» Ich war acht und reimte mir aus dem, was sie gesagt hatte, zusammen, daß Babies durch Vergewaltigungen gemacht würden und daß ich auch auf diese Weise entstanden sei. Ich dachte daran, wie Mama mich manchmal geschlagen und dabei geschrien hatte, daß Männer dreckige Schweine seien «und die vergewaltigen dich noch eines Tages, Mädchen». Ich erinnerte mich auch daran, wie Mama einmal oben am Badezimmerfenster gestanden hatte, halbversteckt, und über die Hinterhöfe hinüber zu diesem Haus geschaut hatte. Ich wußte damals nicht, was sie wollte, und erst jetzt fiel es mir wieder ein. Ich erinnerte mich auch daran, daß Mama mich manchmal, wenn wir hinterm Haus saßen, zwischen ihre Knie nahm und mein Haar flocht. Und dann sah ich, wie sie hinüber zu dem Haus starrte, und wenn die Tür aufging, schaute sie hin und gleichzeitig flocht sie weiter an meinem Haar, als sähe sie gar nichts. Ein paarmal sah ich eine Gestalt im Hausflur, halb vom Fliegengitter verdeckt, und ich hatte nicht weiter darauf geachtet, daß Mama manchmal mit dem Kopf nickte und lächelte. Wenn ich fragte, worüber sie lächelte, erzählte sie mir, daß sie an etwas denke oder daß ich mich getäuscht hätte.

Dieses neue Wissen brachte mein Gemüt ganz aus dem Gleichgewicht. Ich war noch unruhiger als zuvor und schwelgte in Tagträumen. Ich stand in jeder freien Minute auf der Veranda vor der Hintertür und wartete. Wartete auf ein Zeichen, wovon wußte ich nicht. Ich war ein Nervenbündel und eckte ständig an. Ich wollte meinen Vater sehen, ich wollte, daß es jemand wissen sollte, und ich hatte niemanden außer vielleicht Tante Chelsea. Ich ging zu ihr hin und fragte sie, ob sie wüßte, wie er aussähe. Sie sagte, natürlich wisse sie es. «Manchmal seh ich ihn sogar in irgendeiner Bar.» Ich sagte, daß ich ihn sehen wollte, und sie meinte, das ginge nicht, das würde die ganze Scheißgeschichte wieder auf's Tapet bringen. Tante Chelsea sagte Dinge, die mir das Gefühl gaben, ganz stark zu sein und gleichzeitig sehr schwach. «Er ist dein Vater und du hast ein Recht darauf, ihn kennenzulernen, aber es darf keiner hier wissen. Du mußt warten, bis du erwachsen bist, wenn du ihn sehen willst, denn seine Frau haßt dich und deine Mama.»

Nach diesem Gespräch hatte ich keine Lust mehr, über ihn zu reden, statt dessen saß herum und dachte über ihn nach und hatte zwischendurch Heulanfälle; ganz grundlos, wie alle sagten. Nachts, wenn ich im Bett hätte sein sollen, schlich ich mich ins Badezimmer und sah aus dem Fenster, aus dem ich meine Mutter hatte schauen sehen. Ich beobachtete eine Gestalt, die sich in jener Küche hin und her bewegte, aber wegen der Vorhänge konnte ich nichts recht erkennen, sie versperrten mir die Sicht. Ich fing aus unerfindlichen Gründen an, mich zu übergeben, und ich konnte plötzlich meine Blase nicht mehr beherrschen, in der Schule und auch zu Hause. Ich kam fast jeden Tag mit vollgepißten Beinen und Kleidern nach Hause. Großmutter sagte, ich würde mich aufspielen, und man müßte mir ein bißchen regelmäßiger den Hintern versohlen. Ich hatte das Gefühl, daß Gott mich strafte, aber wofür denn?

Eines Tages nahm ich allen Mut zusammen und ging hinüber in das verbotene Land, auf seinen Hinterhof. Ich ging zur Hintertür und klopfte. Die fetteste, häßlichste, gelbe Frau, die ich je gesehen hatte, kam an die Tür. Es war dieselbe Frau, die ich manchmal im Hof gesehen hatte, wenn sie Wäsche aufhängte. Mir war nie in den Sinn gekommen, daß dieses spukhäßliche Wesen ohne Zähne die Frau meines Vaters sein konnte. Das war doch unmöglich, denn meine Mutter war viel jünger und viel hübscher. Als diese häßliche

Kuh die Tür aufmachte und mich sah, fing sie an, wie eine Irre zu zetern. «Du kleines, schwarzes Ekel, du bist wohl verrückt, hierherzukommen. Ich bring dich um, du bist eine kleine, schwarze Nutte wie deine Mutter auch.» Sie spuckte mir ins Gesicht und würgte mich und schrie dabei ständig: «Du kleine, schwarze Dreckschlampe.» Ich schrie um Hilfe nach meinem Vater. «Daddy, hilf mir doch.» Der Mann, der mein Vater sein sollte, kam endlich mit vier seiner fünf Kinder an die Tür, alle waren älter als ich. Der Haß, der in ihren Augen saß, zeigte mir, daß sie mehr über mich wußten als ich über sie. Die Frau schlug mich immer noch und ich brüllte, während er versuchte, sie von mir wegzuziehen. Die Kinder hatten angefangen, «schwarze Schlampe» zu schreien, und ein Fuß schubste mich die Treppe hinunter in den Dreck. Jede Stufe tat mir weh. Eine schlimmer als die andere. Durch Blut und Tränen hindurch sah ich, wie er die Arme um sie legte und sie beruhigte, während er mir gleichzeitig befahl, mich von seinem Grundstück wegzuscheren. Als ich versuchte aufzustehen, traf mich eine Flasche am Hinterkopf, und die Kinder schrien ständig weiter: «Du schwarze, uneheliche Schlampe.»

Ich kroch ein Stück auf dem Boden und stand dann auf. Ich schaute zurück in die Gesichter, besonders in das Gesicht meines Vaters, dieses Mannes, der angeblich mein Vater war. Sein Gesicht war braun, nicht gelb wie die seiner Kinder, ich sah genau aus wie er, er hatte mein Gesicht und ich hatte seins. Ich blickte ihm lange und hart ins Gesicht, während ich davonstolperte und mich unter dem Müll duckte, der in meine Richtung flog. Ich hätte mir gerne vorgestellt, daß er ein bißchen Mitgefühl für mich empfand und es nur nicht zeigte aus Respekt für dieses Tier, mit dem er zusammenlebte. Ich blickte in sein Gesicht und sah kein Zeichen von Väterlichkeit, kein Zeichen von Liebe. Seine Kinder warfen Steine und Flaschen hinter mir her, als ich ging, und riefen mir immer noch «uneheliche Schlampe» nach. Halb gelähmt schleppte ich mich über die entmilitarisierte Zone zwischen unseren Häusern, und als ich in unserem eigenen Hinterhof war, konnte ich meinen Schmerz nicht mehr unterdrücken. Und wie wenig wußte ich damals, daß ich diesen Schmerz nie wieder loswerden würde.

Mit einem Gesicht, das von Blut und Tränen verklebt war, drehte ich mich um und rief mit einer Stimme, die nur ich in mir und Gott nach außen hören konnte: Daddy, bitte hab mich lieb!

Trotz der Erinnerung an diesen unglückseligen Tag gab ich immer noch nicht den Versuch auf, meinen Vater für mich zu gewinnen. Immer noch wollte ich ihn und suchte ihn in jedem Gesicht auf jeder Straße. Wenn die anderen Kinder um mich her die Freunde ihrer Mütter für ihre Väter ausgaben, wies ich das von mir. Ich wollte damit nichts zu tun haben. Ich wollte keinen Ersatz als Vater, ich wollte nur ihn selbst. Als ich ins Haus kam, wollten Großmutter und Mama wissen, was geschehen sei. Ich log, ich sagte, ich sei auf den Maulbeerbaum geklettert und sei heruntergefallen, als ich versuchte, Beeren zu pflücken. Ich dachte, damit sei die Sache behoben, aber ein Nachbar hatte alles gesehen und erzählte es Großmutter. Während Großmutter meinen Hintern polierte, schrie ich: «Ist mir doch egal, er ist mein Vater, du kannst mich schlagen, solang du willst, ich nehm nichts zurück.»

Sie versuchte, mich die ganze Nacht weiterzuprügeln, und während sie auf mich einschlug, schrie sie: «Du hast keinen Daddy, da muß einer mehr bringen, als nur in Hosen rumlaufen, um ein Daddy zu sein, und dieses Ding, was du da Daddy nennst, ist nicht mal ein halber Arsch von einem Mann.» Das schrie sie immer wieder, während sie mich verprügelte. Schließlich sagte ich «Ja, Ma'am», und sie hörte auf zu schlagen, das war das Zeichen, auf das sie gewartet hatte, das Zeichen dafür, daß sie recht hatte und ich verstanden hatte, daß es so war. Meine Verzweiflungstat brachte mir eine denkwürdige Tracht Prügel ein, und ich machte für diese Prügel den Mann verantwortlich, den ich so gerne lieben wollte, den Mann, der mein Vater sein sollte.

Als ich noch ziemlich klein war, wurde meine Schwester auf dem Sofa im Wohnzimmer geboren. Mama war alleine mit mir, weil ich noch nicht alt genug für die Schule war. Die ganze Familie war weg, und sie hätte allein in die Klinik gehen können, aber sie hatte Angst. Jahre später, als man mir in der Schule beibrachte, es sei ein Privileg, in einer Klinik geboren zu werden, und ein Zeichen dafür, daß die Familie einigermaßen intelligent sei, fragte ich Mama, warum sie meine Schwester lieber zu Hause bekommen wollte. Mama mußte es doch sicher auch günstiger gefunden haben, das Kind in der Klinik zu bekommen als ganz alleine zu Hause. Sie sagte, sie hätte Angst gehabt, und ich fragte: «Angst wovor?» Mama sagte, ich sei zu jung für so etwas, aber ich bestand darauf und bettelte, bis sie nachgab.

Sie erzählte mir eine Schauergeschichte. Sie sagte, ich sei im städtischen Krankenhaus in Baltimore auf der Station für Farbige geboren worden. Sie und eine andere Frau waren zusammen in einem großen Zimmer voller Betten. Die andere Schwarze war schon drin, als die Schwestern Mama hineinbrachten. Beide wurden alleine gelassen, und keiner half ihnen oder überwachte ihre Wehen. Die andere Frau schrie und weinte, und Mama war die einzige, die bei ihr war. Schließlich, nach vielen Stunden, kam eine Schwester herein und untersuchte beide. Dann ging sie sofort wieder und kam später mit einem Arzt zurück.

Keiner kümmerte sich um Mama, weil die andere Frau inzwischen ihr Kind alleine bekommen hatte und es tot war. Die Schwester nahm das Baby aus dem Schoß der Mutter und steckte es in eine braune Papiertüte. Die Mutter des toten Kindes war außer sich und bat und bettelte darum, ihr Kind zu sehen, sie flehte die Schwester an, es nicht wegzunehmen. Mama sagte, die Frau sei halb wahnsinnig gewesen, und die Schwester und der Arzt hätten nichts getan, um sie zu beruhigen. Das tote Kind blieb in der Papiertüte auf einem Tisch vor ihren Betten liegen, und die Mutter weinte. Der Arzt und die Schwester hatten keine Zeit mehr, hinauszugehen, weil Mama kurz nach der anderen Frau gebar. Sie sagte, sie würde nie vergessen, wie die Schwestern an ihrem Fußende stand mit einer zweiten Papiertüte in der Hand. Mama sagte, sie hätte innerlich gebetet, daß ich lebend geboren würde und man mir das anmerkte, bevor sie mich in diese Tüte stecken würden wie das andere Kind. Sie hatte entsetzliche Angst und war durcheinander und verstand nicht, was sie tun sollte. Als sie vor Schmerz schrie, schlug die Schwester ihr ins Gesicht und nichts wurde ihr erklärt, dabei war sie doch erst fünfzehn. Mama sagte, sie würde nie vergessen, wie dieses arme, tote Kind in die braune Papiertüte gesteckt wurde wie ein Haufen alter Lumpen, und wie seine Mutter ganz außer sich war vor Schmerzen und Kummer. Und mit diesem Erlebnis im Gedächtnis hatte sie meine Schwester lieber zu Hause bekommen. Mama erzählte, daß sie mich über die Straße geschickt hätte, um die Hebamme zur Hilfe zu holen. Meine Schwester wurde geboren und von der Frau entbunden, von der Tante Chelsea sagte, sie sei ihre Großmutter. Sie sagte, wir hätten nicht denselben Vater. Man hatte mir das alles erzählt, als ich neun war, weil meine Schulerziehung mir ein gewisses Recht gab,

Fragen zu stellen, und ich als Entschuldigung angeben konnte, die Lehrerin hätte mich darauf gebracht.

Großmutter war nie zur Schule gegangen, und meine Mutter war nur bis zur zweiten Klasse gekommen. Beide konnten nur das lesen, was auf den Etiketten von Gläsern und Packungen mit Lebensmitteln stand, die sie ohnehin vom Sehen kannten. In meiner modernen Ghettoerziehung, die mir von meinen geschniegelten und gelockten sogenannten Mittelklasse-Lehrern vermittelt wurde, lernte ich, daß Hausgeburten für die Unwissenden und Zurückgebliebenen seien. Meine Lehrerinnen meinten von sich, sie hätten es geschafft, und daß die Schwarzen, die nicht gebildet seien, zur Unterdrückung unserer Rasse beitrügen. Sie waren so stolz auf sich, weil sie glaubten, sie hätten es geschafft. Obwohl sie so gebildet waren, mußten sie im selben Ghetto leben wie wir. Sie redeten, erlebten und atmeten nichts anderes als wir, nur hatten sie den Vorteil, zur Mittelschicht zu gehören. Ich fand es in Ordnung, daß sie von uns forderten, wir sollten im Leben etwas «darstellen», aber nicht, daß sie uns ständig vorhielten, daß wir überhaupt nichts seien. Ständig bekamen wir zu hören: «Ihr müßt im Leben etwas darstellen», aber über diese Forderung hinaus wurde nichts weiter getan, um uns den Weg dorthin zu weisen. Keiner unserer Mittelstandslehrer schaffte es, uns stolz darauf zu machen, zu Hause geboren zu sein oder selbstgemachte Kleider zu tragen oder krauses, ungeglättetes Haar zu haben. Oder unser ewiger Hunger: In der Pause konnten die Kinder, die drei Cents hatten, Milch und Grahamkekse kaufen, und wir übrigen mußten zuschauen. Den anderen war es nicht erlaubt, uns etwas abzugeben, und man sagte uns, es sei, weil unsere Familien von der Sozialhilfe lebten und die drei Cents auch später nicht zahlen könnten; uns wurde ein Glas Milch und ein Keks auf Kredit verweigert. Meine Lehrerinnen senkten den Kopf, um ihre Belustigung über meine geerbten, immer wieder geflickten und hochgesteckten Kleider zu verbergen. Kein Lehrer sagte je: «Gut, deine Kleider sind vielleicht schon getragen, aber du hältst dich wenigstens sauber.» Man wusch mich jeden Morgen mit kaltem Wasser, bevor ich in die Schule ging. Meine einzige Unterhose, mein Unterrock und Unterhemd wurden immer am Abend vorher gewaschen und waren morgens fast nie trocken, aber Mama sagte: «Vielleicht sind sie noch ein bißchen naß, aber dafür sind sie sauber.»

Unsere Lehrer suchten sich je nach Laune einen aus der Klasse aus, jeden Tag war jemand das Opfer und wurde schikaniert wegen seines krausen Haares, wegen schmutziger Zähne oder Ohrenschmalz oder den Schlafresten in den Augenwinkeln, wegen eines zerrissenen Unterrocks, der herunterhing, oder wegen alter, abgetragener Kleidung, die nicht richtig paßte. Ich erinnere mich daran, daß fast jedes Mädchen aus einer Sozialhilfefamilie einmal in der Ecke auf dem Schulhof stehen mußte, wenn ihr beim Spielen die Unterhose heruntergerutscht war, weil das Gummi in der Taille so ausgeleiert war. Nie war eine Lehrerin zurückhaltend und freundlich, sondern immer hart und streng, und sie sprachen so laut, daß alle ringsum mithören konnten. Man brachte uns nie bei, ein Gefühl der Verantwortung füreinander zu entwickeln, es gab keine Zeit für Mitgefühl, wir wurden gegeneinander ausgespielt und gezwungen, miteinander zu konkurrieren; und das alles aufgrund der Tatsache, daß einige besser seien als die anderen, weil sie aus einem Heim mit Vater und Mutter kamen und nicht aus einer Sozialhilfefamilie.

Meine Schwester hatte einen angeborenen Sprachfehler. Sie stotterte, wenn sie zu sprechen versuchte, und ich ärgerte sie damit, wie ich es von den anderen gelernt hatte. Ich sagte zu ihr, sie würde stottern, weil sie nicht in der Klinik geboren sei. Das Wohnzimmer, in dem sie geboren wurde, hatte blaßblaue Wände mit ganzen Reihen von Rissen an Decke und Wänden. Man kam in diesen Raum direkt von der Straße aus. Es gab auch einen Kamin, in dem ich nie ein Feuer gesehen hatte, aber ich saß davor und stellte mir eins vor, an jedem kalten Tag, den wir hatten. Der Kamin war zugemauert worden, um die Ratten herauszuhalten und weil sie schon so viel vom Schornstein weggeknabbert hatten, daß es gefährlich gewesen wäre, Feuer darin zu machen. Aber das hielt mich nicht davon ab, davor zu sitzen mit dem größten Feuer, das ich mir vorstellen konnte.

In der Ecke neben dem Kamin stand ein alter Geschirrschrank mit einer Glastür. Dieser alte Schrank stand in der Ecke wie ein Wesen mit einer persönlichen Ausstrahlung, und Großmutter erinnerte uns immer daran, daß es sehr gutes Holz sei.

Der alte Geschirrschrank war voller Krimskrams, wie Großmutter das nannte. Es waren die unterschiedlichsten Dinge, die sie von den Familien bekommen hatte, bei denen sie arbeitete. Alles war irgendwo angestoßen oder zerbrochen, das meiste hatte Großmutter selbst wieder geklebt. Sie war der Auffassung, man dürfte nichts wegwerfen und brachte deshalb Teller mit nach Hause, die die Juden nicht mehr wollten oder ihr schenkten. Tante Chelsea sagte, diese Judenschlampen gäben Großmutter ihre weggeworfenen Scheißsachen als Ausgleich dafür, daß sie Großmutter übers Ohr hauten. Tante Chelsea kriegte die Wut, wenn Großmutter wieder mit einer Tüte voller zerbrochenem und angeschlagenem Geschirr nach Hause kam oder mit abgetragenen Kleidern, in denen noch die Namen der Kinder eingenäht waren.

Susanne Weinstein war etwa so groß wie ich, und ihr Name stand in fast allem, was ich auf dem Leib hatte, bis ich zehn Jahre alt wurde. Alle die Blemsteins, Rubensteins und die Goldenbergs beschissen Großmutter. Manchmal verkaufte Tante Chelsea die Sachen an den Lumpensammler, wenn Großmutter nicht da war. Eines Tages kam ich weinend zu Tante Chelsea gelaufen, weil die Jungs mir unter den Rock zwischen die Beine geschaut hatten, als ich auf der Treppe saß, weil meine Unterhose so weit war. Sie nahm mich mit zu Tommy Tickers in der Pennsylvania Avenue und befahl mir dort im Geschäft, meine Unterhose auszuziehen. Ich tat es und sie nahm die Hose und gab mir eine hübsche, weiße Baumwollunterhose in meiner Größe. Ich mußte sie anziehen. Ich tat es, und wir gingen raus und ließen meine alte Unterhose auf dem Ladentisch liegen. Es war das erste Mal, solange ich zurückdenken konnte, daß ich nicht Susanne Weinsteins Unterhosen trug, und es war ein himmlisches Gefühl, daß ich mich bewegen konnte, ohne Angst zu haben, daß sie mir runterrutschten. Es war das erste Mal, daß ich sah, wie jemand etwas für mich stahl, und das wollte ich auch lernen.

An unseren Wänden hing nichts, keine Bilder. Sie hatten nur jede Menge Risse. Es gab keine gemalten Landschaften oder Bilder vom Meer, von denen man sich hätte in ein Traumland entführen lassen können. Hier lebte keine Phantasie, von der die Bewohner sich eine Weile hätten treiben lassen können, um der Hoffnungslosigkeit wenigstens ein wenig zu entrinnen. Immer drängte sich das kaputte Linoleum meinem Blick auf mit seinen abgetretenen Stellen und den Blumen, die wie gewachste Leichen aussahen, egal wie abgetreten es war, es wurde ständig gewachst.

Meine Schwester war in die Hoffnungslosigkeit dieses Zimmers hineingeboren, und hier in diesem Zimmer war es, wo ich anfing zu schreiben, alles was mir einfiel. Wir hatten natürlich kein Geld für

Papier, und meine Lehrerin in der Schule riß meine Geschichten und Gedichte aus den Heften raus und stellte mich in die Ecke dafür, daß ich dummes Zeug, wie sie es nannte, in mein Schulheft schrieb. Sie ermutigte mich nie zu meinen Arbeiten, sondern zerriß sie vor meinen Augen und nannte mich vor der ganzen Klasse ein dummes Ding. Ich fing an, auf alte Papiertüten zu schreiben und auf alte Zeitungen, die ich auf dem Nachhauseweg auf der Straße fand. Ich war dem Weinen nahe, wenn ich aus der Schule kam und feststellte, daß der Straßenfeger mit seinem Besen schon vor mir dagewesen war. Ich versuchte, mehrere Blätter zu behalten, wenn die Lehrerin einen Stoß durchgab, aber das war gefährlich, weil man des Diebstahls beschuldigt werden konnte und danach von allen Seiten beobachtet wurde. Wenn dann irgend etwas verschwand, wurde die Schuld immer dem «Dieb» gegeben. Ich fing an, in unserem Haus an die Wände zu schreiben und auf jeden kleinen Fetzen Papier, der rumlag. Dinge, die gar nichts bedeuteten, aus meiner Phantasie. Keiner außer mir selbst verstand, was ich schrieb, und wenn ich anfing, es zu erklären, warf man mir vor, ich würde lügen, und daß ich auf dem besten Wege wäre, in die Hölle zu kommen, wenn meine Mutter nicht noch ein bißchen Vernunft in mich reinprügeln würde. Ich schrieb Gedichte und bat Mama, sie aufzubewahren, damit ich eines Tages ein Heft kaufen und sie alle einkleben könnte, und sie warf eines Tages beim Putzen alles weg. Das machte mich traurig, und danach fing ich an, meine Gedichte an allen möglichen Orten zu verstecken, aber wenn ich dann wieder hinkam, stellte ich fest, daß sie schon jemand entdeckt hatte und sie waren weg, oder daß die Ratten sie in winzige unleserliche Stücke zerfetzt hatten.

Großmutter war nie mit mir zufrieden, und sie freute sich nie über etwas, was ich wußte, sondern bestrafte mich für das, was ich ihrer Meinung nach wissen sollte und nicht wußte. Sie war wie meine Lehrerinnen, die sich auch nicht dafür interessierten, was ich schrieb, und auch nicht anerkannten, was ich wußte und in der Stunde beitragen konnte. Wenn ich eine richtige Antwort gab, sagten sie nichts, aber wenn ich falsch antwortete, kritisierten sie mich manchmal, bis ich am Rand der Tränen war; aber ich weinte nicht. Später ging mir auf, daß Großmutter sich vielleicht so verhielt, weil sie wußte, daß ich intelligent war, und daß sie für meine Anlagen keine Zukunft sah. Sie sah mich nur Fußböden schrubben und vielleicht nicht einmal die *Public School* beenden. Sie war sicher, daß sie wußte, was mich in ein paar Jahren erwartete, und es war genau das, was alle Schwarzen, die sie kannte, erwartete, wenn sie keinen Vater hatten. Als ich zu ihr kam und ihr die Geschichte der Buchdruckerkunst erzählte, und daß Johannes Gutenberg sie erfunden hatte und diese Erfindung es möglich machte, daß viel mehr Leute Bücher lesen konnten, sah ich wohl, daß sie stolz darauf war, was ich wußte, obwohl sie ihr hartes Gesicht aufsetzte und auf ihrer Unterlippe kaute und den Teig fürs Brot weiterknetete. Ich hatte das Gefühl, daß sie etwas zu mir über diese Dinge, die ich da lernte, sagen wollte, aber mich nicht dazu ermutigen wollte, mir Träume für die Zukunft zu machen, weil sie meinte, für mich gäbe es keine Träume, und wenn ich zuviel wagte, würden unsere Träume zu Alpträumen werden, die uns viel schlimmer ins Verderben stürzen könnten, als wenn man uns von vornherein das Träumen abgewöhnt hätte.

Wegen der Geschichte von Gutenberg in meinem Lesebuch beschloß ich, Schriftstellerin zu werden, damit alle meine Werke gelesen würden. Ich ging zu Großmutter und sagte es ihr, und sie sah mir ins Gesicht mit einem Schmerz in ihrem Blick, den Worte nicht beschreiben können. Ich war neun Jahre alt und konnte lesen und schreiben, und sie konnte es nicht. Sie sagte: «Du solltest lieber lernen, wie man ein Haus versorgt, vielleicht hast du Glück und bekommst einen Mann, der arbeitet. Wenn du einen guten Mann kriegst, mußt du nicht dein Leben lang die Böden von irgendwelchen anderen Leuten scheuern. Du kannst dir diesen Unsinn, Schriftstellerin zu werden, ruhig aus dem Kopf schlagen, Schwarze dürfen keine Bücher schreiben. Oder kennst du welche, die es tun?» Natürlich kannte ich damals keine. «Und übrigens, siehst du in diesem Haus irgendwelche Bücher?» – «Nein, Ma'am.» – «Und weißt du warum? Weil sie zu teuer sind, und egal was sie euch da in der Schule erzählen über die Buchdruckerpresse, die es möglich macht, daß die Leute Bücher kaufen können, das stimmt gar nicht. Und wenn du Bücher schreiben würdest, wer glaubst du denn würde die kaufen? Wir haben kein Geld, und bestimmt wird dir kein Weißer eine Chance geben, weil sie nichts tun, um einem zu helfen, sondern dich immer unten halten.» Ich wollte sagen: «Gemein, aber ich schaff es schon, wenn du mir hilfst.»

Am nächsten Tag ging ich in die Schule zu einer der Lehrerinnen, nicht zu meiner Klassenlehrerin, weil ich die Ziege mit ihrem verdammt großen Maul haßte, sondern zu einer anderen, die ältere

Kinder unterrichtete, und fragte, ob es schwarze Schriftsteller gäbe. Sie lachte und sagte, natürlich, warum fragst du so was. Ich sagte, weil ich nie etwas von einem gehört oder gelesen hätte. Sie sagte, das wären Intellektuelle und würden nur für Erwachsene schreiben. Und im nächsten Atemzug sagte sie fast genau das, was Großmutter auch gesagt hatte. Sie sagte: «Ich weiß, daß es schwarze Autoren von Kinderbüchern geben muß, aber soweit ich weiß, hat bisher noch keiner Bücher veröffentlicht.» Ich wäre am liebsten aus der Schule gelaufen und hätte mir ein stilles Plätzchen zum Weinen gesucht. Ich war froh und gleichzeitig traurig. Ich war immer noch ganz aufgeregt, als ich Tante Chelsea sah, und erzählte ihr, daß ich Schriftstellerin werden wollte. Sie seufzte, stützte ihre Hand in die Hüfte und sagte: «Na, mein Liebes, da wünsch ich dir ja viel Glück, aber du brauchst mehr als Glück dazu, du brauchst 'ne ganz verdammt große Portion Bleichcreme. Und 'ne ganze Menge Geld.» Ich wußte noch nicht, was Bleichcreme war.

4

Mit Tante Chelsea ging eine Veränderung vor sich. Irgend etwas war mit ihr, das ich nicht verstand, seit sie diese kleinen stinkenden Zigaretten rauchte. Sie war die ganze Zeit bissig und fing mit jedem Streit an, der etwas sagte, was ihr nicht paßte. Eines Morgens schlug sie meiner Mutter vor meinen Augen ins Gesicht, weil Mama ihr im Weg stand. Ich war empört, weil sie normalerweise diejenige war, die die anderen daran hinderte, Mama tätlich anzugreifen. Am Nachmittag dieses Tages bat sie mich, für sie etwas einzukaufen, aber ich sagte: «Nein, Tante Chelsea, ich gehe nicht, weil du meiner Mutter ins Gesicht geschlagen hast.» Mir tat es eigentlich weh, nein zu sagen, weil ich fand, daß wir uns ganz gut verstanden. Sogar wenn sie mich dabei ertappte, wie ich mir ihre Pornobilder ansah von Männern und Frauen, die es in allen möglichen Stellungen trieben, schlug sie mich nicht und erzählte es auch nicht in der Familie rum.

Sie hatte diese Bilder unter ihrem Bett in einem Pappkarton wie alle anderen auch. Wie hatten alle einen Pappkarton für unseren persönlichen Besitz, denn es gab keine Möbel für so was, und sie hätten bei uns auch gar nicht Platz gehabt. Überall, wo Platz war, standen Betten. Ich hatte immer das Gefühl gehabt, daß Tante Chelsea die einzige in der Familie mit ein bißchen Verstand war, und daß sie mir beibringen würde, ein raffiniertes Luder zu werden, damit ich mich im Leben durchschlagen könnte. Ich wollte wie sie lügen und aufschneiden. Ich wollte später mal wie sie die ganze Nacht irgendwo rumhängen und saufen und diese stinkenden Dinger rauchen, die sie *Reefers* nannte. Ich wollte so sein wie sie. Sie holte aus und gab mir eine Ohrfeige wie vorher meiner Mutter.

Plötzlich gab es Geschrei und viel Blut und die Nachbarn kamen herbeigelaufen, um Mama zu helfen. Irgend jemand schrie: «Hol dein Auto, Mensch, hol doch dein Auto.» – «Zum Teufel, ich werde mir doch mein neues Auto nicht mit dem Blut hier versauen.» – «Du alter Idiot, du solltest dich schämen, so einen Scheiß zu quatschen.» Ich stand da und zitterte und konnte diesen Zirkus vor mir einfach nicht verstehen. Ich fragte mich, ob wohl die ganze Welt so war wie diese törichten kleinköpfigen schwarzen Idioten vor mir.

Mama war blutverschmiert und in Tränen aufgelöst, und da standen die Nachbarn rum und lachten und schwatzten und versuchten rauszukriegen, wie oder warum es geschehen war. Leute, die offensichtlich stolz darauf waren, dabei zu sein. Der schlimmste Nigger in unserem Block – er hieß so bei uns, weil er sich schon von Kindesbeinen an nachts auf den Straßen rumtrieb, und wegen seines üblen Rufes nannten ihn alle *Mighty*, den Gewaltigen –, der sah Mama an und legte seinen Arm um ihre Schulter und sagte: «Also ich bin doch echt erstaunt, daß Miss Bessie nicht rauskommt und Ihnen hilft.» Er lief zu der blutverschmierten Tür und brüllte rein zu Großmutter: «Miss Bessie, Miss Bessie, Ihre Tochter hat sich ganz schrecklich geschnitten, wollen Sie ihr nicht helfen?» Keiner aus dem Haus kam zur Hilfe.

Alle fanden Mighty häßlich, er hatte eine Farbe wie Erdnußbutter. Am ganzen Körper hatte er Narben von Schnitt- und Stechwunden. Vorne fehlten ihm Zähne, und er hatte entsetzlich dicke Lippen, die alle als Suppenkühler bezeichneten. Der einzige Zahn, der ihm vorne im Mund geblieben war, war vollständig vergoldet. Narben bedeckten sein ganzes Gesicht und seinen Hals, und seine roten Augen sahen aus wie Kirschen in einer Schüssel Buttermilch. Augen, die nie eine andere Farbe gehabt hatten. Mighty schaute über die Menschenmenge hinweg und sah Boston Blackie mit seinem neuen Auto vorbeifahren. Er brüllte rüber: «Mensch Bossie, komm her, fahr mich und Delores ins Krankenhaus, sie ist schwer verletzt.» Bossie hielt an und fuhr Mighty und Mama weg. Irgend jemand hatte Mama ein paar schmutzige Handtücher und Zeitungen gebracht, die sie um ihren Arm wickeln sollte.

Sie fuhren weg und ich stand da und wünschte, daß Gott mich tot umfallen ließe. Meine große Hoffnung war immer, daß meine Familie sich einmal ruhig hinsetzen und sich unterhalten würde, anstatt sich ständig zu beschimpfen und öffentlich zu verprügeln. Aber dieser Traum wurde nie Wirklichkeit. Ich sah, wie meine Tanten mit Messern, Stöcken, Rohren, Schüsseln und allem, was ihnen gerade in die Hand geriet, aufeinander losgingen. Ich sah sie sich prügeln, ob sie schwanger waren oder betrunken, krank oder einfach nur aus Ärger und Enttäuschung. Es gab keine festen Zeiten für ihre Gewaltausbrüche, sie konnten jeden Augenblick losbrechen. Ich lernte es, aus ihren Gesichtern zu lesen, um mich vor ihrer ungezügelten Wut zu schützen. Der Klang ihrer Stimmen konnte auch eine Warnung sein, aber vor allem war es ihr Gesichtsausdruck. Jeden Morgen, wenn ich aufwachte, war ich schon in Angstschweiß gebadet, und meine Augen irrten umher, um meinen Feind gleich auszumachen oder einen Freund gegen alle diese Feinde. Nie ein freundliches guten Morgen und nie eine ruhige Nacht. Bei ihnen fand ich keine liebevolle Hand, die die Ängste der Kindheit wegstreichelte, und Gott allein weiß, welche Sehnsucht ich danach hatte. Innerlich und äußerlich fühlte ich mich verloren, und auch ich kannte nur ein Gefühl: Wut.

Der Schmerz, der mich überkam, wenn ich ihre Gesichter sah, in denen sich Falten von Wut, Frustration und Ekel abzeichneten, und die Lippen, die nur ein Lächeln kannten, wenn Alkohol oder *Reefers* es hervorlockten, oder ein Judaslächeln, das sich gegen die anderen richtete. Großmutter griff die anderen auch nie mit derselben Heftigkeit an wie meine Mutter. Sie schlug meine Mutter mit allem, was sich dazu eignete, und wenn das ihr Bedürfnis, zu verletzen, noch nicht ausreichend befriedigt hatte, warf sie sie mit mir zusammen hinaus auf die Straße ohne Geld oder irgendeinen Platz, wohin wir hätten gehen und die Nacht über bleiben können. Es spielte auch keine Rolle, ob es regnete oder schneite, oder ob es frühmorgens war oder spät nachts, immer wenn es Großmutter gerade einfiel, flogen wir, Mama und ich, raus.

Mama wurde blutend weggetragen und ich schrieb mir die Schuld dafür zu. Ich hatte Tante Chelsea widersprochen und sie hatte mich dafür geschlagen. Mama hatte versucht, sie daran zu hindern, und war dabei gegen unsere Haustür gestoßen, die ganz aus Glas war. Großmutter und der Rest der Familie sah zu, und keiner machte überhaupt den Versuch, die Schlägereien zu verhindern. Sie waren alle gegen Mama, weil sie versucht hatte, mich zu verteidigen. Und jetzt würde sie meinetwegen sterben. Eine Nachbarin holte mich von der Straße, wo ich alleine und weinend vor Großmutters Haus stand und an die Tür klopfte, und keiner aufmachte, um mich reinzulassen. Meine Schwester war schon reingeholt worden, und ich hörte, daß sie auf der anderen Seite der Tür sagte: «Das ist Sandra, sie klopft an die Tür.» Großmutter antwortete: «Ist mir egal, wer das ist. Hau ab von hier, du kleine, schwarze Hexe, du wohnst hier nicht mehr.»

Meine Schwester wurde von Geburt an von der Familie bevorzugt, weil sie eine hellere Haut hatte. Sie war gelb, und ich war schwarz. Sie wiederholten das ständig und noch überzeugter, wenn ich etwas tat, was ihnen nicht gefiel. Jeder im Block wußte es, und am meisten war es meiner Schwester und mir bewußt, und ich wurde für meine Schandtaten beschimpft, indem man meine Hautfarbe schlechtmachte. Vor aller Welt, so kam es mir vor, kritisierten sie mich dafür, daß ich zu dunkel war. Für sie war ich *Blacky*, die Schwarze oder der Tintenklecks. Wenn meine Schwester nach etwas jammerte, was ich gerade hatte, egal wie unscheinbar es war, wurde es mir weggenommen und ihr gegeben. Sie bekam neue Kleider und Schuhe, wenn der seltene Fall eintrat, daß irgend jemand Geld hatte, um so etwas zu kaufen; ich bekam nie etwas. Wir hatten zwar nicht mal genug Geld, um regelmäßig Lebensmittel zu kaufen, aber meine Schwester mußte eine Geburtstagsparty haben. Meine Zehen waren voller Hühneraugen, schon als ich fünf Jahre alt war, von den ewig getragenen Schuhen. Schuhe, die nie richtig paßten, so daß ich sie mit Papier oder alten Lumpen ausstopfen mußte, damit sie mir nicht von den Füßen rutschten, oder die ich vor lauter Schmerzen kaum an den Füßen ertragen konnte. Ich wurde von Sonnenaufgang bis Sonnenuntergang geschlagen dafür, daß ich zu viel aß oder zu wenig. Ich bekam Schläge dafür, daß ich sprach, oder dafür, daß ich nicht sprach, oder dafür, daß ich es falsch sagte; Schläge, ob ich mich nun nach rechts wandte oder nach links. Ich wurde in der Schule unausstehlich und machte meinen Lehrern die Hölle heiß. Und auch dort gab es niemanden, mit dem man reden konnte, und wenn ich etwas Dummes tat, stellte mich die Lehrerin in die Ecke oder schlug mir mit dem hölzernen Tafelwischer oder dem Maßstab auf die Handrücken; sie schlug auf unsere Knöchel ein, bis sie bluteten.

Nach einer Zeit, mir schienen es Jahre, kam Mama in einem Polizeiauto aus dem Krankenhaus zurück. Ihr Arm hing in einem riesigen Verband in einer Schlinge, und ihre Augen waren ängstlich und blickten von weit weg, sehr weit weg. Ich dachte, sie müßte vielleicht sterben, weil sie immer noch durch ihren Verband blutete. Weil die Polizei mitgekommen war, wurde meine Großmutter so wütend, daß sie anfing, Mamas und meine Kleider aus dem Fenster auf die Straße zu werfen. Jedes Stück, das ich auf die Straße fallen sah, spürte ich körperlich wie einen tödlichen Schlag. O Gott, was hatte ich Mama nur eingebrockt! Wir hatten keinen Ort, an den wir hätten gehen können, und jetzt würde sie durch die Straßen laufen müssen, bis uns jemand aufnehmen würde. Vielleicht wäre es wieder irgend so ein Mann, der Mama mitten in der Nacht aufwecken und zu ihr sagen würde, sie müßte jetzt mit ihm ficken, wenn sie den Rest der Nacht noch hier verbringen wollte. Das war immer so. Kein Mensch nahm uns je aus purer Barmherzigkeit auf. Frauen nahmen uns nur auf, um Mama im Haus halb zu Tode zu schinden und uns dann wieder vor die Tür zu setzen mit der Begründung, daß sie den Platz selbst brauchten. Männer nahmen uns nur auf, um Mamas Körper vor meinen Augen zu benutzen. Ich zitterte vor Angst, wenn ich hörte, wie sie Geschlechtsverkehr hatten, und fühlte, wie das Bett sich unter dem Gewicht ihrer Körper bewegte. Zwischen ihnen gab es keine Liebe, keine Zärtlichkeit. Ich sah diese Männer als Tiere, und sie stanken für mich wie faules Fleisch. Ich träumte davon, sie umzubringen, ich wollte jeden Mann umbringen, den ich mit Mama sah, und jeden Mann, der ihr zulächelte. Sie wollten nur eins, sie mißbrauchen und ihr weh tun.

Großmutter schrie: «Nimm nur diese kleine, schwarze Hexe mit und mach, daß du von hier abhaust, und komm ja nicht zurück. Ich will nichts mehr von dir wissen, du bist meine Tochter nicht mehr. Die Polizei hier in mein Haus zu bringen gegen deine Familie!» Der Polizist antwortete für Mama: «Hören Sie mal, meine Dame, Sie haben das in den falschen Hals gekriegt, Ihre Tochter hat nicht die Polizei gerufen, der Arzt in der Klinik hat uns mit ihr hierhergeschickt, damit sie gut heimkommt und weil sie so viel Blut verloren hat. Ihre Tochter hat uns nicht mal erzählt, wer sie derartig übel zerstückelt hat. Sie hat ständig gesagt, es wäre ein Unfall gewesen.» Großmutter schrie: «Das ist mir egal, ich will sie nicht mehr in meinem Haus, hau ab.» Mama wollte gehen, ich ging hinterher und meine Schwester stand neben Großmutter. Mama drehte sich um und sagte zu meiner Schwester, sie müßte mit uns kommen, aber Großmutter wollte sie nicht gehen lassen. Die Polizisten fragten Mama, ob das ihr Kind sei und ob sie es mitnehmen wollte. Mama nickte, und der Polizist ging hinüber zu meiner Schwester und nahm ihre Hand, und wir gingen alle zusammen aus der Haustür. Als wir draußen waren, kniete ich mich hin, um unsere Sachen zusammenzusammeln. Mama weinte, und ich hätte am liebsten auch geweint, aber ich konnte nicht. Ich hatte das Gefühl, daß ich schon zu viel Böses angerichtet hatte. Es waren zwei Polizisten, der eine war viel älter als der andere, er hatte die ganze Unterhaltung geführt. Er fragte, ob wir einen Ort hätten, wo wir hingehen könnten, und Mama mußte natürlich nein sagen. Der Polizist sah zurück zu der Tür, an der Großmutter stand, schüttelte den Kopf und sagte: «Ich werde diese Farbigen nie verstehen.» Großmutter zog Luft durch die Zähne, rollte mit den Augen und rauschte zurück ins Haus.

Wir drei machten uns auf den langen Weg nirgendwohin. Wir waren ein trauriger Anblick, Mama mit ihrem blutigen Verband, meine Schwester an ihrer gesunden Hand und ich ein paar Schritte dahinter mit dem Bündel, das fast größer als ich selbst war. Manchmal merkte ich, wie mein Blick ins Nichts abglitt, und ich stolperte über mein Bündel oder ließ es auf dem Boden schleifen. Hin und wieder hielten wir an, um ein wenig auszuruhen, und setzten uns auf das Bündel. In diesem Bündel war alles, was wir besaßen, und es waren alles abgetragene und alte Sachen.

Wir wanderten den ganzen Tag und kamen schließlich ans andere Ende des Ghettos, wo die Familie meines Großvaters wohnte. Er war der Vater meiner Mutter, und seine Schwester mochte meine Mutter sehr gerne, das spürte ich, wenn sie Mama und uns ansah. Mein Großvater hatte meine Großmutter nie geheiratet, aber trotzdem kannte er uns und tat für uns bis zu seinem Tod alles, was er konnte.

Er war der einzige, der es schaffte, Großmutter und die anderen in ihre Schranken zu weisen, wenn sie versuchten, Mama oder mich zu schikanieren. Es war mir zwar nie klar, aber Großvaters Gegenwart war der Grund dafür, daß ich doch Zweifel an Großmutters Meinung über die Männer hegte, nämlich daß sie alle nichts taugten. Ich wußte, daß es *einen* guten Mann gab, und das war er. Seine Familie mochte niemanden von Mamas Familie, außer Tante Chelsea. Es war seltsam, daß es eigentlich niemanden gab, der Tante Chelsea nicht mochte. Sie wußten, daß dies nicht das erste Mal war, daß Großmutter uns rausgeschmissen hatte, und es war auch nicht das erste Mal, daß sie uns aufnahmen, aber die anderen Male vorher war ich zu klein gewesen, um mich daran zu erinnern.

Meine Großtante Grace, die Schwester meines Großvaters, fing an zu weinen, als sie uns sah, das Blut an Mamas Verband sagte ihr schon fast alles, bevor einer von uns etwas sagen konnte. Sie war vielleicht einsfünfzig groß und einsfünfzig breit, und mit ihren kurzen Armen umarmte sie uns alle drei gleichzeitig. Ich weiß nicht, was Mama und meine Schwester empfanden, aber ihre Lippen auf meiner Backe und ihre Arme um mich gaben mir ein schönes rundes Gefühl. Ich war müde und hungrig, aber in ihren Armen wäre ich gerne lang, lang geblieben. Tante Grace war wütend auf meine Großmutter, und die Tränen strömten über ihr Gesicht, als sie ansetzte und einen Schwall von Sätzen hervorstieß, in dem mehr Schimpfwörter hintereinander vorkamen, als ich je in Großmutters Haus auf einmal gehört hatte. «Jetzt ist ja alles gut und ihr habt hier ein Zuhause und du brauchst dich von keinem verdammten Arsch ficken zu lassen.» Wir waren in dem Haus von Cousine Cottie, der zweiten Tochter von Tante Grace. Sie wohnten einen Block weit auseinander, seit Cousine Cottie geheiratet hatte und aus dem Haus ihrer Mutter ausgezogen war. Immer wenn Cottie umzog, suchte sie gleich noch ein Haus in der Nähe für ihre Mutter und ähnelte ihr in Höhe und Durchmesser. Es gab noch eine Schwester, die wie meine Mutter Dolores hieß und die auch in der Gegend wohnte, zusammen mit ihrem jüngeren Bruder Alvin. Ich konnte nie ganz mit den beiden warm werden, weil sie nicht so herzlich waren wie Tante Grace und Cousine Cottie. Auf mich wirkten ihre Blicke nicht ehrlich, und ich spürte bei ihnen eine Eifersucht gegen uns, weil wir im Haus ihrer Schwester wohnten. Bei diesem Zweig der Familie war es nicht üblich, bei Streitereien handgreiflich zu werden. Sie warfen sich vielleicht ein paar häßliche Wörter an den Kopf, aber nie habe ich gesehen, daß sie die Hand gegeneinander hoben. Sie waren das einzige Beispiel einer richtigen Familie, das ich in meiner Kindheit erlebte, und leider war dieses Erlebnis viel zu kurz.

Cousine Cottie hatte fünf Kinder, vier wohnten mit uns zusammen in diesem Haus, das fünfte, die kleine Odell, wohnte bei Cousine Cotties ältester Schwester, der großen Odell, in New York. Wir lebten wie Geschwister in Cotties Haus, wir teilten alles und mit jedem. Selbstsüchtigkeit wurde nicht geduldet, und keiner kam angerannt, um den anderen zu verpetzen, außer meiner Schwester, und Cousine Cottie trieb ihr diese Gewohnheit bald aus, weil sie sie dafür bestrafte, wenn sie es tat. Cottie weigerte sich einfach, sich Geklatsche und Gepetze anzuhören. Obwohl wir nur kurz zusammenlebten, mochten sie uns bestimmt genauso gerne wie wir sie. In unserem Haus war immer was los, ständig kamen Leute und lachten und redeten über alles mögliche, meistens ging es um Spaß und lustige Erlebnisse. Manche erzählten Geschichten aus ihrer Jugend, wie sie früher getanzt und wie sie sich gekleidet hatten und wie sie den Frauen hinterher gewesen waren. Ich sah, wie Cousine Cottie sich vor allen Kindern auszog, Jungen und Mädchen. So eng es in Großmutters Haus auch war, wir durften uns nie ganz nackt vor den anderen zeigen, und es war undenkbar, ein Zimmer zu betreten, in dem sich ein Erwachsener gerade auszog. Cousine Cottie rief uns manchmal, um ihr beim Anziehen zu helfen.

Teilweise brauchte sie uns wirklich beim Anziehen, weil sie so dick war. Das Fett lag in dicken Wülsten auf ihrem Körper, und ich lachte oft und zog sie damit auf, daß sie zwei Bäuche hätte. Ich sah ihr zu, wie sie beim Baden diese Wülste hob, um sich dazwischen zu waschen, wenn ich ihr den Rücken schrubbte. Danach mußte sie die Wülste wieder heben, wenn sie sich abtrocknete und puderte. In ihrem Haus sah ich zum erstenmal, daß eine Frau sich puderte und ihre Haut eincremte und sich mit Parfum aus einer Flasche besprühte. In Großmutters Haus hatte ich so etwas nie gesehen, allerdings wohl im Judenviertel. Ich fragte Großmutter, warum die Weißen Parfum benutzten, und sie sagte, sie nähmen lieber Parfum, wenn sie stanken, als ein Bad. Ich glaubte auch, daß wir kein Parfum hätten, weil wir arm waren, und daß Großmutter mir das nur nicht sagen wollte.

Cottie arbeitete in einem Hotel als Zimmermädchen, und Tante Grace war an der Bar im Club 909. Manchmal ging Mama in die Bar und nahm mich mit. Mir fiel auf, daß alle diese Leute, von denen Großmutter sagte, die würden bald abkratzen und schnurstracks in die Hölle kommen, viel netter als sie selbst waren. Sie tranken ihren Alkohol und wurden manchmal betrunken, aber sie waren immer guter Laune, und es machte ihnen Spaß, in Gesellschaft zu sein. Ich sah auf die Gesichter dieser Leute, von denen Großmutter sagte, sie seien Rauf- und Trunkenbolde und sie würden alle früher oder später abkratzen und in die Hölle kommen.

Der Club 909 war nur einen Block weit von unserem Haus entfernt, und ich konnte zu Fuß hingehen, wenn ich wollte. Ich gab oft vor, daß ich Tante Grace beim Gläserwaschen helfen wollte, damit ich hindurfte. Dann saß ich auf einem Barhocker und sah mir die Leute an, die sich unterhielten und lachten und schrien. Ich mochte das sehr gern und mochte Tante Grace noch mehr, weil sie es mir erlaubte. Tante Grace hielt alle bei guter Laune und achtete darauf, daß die, die so betrunken waren, daß sie nicht alleine nach Hause gehen konnten, von jemandem begleitet wurden. Die Leute in der Bar mochten sie genauso gern wie ich, und sie war berühmt für ihre Krabbenkuchen, die ich in mich hineinstopfte, bis ich fast platzte. Hunger und Arbeitslosigkeit hatten uns immer verfolgt, wohin wir auch gingen, aber im Haus meiner Cousine war die Stimmung anders. Sie gingen nicht mit Fäusten oder mit Schimpfworten aufeinander los, wenn einer seinen Job verlor oder rausgeschmissen wurde. Es kam auch nicht vor, daß jemand vor den anderen Essen versteckte, wie Großmutter es sich angewöhnt hatte, um das Zeug dann später verdorben hinter einem Sessel wiederzufinden oder von Ratten angeknabbert, so daß man es nicht mehr essen konnte.

An dem einen Weihnachtsfest, das wir bei Cottie verbrachten, gab es Hamburger und Bohnen als Weihnachtsessen. In der Schule hatte man uns beigebracht, daß man in ganz Amerika an Weihnachten Truthahn oder Schinken ißt und daß dieses Essen was ganz Besonderes sein muß, und wir saßen da und aßen Hamburger und waren verdammt froh, überhaupt was zu haben, denn ein leerer Magen war keinem von uns unbekannt. Natürlich waren wir Kinder alle ein bißchen enttäuscht, weil die anderen Kinder im Block gesagt hatten, daß es bei ihnen an Weihnachten Truthahn gäbe. Tante Grace stand in der Küche und sah uns alle einen nach dem anderen an und fragte, warum wir so lange Gesichter zögen. Wir sagten nichts, aber sie wußte es schon. Sie hatte gehört, wie wir davon gesprochen hatten, daß wir auch Truthahn essen wollten. Sie stützte ihre Hand in die Hüfte und sagte: «Glaubt doch diesen Kindern und ihrem Gerede nicht. Die behaupten, sie hätten einen Truthahn, und dabei haben manche von ihnen weniger zu essen als wir. Sie laufen rum und sagen, bei ihnen gäbe es Truthahn, damit ihr nicht fragt, was es bei ihnen gibt. Eßt ihr mal, Kinder, und dankt Gott dafür, daß ihr einander habt, denn wenn dieser Truthahn, den die angeblich essen, den Wasserfall runtergeht, haben wir immer noch uns gegenseitig und noch was zum Essen auf dem Tisch. Es hat doch keinen Sinn, hinzugehen und sein ganzes Geld für einen Truthahn auszugeben, nur weil irgend so ein Weißer sagt, daß es so sein müßte, und dann hat man am nächsten Tag kein Geld mehr für was zu essen, und der Truthahn ist auch alle.»

Wir brachen in lautes Gelächter aus bei dem Gedanken an den Wasserfall; sie meinte das Abwassernetz, in das alles aus den Toiletten hineingespült wurde, und die Vorstellung von dem Truthahn, der den Wasserfall hinunterschwamm, brachte uns alle zum Lachen. Ich hörte ihr gern zu, weil alles, was sie sagte, so einleuchtend war. Sie hatte eine gute Art, etwas mit Worten auszudrücken, die jeder benützt. Sie brauchte nur den Mund aufzumachen, und schon glaubte ich ihr alles, jedenfalls für den Augenblick, und auch wenn ich es später anzweifelte, stellte ich nie ihre Aufrichtigkeit in Frage, sondern machte mir klar, daß sie vielleicht nur etwas durcheinandergebracht hatte. Sie war ein rundes Kügelchen voller Frohsinn und Freude, und sie teilte diese Freude überall mit, wohin sie auch kam.

Sie wohnte mit einer anderen Frau namens Ida zusammen. Sie hatte sie auf der Straße aufgegabelt, wo Ida mit einer riesigen blutenden Wunde an der Stirn rumlief. Ida kannte nur ihren Namen und wußte nichts über ihre Familie oder woher sie gekommen war. Sie konnte nicht erzählen oder wollte es vielleicht auch nicht, woher sie diese Wunde an der Stirn hatte. Tante Grace nahm sie einfach mit zu sich, und da blieb sie, bis sie mehr als zwanzig Jahre später starb. Sie war viel jünger als Tante Grace, sah aber doppelt so alt aus, weil ihr Haar vollkommen weiß war, schon als sie Anfang Dreißig war. Tante Grace sagte, sie könnte ihr Alter schätzen an ihrer Haut und den Muskeln und daran, wie lange sie noch ihre Periode hatte, nachdem Tante Grace sie in den Straßen von Baltimore gefunden hatte, wo sie rumlief und Wunderliches vor sich hinsprach.

Manchmal nannte Tante Grace sie Dummerchen, und das ist die

einzige Unfreundlichkeit, die ich von Tante Grace erinnere. Denn obwohl ich noch ein kleines Kind war, fand ich, daß es gemein war, Ida Dummerchen zu nennen. Sie war geistig so zurückgeblieben, daß sie nicht lernen konnte, und sie hörte nicht sonderlich gut; sie war eigentlich gar nicht gegenwärtig, wenn sie in einem Zimmer war. Sie war wie ein Schatten, der an einem Regentag am Fenster vorbeigeht. Es war unmöglich zu ahnen, was sie dachte oder wollte, sie bat nie um etwas, sie nahm nur, was ihr angeboten wurde, und sagte immer ganz bescheiden wie ein Kind danke. Ihr Gesicht sah für mich immer gleich aus, auch noch, als ich schon erwachsen war. Ihre Augen waren immer auf den Boden gerichtet, und wenn es mir einmal gelang, sie zu sehen, waren sie traurig und leer und voller Angst. Es war unmöglich zu erkennen oder zu unterscheiden, welche ihrer Ängste am stärksten war. Sie schien niemals auch nur einen Augenblick lang Frieden zu haben, sie war ein Beispiel ständigen Leidens. Irgend jemand hatte versucht, sie zu Tode zu prügeln, soviel wußte Tante Grace und erzählte es uns, und sie war sicher, daß Ida wußte, wer es war, aber es bis an ihr Lebensende niemandem erzählen würde. Als sie dann endlich starb, hatte ich das Gefühl, daß sie nun Frieden gefunden habe und sich nicht mehr zu fürchten brauchte, noch einmal überfallen zu werden. Ich war mit Tante Graces Art, Ida zu behandeln, nicht einverstanden, aber sie sagte, das sei die einzige Möglichkeit, sich dem «Dummerchen» verständlich zu machen. Sie schob sie rum und mußte ihr manchmal die Hände führen und den Kopf drehen, damit sie funktionierte. Tante Grace sagte, sie sei für die Welt verloren.

Eines Tages kam die Nachricht, daß Tante Graces andere Tochter, die in New York wohnte, zu einem Besuch nach Hause käme. Überall herrschte jetzt Aufregung, aber auf den Gesichtern der Erwachsenen lag auch der Ausdruck einer gewissen Besorgnis. Alle freuten sich darauf, daß sie kommen sollte, aber sie sagten auch, daß sie recht launisch sei und meine Mama noch nie gemocht hätte. Unsere Tage in diesem Haus voller Freude und Liebe waren gezählt, vom Schicksal oder Pech, wie Mama es nannte, begrenzt.

Meine Mutter hatte überhaupt kein Selbstvertrauen, weil sie ihr Leben lang von ihrer Mutter abgelehnt worden war und es immer hieß, sie sei damit gestraft, als Linkshänder geboren zu sein. Deshalb nahm sie die meisten Schicksalsschläge hin in der Meinung, sie habe sie selbst verschuldet, weil sie unter einem Unglücksstern geboren sei. Als Kind glaubte ich auch daran und vermied peinlichst, die linke Hand zu benützen, außer wenn ich sie zusätzlich zur Rechten brauchte und ich mit dieser die erste Bewegung gemacht hatte.

Meine Mutter war nicht sehr intelligent, weil ihre Mutter und ihre Lehrer ihr beizeiten beigebracht hatten, daß sie dumm sei. Manchmal erzählte sie mir, wie sie in der Schule geschlagen worden war, weil sie ihre Hausaufgaben nicht konnte, oder wie man ihr eine Narrenkappe aufgesetzt hatte, was nach außen hin zeigen sollte, daß sie dumm war. Wenn Mama mir diese Geschichten erzählte, weinte ich, und wenn ich ausgeweint hatte, nahm ich mir vor, daß es nie einem Lehrer gelingen sollte, mich so zu verletzen. Mama war die Größte und Älteste in ihrer Klasse, denn sie kam nie über die zweite Klasse hinaus, und sie war immer noch in der zweiten Klasse, als sie ihre erste Regel hatte. Das Blut lief hinten an ihrem Kleid herunter, als sie nach Hause ging, und die Kinder hänselten sie und riefen ihr gemeine Sachen nach. Mama sagte, sie hätte keine Ahnung gehabt, was eigentlich mit ihr los war, und keine Lehrerin und auch sonst niemand versuchte, es ihr zu erklären oder ihr zu helfen. Sie schickten sie einfach so nach Hause. Nach diesem Zwischenfall wurde sie aus der Schule genommen, denn die Schulbehörde befand, sie sei jetzt eine Frau und sollte nicht bei den kleinen Kindern in der Klasse sein, weil sie einen schlechten Einfluß auf sie hätte.

Mama blieb zu Hause und putzte und hütete meinen ältesten Cousin Boo-Boo, der keine Mutter hatte. Manchmal ging sie mit Großmutter ins Judenviertel, um ihr beim Putzen zu helfen, aber Großmutter nahm sie nicht gerne mit, weil sie oft etwas zerbrach. Tante Grace und Cousine Cottie versuchten Mama beizubringen, daß so etwas eben vorkäme, daß es nicht ihre Schuld sei, daß sie mit zwei linken Händen geboren sei und daß die ganze Geschichte mit dem Pech Unsinn sei und nur eine Entschuldigung, die Großmutter in die Welt gesetzt hatte, um ihre Gehässigkeit Mama gegenüber zu vertuschen.

Das Hin und Her über diese andere Cousine, die nach Hause kommen sollte, und wann sie ankommen würde, hielt das ganze Haus in Atem. Keiner wußte recht, in welchem Zimmer sie schlafen sollte, und außerdem brachte sie ja noch eine von Cotties Töchtern mit, die sie zu sich genommen hatte, als sie noch ganz klein war. Cousine Cotties andere Kinder kannten sie nicht einmal, denn sie war schon weggewesen, als ihre Geschwister geboren wurden. Endlich kam der Tag, und mir wurde klar, daß sie beide denselben Namen hatten, die große Odell und die kleine Odell. Und mir wurde auch klargemacht, daß man mit ihnen vorsichtig umgehen müsse, weil die große Odell ihre Launen habe und die kleine Odell alles täte, was die große ihr sage. Soviel ich verstand, war sie vor über zehn Jahren von zu Hause weggegangen und wohnte in New York. In den Ferien war sie öfters zu Besuch gekommen. Bei einer dieser Gelegenheiten kam sie gerade recht zur Geburt ihrer Nichte, die auch gleich nach ihr genannt wurde. Sie nahm das Kind mit nach New York, um es dort aufzuziehen, weil sie davon überzeugt war, daß es dort bessere Bildungsmöglichkeiten hätte als im Süden. Ich war sehr gespannt darauf, diese beiden Cousinen aus New York zu sehen, denen der Absprung in das Land der großen Möglichkeiten geglückt war. Und ich wußte nichts davon, daß dies nur ein Sprung von einem kleinen Ghetto in ein größeres war.

Sie kamen nachts, als alle Kinder außer mir schliefen. Ich konnte vor Aufregung einfach nicht einschlafen. Als ich hörte, daß sie da waren, ging ich die Treppen hinunter. Ich hatte mein ganzes Leben lang noch nie so schöne Menschen gesehen, und dieser Anblick ergriff mich richtig. Ich fühlte, wie mir Tränen in die Augen stiegen, wußte aber nicht warum. Mein einziger Gedanke war, daß New York sie so schön gemacht hatte und ich auch dorthin wollte. Es lag nicht nur an ihren Gesichtern, sondern auch an dem, was sie anhatten. Ihre Kleider waren so anders, so raffiniert und so farbenfreudig, und sie waren so voller Leben, das sich in ihren Gesichtern widerspiegelte. Sie schienen eine innere Sicherheit zu haben, die nach außen strahlte. Die kleine Odell hatte nicht diesen einfältigen Blick wie wir alle und diese dumme Angewohnheit, zu Boden zu schauen, wenn jemand ihr ein Kompliment machte. Sie bewegte sich, als wüßte sie ganz genau, wohin sie ging und was sie wollte. Wenn man zu ihr sagte, daß sie schön sei, sagte sie: «Ja, ich weiß.» Ich mochte ihre Art sehr gerne, und ich dachte, so müßten alle Menschen sein. Wir alle waren schüchtern, und sie war mutig und völlig unerschrocken und sagte alles, was sie dachte, und tat alles, was ihr gefiel. Sie antwortete den Erwachsenen nicht mit «Ja, Ma'am» und «Nein, Ma'am», sie sagte einfach Ja oder Nein in einem Ton, der einem mitteilte, wie man dieses ja oder nein zu verstehen hatte. Die beiden Odells scherten sich um niemanden, und ich wollte sein wie sie. Ich wünschte jetzt heiß und sehnlichst, daß die Jahre schnell vergehen sollten und ich dann endlich aus diesem verdammten Baltimore in Maryland abhauen könnte.

Ich muß weg, ich muß, und ich tu es auch, sagte ich mir jeden Abend nach dem Beten. Ich fand ihren New Yorker Akzent wahnsinnig aufregend, ich saß einfach nur da und starrte sie an, als seien sie gar nicht wirklich. New York sei das Land der großen Möglichkeiten, hatte ich immer wieder gehört, und ich würde hingehen und wie sie aussehen und mich wie sie benehmen.

Meine zurückgekehrten Cousinen hatten eine überhebliche Art, die mir das Gefühl gab, ich sei etwas Schlechteres. Sie sprachen von oben herab mit uns, als wären wir blöde oder dumm, und sagten uns das auch manchmal ins Gesicht. Trotzdem wollte ich immer noch sein wie sie, aber ich nahm mir fest vor, auch wenn ich mir diese neue Kultiviertheit angeeignet hätte, noch vernünftig zu bleiben. Die kleine Odell log und war sehr verwöhnt. Sie und die große Odell behandelten meine Mutter, meine Schwester und mich, als hätten wir kein Recht darauf, im Haus ihrer Schwester zu leben. Sie lachten über uns und unsere hinterwäldlerische Art zu sprechen.

Die beiden Odells waren ein fieses Gespann. Ihr Gesichtsausdruck sagte schon alles. Die große Odell war eifersüchtig, weil Cottie uns so gerne mochte, daß sie uns von der Straße weg aufgenommen hatte. Die Liebe zwischen uns allen war für unsere Besucher wohl sehr offensichtlich. Die große Odell fand, daß das Gefühl der Zusammengehörigkeit nicht auf heimatlos herumstreunende Mitglieder des anderen Familienzweiges ausgedehnt werden sollte.

Jeden Tag gab es Streit zwischen der großen Odell und Tante Cottie und Tante Grace. Sie sagten zu Odell, daß New York sie verändert hätte, und zwar nicht zum Besten. Meistens fanden diese Streitereien vor meiner Mutter und manchmal auch vor mir statt. Sie sagten, Mama sei eine gute Frau, nur ein bißchen zurückgeblieben. Der großen Odell gefiel es nicht, daß Cottie Mama und uns beide Kinder durchfütterte, und sie sagte das immer während ihres Besuchs. Sie sah uns drei haßerfüllt an, und trotzdem hätte ich diese Frau gerne geliebt, und ich drückte oft meine Lippen auf ihre Wange, wenn sie auf uns schimpfte. Beim letztenmal, an das ich mich erinnere, hörte sie plötzlich auf und fing an zu weinen. Sie weinte und schluchzte, und Tante Grace hielt sie in ihren Armen. «Mama, was ist bloß mit mir los, warum habe ich nur diesen schrecklichen Haß auf die Kinder und alle anderen. Sie haben mir doch nichts getan. Ach, Mama, was ist nur mit mir los?» Ich legte meine Arme um Cousine Odell und fing auch an zu weinen, nur weil es mich traurig machte, sie weinen zu sehen. Ich vergaß, daß sie uns nicht mochte, und sie tat mir leid.

Ein paar Tage nach dieser tränenreichen Szene war sie wieder ganz die alte und war nicht mehr freundlich zu uns, sondern kommandierte uns herum wie Hunde. Das Haus war voller Spannungen, die es vor ihrem Besuch und danach nie gab. Eines Tages kam der Freund meiner Mutter, um sie zu sehen. Er durfte nicht ins Haus, weil Cousine Cottie fand, er sei ein ordinärer Kerl, er war nämlich zu ihrer ältesten Tochter Ronnie unverschämt gewesen. Er hatte Ronnie gefragt, ob sie für einen Dollar mit ihm ins Bett gehen wollte. Damals war ich zu jung, um zu verstehen, wovon sie sprachen, aber ich wußte, daß er in ihren Augen etwas Unanständiges getan hatte. Der Freund meiner Mutter stand auf der Treppe vor der Haustür und unterhielt sich mit ihr, weil er nicht mehr ins Haus durfte. Er war Taxifahrer und hatte sein Taxi vor unserer Haustür geparkt. Er stand die ganze Zeit auf der Treppe, und wir Kinder standen hinter der Eingangstür und sahen uns den «ordinären Kerl», wie er bei uns hieß, an. Dann ging er zu seinem Taxi zurück und fuhr davon.

Ein paar Augenblicke später kam Cousine Odell zur Tür und brüllte den Namen meiner Mutter: «Komm her, Delores Young!» Mama ging in das sogenannte Wohnzimmer, wo Cousine Odell ihr ins Gesicht schlug und sagte: «Was hat der Mann meiner Schwester hier gemacht, er ist eben aus dem Haus gekommen, und sie ist doch gar nicht zu Hause.» Ich stand da und sah, wie Mama weinte und die Hand ans Gesicht hielt und die Beschuldigungen zurückwies. «Wovon redest du überhaupt. *Tan Feet* war heute überhaupt nicht hier.» Odell nannte sie eine Lügnerin und sagte, sie hätte gerade gesehen, wie er in ein Taxi gestiegen und davongefahren sei. «Und ich weiß, daß er es war, weil er gelbe Schuhe anhatte.» Mama versuchte nicht mehr, irgendwas zu erklären, und ich verstand nicht, warum sie nicht sagte, wer der Mann gewesen war. Odell schrie sie immer noch an, als Cottie von der Arbeit nach Hause kam. Mama saß auf der Sessellehne und weinte wie ein Kind. Ich war ärgerlich und wollte Cottie erzählen, was geschehen war, aber ich hatte Angst, weil meine Zunge in letzter Zeit genug Übles für Mama angerichtet hatte.

Cottie fragte sie, was los sei, und Cousine Odell sagte: «Frag *sie* doch nicht, was los ist, frag mich, ich bin dein Fleisch und Blut.» Cottie übertönte Odell. «Delores Young, was ist denn?» Mama antwortete nicht und ließ nur den Kopf hängen und weinte. Mama konnte durch eine Lüge völlig die Fassung verlieren, wie man auch jetzt wieder sah. Odell fing an zu brüllen: «Dieses Luder hatte heute *Tan Feet* hier, während du zur Arbeit warst.» Auf Cotties Gesicht breitete sich ein Blick aus, den ich nie vorher gesehen hatte, und bevor ich wußte, was geschah, fing sie an zu brüllen: «Odell, was zum Teufel redest du für Zeug zusammen, *Tan Feet* kann überhaupt nicht hier gewesen sein heute, er hat mich gerade eben von der Arbeit hierhergebracht, und er war den ganzen Tag mit mir zusammen!»

Odell kreischte: «Er war hier, ich hab ihn selbst gesehen, ich kenne die gelben Schuhe, die er immer anhat.» Odell war wütend und wollte wissen, wer denn der Mann gewesen war, wenn es nicht *Tan Feet* war. Cottie unterbrach sie und sagte: «Dies ist mein Haus, Odell, Gott weiß, du bist meine Schwester und ich hab dich gern, aber komm mir ja nicht und rede solche Sachen, von denen du keine Ahnung hast. Es ist Delores Youngs Sache, wen sie hier drin hatte, solange es nicht dieser Taxifahrer ist, der kommt hier nicht rein.» Odell sagte: «Ach so, dann war er das, denn ich hab diesen Mann gesehen, wie er die Treppe runterging und in ein gelbes Taxi stieg.» Cottie sah Mama an und fragte, ob der Taxifahrer hiergewesen sei, Mama nickte ja und sagte: «Er ist aber nicht reingekommen, er ist auf der Treppe stehengeblieben und hat fünf Minuten mit mir gesprochen, du kannst die Kinder fragen, die waren alle hier.»

Odell kreischte: «Das ist eine verdammte Lüge, ich hab selbst gesehen, wie er aus der Tür kam.» Zum erstenmal brüllte Mama: «Das ist eine Lüge.» – «Was, du behauptest, ich würde lügen», mit diesen Worten packte Odell meine Gummipuppe und fing an, Mama damit ins Gesicht zu schlagen. Ich fing an zu schreien und wollte auf Odell zulaufen, aber Ronnie packte mich und hielt mich fest, während Cottie versuchte, Odell aufzuhalten. Der Kopf meiner Puppe lag auf dem Fußboden, und jedesmal, wenn der Rumpf der Puppe Mama traf, fiel etwas von der Baumwollfüllung auf den Boden. Ich wußte nicht, welche dieser zerstörerischen Taten mir näherging und mich mehr verletzte, die an meiner Mutter oder an meiner Puppe. Cottie brüllte Odell an: «Dies ist mein Haus, und ich dulde so ein beschissenes Verhalten nicht hier vor meinen Kindern.» Odell sagte: «Spricht man so mit seiner Schwester, du solltest auf meiner Seite stehen und nicht auf ihrer.»

Cottie wandte sich an Ronnie und fragte sie, wer heute hier gewesen sei. Ronnie sagte: «Es war, wie Delores Young gesagt hat, der Taxifahrer, aber er ist nicht reingekommen.» Die große Odell sagte: «Verdammt noch mal, meine ganze Familie ist gegen mich.» Ronnie sagte noch mal: «Es stimmt wirklich, er ist nicht hier reingekommen.» Odell ging zur Tür und sagte: «Ich merke schon, wenn ich wo nicht erwünscht bin, und ich werde mich auf die Socken machen und noch heute nach New York zurückfahren. Und die kleine Odell lasse ich hier.» Cottie sagte: «Odell, du brauchst dich doch nicht so zu benehmen, und du brauchst auch nicht gleich abzufahren, du hast doch geplant, länger hier zu bleiben, also bleib und genieß die Zeit hier. Kein Mensch stellt sich gegen dich, und kein Mensch hat 'ne Wut auf dich, mein Gott, also hab dich doch nicht so.» Die große Odell fuhr ab, und das war das letzte Mal, daß wir sie lebend sahen.

Am nächsten Morgen, noch vor Tagesanbruch, wurde ich von einem Weinen, so traurig, wie ich es nie vorher gehört hatte, aufgeweckt. Es war Tante Graces Stimme, die wiederholte immer wieder: «Mein Kleines ist tot, das kann doch nicht sein, mein Kleines ist tot.» Was für ein Kleines? dachte ich, alle ihre Kinder waren ja erwachsen. Ich schlich die Treppen hinunter und spähte ins Wohnzimmer. Tante Grace saß da und weinte und wiegte sich vor und zurück. Cottie saß da und blickte auf den Boden, und Tränen liefen ihr übers Gesicht. Cousine Delores starrte ganz verloren auf irgend eine Stelle in dieser Welt der Traurigkeit, die das Zimmer ergriffen hatte und sich bald auf das ganze Haus ausbreitete. Die kleine Odell saß im Nachthemd neben Tante Grace, lehnte sich an sie und weinte: o nein, Mama, o nein.» Cousin Albert, Cotties jüngerer Bruder und der Jüngste von Tante Graces Kindern, stand an eine Wand gelehnt, und auf seinem Gesicht lag ein Ausdruck von Hilflosigkeit. Seine ohnmächtige Wut hatte sich in diesem Blick angestaut.

Bis ans Ende meines Lebens habe ich diesen Blick auf den Gesichtern unserer Männer gesehen, wenn die Familie in Schwierigkeiten geriet und sie genau wußten, was sie hätten tun müssen, aber keine Macht hatten, überhaupt etwas zu tun. Die von den Weißen bestimmte männliche Gesellschaft hatte den farbigen Frauen das kostbare Privileg eingeräumt, untergeordnete Arbeiten zu verrichten, während sie dem Mann die Arbeit verweigerte. Die Frauen hatten Geld und damit die Macht, und den Männern blieb nichts übrig, als abzuwarten, bis sie beschlossen, was zu tun war. Tante Grace sprach, und ihre Stimme kam aus ihrer Seele; ihr Lebensantrieb war tödlich verwundet, und ihre Seele bebte, das hörte ich an ihrer Stimme. «Wir müssen mit dem Zug nach New York fahren und den Leichnam überführen und vielleicht einen Lastwagen mieten, um die Sachen aus ihrer Wohnung hierher zu holen. Alvin, du kannst das mit ein paar von deinen Freunden machen, und nimm die kleine Odell mit. Ich geh jetzt in die Bar und leihe mir Geld von meinem Chef, und dann können wir alle mit demselben Zug nach New York fahren. Delores Young, du bleibst hier und versorgst die Kinder, bis wir zurückkommen.»

Tante Grace war das Oberhaupt der Familie, seit ihr Mann, den keiner kannte, vor vielen Jahren gestorben war. Sie war jetzt im Begriff, den dritten Menschen, den sie liebte, zu begraben, ihr zweites Kind. Viele Jahre vor dieser Nacht hatte sie eine vierjährige Tochter begraben müssen, die Karen hieß und in ihren Armen gestorben war, als sie durch die Straßen lief und einen Arzt suchte oder ein Krankenhaus, das Schwarze aufnahm. Und heute abend hatte Amerikas System, den Schwarzen Tod auszuteilen, ihr ein weiteres Glied ihres kostbarsten Besitztums geraubt, denn in der Tat waren ihre Kinder ihr einziger Besitz. Sie weinte weiter, und durch ihre Tränen hörte ich, wie sie ein Gebet sprach: «Wie lange, wie lange noch, Jesus, wirst du uns zwingen, so weiter zu leiden, bevor ...», darauf ein langer, tiefer und schmerzlicher Seufzer. «Wie kannst du es zulassen, daß ein Weißer so grausam und böse ist, daß er sich weigert, einen Zug anzuhalten, um Hilfe für eine Kranke zu holen.» Sie blickte auf und sagte zu uns allen: «Sie haben mich nicht einmal angerufen, um mir zu sagen, daß sie im Zug gestorben ist. Nicht einmal die Polizei. Eine alte, schwarze Frau ist bis zum Ende bei ihr geblieben, und Odell bat sie, mich in der Bar anzurufen, im Club 909 in Baltimore.» Tränen erstickten ihre Stimme. Cottie legte ihre Arme um sie und zitterte und sagte immer wieder Mama, Mama. Meine Mutter sagte gar nichts, sie saß nur still da, und Tränen liefen ihr Gesicht herunter und tropften in ihren Schoß. Delores stand still hinter Tante Graces Stuhl, und ihre stummen Tränen fielen auf Tante Graces Haar, während sie die Hände auf Graces Schultern legte.

Der Leichnam wurde in einem grauen Samtsarg nach Hause gebracht, innen war er mit weißem Satin ausgeschlagen. Er wurde ins Wohnzimmer gestellt, und der Kranz aus Blumen wurde an die Haustür gehängt. Dieser Kranz teilte der ganzen Welt mit, daß hinter unserer Tür Trauer herrschte. Die Blumen teilten der am Haus vorbeiziehenden Welt mit, uns nicht mitten in der Nacht durch irgendwelche Schlägereien zu wecken, sondern ihre Schwierigkeiten woanders zu lösen. Der Kranz teilte allen Kindern mit, nicht an unsere Tür zu klopfen, um zum Spielen zu kommen oder uns zum Spielen zu holen. Denn für uns gab es bis zum Begräbnis kein Spiel mehr. Ständig klopften Menschen an unsere Tür, die uns ihr Beileid mitteilen wollten, und andere, Neugierige, die wir nie vorher gesehen hatten. Tante Grace saß Tag und Nacht vor dem Sarg und weinte und betete, zweifelte an Gott und bat Gott gleichzeitig, ihr die Zweifel zu verzeihen und ihr die Stärke zu geben, weiterzuleben.

Einer von Gottes Dienern kam, um der Familie mitzuteilen, daß Cousine Odell kein Mitglied seiner Kirche sei wie ihre Mutter und ihr deshalb nicht das Recht zustehe, von der Kirche beerdigt zu werden. Ich hatte immer geglaubt, daß wir alle Gottes Kinder seien und daß aus diesem Grund jeder von uns das Recht auf ein kirchliches Begräbnis habe. Der Gottesdienst wurde in unserem Wohnzimmer abgehalten, das voller weinender Leute war, und der hinterlistig aussehende Prediger sagte mit dem Gesicht eines Gauners, daß wir, obwohl sie in der Sünde gelebt hatte und nicht von der Kirche beerdigt werden könnte, für sie zu Gott beten sollten, damit er ihr vergeben und ihre Seele aufnehmen würde. Mir war klar, daß ihre Seele nicht viel Glück haben würde, wenn Gott auch nur annähernd diesem seinem Boten glich, der ihr nicht einmal für die Dauer eines christlichen Begräbnisses vergeben konnte. Wir verabschiedeten uns von Cousine Odell in ihrem grau-weißen Bett, in ihrem blauen Satinkleid, das sie auch angehabt hätte, wenn sie noch gelebt hätte. Ihr Haar war völlig entkraust und in kleine aufgeplusterte Locken gelegt, die den ganzen Kopf bedeckten; sie hatte nußbraunen Puder im Gesicht und ihren rubinroten Lippenstift auf den Lippen. Durch ihre außerordentliche Schönheit hindurch schien noch etwas vom Todeskampf und vom Leid, in den Armen einer Fremden gestorben zu sein.

5

Nach der großen Auseinandersetzung in Tante Cotties Haus blieb uns nichts anderes übrig, als wieder zu Großmutter zu ziehen. Zum erstenmal merkte ich, daß Erwachsene nicht leicht vergessen, und ich fragte mich, ob sie überhaupt je etwas vergeben. Wir mußten Cousine Cotties Haus verlassen, weil Mama dort jeden Tag alle an ihre verstorbene Schwester und Tochter erinnerte, gegen die sie Mama verteidigt hatten, und als sie dann von Baltimore nach New York zurückfuhr, war sie im Zug an Blinddarmentzündung gestorben, und der Schaffner hatte noch dazu beigetragen, weil er sich weigerte, den Zug anzuhalten, nur weil irgend so eine Schwarze krank sei. Mama war für Cottie und ihre Familie jeden Tag eine lebende Erinnerung an ihren Irrtum, einen Irrtum, den sie nicht wieder gutmachen konnten. Nach dem Tod von Cousine Odell spielte es für sie keine Rolle mehr, wer recht gehabt hatte und wer nicht, und daß sie ja nur das Richtige getan hatten. Für sie spielte nur eine Rolle, daß ein geliebtes Familienmitglied jetzt tot war, und wenn wir nicht gewesen wären, hätte es den Streit nicht gegeben, und Odell wäre nicht so überstürzt abgereist. Sie wäre noch bei ihrer Familie gewesen, als die Blinddarmreizung anfing, und sie hätten ihr helfen können.

Ich bekam mit, wie sie sich hinter unserem Rücken darüber unterhielten und wie Tante Grace als einzige bereit war, alles zu vergessen, aber die anderen, Cottie, die kleine Odell und Delores wollten, daß wir ausziehen sollten. Und so kam der Tag, an dem sie sich nicht mehr hinter unserem Rücken besprachen, sondern Cottie zu Mama sagte: «Es ist besser, wenn du deine Kinder nimmst und dir eine andere Bleibe suchst. Jedesmal, wenn ich dich ansehe, denke ich an den Streit, und ich kann einfach nicht vergessen, daß diese ganze Geschichte nicht passiert wäre, wenn du nicht hiergewesen wärst, und vielleicht würde sie jetzt noch leben.» Mama sagte nichts zu ihrer Verteidigung, nur als sie sich umdrehte, um rauszugehen, sagte sie: «Es tut mir leid.» Als sie unsere Sachen zusammenpackte, weinte sie, und ich versuchte, sie zu trösten, aber was konnte ich schon sagen. Es war nicht leicht, dorthin zurückzugehen, wo für uns die Hölle gewesen war. Wir wußten schon, daß Großmutter von früh bis spät sagen würde: «Ich hab's dir doch gesagt.» Mama packte weiter und weinte. Ich versuchte sie zu trösten, indem ich meine Hand auf ihren Arm legte und sagte: «Wein doch nicht, es wird schon alles gut werden», aber sie zog ihren Arm unter meiner Hand weg, als hätte ich sie verletzt oder etwas Böses getan, und weil ich sehr empfindlich war, gab ich mir sofort wieder selbst die Schuld dafür, daß ich überhaupt geboren und immer der Grund aller Schwierigkeiten war. Mich verletzte es, daß sie mich wegstieß. Wir verließen Cotties Haus gegen den Wunsch von Tante Grace. Sie meinte, die Zeit würde diese schlimmen Erinnerungen und Gefühle mildern, und daß wir wieder eine Familie werden könnten. Meine kugelige, dicke Tante Grace, die ganze Liebe meiner Kindheit, stand in der Tür, und Tränen rollten über ihr Gesicht, weil sie so traurig war, daß wieder jemand aus der Familie sie verließ, so kurz nach dem tragischen Tod von Odell.

Es war grauer Spätherbst draußen, und die ganze Welt schien von einer schweren Last niedergedrückt, so wie unsere Schultern. Mamas Arm war verheilt, aber jetzt war es ihr Herz, das blutete, und egal wie gut man sie pflegte, nichts würde diese Wunde heilen können. Auf unserer langen Wanderung durch Baltimore zurück zu dem Haus des Schreckens für mich und auch für meine Mutter, wandte uns der Himmel ein abweisendes, graues Gesicht zu, und die Sonne wollte an diesem kalten Tag im späten Herbst nicht scheinen. Die Bäume hatten fast alle Blätter abgeworfen und die Vögel waren weg, und das Feuer von Liebe, das uns im Haus meiner Cousine gewärmt hatte, war erloschen. Ich stand kalt und nackt da und wußte, daß ich, solange ich lebte, nie wieder so geliebt werden würde, mit dieser Liebe, die mein Herz mit Musik füllte, weil es zum erstenmal in seinem Leben geliebt wurde. Ich hörte mein Herz singen, weil keine Furcht es mehr umgab. Aber der kalte Wind sagte mir, daß alle Liebe vergangen war und so das Leben für mich sein sollte, kalt und lieblos.

Wieder einmal wanderten wir durch dieselben häßlichen Straßen, wieder einmal waren wir heimatlos und suchten die Liebe irgendeines Menschen und Nahrung und Wärme. Wir trugen unser Bündel durch die Straßen und begegneten einer Schar von häßlichen Gesichtern, einige drückten aus, daß sie wußten, was uns bevorstand. Andere zeigten Belustigung über uns drei Lumpensammler. Und dann gab es unter den Zuschauern noch die, denen alles gleichgültig war. Wo war die Fee, die jetzt eigentlich hätte erscheinen müssen, um uns auf einer Freudenwolke ins Schlaraffenland, ins Reich der Liebe und des Friedens zu tragen? Und doch wußte ich in allen meinen Hoffnungen und Träumen, wie die Wirklichkeit aussah, ich wußte es nur allzu genau.

Ein paar Blocks weiter klopfte Mama an die Tür einer Freundin. Ich kannte sie nicht sehr gut, aber ich hatte sie gesehen, wie sie jeden Morgen ihre Kinder zur Schule brachte, wie Mama es auch manchmal tat; zwischen den beiden Müttern entspann sich eine Unterhaltung, die aber immer irgendwie darin mündete, wie schwer es sei, Kinder zu haben und sie anständig großzuziehen. Die Frau, die Hazel hieß, hatte braune Haut wie meine Mutter, und sie war etwa ebenso alt. Sie trug Hauskleider, wie Mama das nannte, das waren Kleider aus Baumwolle mit großen Blumenmustern, die aussahen, als hätte man ein paar Farbtöpfe darüber ausgegossen.

Hazel lebte mit einem Mann zusammen, der immer nackt rumlief und ständig ein steifes Glied hatte. Es schien ihm nichts auszumachen, daß wir Kinder um ihn herum waren. Nachts hörte ich, wie sie Geschlechtsverkehr hatten, und manchmal kam Hazel in die Küche, wo wir auf einem Notbett schliefen, und weinte. Manchmal schlug er sie am Morgen danach mit unglaublicher Heftigkeit, und dann hatte er mit der gleichen Heftigkeit Geschlechtsverkehr mit ihr, und sie kam ganz zusammengekrümmt in die Küche und hielt sich den Leib. Jede Bewegung schien ihr Schmerzen zu bereiten. An solchen Vormittagen durften wir keinen Lärm machen. Ich hatte eine Todesangst vor diesem Mann, und wenn Mama und Hazel manchmal tagsüber weggingen und erst spät abends wiederkamen, ängstigte ich mich bis zu einem Zustand versteinerter Fühllosigkeit. Er saß nackt da und wanderte in der Wohnung umher. Der Anblick seines erigierten Penis entsetzte mich aus unerklärlichen Gründen. Die Fenster der Wohnung gingen auf die Straße hinaus, und manchmal kamen die Nachbarskinder vorbei und spähten herein und lachten. Er nahm dann sein steifes Glied und schwenkte es zu ihnen hin, manchmal pißte er auch aus dem Fenster in ihre Richtung.

Wir wohnten dort nicht lange, und Mama begann schon wieder mit Großmutter über unsere Rückkehr in ihr Haus zu verhandeln. Es dauerte eine ganze Zeit, bis Großmutter ihren Starrsinn überwand. Wir wohnten währenddessen bei Hinz und Kunz und hier und dort in ganz Baltimore. Mir kam es vor, als wären wir jede Nacht im Haus einer anderen alten Frau, die Mama während des

Tages kennengelernt hatte, oder bei einem anderen Mann, der Mama unbekümmert vor meinen Augen und im gleichen Bett, in dem ich lag, fickte. Ich hörte Mama fast jede Nacht weinen und bitten, sie doch vor ihren Kindern nicht so zu erniedrigen. Aber die Antwort dieser fremden Männer war immer die gleiche: «Die Kinder schlafen.» Mir fiel auf, daß wir bei jenen Männern länger blieben, denen Mama keinen Widerstand entgegensetzte, und immer, wenn sie versuchte, sich zu verweigern, saßen wir am nächsten Morgen wieder vor der Tür. In einer sehr kalten Nacht sah ich Mama mit dem Mann, bei dem wir gerade wohnten, auf dem Fußboden beim Geschlechtsverkehr. Ich lag da und beobachtete sie, und mir wurde ganz kalt, und ich haßte diesen Mann so sehr, daß ich ihn hätte umbringen können. Und als er seinen Orgasmus hatte, hoffte ich, daß er daran sterben würde.

In Großmutters Haus hatte sich nichts verändert. Der gleiche Haufen von Aasgeiern saß immer noch zusammen und tat nichts anderes als vorher. Das Schlafen in Schichten fing wieder an und die ganze Trostlosigkeit dieses Hauses. Großmutter und die anderen versuchten, aus uns herauszubekommen, was in Cousine Cotties Haus wirklich geschehen war und warum wir dort hatten wegmüssen. Ich sagte nichts, und meine Schwester konnte nichts sagen, weil sie es selbst nicht so genau wußte. Ich fing wieder an, ins Bett zu machen und dann die ganze Nacht kalt dazuliegen, weil ich Angst hatte, in der Dunkelheit ins Badezimmer hinüberzugehen, und natürlich wegen der Ratten, und aus einem Grund, den ich nicht erklären konnte, wagte ich nicht, Mama aufzuwecken und sie zu bitten, mir zu helfen. Ich näßte das Bett, bis ich zehn Jahre alt war und wir endgültig Großmutters Haus verließen.

Nach einer Weile wurde mir vom Bettnässen immer so kalt, daß ich es irgendwie schaffte, aus dem Bett zu steigen und in einen alten Hut zu pinkeln, den ich auf dem Fußboden fand. Ich weiß nicht, wie lange ich in diesen Hut pinkelte, aber manchmal hatte ich so große Angst davor, aus dem Bett zu steigen, daß ich nicht einmal das tat. Dann pinkelte ich ins Bett und schob meine Schwester auf den nassen Fleck und zog ihren Schlafanzug an. Das tat ich, weil ich wußte, daß man sie nicht für das Bettnässen schlagen würde. Seit der Rückkehr von meinen Cousinen waren meine Tage und Nächte in diesem Haus noch dunkler, und, was noch schlimmer war, ich durfte nicht von unserer Zeit dort sprechen, außer wenn sie mich über irgend etwas ausfragen wollten. Natürlich bekamen sie von mir nie die Antwort, die sie erwarteten, und deshalb sagten sie, ich sollte den Mund halten. Von Tante Grace und Cousine Cottie zu sprechen, war bei Prügelstrafe verboten.

Die Rückkehr in Großmutters Haus bedeutete Kirche, Kirche und noch mal Kirche. In Cousine Cotties Haus gingen wir Sonntag vormittags von neun bis zwölf in die Sonntagsschule. Cousine Cottie war dagegen, den ganzen Tag in der Kirche zu verbringen. Sie fand, daß man während des Vormittags genug Zeit hatte, mit Gott ins reine zu kommen, ein ganzer Tag sei dazu nicht nötig. Manchmal, wenn wir Geld hatten, gingen wir nach der Sonntagsschule ins Kino zur totalen Gehirnwäsche durch Cowboys und Indianer und die blonden Schönheiten und weißen Jungs mit den geleckten Haaren, die sangen und vögelten und ihr Glück machten. Ich saß drin und war so traurig, daß ich nicht weiß geboren war, mit blonden Haaren und blauen Augen. Mir war klar, daß ich auf Liebe nie hoffen dürfe, ich sah ja, daß nur weiße Frauen hofiert und ausgeführt wurden.

Das Lenox Kino war bis auf den letzten Platz mit uns schwarzen Kindern besetzt, und alle verkauften wir unsere Seele für fünfzehn Cent am Sonntagnachmittag. Mit Hilfe des Kinos kam mir allerdings auch die Wahrheit über mein Dasein hier in Amerika zu Bewußtsein.

Das Kino gehörte uns von eins bis sechs, aber wenn gegen Abend die Erwachsenen hereinströmten, gingen die Platzanweiser durch die Gänge, um uns Kinder vor der Abendvorstellung hinauszutreiben. Einmal gelang es mir, bis neun Uhr drinzubleiben, weil ich mich unter meinem Sitz versteckte, bis der Platzanweiser vorbei war. Ich war noch keine zehn Jahre, und es gab einen Film über Sklaverei. Zum erstenmal in meinem Leben sah ich auf der Leinwand andere Schwarze als «Amos und Andy» und «Die kleinen Racker». Das Wort «Sklave» fiel, und zweifellos waren die Schwarzen die Sklaven. Sie lebten auf einer herrlichen Plantage in einer Hütte am Ende des ausgedehnten Geländes. Eine wunderschöne, schwarze Frau bekam ein Kind, und ihr Mann half ihr dabei. Ein prachtvoller Knabe wurde geboren, und der Vater lief los, um es dem Massa zu erzählen. Der Massa lebte in einem schneeweißen Herrschaftshaus; so weiß und glänzend, daß es dem Mond Konkurrenz machen konnte. Der Sklave teilte dem Massa mit, daß sein

Sohn angekommen sei, und der Massa erwiderte, er würde eine prachtvolle Arbeitskraft abgeben, wie sein Vater. Der Sklave senkte den Kopf und begann um Freiheit für sein neugeborenes Kind zu flehen. Der Massa strich dem Sklaven über den Kopf und sagte, er sollte sich nur nicht grämen, und er und seine weiße Frau mit ihrem feinen Kleid, das im Mondenschein glänzte und in der stillen Nacht raschelte, gingen hinüber, um das neugeborene Kind anzusehen. Der Massa sagte: «Was für ein prachtvoller Knabe, er wird ein prachtvoller Arbeiter werden wie sein Erzeuger.» Die schwarze Frau hielt ihr Kind fest an sich gedrückt und flehte den Massa an, ihm die Freiheit zu schenken. «Ich tue alles, aber nehmt nicht mein Kind, ich tue alles, bitte gebt ihm die Freiheit.» Der Massa lachte und sagte herablassend: «Na gut, wir sprechen ein andermal darüber.» Die Frau schrie immer noch, sie würde lieber sterben, als zu erleben, wie ihr Sohn verkauft würde, lief aus der Hütte mit dem Kind in den Armen und die Straße hinunter, im hellen Mondlicht, und alle drei liefen hinter ihr her. Der schwarze Mann sagte: «Sie läuft zum Fluß.»

An diesem Punkt stand ich auf, und ohne es zu merken, fing ich an zu schreien: «Lauf doch, lauf doch.» Es war ganz normal, daß wir Kinder im Kino schrien und lachten während der Kindervorstellungen, aber abends hätte ich ja gar nicht hier sein dürfen. Das ganze Kino lachte über mich. Ich schrie und die Tränen liefen mir das Gesicht herunter, die schwarze Frau war im Fluß verschwunden, und der schwarze Mann sprang hinein, um nach ihr zu suchen, aber sie wurde nie wieder gefunden. Ich stand da und weinte mir die Seele aus der Brust, als mich aus der Dunkelheit eine Hand ergriff und wie einen Vagabunden aus dem Kino führte. Der Platzanweiser schleppte mich weg und sagte, dieser Film sei nichts für Kinder und ich hätte nichts hier drin zu suchen. Sein Gesicht erinnerte an eine Bulldogge, mit den großen, gelben Backen, die runterhingen und bebten, als er mich ausschalt, daß ich so halsstarrig sei.

Draußen vor dem Kino war es schon dunkel, und die Straßenlaternen auf der Pennsylvania Avenue schienen mir grell ins Gesicht. Einen Augenblick stand ich vor dem Kino und versuchte, meine Augen an die nächtliche Beleuchtung zu gewöhnen. Salzige Tränen tropften mir in den Mund. Ich ging nach Hause zu Tante Cottie. Die anderen waren schon seit Stunden da. Cottie war böse auf mich, und vor allem Mama hatte wahnsinnige Angst gehabt. Cottie sah mich als erste um die Ecke kommen. Sie und Mama standen in der Tür in Todesangst. Cottie schrie mich an: «Sandra Young, Mädchen, wo bist du bloß gewesen, weißt du nicht, daß es viel zu spät ist, alleine draußen rumzulaufen? Warum bist du denn nicht mit den anderen gegangen?» Sie sprach immer weiter, und ich sah, wie ihre Lippen sich bewegten. Mama stimmte noch mit in das Geschimpfe ein, und plötzlich hörte ich gar nichts mehr, sondern fiel auf den Boden. Ich kam auf dem Sofa wieder zu mir. Cousine Cottie hatte mir die Unterhose ausgezogen, um zu sehen, ob ich vergewaltigt worden war. Als ich zu mir kam, hörte ich gerade, wie sie sagte, daß kein Blut in meiner Hose sei. Sie bat mich, ihnen zu erzählen, was geschehen sei. Ich legte meine Arme um ihren dicken Körper, grub meine Nägel in ihre Haut und schrie: «Ich habe Angst.» Sie fragte, warum, und ich erzählte, was ich in dem Film gesehen hatte, und sie sah mich nur an, ein bißchen belustigt und vielleicht auch ein bißchen erschreckt, und die anderen sagten: «Ist das denn alles, Sandra Young, Menschenskind, du hast uns alle zu Tode erschreckt, wie du hier weinend ankamst, und das nur wegen dieses Films.» Ich fing an, sie anzuschreien, das war Erwachsenen gegenüber eigentlich nicht erlaubt. «Stimmt das denn? Tun sie das mit uns? Nehmen sie uns weg und verkaufen uns?» Sie antwortete mit abgewandten Augen: «Ja, das haben sie früher getan, aber jetzt nicht mehr, so was passiert nicht mehr. Und keiner von diesen Schuften kommt hier rein, um irgend jemand mitzunehmen, oder höchstens über die Leichen von uns allen.»

«Aber warum denn nur, Cottie, sag mir doch, warum sie so was mit uns gemacht haben?» Auf diese Frage antwortete sie nicht, statt dessen sagte sie, sie könnte nicht verstehen, warum ich eigentlich so anders als die anderen Kinder wäre. «Wo hat dieses Kind nur seinen Kopf her, sie macht mir angst, weil sie so empfindlich ist, in dieser Welt, wo man auf einer wie ihr nur herumtrampelt. Wenn sie so bleibt, habe ich Angst, daran zu denken, was ihr alles zustoßen kann. Es ist so traurig, weil ich nicht weiß, wie sie es schaffen soll.» Die anderen murmelten etwas und versuchten abzuschütteln, was ich gesagt hatte, aber ich sah wohl, daß durch ihr Lächeln ein Schmerz hindurchschien, der alt war und den sie hatten vergessen wollen.

In Großmutters Haus war Sonntag der Tag des Herrn, und an diesem Tag durfte man nichts, was man nicht in der Gegenwart des

Herrn auch tun würde. Sonntag war meist der einzige Tag in der Woche, an dem wir Fleisch aßen und vielleicht zwei verschiedene Gemüse und selbstgebackenes Brot. Den Rest der Woche mußten wir uns mit dem begnügen, was gerade da war, und oft war ich noch froh, dreimal am Tag Weizenbrei zu bekommen. Jedenfalls gab es ihn immer zum Frühstück. Manchmal gab es tagelang überhaupt keine warme Mahlzeit, und während dieser Zeit schämte Großmutter sich, mit meiner Schwester und mir in die Kirche zu gehen aus Furcht, daß wir sie blamieren und sagen würden, wir seien hungrig, wenn die Predigt unterbrochen wurde, damit die Gemeindemitglieder etwas essen konnten.

Großmutter sagte, wir sollten dankbar sein für das, was wir hätten. Das Radio spielte sonntags immer besonders laut, obwohl wir sowieso jeden Morgen Kirchenmusik im Radio hörten. Sonntags mußten wir uns anschreien, um uns zu verständigen. Für Großmutter war der Sonntag ihr Tag, der sie für die Woche voller Arbeit und Mühe entschädigte. Die Musik schien ihre Gedanken zu betäuben, als spielte der Rest der Welt keine Rolle. Die Gospelmusik war das einzige, was sonntags zu ihrer Seele durchdringen durfte. Sonntag war sicher der Tag des Herrn, so wie sie das sah, aber Großmutter verstand ihn auch als ihren Tag. Sie kam sonntags Jesus näher, wie sie das selbst beschrieb. Sie arbeitete sich ein Stückchen weiter auf das Ziel zu, in Jesus ihre Heimat zu finden. Für mich war das sehr seltsam, aber es war wirklich sehr bewegend, ihren Glauben an diesen nie gesehenen Schöpfer zu sehen, den sie so fürchtete.

Wenn ich sie fragte, warum sie an jemand glaubte, den sie nie gesehen, nie berührt hatte und den sie nicht kannte, sagte sie, sie habe Gott mehr als einmal in ihrem Leben gesehen. Sie habe seine Stimme gehört, und er habe ihre Seele mit einem Feuer berührt, das bis zu ihrem Tode weiterbrennen würde. Ich wollte wissen, wie das geschehen sei, und sie sagte, das große Feuer von Baltimore sei das Werk Gottes gewesen. Das große Erdbeben in San Francisco sei das Werk Gottes gewesen, und der Hurrikan Hazel sei das Werk Gottes, der Donner sei seine Stimme und der Regen sein Blut, das die Erde reinwasche. «Gott wirkt auf rätselhafte Weise durch Wunder, die sich vor aller Augen vollziehen, aber wir sind so verirrt, daß wir seine Wege nicht verstehen und seine Stimme nicht hören. Auch daß du heute hier bist, ist das Werk Gottes.»

Sie wußte viele Beispiele für Gottes Gegenwart und verwendete sie, wann immer sie uns Kinder in Angst und Schrecken versetzen wollte, wenn sie uns nicht zur Einsicht brachte. Meine ganze Jugend über war ich im ständigen Glauben, Gott würde mich sofort oder spätestens am nächsten Tag mit einem Blitzstrahl erschlagen, weil ich seine Existenz anzweifelte, auch wenn ich es nur vor mir selbst tat. Ich war ein Kind des Teufels, so sagte Großmutter jedenfalls, und deshalb war ich in der Schule auch so böse und sprach über Dinge, von denen Kinder gar nichts wissen sollten.

Wenn man versuchte, den Donner als Reaktion von zwei Luftströmen, die in der Atmosphäre aufeinanderprallten, zu erklären, war das in Großmutters Augen schon Blasphemie, und Gott würde einen dafür strafen. Jeden Tag bekam ich von Großmutter zu hören, daß ich niemals meinen einundzwanzigsten Geburtstag erleben würde, weil ich meine Grenzen nicht kannte und mich irgend jemand eines Tages umbringen würde. Sonntag morgens weckte Großmutter uns um acht oder neun Uhr für die Kirche. Manchmal hatte ich den Mut, mich darüber zu beklagen und zu sagen, ich sei noch müde. Sie antwortete dann, ich hätte genug Zeit zum Schlafen, wenn ich tot wäre. Um elf waren wir, also meine Großmutter, meine Schwester und ich, dann fertig, um in die Kirche nach Großmutters Wahl zu gehen.

Sie wechselte die Kirchen wie Kleider. Irgendwie war ihr Glaube an Gott doch nicht stark genug, um sie ein unfreundliches Erlebnis oder Wort vergessen oder gar vergeben zu lassen. Sie zeterte ständig über Recht und Unrecht und wechselte die Kirche immer, wenn sie etwas dran sündig fand. Ich machte mir oft Gedanken darüber, ob Gott es nicht auch als Sünde betrachtete, wenn sie meine Mama und uns Kinder vor die Tür setzte, wann immer es ihr paßte. Falls sie sich über dieses Thema irgendwelche Gedanken machte, so blieben sie unausgesprochen zwischen ihr und Gott. Ich ärgerte mich immer darüber, daß Mama keinen Widerstand leistete, wenn wir gegen ihren und unseren Willen von Großmutter in die Kirche geschleppt wurden.

Während wir bei Tante Cottie wohnten, gingen wir immer zur Gillis Memorial Community Kirche. Das war ein großes, schönes Gebäude, und manchmal spielte Sonntag morgens eine Band. Mama und ich hätten gern im Chor gesungen, aber wir konnten uns kein Chorgewand, wie die anderen es trugen, leisten. Der Prediger war Reverend Jackson, er hatte eine dicke stille Frau und eine Tochter, die in meinem Alter war, aber sie kam mir viel gebildeter und glücklicher vor. Sie sprang nie herum oder spielte im Kirchhof wie die anderen Kinder. Manchmal hätte ich gerne mit ihr gesprochen, aber sie wich mir aus und ging auf die andere Seite des Hofes. Ich glaubte, weil wir unter Bedingungen geboren waren, die für einen Christen nicht annehmbar waren. Wir hatten ja keinen Vater, und wir lebten von der Sozialhilfe, das war allerorts bekannt, und uns wurde das Gefühl vermittelt, daß wir dieses Leben aus einer ganzen Palette von besseren Möglichkeiten herausgesucht hätten. Ich wünschte oft, daß ich als Tochter des Predigers auf die Welt gekommen wäre, dann hätte ich bei den Leuten Ansehen genossen und hätte zusammen mit ihnen das Gefühl gehabt, der menschlichen Rasse anzugehören. Als ich noch ziemlich klein war, wurde mir schon klar, wie heuchlerisch die Erwachsenen waren. Ich sah, wie sie sich gegenseitig mit ihren schlauen und neidischen Blicken ansahen und wie sie so einfach ein kleines Mädchen wie mich verachteten, weil es unter so schlimmen Bedingungen geboren war. Sie mochten die Tochter des Predigers, weil ihr Vater jemand war, und das allein machte sie liebenswert. Ich wußte, daß ich nie Liebe erfahren würde, es sei denn, ich hätte etwas, was mich liebenswert machte – meine Person würde nie dafür ausreichen.

Ganz im Gegensatz zu dem, was Großmutter mir über die Menschen, die zur Kirche gingen, und die Taugenichtse auf der Straße beigebracht hatte, fand ich bald heraus, daß es da eigentlich keinen Unterschied gab. Ich sah, wie die Schwestern in der Kirche Mama anlogen und ihr Essen oder Kleidung für uns versprachen. Das Ekelhafteste daran war, daß ihnen keiner diese Lüge abverlangte, aber damit sie in den Augen der anderen besser dastanden, sagten sie Freundlichkeiten zu Mama, wie sauber sie uns hielt, und daß sie dafür eine Schachtel alter Kleider haben sollte. Natürlich kam diese Schachtel niemals an, und die Entschuldigung war immer die gleiche. «Es tut mir so leid, aber ich war die ganze letzte Woche krank und konnte nicht aufstehen.» Natürlich wußte ich, daß sie uns nicht verpflichtet waren, aber ich wußte auch, daß sie uns nicht zu Lügen verpflichtet waren. Ich dürstete nach dieser falschen Liebe, die sie der Tochter des Predigers wegen ihrer Herkunft entgegenbrachten. Natürlich waren sie fest davon überzeugt, daß sie Gott näher stünde als wir alle und sicher zu den Auserwählten gehörte. Ich war ganz sicher, daß sie ihren Vater und ihre Mutter immer haben würde, außer wenn Gott sie ihr nähme. Wenn sie aufs College für Farbige wollte, dann würde sie es auch können, und sie würde mit den besten Frauen mithalten können, wenn die «guten» Männer auf Brautschau gingen. Mir war klar, daß ich alle diese Dinge nie bekommen würde, ihr Leben und ihre Zukunft waren gesichert durch die große steinerne Gillis Memorial Kirche mit ihrem Walnußholz und den bunten Glasfenstern.

Großmutters Kirchen waren immer ganz anders als die Gillis Kirche. Sie waren in ehemaligen kleinen Läden, im Sommer heiß und schmuddelig und im Winter kalt und schmuddelig, und vorne stand ein selbstgezimmertes Podest für den Prediger. Diese kleinen Ladenkirchen waren eines Tages einfach da, und wenn dann der Kollektenteller an einem Sonntag recht häufig und erfolgreich herumgereicht worden war, wurde der kleine Laden plötzlich wieder dichtgemacht und abgeschlossen, bis der nächste Scharlatan von einem Prediger in die Stadt gespült wurde, um seine Schäflein um sich zu sammeln.

In diesen Ladenkirchen gab es kein kostbares Kirchengestühl aus Nußbaumholz wie in der Gillis Kirche, sondern eine lange Reihe von Klappstühlen, und es gab keinen prächtigen Chor in langen, blauen Gewändern mit schneeweißen Kragen wie in Gillis. Statt dessen gab es lange Reihen von Solistinnen, heilige umfangreiche Matronen, die ihren Gesang hinausstöhnten, um im Namen Gottes den Prediger in Versuchung zu führen. Diese Ladenkirchenprediger endeten alle irgendwann in einem Skandal. Man konnte sicher sein, daß der Prediger dablieb, solange er eine gute Gemeinde hatte und der Kollektenteller nicht leer blieb. Kein Ladenkirchenprediger hat je eine gut zahlende Gemeinde verlassen, und wenn er trotzdem plötzlich abhaute, dann weil sich ein Skandal anbahnte. Irgendeine Schwester war von ihm geschwängert worden und konnte jetzt die Suppe alleine auslöffeln.

Ich weiß noch genau, wie Großmutter auf solche Geschichten reagierte. Sie sagte immer, es wäre gar nicht wahr, und daß diese Nigger nur über den Prediger klatschten, weil sie neidisch wären, daß er seine Zeit nicht damit totschlug, in der Kneipe an der Ecke billigen Wein zu trinken und Lügengeschichten zu erzählen. Aber wenn dann das Kind soweit herangewachsen war, daß man sehen konnte, wie es aussah oder wem es ähnelte, und diese Kinder meistens ihren Vätern wie aus dem Gesicht geschnitten waren, sagte sie dann: «Ich muß schon sagen, das Kind ist dem Reverend Soundso ja wie aus dem Gesicht geschnitten, aber der Frau geschieht das recht, hat sie doch keiner geheißen, sich mit diesem Prediger ins Bett zu legen. Männer sind alle Schweine, sie legen jede Frau aufs Kreuz, die sie ranläßt, und wie sie sich gebettet hat, liegt sie jetzt.» Ich fand es nicht richtig, daß sie die ganze Schuld auf die Frau schob, aber sie sagte immer wieder, Männer seien Schweine, und das gleiche sagten alle Frauen, die ich kannte. Soweit ich mich zurückerinnern kann, wurde kein Mann je anders als mit diesen Worten beschrieben. Der Prediger war ausgenommen, solange er sich von übler Nachrede freihielt.

An der Art der Kleidung konnte man am Sonntagmorgen sehen, welche Frauen zu einer Staatskirche gingen und welche zu einer dieser frommen, geweihten Laden-Sekten. Die Frauen, die zu einer Staatskirche gingen, hatten Sonntagskleider an, und die Frauen von den Ladenkirchen trugen gestärkte Baumwollkleider, die mir wie die Trachten von Krankenschwestern vorkamen. Sie waren so heftig gestärkt, daß sie wie Papier Kniffe bekamen, wenn man sich darin bewegte. Dazu trugen die Frauen weiße Handschuhe und schöne, weiße, glänzende Schuhe und Strümpfe in groteskem Fuchsrot. Ich fand diesen Aufzug lächerlich, aber Großmutter erklärte mir, daß die Männer so schwach seien und leicht in Versuchung gerieten, und daß sie nicht zu viel vom Körper einer Frau sehen sollten.

Mir gefielen weder die Gemeinden noch die Prediger in den Ladenkirchen. Die Predigten waren immer voller Geschichten von unreinen Frauen, und daß eine Frau ihren Körper vor den unreinen Blicken der Männer bedecken sollte und daß jede Frau, die das nicht tat, selbst die Gefahr heraufbeschwor. Jeder Mann sollte eine Frau so behandeln, wie er seine Mutter behandeln würde. Der Prediger stellte immer die Tugend, eine gute Mutter zu sein, heraus, und dann kam noch so nebenbei, daß er natürlich auch die Männer meinte. Frauen sollten mit ihren Männern geduldig sein, weil das Leben doch hart sei, und für die Familie müßten sie unaufhörlich ein starker Fels sein und müßten daran denken, daß die Männer im Fleisch und im Geist schwach seien.

Die Predigt endete immer mit der Geschichte von einem Mann, der einmal seine Tochter, die ein leichtes Mädchen geworden war, in der Gosse wiederfand und an ihr vorbeiging und sagte, das ist nicht mein Kind. Und dann kam die Mutter vorbei und kniete nieder und half ihrer Tochter aus der Gosse hoch und nahm sie mit nach Hause und sagte, egal wie es ist, du bist mein Kind und Blut von meinem Blut und Fleisch von meinem Fleisch und die Frucht meines Schoßes. Jedesmal wenn ich den Ausdruck Frucht meines Schoßes hörte, mußte ich an Weintrauben denken. Ich konnte mir unter Schoß nichts vorstellen, weil keiner mir sagte, was ein Schoß war. Und wenn der Prediger so weit gekommen war mit seiner Predigt, dann waren schon alle auf den Füßen, und vor allem die getretenen und geschlagenen Frauen kreischten und schrien: «Danke Jesus, der Herr sei gelobt» und: «Predige, predige, Bruder. Ich bin ein Zeuge, und ich möchte aussagen, was der Herr für mich getan hat.» Irgendeine Schwester schrie das heraus, die wirklich das Gefühl hatte, daß sie jetzt reden mußte. Und dann fing sie an, sich durch den Mittelgang nach vorne zu bewegen wie eine Dampfwalze und auf das Podest des Predigers zu, das Großmutter als Kanzel bezeichnete. Manchmal stand eine Schwester auch vor ihrem Stuhl und legte Zeugnis ab davon, was der Herr für sie getan hatte. Sie erzählte, wie der Herr sie aus den Kneipen und aus der Gosse geholt und ihre Seele gereinigt hatte, «weißer als Schnee hat er mich gewaschen». An diesem Punkt konnte ich meine Einbildungskraft nicht mehr bremsen. Vor meinem inneren Auge wurde die Seele erst abgestaubt und dann mit Waschpulver in die Waschmaschine gesteckt.

Schon damals war die Kirche für mich, obwohl ich noch ziemlich klein war, keine Zuflucht und nichts Tröstliches, sondern eher ein erhobener Zeigefinger, der an Tod und Sünde gemahnte. Die Choräle waren so traurig oder wurden dann wieder mit einer unglaublichen Heftigkeit fast herausgeschrien, Lieder, die von einem Leben in Trübsal handelten und von der Befreiung durch den Tod, und daß der Lohn der Sünde der Tod sei. Ich verstand das alles nicht, und ich gab es auf, verstehen zu wollen, was Sünde sei und Tod und Gebet. Wie sollte man denn nun eigentlich leben und sterben, und gab es dieses Ding, das man Himmel nannte, wirklich, und war es auch für Schwarze? Ich hatte meine Zweifel und glaubte, daß die einzige Freude, die es für Schwarze gab, im Lachen und in den Gesichtern der Leute war, die Tag und Nacht im Ghetto an den Ecken herumstanden, und die Andy Hardy Familie im Fernsehen.

Trotz meiner Jugend wußte ich allerdings, daß Andy Hardy's Glück ein weißes Glück war und nichts für uns, wie alles andere um uns herum. Was die Weißen hatten, war nur für sie bestimmt, denn ich sah niemanden in unserem Block, der dasselbe hatte. Ich wollte die Kälte und Härte der Kirchgänger, die ich kannte, nicht annehmen. Es schien, als ob ihnen nichts im Leben ein Lachen wert war. Sie betonten, sie führten ein rechtschaffenes Leben – mir kamen sie nur streng und ernst vor. Die Leute von der Straße waren da anders. Sie fanden auch noch am Tod und an der Sünde etwas zu lachen.

Sonntags waren wir von elf Uhr morgens bis zwölf Uhr Mitternacht in der Kirche. Dann verkündete Großmutter stolz, daß der Montag angebrochen sei und daß sie ihre Seele Gott vollkommen hingegeben habe und jetzt zufriedengestellt sei.

Mama war fast so schlimm wie Großmutter mit der Kirche. Sie ging mit uns zur Sonntagsschule und wartete dann auf den Erwachsenengottesdienst und saß ihn bis zu Ende durch. Ich war müde und hungrig, wenn er endlich vorüber war. Die Kollektenteller waren niemals weniger als zehnmal herumgegangen. Gesammelt wurde für ein neues Dies und ein neues Das, und der Prediger behauptete vor allem, die Kirche brauche es dringend. Eine Kollekte für die Kirchenhypothek und für die Alten und Kranken, für einen Scheunenbrand, und bis heute weiß ich nicht, was es mit dem Scheunenbrand eigentlich auf sich hatte. Ich vermutete, daß der alljährliche neue Cadillac des Predigers auch aus diesen Kollekten stammte. Mama warf mir immer ihren Sitz-bloß-still-Blick zu und ermahnte mich, nicht so auf dem Stuhl herumzuzappeln. Und: «Nein, ich kauf hier nichts zu essen, zu Hause ist genug», oder , was eher der Wahrheit entsprach: «Ich hab kein Geld» oder: «Du weißt genau, daß du nicht Pipi mußt. Einmal geh ich noch mit dir aufs Klo und mach bloß, sonst ...»

Im Alter von zwölf Jahren kannte ich die Bibel in- und auswendig, und ich verbrachte weitere zwölf Jahre mit dem Versuch, alles wieder zu vergessen. Ich konnte es einfach nicht aushalten, jede Sekunde in meinem Leben an die Bibel denken zu müssen. Mir war nie ganz klar, ob das, was ich gerade tat, nun eine Sünde gegen Gott war oder nicht. Ich ärgerte mich über die Bibel und alle, die sie ständig auslegten, weil jeder eine andere Auslegung bereit hatte, und mir war nicht klar, wie das sein konnte. Die Bibel sollte doch das Wort Gottes darstellen, dabei konnten die Leute sich nicht darauf einigen, was er denn wirklich sagte. Die einzige Frage, auf die ich eine wirklich einstimmige Antwort bekam, war die nach Gottes Geschlecht, war Gott ein Mann oder eine Frau? Alle stimmten darin überein, daß Gott ein Mann sei, und das brachte mich auf, weil ich das leise Gefühl hatte, daß irgend etwas an dieser Antwort nicht stimmen konnte, denn sie waren sich auch alle darüber einig gewesen, daß ihn kein Mensch unseres Zeitalters je gesehen hatte. Ich entschied, daß Gott eine Frau sein mußte, weil aus dem Bauch von einem Mann nie ein Kind kommen konnte. Keiner konnte mir die Frage nach Leben und Tod und der Schöpfung beantworten, oder nach dem Leben nach dem Tod, und warum Tod und nicht Leben.

Völlig unverständlich war für mich «Liebe deinen Nächsten wie dich selbst» oder «Du sollst Vater und Mutter ehren», egal, wie falsch das war, was sie taten, und in meinem Fall gab es ja gar keinen Vater, und ich durchsuchte die Bibel von vorne bis hinten danach, was meinem Vater geschehen würde, weil er mich verlassen hatte. Natürlich fand ich nichts, das ich verstanden hätte, falls überhaupt etwas darüber in der Bibel stand.

Ich hatte das Gefühl, daß ich von Großmutter und den Predigern mächtig angeschmiert wurde, besonders in dem Punkt, daß man seines Bruders Hüter sein sollte, wo doch überall, wo ich hinsah, die Leute einander unbedenklich umbrachten, und der Prediger selbst schlimmer war als die Leute von der Straße. Großmutter rannte ständig in die Kirche, aber sie lebte nicht der Predigt entsprechend, und wer hätte das auch gekonnt? Nach der Predigt konnte man sich gar nicht richten, weil sie, wie mir später klar wurde, gar keine Grundlage hatte. Wenn Großmutter nach einer von diesen Predigerkirchen süchtig wurde, hing sie wie ein Magnet dran, und nichts konnte sie wegziehen. Es erstaunte mich immer, mit welcher Leichtigkeit sie ihr Geld auf den Kollektenteller legte und wie sie ein paar Stunden später zu Hause, wenn ihr irgend etwas nicht paßte, Mama mit uns auf die Straße werfen konnte, mit derselben Leichtigkeit oder noch leichter, als sie diese Münzen auf den Teller rollen ließ.

Ich sah, wie meine Familie die ganze Woche zankte und stritt und dann sonntags in die Kirche ging und eine Predigt über Nächstenliebe anhörte. Sie kamen aus der Kirche raus und zurück nach Hause, und sofort fing die nächste Keilerei an. Sie waren immer reizbar und bissig, und böse Blicke gingen vom einen zum anderen. So eine Schlägerei konnte aus dem nichtigsten Grund zustande kommen. Manchmal war das Haus in zwei feindliche Lager gespalten, und die Familienmitglieder verbündeten sich gegeneinander, und wehe die anderen wagten es, das Gebiet ihrer Gegner zu betreten!

Diese Spannung hörte nie auf, und auch nicht die häßliche Schimpferei. Mord und Totschlag folgten, wenn jemand einem anderen auf den Fuß trat oder ihn aus Versehen anstieß, oder wenn jemand, ohne zu fragen, ein Stück Fleisch nahm, das ein anderer gekauft hatte. Etwas ausleihen oder teilen gab es nicht, man bat um nichts, und man ließ sich nicht dabei erwischen, die Dinge eines anderen zu benutzen. Ich fühlte, daß irgend etwas grundfalsch war, und ich glaubte, daß es die Kirche war. Denn ich sah die Hoffnung auf ihren Gesichtern, wenn sie sich vorbereiteten, um ihre Sorgen im Gebet vor den Herrn zu tragen, und nach all diesem Beten und Weinen und Glauben sah ich auch, wie schmerzlich es für sie war, wieder in unser Haus zurückzukehren, das an nichts reich war außer an Mündern, die zu stopfen waren. Wie hell wurde Großmutters Gesicht in der Kirche, doch kaum trat sie über unsere Schwelle, überkam sie wieder die Wirklichkeit, und die Predigt war vergessen und das Jenseits viel zu weit weg.

Als ich älter war und offen sagen konnte, daß ich nicht an die christliche Kirche glaubte, ohne Furcht vor Großmutter oder davor, daß Gott mich auf der Stelle erschlagen würde, tat ich es. Prompt gab Großmutter mir zu verstehen, daß Gott mich leiden lassen würde für meinen Unglauben und mich dafür bestrafen würde, daß ich sein Wort anzweifelte. Sie zitierte die Geschichte des Pharao als Beweis, aber damals war es mir schon egal. Aber bis ich diesen Zustand erreicht hatte, gab es viele, viele Gottesdienste und Sonntagspredigten und Gespräche mit Gott, bei denen ich auf den Knien lag und versuchte, mit ihm um ein Stück Brot zu verhandeln oder darum, die Ratten zu vertreiben oder uns ein bißchen Wärme zu schenken. Es dauerte sehr lange, bis er mich erhörte. Damals war Eisenhower Präsident, und Großmutter sagte, daß er im Augenblick Gott mit Beschlag belegt hätte, und er hätte ihn wohl nötig, denn er sei schlimmer als die Ratten in unserem Keller, und es sei seine Schuld, daß wir hungern mußten, nicht Gottes Schuld. Ich fing an, zu Gott zu beten, Eisenhower sterben zu lassen, und Großmutter, die mich belauscht hatte, sagte, ich sollte meine Zeit lieber damit verbringen, für praktische Sachen zu beten, für etwas, das tatsächlich auch eintreten könnte, denn Männer wie Eisenhower würden ewig leben, um einem das Leben auf der Erde zur Hölle zu machen, und wenn er tatsächlich sterben würde, gäbe es noch mindestens eine Million anderer Leute, die seinen Platz einnehmen könnten. Das klang für mich sehr verwirrend, aber ich fragte nicht weiter.

Der Gottesdienst wurde Routine, und ich lernte bald, dabei zu schlafen und mich durch nichts stören zu lassen. In dieser Zeit lernte ich das Zelt kennen, das eines Tages aus dem Nichts auf einem Platz in unserer Nähe neben der Bahnlinie auftauchte. Ich fragte Mama, was es sei, dieses riesige Ding aus Segeltuch, das scheinbar vom Himmel gefallen war. Sie sagte, es sei ein Zelt, und wir würden mal abends hingehen. Als ich auf meinem Schulweg daran vorbeiging, sah ich, wie die Männer die Stangen, die das Zelt hielten, absicherten und überprüften. Ich konnte mir nicht vorstellen, wozu das Zelt gut sein könnte. Mama sagte, es gehöre einem Prediger, der immer herumzog, und das Zelt sei seine Kirche. Ich konnte mir gar nicht vorstellen, was ein herumreisender Prediger eigentlich sollte. Doch nach meinen ersten Erlebnissen mit Zeltkirchen wußte ich, daß es verschiedene Kirchenzelte gab, die nach Baltimore kamen. Die eine Sorte gehörte zu einem Prediger und dessen Gefolge von ekstatischen Sektenmitgliedern, den *Holy Rollers*. Sie zogen von Stadt zu Stadt und sangen und schrien und behaupteten, sie besäßen die Macht, Wunder zu tun, und schickten fleißig den Kollektenteller herum. Der Messing- oder Zinnteller ging während des ganzen Gottesdienstes pausenlos herum. Diese Art von Zelt mochte ich nicht so gern wegen des armseligen Gesangs und Geschreis von Hölle, Feuer und Verdammnis. Das bekam ich zu Hause von Großmutter schon zur Genüge zu hören. Und natürlich fuhr der Prediger immer einen Cadillac. Als ich sehr klein war, glaubte ich, Gott schenke diese Cadillac den Menschen, damit jeder Schwarze, der starb, mit einem glänzenden schwarzen Cadillac an der Spitze des Leichenzuges zum Friedhof gebracht werden konnte. Ich brachte Cadillacs immer mit dem Tod in Verbindung, weil ich sie in Leichenzügen und als Autos von Predigern sah.

Wenn dagegen die Zelte der Erweckungsbewegung mit ihren Sing-Wagen, wie man sie nannte, in die Stadt kamen, gab es einen riesigen Volksauflauf. Natürlich wurde auch gepredigt, aber eigentlich kam keiner wegen der Predigt, wenn sie nicht von Musik begleitet war. Manchmal gab es so viele Bewerber für den Preis und den Titel der besten Gospelsinger-Gruppe, daß die Musik bis spät in die Nacht dauerte. Der erste Preis war höchstens fünfzig Dollar. Die Zuschauer verließen das Zelt, als kämen sie von einem Fest, das sie nicht so schnell vergessen würden. Ich glaube, das einzige, was sie in diesem Augenblick noch glücklicher hätte machen können, wäre gewesen, wenn Gott persönlich erschienen wäre und die Schlüssel zum Paradies verteilt hätte. Ich wußte damals nicht, daß das mit die beste Musik war, die ich in meinem Leben hören sollte. Gruppen wie die *Blind Boys* oder die *Swan Silvertones* und die *Harmonizing Four*, auch Rosetta Thorpe und Clara Ward und viele andere füllten meine Kindheit mit Stunden herrlicher Musik. Großmutter verdarb mir allerdings die Freude an der Gospel-Musik, weil sie alle andere Musik im Haus verbot. Unsere Nachbarn von nah und fern kamen zu diesen Zeltveranstaltungen oder Camp-Versammlungen, wie einige der alten Leute es nannten. Menschen, die mich nie gesehen, aber von meiner Geburt gehört hatten, und andere, die mich seit meiner Geburt nicht mehr gesehen hatten, hielten mich am Arm fest, um mir ins Gesicht zu schauen und zu sagen: «Aber sicher, du bist das Kind deines Vaters, und schau nur diese Zöpfe, meine Güte, Gott der Allmächtige ist wahrlich gut, dir so viel Haar zu schenken. Mein Gott, Kind, bist du gewachsen, seit ich dich zum letztenmal gesehen habe. Als ich dich das letzte Mal sah, warst du ein Dreikäsehoch.» Dann wendete sich die Aufmerksamkeit von mir ab und dem eigentlichen Grund für unsere Anwesenheit zu. Hier gratulierten Stimmen einander, daß sie sich aufgerafft hatten, zu diesem Abend zu kommen. Dort erinnerten sich Stimmen an Dinge aus der Vergangenheit, über die ich nichts wußte oder nur undeutlich. Man klatschte über dies und jenes und darüber, wer noch ein Kind bekommen hatte, oder wen der weiße Mann ins Gefängnis befördert hatte und wer ins Gefängnis gekommen war, weil er es verdiente. Ich stand neben meiner Großmutter oder Mutter und rührte mich nicht von der Stelle, bis sie es mir erlaubten. Die Alten gaben ihre Meinung darüber ab, wie wohlerzogen ich sei, und Großmutter straffte sich ein bißchen, drehte ihren Kopf nach rechts und sah mit ihrem bösen linken Auge auf mich herunter und sagte: «Da tut sie auch verdammt gut dran.» Meine Mutter lächelte schüchtern und sagte: «Danke» oder: «Ja, Ma'am, ich tue, was ich kann.» Mama sagte zu älteren immer wie ich auch: «Ja, Ma'am» und «Nein, Ma'am» oder «Sir».

Ich stand da und hörte manchmal zu oder dachte daran, wieviel Aufregung es bei den Vorbereitungen für die Lagerversammlung gegeben hatte. Von einem Haus zum anderen konnte man das frisch gewaschene Haar und Palmolive-, Ivory- oder Life Boy-Seife riechen und Veto Deo und Be Sweet Creme an jedem, den man auf der Straße traf. Hüte und Kleider wurden aus Schränken gezogen, die sonst nie geöffnet wurden, und jedes Gesicht und alle Arme und Beine glänzten von Blue Seal Vaseline. Die, die kein Vertrauen in gekaufte Deodorants hatten oder kein Geld, um sie zu kaufen, nahmen Natron und puderten sich damit unter den Achseln und putzten sich damit die Zähne. Alle Köpfe waren heftig geölt, damit jedes einzelne Haar während des Singens und Fröhlichseins an seinem Platz blieb.

Etwas, was sogar Großmutter zum Lächeln bringen konnte, war, wenn der schlimmste Raufbold in unserem Block sich anschickte, zum Zelt zu gehen, und wenn er in dieser ganzen Aufregung auch fröhlich wurde und anfing zu singen; dann war sie davon überzeugt, daß Gott wieder einmal vor ihren Augen ein Wunder getan habe. Eine große Menschenmenge bewegte sich zum Zelt hin wie ein zäher Kuchenteig. Dies waren die Menschen, die mit ihren Heimsuchungen und Drangsalen vor ihren Gott traten, um ihre Last abzulegen und zu bekennen, daß sie Sünder waren, und um Gott zu bitten, sie zu verstehen. Und um dabei vielleicht auch gleich ihre Seelen reinzuwaschen bis zum nächsten Sommer, wenn das Zelt wiederkommen würde.

An allen Ecken hatten sich Unterhaltungen entsponnen. Alte Schwestern und Brüder in dem Herrn, die man selten sah, aber hauptsächlich weil sie krank, nicht weil sie alt waren, drückten anderen die Hände und tauschten verschwiegene Blicke aus, wie nur die Alten es können. Diese Blicke, die ausdrückten, daß vielleicht einmal etwas zwischen ihnen gewesen war und daß das Alter das Feuer der Erinnerung an ihre Jugend nicht ausgelöscht hatte. Diese Leute bewiesen, daß sie immer noch versuchten, ein Leben zu überstehen, das ihnen aufgezwungen worden war. Sie kamen jetzt, um Gott zu danken für das, was sie seine ‹Güte› nannten, denn immerhin waren sie bisher von Lynchmorden, Vergewaltigungen und dem Alkohol verschont geblieben und auch vor der tödlichen Krankheit, die Weißen zu hassen; sie waren nicht im Eiter des Hasses versunken; sie hatten ihren Glauben an diesen unsichtbaren und offensichtlich tauben Gott, und er würde weiter seine Hand über sie halten.

Von den Lippen dieser alten Schwarzen hörte ich, daß wir die Kinder Hams seien, die von Gott dazu verdammt seien, schwarz zu sein und bis an das Ende unserer Tage zu leiden, bis Gott beschließen würde, aus unserer Mitte einen Führer auszusuchen. Ich war stolz, wenn die Alten auf die Gruppe von Kindern in meinem Alter blickten und sagten, vielleicht kommt er aus ihrer Mitte.

6

Es kam mir vor, als ob ich mich mit dem Wechsel der Jahreszeiten auch jedesmal selbst veränderte. Das kleine Kind in mir verschwand immer mehr, und ich bildete mich zu einem seltsamen neuen Wesen heran. Doch blieben immer noch Teile meines alten Ich, die ich erhalten wollte. Ich hatte immer noch das Bedürfnis zu träumen, nachzudenken und zu hoffen, aber aus meinem Innern kam jetzt ein verhängnisvoller Zynismus, und ich fing an vorzugeben, daß all die Dinge, die mir immer so wichtig gewesen waren, keine Rolle mehr spielten. Ich fing an, etwas zu empfinden, was ich als Haß auslegte, und ich versuchte zu verstehen, was ich mir selbst gegenüber empfand; es war nicht viel Gutes. Ich merkte, wie ich gerade das gerne berührt hätte, was ich eigentlich hassen sollte. Indem ich mich genau nach dem sehnte, von dem ich mich abwandte, entstand in meinem Inneren ein Hunger nach all den Dingen, von denen ich vorgab, sie seien mir nicht mehr wichtig. Es gelang mir immer besser, gleichgültig und hart den Dingen gegenüber zu tun, die anderen als etwas Besonderes galten und mir selbst auch; ich gab nur vor, sie seien es nicht, um meine Frustration zu verbergen.

Nichts, was jemand zu mir sagte, bedeutete mir etwas. Ich hatte keine falschen Hoffnungen mehr, konnte also auch nicht mehr mit gebrochenen Versprechungen und leeren Worten enttäuscht werden. Ich tat das ganze Jahr über so, als seien Weihnachten und Ostern und Geburtstage unwichtig. Ich stürzte mich selbst die Treppe hinunter, nur um zu sehen, ob ich den Schmerz ohne zu weinen aushalten würde. Ich wollte niemanden und nichts fürchten, deshalb schloß ich mich in den dunklen Keller mit den Ratten ein, um zu sehen, ob ich die Dunkelheit allein aushalten könnte, damit ich das nächste Mal, wenn ich bestraft würde, niemanden mit meinem Flehen erweichen mußte, die Tür aufzuschließen und mich aus der Dunkelheit zu holen. Ich wollte meine Strafe hinnehmen und nicht die, die mich dort eingesperrt hatten, anflehen, mich herauszulassen. Ich wollte dazu fähig sein, dort in der Dunkelheit zu sitzen und darauf zu warten, daß sie mein Schweigen nicht mehr aushielten und mich herauslassen mußten. Ich hatte Angst vor der Dunkelheit, und die Ratten jagten mir einen Schauder ein, der an Panik grenzte. Aber nach meiner selbstverordneten Behandlung schaffte ich es, aus dem Keller zu steigen, ohne vor meiner Familie eine einzige Träne zu vergießen, und ich machte auch nicht mehr in die Hosen, ich konnte jetzt leise weinen, tief innen drin.

Aber am wichtigsten für mich war, daß ich sie jetzt dafür hassen konnte, daß sie mich mißhandelten. Ich wollte nicht mehr, daß ich ihnen leid tun sollte, ich wollte, daß sie mich so heftig hassen sollten, wie ich sie haßte. Im Haß fand ich eine neue Art von Trost; jetzt blutete mein Herz nicht mehr wegen Dingen, die mich einst sehr verletzt hatten. Ich dachte, ich brauchte Weihnachten nicht mehr und niemanden, der mich liebte oder mich küßte oder mich so nahm, wie ich war. Ich brauchte nicht mehr das Gefühl, daß Leute mich gern hatten. Ich hoffte, sie würden mich hassen, dann würde ich nicht dazu verleitet, sie gern zu haben, und dann doch von ihnen enttäuscht zu werden. Ich wollte, daß alles ganz negativ sein sollte, denn dann würde es keine hinterhältigen Faustschläge mehr geben, die mich mitten ins Herz trafen.

Jahrelang hatte ich mich danach gesehnt, einmal in der Woche, am Sonntag, Eis essen zu können. Mein Traum war es gewesen, nur eine einzige von den achtundzwanzig verschiedenen Eissorten von Howard Johnson zu probieren, und jetzt, nach meiner inneren Wandlung, verachtete ich sie allesamt, ohne die Gelegenheit gehabt zu haben, auch nur eine einzige Sorte zu probieren. Ich gab vor, neue Kleider seien mir egal und neue Schuhe auch. Ich versuchte, meine Furcht davor zu überwinden, Schuhe anzuziehen, die schon jemand anders getragen hatte. Ich war immer wütend geworden, wenn Großmutter mit gebrauchten Schuhen von den Juden, bei denen sie arbeitete, nach Hause gekommen war. Ich wollte sie nicht anziehen, weil das für mich etwa so war, als ob ich mich in den Sarg von einem Toten gelegt hätte.

Aber jetzt konnte ich meine Furcht beherrschen, ich mochte die getragenen Schuhe von anderen immer noch nicht, aber ich sagte nichts. Alle die Dinge, die unsere Armut uns versagte, haßte ich und sagte mir das immer wieder. Ich wurde ein Einzelgänger voller Wut und ohne Reue, wenn ich andere verletzte. Meine Rechtfertigung war, daß mich ja niemand liebte und ich deshalb auch niemanden anderen zu lieben brauchte, weil ich ja eine schwarze Haut hatte. Ich ging davon aus, daß wir nicht nur arm waren, sondern uns gegenseitig auch haßten. Wir waren Sklaven gewesen und lebten immer noch in einem System der Sklaverei, das uns unserer Hautfarbe entsprechend bewertete. Ich kam zu diesen Schlüssen durch das, was ich aus den Gesprächen der Erwachsenen aufgeschnappt hatte. Wenn Großmutter gewußt hätte, daß ich meine Meinungen daraus formte, was sie und die anderen sagten, hätte sie mir den Hals umgedreht. Wenn ich jemanden von Sklaverei sprechen hörte, klang es immer so, als ob es das noch gebe. Manchmal bezeichneten sie sich selbst als Sklaven und ihre Arbeit als Sklavenarbeit, und ein paar von den sehr alten Frauen sprachen von den weißen Frauen, für die sie arbeiteten, immer noch als «meine *Missus*».

Nachdem ich an jenem Abend im Kino die erschreckende Realität erfahren hatte, schien ich einen sechsten Sinn entwickelt zu haben, oder vielleicht fingen meine fünf Sinne überhaupt erst an, richtig zu funktionieren. Alles, was ich in den Gesprächen darüber hörte, daß wir schwarz waren oder Nigger oder Neger, ließ mich aufhorchen. Ich fing an, die Blicke, die gewechselt wurden, aufmerksam zu verfolgen. Es geschah gar nichts anderes als vorher, nur ich war anders. Ich hatte mich verändert, und ich hörte jetzt zu, jetzt hörte ich erst wirklich zu. Bei jeder Erwähnung von Farbe spitzte ich meine Ohren. Ich wollte verstehen, was eigentlich nicht in Ordnung war und warum es besser war, «gelb» zu sein als schwarz.

Gewiß war die Mehrheit der Menschen um mich herum schwarz, aber die Art und Weise, in der die «Gelben» behandelt wurden, erregte meine Aufmerksamkeit. An meinen Lehrern in der Schule fiel mir zum erstenmal auf, daß dieses Problem der Farbe nicht allein in meiner Familie existierte. Mein ganzes Leben lang war ich von meiner Familie *Darky*, die Dunkle, oder Tintenklecks oder einfach *Blackie* genannt worden. Wenn meine Schwester gemeint war, hieß es die kleine hübsche «Gelbe», oder man nannte sie beim Namen. Neid und Kleinlichkeit blühten überall in meiner Umgebung, aber daß die Wurzel des Problems mit der

Hautfarbe etwas anderes war, dämmerte mir erst, als ich diesen Film sah und danach immer wieder die Anspielungen auf die Hautfarbe hörte. Überall um mich her wurden die «gelben» Menschen gelobt und gleichzeitig verwünscht.

Wenn eine «gelbe» Frau einen guten Mann abbekam, dann war es wegen ihrer Hautfarbe, und wenn sie einen Taugenichts abbekam, war es aus demselben Grund. Ich hörte, daß schwarze Männer sagten, sie wollten nicht neben einer Frau mit schwarzem Arsch liegen, sie müßte schon «gelb» oder gar aufreizend weiß sein. Wenn am Freitagabend eine «gelbe» Frau von ihrem Mann verdroschen wurde, dann verdiente sie es, weil sie «gelb» war. Aber genauso wie die «Gelben» wegen ihrer Hautfarbe verachtet wurden, wurden sie dafür bewundert. Jedes kleine häßliche Baby war hübsch, solange es nur «gelb» war. Zu Hause sprach meine Familie es ganz offen aus, daß meine Schwester besser sei als ich, weil sie «gelb» war. Die Lehrer in der Schule waren noch schlimmer. Wir Schwarzen waren für sie einfach Luft, und sie schenkten uns so wenig Aufmerksamkeit wie möglich, während sie die «Gelben» ganz offen mit Lob und Zuneigung überhäuften. Obwohl wir Schwarzen in der Klasse in der Überzahl waren und manchmal auch intelligenter, waren die «Gelben» wichtiger. Manchmal meldeten wir uns, um eine Frage zu beantworten, und unsere kleinen, schwarzen Hände wedelten in der Luft, bis sie uns fast abfielen. Vor lauter Frustration schrie ich manchmal die Antwort einfach hinaus und wurde dann mit Schlägen mit dem hölzernen Tafelputzer auf die Handrücken bestraft. Die Lehrerin schlug manchmal auf meine Knöchel ein, bis sie bluteten.

Ein schwarzes Kind mußte in jeder Hinsicht perfekt sein, um von den Lehrern gelobt zu werden. Es mußte sauberer sein, intelligenter und immer pünktlich. Die mit heller Hautfarbe wurden ermutigt, ihnen half man, sie wurden vorangebracht, ob sie es nun verdienten oder nicht. Es schien, daß von den Dunklen immer das Schlimmste erwartet wurde. Als man mir erzählte, daß die «Gelben» diese Farbe hatten, weil in ihrer Familie jemand weiß gewesen war, bedauerte ich zutiefst, daß es in unserer Familie auf meiner Seite keine Weißen gegeben hatte. Erst da verstand ich, daß die Gerüchte über den Vater meiner Schwester wahr waren. Wir hatten nicht denselben Vater, wurde mir gesagt, oder ich hatte es mitgekriegt, wenn meine Tanten meine Mutter deswegen hänselten. Ich kannte ihn vom Sehen, und

Mama stritt es der Familie gegenüber ab, aber Tante Chelsea schwor, daß es wahr sei, daß der hinkende Billy der Vater meiner Schwester sei und daß seine Mutter meine Schwester entbunden hatte, ohne zu wissen, daß sie ihrer Enkelin ans Licht der Welt half.

Ihr Vater war hellhäutig, und sein Haar war seidig und fiel ihm ins Gesicht, und meine Schwester war hell wie er, und ich war schwarz wie Mama. Es gab eine Zeit in meiner Kindheit, da glaubte ich wirklich, daß meine Schwester besser sei als ich wegen ihrer Hautfarbe, und weil sie im Gesicht rot werden konnte und ich nicht. Ihr Haar war rötlich braun und meines fast schwarz, und ich sah, daß ihre Augen heller waren als meine. Ich weiß nicht, wie lange ich ihre herrliche erdnußbutterfarbene Haut bewunderte, oder wann ich aufhörte zu wünschen, so zu sein wie sie. Ich wußte, daß die Liebe zu meiner Schwester mit Schmerzen verbunden war, weil ich etwas liebte, das ich selbst nie erreichen konnte. Ich liebte ihre gelbe Haut, doch eines Tages stellte ich fest, daß meine Gefühle für sie ausgelöscht waren. Ich betrachtete sie nicht als meine Schwester, für mich war sie die Auserwählte, der Liebling, die Bevorzugte, und ich war nichts Besonderes.

Ich hatte das Gefühl, daß ich für die Familie nicht Besonderes war, und in der Schule war es noch schlimmer. Man hielt mich für eine schlechte Schülerin, wegen meines Verhaltens. Ich war ein verhaltensgestörtes Kind, und ich genoß dieses Etikett und die Aufmerksamkeit, die ich damit auf mich zog. Immerhin hatte ich es geschafft, irgend etwas zu sein und jedenfalls eine Art von Aufmerksamkeit zu bekommen. In der Schule wurde ich wie zu Hause unterdrückt, und mein Schmerz darüber wuchs, aber auch mein Wunsch, es ihnen allen eines Tages zu zeigen. Meine Träume, in der Schulaufführung Schneewittchen oder Cinderella zu spielen, waren wie ein Flüstern im Sturm. Ich hatte keinerlei Chance, weil ich wußte, daß ich zu dunkel war, aber ich hob trotzdem die Hand und wurde prompt abgewiesen, man sagte, ich sei zu groß und es gäbe keinen Jungen, der so groß sei, daß er dazu den Prinzen spielen könnte. Aus dem gleichen Grund verweigerte man mir Schneewittchen, obwohl die sieben Zwerge doch Zwerge waren. In beiden Stücken wurde die weibliche Hauptrolle von Phylis Duvall gespielt, einer Kreolin, deren einzige negroiden Merkmale die dicken Lippen waren, aber sie waren so rosig wie ihre Backen, und sie wurden umrahmt von schwarzem, seidig glänzendem Haar, das ihr bis in die

Taille reichte. Die «Gelben» wurden von unseren Lehrern auch immer ausgesucht, um die Schule oder unsere Klasse bei jeder Art von öffentlicher Darstellung zu vertreten. Die ganze Frage von hell und dunkel und schönem Haar gegenüber schlimmem Haar trennte uns und zwang mich schließlich, nur noch auf den Boden zu blicken. Ich wollte die Mißbilligung in den Augen der anderen einfach nicht mehr sehen. Langsam fing ich an, hellhäutigen Schwarzen zu mißtrauen, weil ich annahm, daß sie sich für etwas Besseres hielten.

Ein Erlebnis mit meinen Schulkameraden aus dieser Zeit beschäftigte mich besonders. Patricia Dorsey war eine Schulfreundin, mit der ich immer nach der Schule nach Hause ging. Obwohl sie in einer ganz anderen Richtung wohnte, ging ich mit ihr, und erst dann auf dem kürzesten Weg zu unserem Haus. Wenn Mama das gewußt hätte, hätte sie mir den Hals umgedreht, weil ich einen anderen Heimweg nahm als den, den sie mir eingeschärft hatte.

Pat hatte eine sehr helle Haut, rotes Haar und hellgrüne Augen. Ihre Gesichtszüge waren fast die einer Weißen, aber es waren noch genügend Merkmale da, die zeigten, daß sie eine Negerin war, abgesehen davon hatte sie so dickes, krauses Haar wie ich. Wir waren Freundinnen und teilten uns manchmal was, zum Beispiel Süßigkeiten, oder manchmal ließen wir uns gegenseitig in unsere Klassenarbeiten gucken. An unserer Schule gab es eine Bande von üblen Halunken, wie Großmutter sie nannte. Sie waren wie eine Mafia und kamen von der anderen Seite der Pennsylvania Avenue, aus Straßen mit seltsamen Namen wie Stricker, Lafayette, Calhoun und Pine Street. Pine Street war bekannt, weil dort das Pine Street-Gefängnis war, in das mancher Schwarze hineinging und nie wieder auf eigenen Füßen herauskam, sagte Großmutter.

Die Mafia zwang uns, ihnen Geld zu zahlen dafür, daß sie uns vor den anderen Banden beschützten, die manchmal vor der Schule warteten und eine Schlägerei anfangen wollten. Wenn wir kein Geld hatten, konnten wir auch was anderes geben, was wir hatten, Süßigkeiten oder einen schönen, neuen Bleistift oder das Versprechen, daß wir sie bei der nächsten Klassenarbeit abschreiben lassen würden, wenn sie in unserer Klasse waren. Bei Mädchen wurden immer Forderungen gestellt, die keinen materiellen Wert hatten, meistens etwas, was ihre kindlichen sexuellen Lüste und Phantasien befriedigte. Die Jungs in der Bande beschlossen zum Beispiel, daß ein Mädchen, anstatt sich verprügeln zu lassen, dem Bandenführer einen Kuß geben konnte, oder wenn der Bandenführer sie nicht leiden mochte, suchte er einen anderen Jungen aus, den sie küssen mußte. oder sie mußte den anderen Jungen ihre Unterhose zeigen, oder die Demütigung ging so weit, daß sie ihre Hose runterziehen und den anderen ihre Schamgegend zeigen mußte.

Am letzten Tag unserer Freundschaft kam diese Gruppe auf Patricia und mich zu und forderte, wir beide sollten uns verprügeln, sonst würden sie uns in den Arsch treten. Wir antworteten, daß wir Freundinnen seien und daß wir nicht gegeneinander kämpfen wollten. Der Anführer, Alexander Speck, den alle Räucherspeck riefen, weil er so schwarz war, daß es schon ins Bläuliche schimmerte, sagte, Patricia sei nicht meine Freundin, und daß sie nur mit mir ginge, weil ich schwarz sei, und sie glaubte, das würde die anderen davon abhalten, ihr in den Hintern zu treten, weil sie «gelb» sei. Und dann sagte er, ich würde nur mit Patricia gehen, weil sie «gelb» sei, und daß ich wohl glaubte, ich sei zu gut, um mit meinesgleichen umzugehen.

Patricia antwortete: «Stimmt doch gar nicht.» Die ganze Bande brüllte: «Stimmt wohl, warum glaubst du, daß wir nichts von dir wissen wollen? Weil du ‹gelb› bist. Du bist von so 'nem weißen alten Sack gezeugt! Bist ja nicht mal ein Nigger, du bist gar nichts.» Sie fing an zu weinen und drehte sich um zu mir, um zu fragen, ob das wahr wäre. Bevor ich antworten konnte, stieß mich jemand auf sie, und schon war die Schlägerei im Gang. Ich schlug Patricia, bis sie zu Boden fiel. Es war die erste richtige Schlägerei, an die ich mich erinnere, aber ich vergesse nie dieses Gefühl, jemanden fertig gemacht zu haben. Zuerst fühlte ich Abscheu vor mir selbst, aber nach einiger Zeit war ich richtig glücklich bei dem Gedanken, daß es mir gelungen war, jemandem Schmerz zuzufügen. Es fühlte sich gut an zu wissen, daß ich nicht nur schlagen konnte, sondern auch jemanden besiegen. Ich fühlte neue Energie, und ich fühlte mich wohl dabei, doch blieben in mir widerstreitende Gefühle darüber, was eigentlich der Sinn von Freundschaften sei, und ich konnte nicht vergessen, wie gut wir uns verstanden hatten und wie leicht wir uns wegen nichts und wieder nichts in die Haare geraten waren. Manchmal hätte ich sie am liebsten gebeten, mir zu verzeihen, aber ich hatte Angst, daß sie nein sagen würde und damit die nächste Prügelei fällig wäre.

Eines Tages, als wir noch in Großmutters Haus lebten, nannte ich meine Schwester «gelb», und prompt kam Mama herein und sagte, wenn ich je in meinem Leben meinen Mund noch mal für so was aufrisse, würde sie mir die Zähne einzeln ausschlagen, und das gleiche gälte für meine Schwester. «Deine Schwester ist heller als du wegen der Sklaverei und den schweinischen Weißen, die rumgelaufen sind und jede schwarze Frau, der sie begegnet sind, vergewaltigt haben. Sie haben unsere Rasse mit Farben wie der von deiner Schwester gemischt. Es ist nicht unsere Schuld, und fang ja nicht an, jemanden damit aufzuziehn, als ob er was dafür könnte.» Mama schrie uns beide an und sagte, sie wollte auch nie wieder hören, daß wir dieses Spiel spielten, auch nicht mit anderen Kindern.

Die Kinder hatten ein Gedicht über Hautfarben, und wir sangen es oft und lachten immer wieder darüber. Wir stellten uns im Kreis auf und sangen «Bist du weiß, bleib im Kreis; bist du braun, kannst bleiben und schaun; Schwarzgesicht stör uns nicht.» Wir zeigten mit den Fingern auf einen nach dem anderen je nach Hautfarbe und lachten uns über uns selber kaputt. Für uns war es komischer, über uns selbst zu lachen als über Humpty Dumpty, der von der Mauer fiel. Mama sagte, der weiße Mann hätte uns gelehrt, uns gegenseitig zu verspotten, um uns unten zu halten, und sie würde es nicht zulassen, daß ihre beiden Kinder sich wie die Idioten benähmen und damit dem weißen Mann noch eine Freude machten.

Für Mama waren wir Schwestern, und diese ganze Frage der Hautfarbe hinge ihr so zum Hals heraus. Sie sagte, daß sich zwischen meiner Schwester und mir alles ändern würde, wenn wir erst Großmutters Haus endgültig verlassen könnten, dieses Haus, in dem ein paar blöde Schwarze nicht genug Hochachtung vor sich selbst hätten und über Sachen wie Farbunterschiede reden würden vor zwei Schwestern, und ihnen einreden, daß die eine was Besseres sei als die andere. Mama sagte zu uns: «Denkt an eins, solange ihr lebt, für den weißen Mann ist ein Schwarzer ein Schwarzer, ganz egal, ob er hell ist oder dunkel wie die Nacht.»

Wir hatten ungefähr ein Jahr bei Großmutter gewohnt, nachdem wir Cousine Cotties Haus verlassen hatten. Großmutter hatte wieder einmal die Nase voll von uns, und es stand deutlich auf ihrem Gesicht geschrieben. Jedes Mal, wenn sie den Mund aufmachte, schnappte sie wie eine bissige Schildkröte. Sie müßte wohl mal wieder Hausputz machen, sagte sie , und ich wußte aus Erfahrung, daß sie uns rauswerfen würde, weil sie diesen Ausdruck schon früher dafür benutzt hatte, und nach jeder dieser Säuberungsaktionen saßen wir auf der Straße, alle drei.

Wir fanden uns wieder mit Taschen und Gepäck am anderen Ende von Baltimore im Haus von irgendwelchen Fremden. Ich war nicht glücklich, aber wenigstens prügelte mich keiner täglich halb tot. Doch in mir wuchs die Furcht vor dem Tag, an dem dieses Haus unsrer müde werden würde und wir wieder wegmüßten. Ich wußte, daß dieser Tag kommen würde, so sicher wie der Tod. Ein Freund von Mama hatte uns in dieses Haus gebracht, und danach sah ich ihn nie wieder. Ich wollte Mama oft fragen, wer der Mann war, der uns in dieses fremde Haus in der Carlton Avenue gebracht hatte, aber ich tat es nicht, weil ich wußte, daß sie böse werden würde. Einige Dinge, das wußte ich, weil Mama sie selbst totschwieg, durften einfach nicht gesagt werden.

Der Mann machte sie mit Bernice und Ernest bekannt, die aus dem Süden kamen und einen starken Akzent hatten. Mama mietete bei ihnen ein Zimmer mit einem Doppelbett, in dem wir alle drei schliefen. Mama arbeitete. Sie putzte in einer Privatklinik, und wir waren tagsüber bei Leuten von der Kirche, die am Ende des Blocks wohnten, während sie arbeitete. Mama arbeitete schwer, das sah ich daran, wie sie aussah. Sie schleppte sich herum, als könnte sie bald nicht mehr. Sie war jung und hübsch und stark, aber ihre zwei Kinder hingen wie eine Last an ihr, weil sie nie genug zu essen bekommen konnten und ihnen die Kleider ständig zu kurz und zu eng wurden. Wir hätten so viel gebraucht, was sie uns gar nicht geben konnte, und ich hatte eine Todesangst davor, daß sie an Überarbeitung sterben könnte und uns allein zurücklassen würde.

Sie stand ganz allein da, und oft sah ich Angst in ihrem Gesicht, und ich vergaß fast, daß sie auch lächeln konnte und wie tröstlich das war. Ich sah die Traurigkeit in ihrem Gesicht, wenn ich ihr erzählte, daß meine Schwester und ich den ganzen Tag nichts gegessen hätten und daß das Essen, das sie uns zu unseren Betreuern mitgegeben hatte, nicht wir, sondern die Enkel dieser Leute gegessen hatten. Jeden Morgen nahmen wir eine braune Papiertüte mit, meistens waren es Reste vom Abend vorher. Mittags bereitete die Frau diese Dinge zu und ließ meine Schwester und mich zusehen, wie die anderen es aßen. Wenn etwas übrig war, erlaubte sie uns, es zu essen, oder sie gab uns Brot und Margarine.

Wenn Mama nach Hause kam, war sie zu müde, um solche Geschichten noch ertragen zu können, und auch wenn sie mir glaubte, was ich wohl annahm, was hätte sie denn tun sollen? Vielleicht eine andere Betreuungsstelle suchen, die besser war? Das war nicht gerade leicht, und Miss Agnes zur Rede zu stellen, hätte den Verlust dieser Stelle bedeutet. Was Mama daran nicht verstehen konnte, war, daß Miss Agnes regelmäßig in die Kirche ging. Sie ließ keinen Sonntag aus und saß immer in der ersten Reihe und übertönte noch den Prediger beim Beten und Singen.

Als ich schon fast die Hoffnung aufgegeben hatte, daß Mama an unserer Situation etwas ändern würde, überraschte sie alle. Eines Tages war sie zur Mittagszeit einfach da und stand stumm in der Tür. Meine Schwester und ich saßen auf der untersten Stufe der Treppe, die zu Miss Agnes Haus hinaufführte. Die Enkel unserer Betreuerin saßen am Tisch und aßen, und Mama sah selbst, daß es die Reste unseres Essens vom Abend vorher waren. Miss Agnes und ihre Tochter sahen erschrocken aus, Mama sagte kein Wort, sondern drehte sich nur um und ging mit uns nach Hause. Mama war zutiefst verletzt, und ihr Gesicht zeigte es.

Sie ging mit uns die paar Schritte nach Hause im Eiltempo, weil sie so wenig Zeit hatte. Sie öffnete eine Büchse francoamerikanische Spaghetti für unser Mittagessen, weil sie keine Zeit hatte, etwas anderes zu kochen, bevor sie wieder zur Arbeit ging. Sie streute einen Löffel braunen Zucker über die Spaghetti, um unseren Appetit ein wenig zu hemmen und damit wir nicht zu hungrig würden, bis sie abends nach Hause kam und das Abendessen kochen konnte. Als sie die Spaghetti wärmte und unsere Teller zurechtmachte, sprach sie in einem Ton, der in der folgenden Zeit immer solche Gespräche bestimmen sollte. «Sandra, du bist die Älteste, und du mußt mir helfen. Ich kann euch nicht wieder zu Miss Agnes schicken, also müßt ihr eben allein hierbleiben. Ich werd jetzt jeden Morgen das Frühstück machen und es für dich und deine Schwester auf den Tisch stellen. Wenn ihr aufsteht, wascht ihr euch, wie ich es sonst immer getan habe, dann frühstückt ihr und bleibt im Haus. Ihr dürft nicht rausgehen zum Spielen, weil ich Angst habe, daß euch was passiert oder irgendein böser Mann euch mitnimmt oder so was. Oder vielleicht ruft jemand beim Jugendamt an und behauptet, daß ich nicht ordentlich für euch sorge und euch auf der Straße eurem Schicksal überlasse, während ich arbeiten gehe.»

Sie ging morgens früh weg, damit sie mittags nach Hause kommen und für uns kochen konnte, weil sie nicht wollte, daß wir am Tag zwei kalte Mahlzeiten aßen. Wir durften auf keinen Fall den Herd anrühren. Sie hatte immer Angst, daß unsere Kleider oder irgendwas Feuer fangen könnte und wir uns Brandwunden zuziehen würden. Sie sagte zu uns: «Ihr habt weiß Gott schon genügend Schwierigkeiten im Leben, und es ist aus, wenn das Gesicht voller Brandwunden ist, besonders bei einer Frau.» Sie kam im Eiltempo herein, kochte das Essen und sauste wieder raus und versuchte, das alles in einer Stunde zu schaffen, und dann mußte sie auch noch auf den Bus warten, der sie zurück zur Arbeit brachte und immer unpünktlich kam.

Die Sommerferien schienen ungewöhnlich kurz, und schon wieder ging es los: bei Sonnenaufgang aufstehen und hin und her hetzen. Manchmal blieb sie zu Hause bei uns, weil sie zu müde war, um zur Arbeit zu gehen, aber auch dann ruhte sie sich nicht aus. Entweder flickte sie unsere zerrissenen Kleider oder putzte das Zimmer oder versuchte, irgend etwas ganz Besonderes für uns zu kochen oder backen, zum Beispiel selbstgebackene Brötchen. Sie versuchte wirklich nach Kräften, das Beste für uns zu tun, und manchmal tat es mir so leid, und ich ärgerte mich darüber, daß es so lange dauerte, bis man erwachsen wurde und wir ihr endlich Ruhe von ihrer Hetze gönnen konnte. Zum erstenmal in unserem Leben durften wir bei Tisch lachen und sprechen, falls wir nicht gerade den Mund voll hatten. Mama war müde, aber ruhiger und zufriedener mit uns, irgendwie brachte sie es fertig, nicht mehr die ganze Zeit mit uns rumzuschimpfen. Sie kaufte Kleidung für uns und manchmal etwas Besonderes zum Essen, was wir gerne mochten. Sie tat wirklich all das, was sie uns versprochen hatte für die Zeit, wenn sie einmal die Möglichkeit dazu haben würde. Trotzdem blieb meine Angst, und ich wagte nicht, von mehr zu träumen und davon, daß unser Leben besser werden würde, oder auch nur, daß die guten Zeiten andauern würden.

Als wir eines Tages von der Schule zurückkamen, war Mama zu Hause. Das war ungewöhnlich, weil sie sonst um diese Zeit bei der Arbeit war. Ein Blick voller Sorgen lag auf ihrem Gesicht, ein Blick, der, wie ich später merkte, bedeutete, daß sie entweder schwanger war oder ihre Stelle verloren und kein Geld mehr hatte. Ich war damals erst sieben. Ich ging zu ihr hin und fragte sie, warum sie so traurig aussähe. Sie sah mich nicht an, machte nur den Mund auf und sagte: «Ich habe meine Stelle verloren.» Mein Herz zitterte, weil ich wußte, daß jetzt alles für uns aus war, wir waren am Ende, und es würde wieder zurück in Großmutters Haus gehen, zu den Schlägen und den Mißhandlungen. Alle Hoffnungen waren für immer aus.

Ich legte meinen Kopf in ihren Schoß und weinte. Ich blickte hinauf in ihr Gesicht, um in meiner Angst Trost zu finden, aber dort fand ich keinen. Da erinnerte ich mich daran, daß Tante Grace mir beigebracht hatte, ich sollte in Mamas Gegenwart nie weinen. Ich stand auf, trocknete meine Tränen und dachte daran, daß Tante Grace gesagt hatte, das, was ich jetzt gerade tat, sei selbstsüchtig, und weil ich die Älteste war, müßte ich versuchen, für Mama stark zu sein. Ich war die Älteste, aber ich hatte solche Angst, als ich zu Mama sagte: «Es wird schon gut werden, Mama.» Ich ging in eine Ecke in diesem kleinen Zimmer und dachte nach. Warum hatte Gott uns dies wieder angetan? Mama hatte doch versucht, ihr Bestes für uns zu tun, sie war für uns Mutter und Vater in einem. Sie versuchte so für uns zu sorgen, wie sie es für richtig hielt, und kein Mensch verstand das oder interessierte sich dafür.

Mama fiel in eine tiefe Depression, sie saß da und tat einfach gar nichts. Sie sagte, es gebe keine Arbeit, und sie hätte weiß Gott tagelang den ganzen Tag gesucht. Sie erzählte uns, daß täglich eine Menge Leute aus dem Süden nach Baltimore kämen und daß sie für weniger Lohn als die Leute aus Baltimore arbeiten würden, und deshalb gaben die Arbeitsagenturen, zu denen Mama immer hingegangen war, keine Arbeit mehr an Ortsansässige. Ich nahm meine Schwester an die Hand, und wir ließen Mama allein. Wir durften in unserem Zimmer beim Spielen nicht so laut lachen, sonst sah Mama uns böse an. Seit wir in dies Haus gekommen waren, hatten wir nie mit den Kindern vom Block draußen spielen dürfen. Zum erstenmal, seit wir geboren waren, hatten meine Schwester und ich nur uns gegenseitig, und das wollte Mama. Sie sagte zu uns, wir hätten in der ganzen Welt nur uns gegenseitig, und das sollten wir uns am besten beizeiten klarmachen. Zwischen uns sollte nichts und niemand kommen, und wir sollten immer als erstes aneinander denken, egal was sei, das sei die einzige Möglichkeit zu überleben, ohne so schrecklich leiden zu müssen wie sie jetzt. Sie sagte, wenn ihre Mutter sie nicht immer unterdrückt und so oft auf die Straße gesetzt hätte, bevor sie auf eigenen Füßen stehen konnte, hätte sie uns schon viel früher ein gutes Zuhause bieten können. Sie hätte ihre Familie nur darum gebeten, für meine Schwester und mich zu sorgen und uns nicht zu schlagen, damit sie irgendwo arbeiten konnte, und das sei wohl schon zuviel gewesen, wenn man betrachtete, daß sie den ganzen Tag nichts anderes taten als schlagen.

Mama suchte immer noch Arbeit, und es hatte sich noch nichts ergeben. Bernice fing an, wegen der Miete herumzumeckern. Damals begann Mama, mit meiner Schwester und mir ihre täglichen Gänge zum Sozialamt zu machen. Wir gingen frühmorgens los und kehrten am Ende des Tages zurück. Wir waren müde und hungrig, und wir hatten nichts mehr zu essen und kein Geld mehr. Jeden Tag wanderten wir auf die andere Seite von Baltimore, was mindestens eine Stunde dauerte, weil wir kein Geld für den Bus hatten. Mama wusch uns und zog uns dann die schlimmsten Fetzen an, die wir besaßen. Wir hatten zwar nicht viele gute Kleider, aber wir durften nicht zeigen, daß wir überhaupt welche hatten, denn das hätte bedeutet, daß sie uns deshalb die Unterstützung verweigern konnten. Wenn wir gute Schuhe trugen, sagten sie zu Mama, sie sollte wiederkommen, wenn die Schuhe durch seien. Wegen einem Paar noch nicht völlig abgetragener Schuhe verweigerten sie uns Geld für Essen. Das System, nach dem die Sozialhilfe gewährt wurde, machte uns kaputt, mehr als mein Taugenichts von einem Vater und mehr als die gebrochenen Versprechungen all der anderen Männer, die Mama kannte, denn das Sozialhilfesystem demütigte Mama vor unseren Augen.

Wir mußten morgens schon beim Sozialamt sein, bevor sich die Türen öffneten, um einen Platz in der Schlange zu bekommen. Das Sozialamt war für mich eine ganz neue Erfahrung und mein erster Einblick in die Art und Weise, wie Amerika, das Land der harten Arbeit, seine Arbeiter belohnt. Das Sozialamt war Mamas Form der Arbeitslosenversicherung, denn für die Jobs, die sie hatte, wurde nie eine Arbeitslosenversicherung bezahlt, und wenn sie aus einer Stelle flog, flog sie ohne alles raus und mußte sich noch dazu der Demütigung unterziehen, hinzugehen und auf dem Sozialamt um ihr Geld zu bitten, das sie wöchentlich in Form von Steuern entrichtet hatte.

Im Sozialamt lernte ich auch das weiße Amerika kennen. Ich kannte unsere Armut, aber die Armut dieser Weißen war noch einmal etwas anderes. Ich hatte nie in meinem Leben schmutzigere

Menschen gesehen. Die Kinder kratzten sich alle, und Mama erzählte uns später, sie hätten Läuse. Die Kinder starrten vor Dreck, ihre Haut war vor Schmutz fast so dunkel wie meine. Wir waren alle Kinder von Armen und Elenden und hatten alle lange dünne Gliedmaßen, aber diese Kinder hatten Arme und Beine voller Entzündungen und ihre Zähne sahen aus wie verfaulte Stümpfe. In ihren Mündern war es ganz schwarz vor Fäulnis. Ich hatte Angst, daß sie mich mit irgendeiner Krankheit anstecken könnten, und ich drückte mich eng an Mama. Wir drei hatten wirklich Fetzen auf dem Leib, aber wir waren wenigstens sauber.

Als wir endlich in das Bürogebäude hineinkonnten, war ich ganz erleichtert, daß die Stühle zum Warten nach Hautfarbe getrennt standen. Dieses Land war so kaputt, daß sogar die Verhungernden und die Toten noch nach Rassen getrennt wurden. Nicht einmal diesen Luxus genossen wir gemeinsam. Gott weiß, daß viele dieser Leute im Sozialamt lange vor ihrer Zeit auf dem Friedhof enden würden. Einige würden an Unterernährung sterben und auf einem Friedhof «Nur für Weiße» begraben werden. Weiß zu sein und arm und hungrig und arbeitslos bedeutet, daß man eben eine Pechsträhne hat. Aber schwarz zu sein und arm und hungrig und arbeitslos, das bedeutet, daß einem das gerade recht geschieht, weil die Weißen einen ohnehin nicht als Menschen betrachten. Und daß man von Natur aus faul ist und nichts taugt und einfach immer weiter Kinder in die Welt setzt, die man nicht ernähren kann. Man existiert nur als Problem für das weiße Amerika, und man hat eigentlich gar kein Recht darauf zu leben. Und das ist noch nicht alles; wenn man arm ist und weiß, bedeutet das noch lange nicht, daß man sich erniedrigen und seine Armut mit den Schwarzen teilen muß. Man hat immer noch seine armselige weiße Würde, und man setzt seinen armseligen weißen unterernährten Körper nicht neben einen Farbigen.

Mama hatte uns schon eingebleut, wie all die anderen Tage, wenn wir denselben, offensichtlich schon in seinem Ablauf vorherbestimmten Gang gemacht hatten: «Spielt ja nicht mit diesen schmutzigen weißen Kindern, und egal wie hungrig ihr seid, nehmt nichts an, was sie euch anbieten. Setzt euch neben mich und haltet den Mund und sagt nichts, auch wenn ihr gefragt werdet. Egal wer was fragt.» Meine Schwester und ich waren klug genug zu gehorchen, und wenn wir sonst nie in unserem Leben folgsam waren, im Sozialamt waren wir es.

Mir fiel auf, daß die weißen Kinder in den Gängen umherliefen und spielten und schrien und sich zankten. Sie zogen die Schuhe aus und zogen sogar ihre Hosen runter und pißten in eine Ecke, wenn ihnen danach zumute war. Hin und wieder blickte eine Mutter oder ein Vater drohend hin oder prügelte eins von den Kindern windelweich. Was mich am meisten schockierte, war, daß diese Kinder sich gegenseitig ins Gesicht spuckten und keiner protestierte, kein Erwachsener und auch keins von den Kindern. Ich war entsetzt, weil Mama mich einmal wahnsinnig verprügelt hatte, weil ich spuckte, und nach den Prügeln hatte sie mir angedroht, wenn ich jemals wieder Lust hätte zu spucken, dann könnte ich mich gleich auf ein nagelneues Gebiß gefaßt machen als Ersatz für die ganzen Zähne, die sie mir aus dem Mund schlagen würde.

Die Sozialarbeiter waren durchweg sehr unfreundlich zu den Leuten, die hier im Namen der Armut versammelt waren. Schwarze und Weiße wurden gleichermaßen behandelt, als seien sie herrenlose Köter, die sich in das Revier eines feinen Hundes wagen. Ich habe mir gelobt, nie zu vergessen, wie sie mit Mama sprachen. Die Fallbearbeiter, wie man sie nannte, entschieden aus eigenem Ermessen, ob jemand abgelehnt oder akzeptiert wurde. Erst viele Jahre später gab es Richtlinien der Bundesregierung, nach denen verfahren wurde. Bedürftigkeit war noch kein Grund, zwei oder drei Mahlzeiten am Tag genehmigt zu bekommen. Die Fragen, die sie meiner Mutter stellten, taten mir weh, und auf diesen Schmerz folgte Wut. Man hatte kein Privatleben mehr, wenn man durch diese Tür getreten war und gesagt hatte, daß man hungrig sei und Hilfe brauchte.

Die Demütigung, die wir beiden Kinder empfanden, reichte aber nicht heran an die Demütigung unserer Mutter, einer erwachsenen Frau. Und diese Demütigung war reine Absicht, denn wenn Mama uns bat, wir sollten auf unsere Plätze zurückgehen, damit sie unter vier Augen mit der Fallbearbeiterin sprechen könnte, befahl die uns, wir sollten dableiben. Sie sagte: «Sie sollen diese Dinge ruhig hören, damit sie eines Tages nicht genauso drinhängen wie Sie jetzt.» Mama wußte, daß sie sofort weggeschickt werden würde, wenn sie auf ihrem Wunsch bestehen würde, und daß ihr Fall für ein halbes Jahr oder länger zu den Akten gelegt werden würde. Ich nahm die Hand meiner Schwester und drückte sie fest und hielt meinen Kopf hoch, während Mama auf die Fragen antwortete. Ich dachte daran, daß Tante Grace mich gelehrt hatte, mich nie vor irgend jemandem zu erniedrigen. «Wenn du schreien mußt und weinen, dann tu es später hinter verschlossenen Türen, aber laß sie nicht sehen, wie dich deine Schwäche überkommt, denn wenn sie das erst mal gesehen haben, kannst du nie wieder stark vor ihnen sein.»

«Wie heißen Sie?»

«Delores Young.»

«Können Sie das buchstabieren?»

«Ja, Ma'am.»

«Also, buchstabieren Sie.»

«Äh –»

«Egal, sagen Sie mir die Namen der Kinder.»

«Sandra Lee Young und Yvonne Angela Young.»

«Haben sie den gleichen Vater.»

«Ja, Ma'am.»

«Wo ist er?»

«Ich glaube, er wohnt immer noch in der Nähe meiner Mutter im 160. Block in der Kavanaugh Street.»

«Unterstützt er die Kinder?»

«Er schickt jede zweite Woche oder so drei Dollar für Sandra, aber er schickt nichts für Yvonne. Er sagt, sie sei nicht sein Kind.»

«Und ist sie es?»

«Ja, Ma'am, aber er hat vor Gericht gelogen, und der Richter hat ihm geglaubt, besonders weil Yvonne heller ist als Sandra.»

«Und wie ist es mit dem Bluttest? Hat man die Kinder untersucht?»

«Ja, Ma'am.»

«Und was hat das ergeben?»

«Ich weiß nicht, der Richter hat es mir nicht erklärt, er hat nur gesagt, ich würde für sie kein Geld bekommen, und wenn ich noch ein uneheliches Kind bekommen würde, würde man mir alle Kinder wegnehmen und in ein Heim geben.»

«Das würde Ihnen auch recht geschehen. Und warum sind Sie jetzt hier? Warum arbeiten Sie nicht und wo wohnen Sie?»

«Ich wohne bei Bernice und Ernest Carter in der Carlton Avenue 1402. Meine Mutter hat mich letztes Jahr mit den Kindern auf die Straße gesetzt, ich glaube im Frühling.»

«Warum hat sie Sie hinausgeworfen?»

«Weil ich keine Arbeit hatte, und sie sagte, sie hätte es satt, uns alle durchzufüttern.»

«Und mit wem leben Sie jetzt zusammen? Haben Sie einen Mann oder einen Freund? Kleine, du, die größere», und sie zeigte auf mich, «hast du deine Mama irgendwann mit einem Mann im Bett gesehen?»

Ich blickte zu Boden und schluckte meine Tränen runter. Hinten in meinem Kopf spürte ich ein Brennen, das ich nicht verstand.

«Trinkt eure Mutter Alkohol? Geht ihr zur Schule und in die Kirche? Wie oft badet sie euch in der Woche?»

Immer noch sagte ich nichts, ich merkte nur wie ich zitterte, als sie sich über den Schreibtisch lehnte, um mein Gesicht aus der Nähe sehen zu können, und als sie lauter sprach, während sie ihren Papparsch vom Stuhl löste.

‹Du dreckiges weißes Luder, nimm doch dein Scheißgeld und steck es dir in den Arsch. Wir brauchen es nicht und wollen es auch nicht.›

Mein Herz klopfte, als ich das dachte, aber ich wagte nicht, es auszusprechen, ich hob nur den Kopf und sah ihr in die Augen und starrte sie an, bis sie sich wieder gesetzt hatte. Während wir alle drei schwiegen, hielt ich Mamas Hand fest, um ihr zu zeigen, daß wir uns immer noch gegenseitig hatten.

«Warum arbeiten Sie nicht, Delores?»

«Weil es mit der Kinderbetreuung nicht mehr geklappt hat und ich mittags nach Hause kommen mußte, um den Kindern Essen zu machen, und das gefiel meinem Chef nicht. Ich hab ihm angeboten, abends länger zu arbeiten und die Zeit nachzuholen, aber er hat mich gefeuert. Die Leute, bei denen ich wohne, wollen, daß ich ausziehe, weil ich die Miete nicht bezahlen kann. Ich brauche nur Unterstützung, bis ich eine Arbeit finde.»

«Gehen Sie doch zu ihrer Mutter zurück.»

«Ich kann nicht, sie hat keinen Platz und sie will ebenfalls Geld.»

«Wie viele Personen leben bei Ihrer Mutter?»

«Meine Mutter und Chelsea, Elaine, Palestine, Annette und Boo-Boo und ich und meine beiden. Ach nein, Palestine ist mit ihrem Mann weggezogen.»

«Wie groß ist das Haus, Delores, wie viele Zimmer meine ich, und wo ist es?»

«Zwei Schlafzimmer, ein Wohnzimmer, eine Küche und ein Bad.

Meine Mutter schläft manchmal im Wohnzimmer, und die anderen schlafen in den zwei Schlafzimmern, und das Haus ist in der Lorman Street 1830.»

«Also Delores, das ist kein Dringlichkeitsfall, setzen Sie sich dort drüben hin, Sie müssen noch zu meinem Vorgesetzten.»

Endlich wurden wir auch beim Vorgesetzten vorgelassen, und weiter ging es mit der Fragerei den ganzen Tag lang. Die Fragen waren nicht mehr an Mama gerichtet, sondern an uns Kinder. Fragen wie zum Beispiel, ob wir unseren Vater kennen würden, und wann wir zum letztenmal gegessen hatten. Wir schüttelten den Kopf, nein, und zuckten mit den Schultern, aber wir machten den Mund nicht auf. Nichts wurde unter vier Augen verhandelt, und wir hörten alle die Probleme der anderen, und sie hörten unsere.

Einen ganzen Monat lang ging Mama jeden Tag mit uns in dasselbe Büro in die Greenmount Avenue. Wir saßen da, hungrig und ohne Hoffnung, und mir kam es wie eine Ewigkeit vor. Die ganze Zeit gab es nur Haferflocken, Sodakekse und Melasse zu essen. Mama kochte uns die Haferflocken in Wasser, um sie weich zu machen, und süßte sie mit Melasse. Wenn wir keine Haferflocken mehr hatten, gab sie uns Sodakekse und Melasse, um den schlimmsten Hunger zu überbrücken und das Magenweh zu mildern.

Als aus dem ersten Monat der zweite wurde und immer noch jeden Abend die Fallbearbeiter herüberkamen, um mitzuteilen, welche Anträge angenommen und welche abgelehnt wurden, war unser Antrag immer noch nicht bearbeitet worden. Sie hatten immer noch nicht beschlossen, uns die Chance zum Leben zu geben. Mama mußte jeden Tag dorthin gehen, nachdem sie sich einmal für die Sozialhilfe beworben hatte, denn wenn man beschlossen hätte, sie zu einer Besprechung vorzulassen, und sie nicht dagewesen wäre, wäre ihr Antrag auf der Stelle abgelegt worden, und sie hätte mit einem neuen von vorne anfangen müssen. Deshalb konnte sie auch nicht gleichzeitig eine Arbeit suchen.

Der Weg vom Sozialamt nach Hause war der längste und leerste Weg in meiner ganzen Kindheit. In dieser Stunde, die der Weg dauerte, sagte keiner von uns ein Wort. Mama fragte hin und wieder, ob wir Hunger hätten, aber sie wußte die Antwort natürlich. Als wir eines Abends bei der Mulberry Street um die Ecke bogen und zu unserem Block kamen, stand der Sheriff vor unserem Haus. In unserem Block herrschte eine Spannung, die zum Schneiden dick war.

Auf den sonst so teilnahmslosen Gesichtern der Nachbarn lag eine unerwartete Aufregung. In manchen Augen standen Ärger und Furcht, in einigen die Hoffnung, zu sehen, daß andere genauso behandelt wurden wie sie selbst.

Der Sheriff war im Ghetto eine bekannte Erscheinung. Für alle, vom kleinsten Kind bis zum ältesten Erwachsenen, hatte der Sheriff dieselbe Bedeutung, aber auch noch eine persönlich gefärbte, je nach der Art des bisherigen Zusammentreffens mit ihm. Ich wußte schon aus Erfahrung, daß Uniformen nichts Gutes bedeuteten. Ich suchte in Mamas Gesicht nach einem Hinweis darauf, daß dieses Unheil nicht uns drohte, aber ihr Gesicht zeigte nur zu deutlich, daß wieder einmal unsere Stärke und unser Mut auf die Probe gestellt werden sollten. Auf Mamas Gesicht flackerte Angst, sie sah aus wie ein Kind, das der Pein des drohenden Stockes ausweichen will.

Meine Hand faßte ihre fester, als ich zwischen den Beinen ein Stechen fühlte und mein Verstand mir sagte: «Nein, Sandra, jetzt nicht, mach nicht in die Hose, deine Mutter hat noch genügend Unangenehmes vor sich.» Ich stolperte, aber weil ich Mamas Hand hielt, fiel ich nicht hin. Wir kamen vor unsere Tür, und wieder versuchte ich, die Gesichter der Leute zu ergründen, die dort im Namen des Gesetzes versammelt waren. Bernices Gesicht war kälter als das von Pilatus, als sie mit dem Finger auf uns wies und uns dazu verurteilte, ihr Eigentum zu räumen.

Der Sheriff sagte zu Mama, diese Leute hätten ein Recht darauf, uns das Zimmer wegzunehmen, weil wir die Miete nicht zahlen könnten. Mama bat Bernice und Ernest, uns bleiben zu lassen. «Ich suche immer noch Arbeit, und vielleicht bekomme ich jetzt bald Sozialhilfe, gebt mir doch noch ein bißchen Zeit. Bitte, setzt mich nicht mit den Kindern vor die Tür. Es ist doch nicht ihre Schuld. Bitte, tut uns das nicht an, Bernice, versuch doch zu verstehen, daß es nicht meine Schuld war, daß ich die Stelle verloren habe. Ich habe mein Bestes getan.»

Mama weinte und bettelte wie ein Kind, das eine Prügelstrafe abwenden will. Sie hielt uns beide fest an ihrer Seite und ich fühlte, wie ihr Schmerz durch ihre Hände in meinen Körper floß, und ich fing auch an zu weinen. Ich weiß nicht mehr, wann meine Schwester anfing zu weinen, aber keiner von uns weinte richtig heraus, uns schossen nur die Tränen aus den Augen wie aus geöffneten Schleusen. Der dicke Sheriff mit seinem roten Gesicht sagte: «Verdammt noch mal, was habt ihr eigentlich vor? Entweder setzt ihr dieses Mädchen mit den Kindern auf die Straße, oder ihr laßt sie bleiben. Mir ist es egal. Ich hab hier meine Männer, und ich will die Sache so schnell wie möglich hinter mich bringen.» Ernest sah beschämt aus, weil der Sheriff sich nur an Bernice wandte, als ob er Luft sei.

Ernest machte einen letzten verzweifelten Versuch, sich vor den Augen der Versammelten als Mann zu beweisen, und sagte, wir könnten bleiben. Aber kaum hatte er das gesagt, fing Bernice mit voller Lautstärke an zu keifen: «Nein, ich will sie hier raushaben, auf der Stelle.» Ernest liebte Bernice, und das wußten alle. Aber es war auch ganz offensichtlich, daß sie ihn nicht liebte. Sie zog mit allen möglichen Männern herum, egal ob er bei der Arbeit oder zu Hause war. Die ganze Nachbarschaft klatschte darüber und schob es mal wieder darauf, daß sie eine von diesen «gelben» Niggern war und er nicht. Bernices Haut hatte die Farbe von Erdnußbutter, und Ernest war schwarz und glänzend wie ein Rabe. Ich war sicher, daß ihre Hautfarbe einer der Gründe war, warum er sie liebte. Sie machte sich über ihn lustig, wie schwarz er sei, und sprach von seinen großen Seifenblasenlippen und lachte ihn in aller Öffentlichkeit aus, weil er häßlich und ungeschickt war. Sie sagte ihm vor allen Leuten auf den Kopf zu, daß er häßlich sei und er das wisse, und er sollte lieber nett zu ihr sein, sonst wäre sie vielleicht eines Tages einfach verschwunden, wenn er nach Hause käme. «Weil es zu viele hübsche Burschen in der Straße gibt», sagte sie, «die einem häßlichen Kerl wie dir gern eins auswischen.» Ernest sagte dann gar nichts, er senkte nur den Kopf und blickte zu Boden, als wartete er darauf, daß das Linoleum für ihn antworten würde.

Ernest sah auch jetzt nur auf den Bürgersteig, und der Sheriff wurde immer saurer, weil er gehen wollte. Bernice sagte zum Sheriff: «Schmeißen Sie sie raus, und zwar sofort.» Diesmal sagte Ernest nichts. Der Sheriff rief ein paar alte zerlumpte Schwarze heran, die in einiger Entfernung gestanden hatten. «Kommt rüber, Jungs, und fangt an.» Diese Schwarzen hätten Großväter sein können, und trotzdem ließen sie sich von ihm Jungs nennen.

Der Sheriff fragte Mama, ob sie ihre Sachen zusammenpacken wolle, und sie schüttelte nur den Kopf, nein. Die alten schwarzen Männer brachten unsere Sachen Stück für Stück raus, während Bernice ihnen zeigte, was uns gehörte und was ihr. Wir hatten keine Möbel, nur ein paar Spielsachen, ein paar Kleidungsstücke und einige Töpfe und Pfannen. Alles war in einer Viertelstunde vorbei. Sie waren fertig und von der Bildfläche verschwunden, der Sheriff und seine Jungs. Die Nachbarn waren ganz still, wie bei einem Begräbnis, man konnte eine Stecknadel fallen hören. Wir saßen da in der Abendsonne und sahen auf den Haufen, der vor uns auf der Erde lag.

Alles, was wir besaßen, lag auf diesem Haufen. Unsere gehüteten Spielsachen, die wir in diesem Jahr in Bernices und Ernests Haus angesammelt hatten, Stücke von Träumen und schönen Augenblikken lagen auf dem Bürgersteig genauso verloren wie ihre Besitzer. Wir saßen da, bis es dunkel wurde, warum weiß ich auch nicht. Die Nachbarn waren aus ihren Häusern gekommen, um die Vertriebenen zu beobachten. Ein paar waren schon herübergekommen, um zu fragen, ob sie dies oder jenes aus unserem Besitz haben könnten, keiner bot uns Hilfe an. Und was hätten sie auch anbieten können? Sie lebten ja in demselben Elend wie wir.

Mama sprach mit niemand, und auch wir Kinder sagten nichts und saßen nur neben ihr. Wir hielten sie fest und sie uns. Wir fragten nichts, weil wir die Antworten schon wußten. Diesen Alptraum hatten wir schon einmal durchlebt, und es war noch nicht so lange her. Dieselben Umstände, die uns in dieses Haus geführt hatten, führten uns jetzt wieder heraus. Die Dunkelheit fiel auf uns nieder, wie wir da saßen, wir hatten uns noch nicht bewegt. Ein paar Nachbarn hatten etwas von dem genommen, was vor uns lag, und Mama sagte immer noch nichts. Bernice schrie Ernest an, er sollte runtergehen und uns von der Treppe verjagen, sie wollte uns nicht auf ihrer Treppe haben. Ernest weigerte sich und wurde von einer Flut von Schimpfwörtern überschüttet. Plötzlich hörten wir ein Geräusch, wie wenn zwei Körper aneinanderstoßen, und Bernice kreischte, er hätte sie geschlagen, und sie beschimpfte ihn weiter und hielt ihm seine schwarze Haut und seine Häßlichkeit vor. Er schlug sie, bis sie aufhörte zu schreien.

Jetzt ging Mama endlich zu dem Haufen mit unseren Habseligkeiten hinüber und nahm unsere persönlichen Dinge, Kleider, Zahnbürsten, Waschlappen, und stopfte sie in zwei Kopfkissenbezüge. Dann brachte sie die beiden Bündel herüber zu uns, und wir saßen weiter da.

Jetzt hatte uns die Dunkelheit ganz eingehüllt, und die anderen aus der Straße nahmen sich unsere Töpfe und Pfannen, und Mama saß einfach nur da. Ein Mann in Armee-Uniform ging vorbei, sah den Haufen an, dann Mama und uns. Er drehte sich um und kam zurück und fragte, ob er uns helfen könnte. Mama antwortete nicht, aber ihr Schweigen sagte mehr als lautes Klagen. Der Mann sagte, er wohne mit seiner Frau ein Stück um die Ecke und er wolle uns dort hinbringen. Endlich sprach Mama, sie sagte: «Lassen Sie uns. Lassen Sie uns bloß in Ruhe.» Der Mann ging weg und kam nach ein paar Minuten mit seiner jungen Frau zurück. «Dies ist meine Frau Pat, und ich heiße Phil», sagte er. «Wir wohnen in der Mulberry Street. Wir möchten, daß Sie und die Kinder zu uns kommen und bei uns bleiben, bis Sie sich wieder gefangen haben.» Mama antwortete: «Ich möchte am liebsten sterben. Ich nehm jetzt meine Kinder und bring uns alle um.» Sie sprach, als sei sie sehr weit weg, und fing an zu weinen. «Lieber möchte ich, daß meine Kinder tot sind, als daß sie so ihr Leben lang leben müssen. Ich tu schon mein Bestes, und das ist immer noch nicht genug. Gott weiß, ich kann einfach nicht mehr.»

Phil nahm ihre Hände und zog sie von der Treppe hoch. Ich trug ein Bündel, und meine Schwester trug eins, und Pat und Phil führten uns weg. Ich sah mich noch mal um, als wir an die Ecke kamen, und sagte: «Schaut mal, jetzt nehmen sie all unsere Sachen.» Pat drehte meinen Kopf sanft nach vorn und sagte: «Schau nicht zurück, kümmere dich nicht um diese Sachen, laß sie nur.» Sie wohnten nur einen Block weiter, und ihr Backsteinhaus war ganz ähnlich wie das, aus dem wir eben vertrieben worden waren.

Sie gaben Mama und uns im dritten Stock ein riesiges Zimmer mit zwei Betten, einem großen Doppelbett für meine Schwester und mich und einem Einzelbett für meine Mutter.

Sie selbst wohnten im zweiten Stock, und im ersten Stock nach vorne raus wohnte eine Frau mit vier Kindern. Die hintere Wohnung im ersten Stock ging hinaus auf den Garten und einen Spielplatz, um den ein drei Meter hoher Zaun war. Wenn man dorthin wollte, mußte man durch die Wohnung des Ehepaares gehen, das hier wohnte. Wie lange wir in diesem Haus wohnten, kann ich nicht mehr genau erinnern. In meiner Kindheit merkte ich mir Zeitspannen normalerweise an den Jahreszeiten, aber ich weiß nicht mehr, ob wir dort über Weihnachten waren. Ich weiß nur noch, daß wir während der warmen Jahreszeit kamen, und daß es anfing kalt zu werden, als wir das Haus verließen.

Nachdem wir ein paar Monate in diesem Haus gewohnt hatten, bekam Mama tatsächlich Sozialhilfe, aber sie hatte sich seit unserer Vertreibung so verändert, daß ich sie eigentlich gar nicht richtig wiedererkannte. Sie war innerlich weit weg, und seit jener Nacht hatte sie nie wieder richtig Boden unter die Füße bekommen. Sie hatte keine Hoffnung mehr, und nichts interessierte sie mehr. Sie ging zuerst wieder eine Zeitlang mit Männern aus, bis die Zahlungen vom Sozialamt kamen, dann ging sie plötzlich gar nicht mehr weg. Wenn irgendwelche Männer an unsere Tür kamen und sie sprechen wollten, schickte sie mich hinaus, um zu sagen, daß sie nicht zu Hause sei. Auf ihrem Gesicht stand ständig die Furcht vor einem drohenden Schicksalsschlag.

Das Leben in diesem Haus war eigentlich gar nicht wirklich; es war nur eine Zwischenstation. Ich wollte mich in diesem Haus bewußt nicht zu heimisch fühlen, um bei der nächsten Vertreibung nicht enttäuscht zu werden. Ich glaubte nicht, daß wir hier bleiben könnten, und fürchtete, daß Phil und Pat jeden Moment dasselbe tun könnten wie Bernice und Ernest. Ich wußte, daß man anderen Menschen auf keinen Fall vertrauen oder glauben durfte. Ich hätte gerne vertraut, aber das durchgestandene Leid lehrte mich, nie das letzte Mal, als ich vertraut hatte, zu vergessen. Mir war klar, daß überhaupt nichts mir gehörte und auch nie gehören würde. Man bekam Dinge, und sobald ich anfing sie gerne zu mögen und zu hüten, nahm man sie mir wieder weg. Mir wurde klar, daß nicht nur Weiße diese Art von Leid zufügen konnten, sondern auch Menschen meiner Rasse.

Mama lebte in ihrem Schweigen und wir, ihre beiden Töchter, in unserem. Im ersten Stock des Hauses war ein Geräteverschlag, den der Mann, der dort mit seiner Frau lebte, für mich in Ordnung brachte. Ich hatte ihn gefragt, ob ich in diesem Raum spielen könnte, und er hatte gesagt: «Nicht in dem Zustand, in dem er jetzt ist.» Er versprach mir, ihn in Ordnung zu bringen, dann könnte ich ihn haben. Eines Tages, als ich kam, war der Verschlag gestrichen und eine dicke Decke zum Spielen lag auf dem Boden, und irgendwie hatte er auch ein paar Kindermöbel aufgetrieben, einen Tisch und einen Stuhl. Seine Frau schenkte mir Buntstifte und Wasserfarben, und ich hängte meine Bilder an die Wand. Die beiden paßten auch auf, daß sonst niemand in meinem kleinen Haus spielte. Ich fand hier eine ungestörte Zuflucht. Ich verbrachte meine ganze Zeit dort. Meine Schwester kam nie herein, wenn ich sie nicht mitnahm. Hier hatte ich meinen Platz in diesem Haus, und die Frau und der Mann ließen keinen Eindringling in meinen Spielverschlag, wenn ich nicht da war.

Mama wurde immer nervöser und ungeduldiger. Sie schlug mich manchmal wegen einer Kleinigkeit, und dann weinte sie wieder und sagte, es täte ihr leid. Sie weinte sehr viel und starrte nur noch auf den Boden. Jeden Tag drohte sie mit Selbstmord und mit Mord an sich und uns. Meine Schwester und ich waren meistens bei dem Mann und der Frau unten. Ich stellte fest, daß die beiden manchmal einen Grund fanden, meine Schwester wegzuschicken, und ich genoß es, im Mittelpunkt ihrer Aufmerksamkeit zu stehen. Sie hatten mich lieber allein bei sich, und ich bekam einmal in meinem Leben die Aufmerksamkeit, die ich brauchte. Ich wußte von ihnen eigentlich nur, daß sie sehr freundlich zu mir gewesen waren und den Verschlag für mich in Ordnung gebracht und mir die Stifte geschenkt hatten, die allerersten, die ich je außerhalb der Schule besaß.

Der Mann streichelte mir immer den Rücken und legte seine Finger zwischen meine Beine, und ich dachte mir nichts dabei. Ich sah, daß er bei seiner Frau dasselbe tat, deshalb schöpfte ich keinen Verdacht. Das schrecklichste, was ich je gesehen hatte, war, wenn sein Glied steif wurde und er mich aufforderte, es zu berühren. Ich fand sein Benehmen wohl etwas seltsam, aber ich wußte nicht, wie ich es verstehen sollte. Auch nach seiner Erektion und dem Samenerguß wußte ich nicht, was da eigentlich vor sich ging. Aber weil ich in meiner kindlichen Vorstellungskraft eine Erklärung finden mußte, fing ich an, mich an die Geschichten zu erinnern, die Großmutter mir über die Versuchung durch die Schlange erzählt hatte. Irgendwie gelang es mir, mir vorzustellen, daß sein steifes Glied die Schlange in ihm sei, die jetzt eine Sünde beging.

Einmal, als Mama mich zu ihnen geschickt hatte, zog der Mann all seine Kleider aus und setzte sich aufs Bett. Er setzte mich neben sich und sagte mir, ich müßte seinen Penis küssen. Er nannte es sein «Ding». Seine Frau kam herüber und zeigte mir, wie ich es machen sollte, und ich machte es so, wie sie mir gezeigt hatte. Die Frau sah zu, und der Mann stieß alle möglichen Laute aus, die mir Angst einjagten. Als er mich dann plötzlich heftig wegstieß und sein Samen sich ergoß, dachte ich, er würde sterben. Ich versuchte vor diesem Anblick davonzulaufen, weil ich zu Tode erschrocken war, sein Gesicht war ganz verzerrt, und er spannte jeden Muskel seines Körpers an und schrie laut. Tränen liefen ihm übers Gesicht, und er schrie nach seiner Mama. Ich war entsetzt und bekam die Tür nicht auf. Seine Frau kam zu mir und nahm meine Hand und versuchte, mir zu erklären, daß ich keine Angst haben sollte und daß ich etwas Gutes getan hätte, weil er sehr krank sei und nur ein kleines Mädchen wie ich ihn gesundmachen könnte. Ich drehte mich um und merkte, daß er wieder normal war, und er lächelte und dankte mir und sagte, ich dürfte nie jemand erzählen, was wir getan hätten, sonst würde Gott mich bestrafen und mir das gleiche Leiden schikken, das er hätte. Jeden Tag kam ich, und wir wiederholten dasselbe Spiel. Ich hatte ein ungutes Gefühl dabei, aber ich war zu verwirrt, um es irgend jemand zu erklären. Ich wollte Phil alles erzählen oder ihn nach diesen Dingen fragen, die ich mit dem Mann und der Frau tat, aber ich hatte Angst, daß er dasselbe mit mir tun würde. Ich versuchte, meinen Verschlag zu meiden, aber manchmal kam die Frau und holte mich in ihre Wohnung.

Mama hatte geheime Zusammenkünfte mit seltsam aussehenden Frauen. Sie kamen nicht aus unserer Nachbarschaft, ich hatte sie nie vorher gesehen. Ich hörte sie ständig sagen, daß es zwanzig Dollar kosten würde, «es wegzumachen». Obwohl ich den Gesprächen lauschte, erzählte ich es Mama nie. Eines Abends legte uns Mama ins Bett und ging dann weg, ohne uns etwas zu sagen. Normalerweise sagte sie uns immer, an wen im Haus wir uns wenden könnten, falls irgend etwas wäre, bevor sie zurückkam. An diesem Abend sagte sie nichts. Ich stieg aus dem Bett, um mir den Vollmond anzusehen, der riesengroß und hell am Himmel stand. Ich sah, wie Mama in ein Auto stieg, das aussah wie das Auto des Predigers von der nahen Kirche, ein langer, schwarzer Cadillac; davon gab es nicht viele in unserem Teil der Stadt, und wenn einer gesehen wurde, sprach jeder davon, deshalb wußte ich, wie ein Cadillac aussah. Endlich schlief ich ein, aber nicht lange danach kam Mama herein, ich wachte von ihren Schritten auf. Im Mondlicht, das ins Zimmer schien, sah ich, wie sie sich auszog, zwischen die Beine preßte sie eine große weiße Binde. Ich sah, wie sie Handtücher in ihr Bett legte und dachte, das sei sehr seltsam. Sie stieg ins Bett, wobei sie sich schwerfällig bewegte, als sei sie sehr müde.

Früh am nächsten Morgen wachte ich davon auf, daß sie stöhnte und seufzte. Ich ging zu ihr hinüber und fragte, was los sei, und sie antwortete, daß sie Krämpfe hätte. Ich setzte mich auf ihr Bett, aber sie schrie, daß es ihr weh täte, wenn ich da säße. Ich stand auf und nahm meine Schwester mit ins Bad, und wir wuschen uns und aßen eine Schüssel Cornflakes. Ich ging wieder hinüber zu Mama und fragte, ob sie auch Cornflakes wollte, aber sie schüttelte nur schwach den Kopf. Ich saß ihr gegenüber auf meinem Bett und sah sie fast den ganzen Tag lang an. Ich hörte, wie etwas auf den Fußboden pochte, und ich sah um mich, was es wohl wäre, mein erster Gedanke war, eine Ratte. Es tropfte etwas unter Mamas Bett, eine rote Flüssigkeit. Ich dachte, Mama hätte sich eingenäßt, aber ich war groß genug, um zu wissen, daß Urin nicht rot ist. Ich dachte noch, daß es kein Blut sein könnte, weil es zu wäßrig aussah. Ich sagte zu Mama, daß Blut oder etwas Rotes durch ihre Matratze tropfte, aber sie antwortete nicht.

«Mama, Mama, was soll ich denn tun?» Sie antwortete immer noch nicht. Ich schlug die Decke zurück, um nachzusehen, was los war, und überall war Blut. Ich setzte mich wieder auf den Stuhl. Ich wußte nicht, wo meine Schwester war, und wußte nicht, wer sonst im Haus sein könnte. Mama bewegte sich die ganze Zeit nicht und sagte auch nichts. Ich war überzeugt davon, daß Mama tot war. Ich hatte Angst, jemand zur Hilfe zu holen, und verstand nicht, warum eigentlich. Ich hatte das Gefühl, ich müßte in die Hose machen oder mich übergeben, aber ich konnte nicht. Ich saß neben Mama, und manchmal füllten Tränen mein leeres Gesicht und manchmal Ärger und Angst davor, daß sie mich allein lassen würde.

Endlich raffte ich mich auf und ging hinunter, um irgend jemand zu sagen, daß Mama tot sei. Phil war der erste, dem ich begegnete, und ich stürzte mich auf ihn und zerrte an seinen Beinen und schrie, daß Mama oben in ihrem Blut läge und tot sei. Er schüttelte mich ab und rannte die Treppen hinauf, und ich lief hinterher. Als ich im Zimmer ankam, schüttelte er sie und rief «Delores, Delores». Ihre Augen lagen ganz tief, und ich sah nur das Weiße. Phil schrie auf und Tränen liefen ihm übers Gesicht, er hatte schon das Bettzeug weggezogen. Er rannte aus dem Zimmer, rief die Polizei an und verlangte einen Krankenwagen. Ich lief ständig hinter ihm her und versuchte mitzubekommen, was als nächstes geschehen würde. Er weinte immer noch und klagte: «O Gott, o mein Gott, warum hat sie das nur getan? Warum, warum, warum? Wir haben dir doch versprochen, daß wir dir helfen. Warum, Delores?»

Zum erstenmal in meinem Leben erlebte ich, daß der Krankenwagen vor der Polizei da war. Phil trug Mama auf den Armen die Treppe hinunter. Auf Phils Gesicht stand ein Schmerz, der unermeßlich war, und Mama schien fest zu schlafen. Meine Schwester tauchte irgendwoher auf, und wir beide folgten Phil, und manchmal überholten wir ihn auf den drei Treppen. Mamas Laken waren von Blut getränkt, und ihr Kopf und ihre Arme baumelten herab wie die Glieder einer Marionette.

Phil legte sie auf die weiße Tragbahre, und die weiß gekleideten Männer rollten sie weg. In dem Augenblick verlor ich alle Selbstkontrolle, oder ich fand sie überhaupt erst. Ich fing an zu laufen und zu schreien. «Ich will mit meiner Mama gehen.» Irgend jemand hielt mich an den Armen fest, und ich versuchte loszukommen und schrie: «Mama, nimm mich mit, bitte. Ich will mit meiner Mama mit!» Das wiederholte ich immer wieder, bis Mama außer Sichtweite war und alles ganz dunkel wurde und ich in Ohnmacht fiel. Meine Zunge und mein Magen und alles fühlte sich ganz pelzig an. Als ich wieder zu mir kam, sah ich meine Schwester auf einem Stuhl, sie wiegte sich zurück und vor und sah sehr ängstlich aus. Ich versuchte, etwas zu sagen, aber meine Zunge verdrehte sich hinten in meinem Mund. Der Mann und die Frau im ersten Stock nahmen meine Schwester und mich zu sich und versuchten uns zu sagen, daß Mama bald wieder gesund werden würde. Irgendwie hatte sich in meinem Kopf festgesetzt, daß sie tot sei, obwohl keiner etwas dergleichen gesagt hatte. Ich hörte Phil und alle anderen im Haus sagen, daß Mama «es weggemacht» hätte, und daraus entnahm ich, daß «etwas wegmachen» ausreichte, um einen umzubringen.

Ein paar Tage danach kamen Großmutter und eine von Mamas Schwestern, um uns, meine Schwester und mich, zu holen, aber ich weigerte mich mitzugehen. Ich wollte in diesem Haus bleiben, wo alle versprochen hatten, daß Mama bald wiederkäme, um mich zu holen. Der Mann und die Frau behielten mich bei sich und versuchten, was sie konnten, um mich daran zu hindern, von Mama zu sprechen. Sie strichen meinen Spielverschlag mit einer neuen Farbe und kauften mir Haarspangen für meine Rattenschwänze, wie wir die Zöpfe nannten, und die Frau machte mir eine neue Puppe. Sie hatten mich jetzt ganz für sich allein, und jeden Tag spielten wir wieder ihr Spiel. Sie bedankten sich bei mir und küßten mich und schenkten mir immer etwas.

Fast jeden Abend holte mich Pat oder Phil zum Essen zu sich, und als ich einmal bei ihnen am Tisch saß, fragte ich Phil, ob er auch ein Ding zwischen den Beinen hätte. Er kippte fast vom Stuhl, seine Gabel fiel von seinem Teller, und er starrte mich an, und erst, als ihm klar wurde, daß ich ja ein Kind war, wurde sein Blick etwas sanfter. Er fragte mich, wo ich denn so etwas gehört hätte, aber nun hatte ich Angst, und mein Kopf hing so tief, daß er fast meinen Teller streifte. Er überredete mich aber zum Sprechen, und ich erzählte ihm von dem Mann und der Frau im unteren Stockwerk. Er stellte noch eine Frage, und das war, ob ich die Wahrheit sagte. Ich nickte, und dabei hatte ich das Gefühl, daß ich etwas Schlimmes getan hatte, weil er und Pat mich so ansahen. Und dann dämmerte mir, daß es noch schlimmer gewesen war, es zu erzählen, weil ich dem Mann und der Frau versprochen hatte, es nie jemandem zu sagen.

Ich blieb diese Nacht und auch den nächsten Vormittag bei Pat und Phil, und sie gingen beide nicht zur Arbeit. Keiner von beiden erwähnte, was ich ihnen am Abend vorher erzählt hatte, aber sie schickten mich nach unten in meinen Verschlag zum Spielen. Ich spielte alleine, bis der Mann kam und mich wie immer mit in sein Schlafzimmer nahm, und die Frau war auch dabei. Sie fingen mit ihrem Spiel an, und ich mußte auch meine Rolle spielen. Als ich den Penis des Mannes küßte, merkte ich, daß er seltsam reagierte, aber an diesem Punkt verhielt er sich ja immer seltsam. Er wollte etwas sagen, als ich plötzlich fühlte, wie jemand mich am Arm packte und mich auf die andere Zimmerseite zerrte. Phil und Pat standen in der Tür, und ihre Gesichter waren zu einem Ausdruck verzerrt, den ich noch nie an ihnen gesehen hatte. Phil schob mich zu Pat hinüber, und sie brachte mich aus dem Zimmer, und ein paar Augenblicke später klang es, als breche in dem Zimmer die Hölle los. Ich hörte, wie Phil das Ehepaar bedrohte, und dann hörte ich, wie zwei Körper aufeinanderprallten. Phil kam mit Blutflecken auf dem Hemd nach oben und warf mir einen kalten harten Blick zu, bevor er seiner selbst wieder Herr wurde und sich bemühte, den Blick etwas zu mildern. Er wusch sich und setzte sich hin, und ich saß in der Ecke mit Pat, und wir sagten kein Wort.

Phil ging, um im Laden eine Zeitung zu kaufen, und kam mit einer Tootsie-Rolle für mich zurück. Er wußte, daß das meine Lieblingsschokolade war, und als ich darauf herumkaute, fragte er mich, ob der Mann mich auch zwischen den Beinen mit seinem Ding berührt hätte. Er fragte mich, ob ich irgendwann mal Blut in meinem Höschen gehabt hätte. Ich sagte nein, aber sein kummervoller Blick machte mich ganz niedergeschlagen.

Am nächsten Tag waren der Mann und die Frau weg, ohne ein Wort und ohne jedes Geräusch. Ich hatte das Gefühl, daß es meine Schuld war und daß es falsch gewesen war, sie zu verraten. Mama kam ein paar Tage später nach Hause, und sie lag in ihrem Bett und schlief manchmal, aber fast die ganze Zeit sah sie mich an. Endlich fragte sie mich, ob sie mir weh getan hätten, der Mann und die Frau. Ich sagte nein und senkte den Kopf. Ich verbrachte meine Tage alleine, meine Nächte im Bett neben Mama waren von schrecklichen Träumen erfüllt. Ein riesiger Mann stand am Fußende meines Bettes und bedrohte mich und verbot mir zu schreien. Ich war gelähmt vor Furcht und fing an, wieder ins Bett zu machen. Ich verlor allen Appetit und nahm nichts zu mir außer Tootsie-Rollen und ein bißchen Milch. Eines Nachts ging ich ins Badezimmer und stieg auf die Toilette und dann auf die Badewanne und machte das Arzneischränkchen auf. Ich nahm ein Fläschchen mit weißen Pillen heraus, ging in die Küche und schluckte sie alle mit einem Glas Milch hinunter. Ich wurde müde und ging hinauf in unser Zimmer, um zu schlafen. Als ich hineinkam, fiel ich hin. Ich wachte im Krankenhaus auf und hatte einen Schlauch in der Nase und einen säuerlich bitteren Geschmack im Mund. Phil war da und stützte Mama, und ein chinesischer Arzt sagte zu mir, kleine Mädchen sollten nicht mit Pillen spielen.

7

Bevor meine Träume alt werden konnten und bevor Mama den Frieden fand, den sie jedesmal suchte, wenn wir Großmutters Haus entflohen, waren wir schon wieder auf dem Weg dorthin zurück. Zurück zu den «ich hab's dir doch gesagt» und «hättest du nur auf mich gehört, dann wäre das oder jenes nicht passiert». Jeder Tag nach unserer Rückkehr von Ernest und Bernice und dann Phil und Pat brachte neue Demütigungen für Mama. Großmutter und Mamas Schwestern hatten es wirklich raus, Salz in ihre offenen Wunden zu streuen. Es waren Schläge ins Gesicht, wenn sie Mama wieder und wieder ihr offenkundiges Versagen bei all ihren Anstrengungen vorhielten. Mama erzählte nichts, aber Großmutter hatte schon ein Gewohnheitsrecht darauf, alles zu wissen, und sie schien Gedanken lesen zu können. Sie wußte alles und wußte alles im voraus. Mama hatte keine Vertrauten außer uns, sie war sehr allein, und manchmal sprach sie aus Verzweiflung mit mir. Sie konnte sicher sein, daß niemand etwas aus mir herausquetschen konnte, besonders, wenn es um sie ging, denn ich hatte das Gefühl, daß Mama und ich unausgesprochen und allmählich Freunde geworden waren. Ein Gefühl tief in mir gab mir die Gewißheit unserer Freundschaft. Deshalb glaubte ich auch, daß ich jetzt nach einigen dieser verwirrenden Dinge fragen konnte, die mir im Kopf herumgingen. Die älteren Kinder im Block hatten mir ja schon erzählt, wer mein Vater war, und seit ich dieses Stück Wahrheit kannte, wollte ich mehr über diesen Mann wissen. Ich meinte, jetzt sei der Augenblick gekommen, wo Mama mich die ganze Wahrheit wissen lassen könnte.

Ich fing an, sie über meinen Vater auszufragen, und erstaunlicherweise sprach sie über ihn. In ihrer Stimme schwang aber keine Liebe zu ihm mit, sondern nur offene Feindseligkeit. Obwohl ich noch recht klein war und die Wahrheit, die sie mir erzählte, für mich schwer zu begreifen war, war ich ihr immer dankbar, daß sie nichts beschönigte. Sie erzählte mir von meinem Vater, wie sie ihn erlebte; für sie war er einer von diesen Taugenichtsen von Niggern; eine Affäre, die sich nicht gelohnt hatte, und er würde es nie zu etwas bringen. Ich sollte ihm aus dem Weg gehen und nichts glauben, was er sagen würde, wenn ich ihm je begegnen sollte. Mamas Enttäuschung über meinen Vater war nicht die Enttäuschung einer Frau über die Beziehung mit ihm, sondern die Enttäuschung über seine Einstellung zu mir, seinem Kind. Sie sagte, er würde nicht recht an mir handeln. «Schließlich hast du nicht darum gebeten, auf die Welt zu kommen, und ich habe nicht darum gebeten, vergewaltigt zu werden.» Ich empfand eine gewisse Verlegenheit darüber, daß Mama zugab, daß sie vergewaltigt worden war und daß ich das Ergebnis davon war. Eines Tages im Spätsommer jenes Jahres sah ich meinen Vater zum erstenmal aus der Nähe. Wir waren wie zwei Fremde, die zum erstenmal in einer unbekannten Stadt sind und an einer Bushaltestelle warten und überlegen, ob es wohl die richtige ist, und wissen, daß sie sich nicht fragen können, weil beide sich nicht auskennen. Mama hatte mir mit einer müden Handbewegung gezeigt, wo er arbeitete. Von diesem Tag an hielt ich täglich Wache; ich stand gegenüber der Autowerkstatt auf der anderen Straßenseite und sah ihm bei der Arbeit zu. Monatelang stand ich dort und sah ihm zu. Ich wußte, daß er mich manchmal stehen sah, weil er dann innehielt und lange in meine Richtung schaute. Der alte weiße Mann, der so geprügelt aussah und Charlie hieß, wie ich später erfuhr, und für den mein Vater arbeitete, sah auch, wie ich da stand. Manchmal zeigte er meinem Vater, daß ich da war, und sie schauten beide in meine Richtung und gingen dann wieder an ihre Arbeit. Eines Tages überquerte ich die Monroe Street und fragte den einzigen schwarzen Mann, den ich dort arbeiten sah, ob er mein Vater sei.

Bevor er es bejahen konnte, wußte ich schon, daß er es war, es war dasselbe gleichgültige Gesicht, das zugesehen hatte, als seine Familie mich vor über einem Jahr aus ihrem Hinterhof geprügelt hatte. Er legte seine Arme um mich und umarmte mich, wie mich noch nie jemand in meinem Leben umarmt hatte. Er drückte seine Lippen auf meine Wange, wie es noch nie jemand getan hatte, und ich fühlte wie nie zuvor: dies war mein Vater und er tat genau das, wonach ich mich so lange gesehnt hatte. Ich war nicht mehr einfach Sandra, ich war seine Tochter, und er zeigte mir jetzt, was es hieß, einen Vater zu haben und zu jemand zu gehören, und sei es auch nur für einen Augenblick. Ich kannte diesen Fremden ja gar nicht, und obwohl ich hörte, wie seine anderen Kinder ihn bei seinem Vornamen riefen, tat ich das nie. Für mich war er immer Daddy, obwohl er nie das Recht gehabt hatte und es auch später nie erwarb, so von mir genannt zu werden. Ich tat es aus Respekt, weil Mama mir beigebracht hatte, daß man sogar eine Hure auf der Straße anständig anredet und es ein Zeichen von Unhöflichkeit sei, einen Erwachsenen bei seinem Vornamen zu nennen. Jetzt, wo ich erwachsen bin, wird mir klar, daß die Anrede Mr. Davis die einzige richtige Höflichkeit gewesen wäre. Wie sehr fühlte er sich wohl gedemütigt, wenn ich ihn Daddy nannte und ihn damit als Heuchler bloßstellte? Vielleicht hat ihn diese hintergründige Beleidigung nie berührt; er war außerhalb jeder Reichweite.

Soweit ich sehen konnte, unterschied er sich immerhin von den anderen Taugenichtsen in der Umgebung dadurch, daß er arbeitete. Er hatte sogar zwei Jobs; die anderen hatten vielleicht einen, und die meisten hatten gar keinen und hatten aufgehört, einen zu suchen. Aus dem Einkommen seiner beiden Arbeitsstellen konnte er seine Familie materiell gesehen recht gut versorgen, und hin und wieder schickte er mir drei Dollar. Irgendso ein weißer Richter, der in Mamas Fall das Verfahren gegen ihn geleitet hatte, verdonnerte ihn zu drei Dollar pro Woche oder alle zwei Wochen. Das Geld kam so selten, daß ich das gar nicht mehr genau wußte und Mama auch nicht.

Obwohl ich vom Beginn meiner Beziehung zu ihm merkte, daß er meinen Vorstellungen von einem Vater nicht entsprach, versuchte ich trotzdem, ihm näherzukommen und meinen Enttäuschungen keinen Sieg über meine Illusionen zu erlauben. In meiner Kindlichkeit dachte ich, ihm gefiele vielleicht mein Aussehen und er würde sich freuen, daß ich in der Schule gut war. Ich glaubte, wenn ich ihn mit den guten Manieren der Weißen beeindruckte, die Mama mir beigebracht hatte, würde er allmählich lernen, sich um mich zu kümmern, nicht mich zu lieben, nur eben sich um mich zu kümmern. Dieses intensive Bedürfnis, einen Vater zu haben, begleitete mich die ganze Kindheit hindurch bis in mein Erwachsenenleben. Ich wollte meinen Vater, lieber als alle Kleider, die man mit Geld kaufen konnte, ich brauchte ihn nötiger als Nahrung und Gott weiß, daß ich ständig hungrig war. Ich wollte ihn einfach in der Nähe haben, wollte, daß er mich auf seinen Schoß nahm.

Ich hatte Phasen, in denen ich nichts anderes tat, als von ihm zu träumen. Immer, wenn ich einen Augenblick mit Mama allein war, sprach ich von ihm. Mama sagte, sie hätte mein ständiges Gerede von ihm satt, sie wolle jetzt nichts mehr von ihm hören. «Ich wollte, du würdest die Finger von ihm lassen, dieser Hund bricht dir noch das Herz, Kindchen.»

Ich stand an Ecken rum und wartete auf meinen Vater im Sommer, im Winter, bei Regen und bei Schnee. Manchmal ging ich zu ihm hin, wenn ich einen oder zwei Tage gehungert hatte und meine dunkelbraune Haut trocken und aschfahl war. Ich hatte nichts gegessen, und die Schwäche gab mir das Gefühl, als würde mir mein Magen herausfallen, da wo ich gerade stand. Dann kaufte er mir als Abendessen eine Tüte mit Pommes frites und eine Cola und schickte mich nach Hause, ich sollte Mama und meiner Schwester, die genauso hungrig waren wie ich, sagen, daß er kein Geld hätte, daß es aber dieser Tage kommen müßte. Mama sagte dann: «Das glaub ich erst, wenn ich Jesus hier in diesem Zimmer stehen sehe.»

Mama wurde immer ärgerlicher, wenn ich zu ihm ging. Sie tat alles, was sie konnte, um mich daran zu hindern, einschließlich Stubenarrest nach der Schule. Aber dann machte ich nach der Schule einen Umweg, nur um an seiner Werkstatt vorbeizukommen. Mama war ganz anders. Wenn wir die Straße längs gingen, in der er arbeitete, wechselte sie die Richtung oder nahm eine andere Straße, nur um zu vermeiden, in seine Nähe zu kommen. Er hatte noch diese anderen Kinder, die schon groß waren und fast so alt wie Mama, das verstand ich nicht, aber ich wagte es nicht, ihn oder Mama danach zu fragen. Ich dachte einfach, daß sie eben nicht nur fett und gelb seien, sondern obendrein noch alt aussahen. Mama warf mir einen strengen Blick zu und gab keine Antwort, als ich endlich genug Mumm hatte, sie zu fragen, wie es käme, daß er mein Vater sei und gleichzeitig der Vater dieser Kinder.

Mir kam sie wieder verändert vor, seit wir aus der Mulberry Street weg waren. Sie war kälter und sehr hart und hatte nicht mehr diesen warmen Blick in den Augen, der auch vorher schon nie lange angedauert hatte. Sie kam mir jetzt wesentlich älter vor, und wenn sie an etwas zweifelte, was man sagte, dann merkte man es sehr deutlich; jetzt wußte ich auch genauer, was sie nicht leiden konnte. Aber sie suchte immer noch nach der Antwort auf ihr Leben, das hatte sie noch nicht aufgegeben. Und immer noch sprach sie von ihrem Traum, eines Tages eine eigene Wohnung zu haben, wo sie uns in Frieden aufziehen könnte.

Mit jedem Tag, an dem ich meine Phantasien über meinen Vater weiter ausbaute, wurde sie unzufriedener mit mir. Sie sagte zu mir: «Ich habe dich vor deinem Vater gewarnt, jetzt mußt du eben sehen, wie er ist.» Ich tat, als verstünde ich überhaupt nicht, was sie meinte, ich versuchte, das kleine Mädchen zu spielen, aber tief in meiner Seele wußte ich, daß es genau so war, wie sie sagte, daß er nichts taugte. Aber trotzdem mußte ich versuchen, diesen Mann dazu zu bringen, mich zu lieben. Ich wußte, daß ich nicht aufgeben durfte, bis die letzte Spur von Hoffnung erschöpft war. Ich hatte schon angefangen, einiges über ihn vor Mama zu verheimlichen, weil ich es einfach nicht mehr hören konnte, wenn ich ihr was erzählte, ihr «das hab ich dir doch gesagt». Ich war schon fast so weit, Großmutters Definition von allen schwarzen Männern als ei-

Erfahrung ist nicht …

... das, was ein Mensch erlebt. Was er daraus macht, darauf kommt es an.

Wie beim Geld. Nicht, was man hat, sondern was man daraus macht, das ist die Frage.

nem «Haufen von Taugenichtsen» zu übernehmen, aber in mir sagte etwas: «Du mußt weiter hoffen, gib noch nicht auf.»

Auch wenn ich zitternd vor Hunger zu meinem Vater kam und er einen Packen von Dollarscheinen aus der Tasche zog, der dick genug war, um zwei Pferde zu ersticken, gab er mir nie mehr als fünfzig Cent in die Hand. Mein Hunger wurde mit einer Tüte Pommes frites und einer Cola beantwortet, ob es nun Sommer, Winter, Frühling oder Herbst war, er gab meinem Hunger immer dieselbe Antwort. Auch wenn meine Füße ganz erstarrt waren vom kalten Regenwasser und dem schmelzenden Schnee, der durch die Löcher in den Sohlen in meine Schuhe lief, schenkte er mir keine neuen Schuhe. Die Ärmel meiner Jacke hörten manchmal an den Ellbogen auf, aber nie rührte ihn meine Erscheinung so, daß er mit mir zum Goodwill Geschäft oder zur Heilsarmee gegangen wäre, um für 25 Cent einen Mantel für mich zu kaufen. Ich erzählte Mama all diese Dinge gar nicht, weil sie mich ja schon vor ihm gewarnt hatte, was hätte ich da noch sagen sollen.

Mein Vater hatte angefangen, Mama zu kritisieren und etwas zusammenzulügen, daß sie Geld von ihm bekäme über das Gericht in Baltimore. Ich wußte immer, wenn Mama eine Zahlung von ihm bekam, weil Großmutter jeweils die Hälfte davon einforderte. Manchmal, wenn das Gericht ihn gewarnt hatte, daß man ihn zwingen würde, seine fälligen Alimente zu zahlen, schickte er mal sieben Dollar, um zu zeigen, daß er sich ja Mühe gäbe. Er erzählte mir, er täte sein Bestes und daß er ausreichend Geld ans Gericht schickte, um uns alle drei damit zu kleiden und zu ernähren. Ich wußte, daß er mir ins Gesicht log, und ich hätte es diesem Scheißkerl so gerne gesagt, aber ich tat es einfach nicht. Er versprach mir das Blaue vom Himmel und sagte: «Wenn ich eines Tages mein Glück mache, wird alles ganz anders. Dann geh ich weg von meiner dicken gelben Frau und lebe mit deiner Mutter zusammen, weil ich sie immer noch liebe, trotz allem.» Ich konnte es gar nicht erwarten, nach Hause zu kommen, um Mama zu erzählen, daß mein Vater gesagt hatte, daß er sie immer noch liebte. Ich hätte mir Mamas Reaktion denken können. Sie antwortete: «Dann geh nur zu deinem Vater zurück und sag ihm, wenn er mich überhaupt je geliebt hat, würde er endlich mal anfangen, sich um dich zu kümmern, wie sich das für einen richtigen Mann gehört.» Ich ging hin und sagte genau das zu ihm und mit einem Stolz, wie ich ihn lange nicht empfunden hatte. Ich wollte ihn verletzen, diese Memme, ich wollte in seinem Gesicht einmal den Schmerz sehen, den ich mein Leben lang in Mamas Gesicht gesehen hatte. Mamas Botschaft zwang nur eine neue Lüge aus seinem Mund: «Wenn ich mein Glück mache, zeig ich's euch, da beweise ich es euch wirklich. Ich bin dein Daddy, und ich hab dich lieb, und ich werde es deiner Mama auch beweisen.»

Die Woche, in der ich Geburtstag hatte, kam, und er versprach mir fünf Dollar, damit ich mir dafür ein Geschenk aussuchen könnte, und ich hatte mir schon vorgenommen, das ganze Geld Mama zu geben. Ich war die ganze Woche wie ein Topf mit heißem Popcorn, ich fuhr fast aus der Haut vor Spannung und war morgens in Windeseile aus dem Bett. Ich vergaß die Kälte in meinem Schlafzimmer und die Kälte des Wassers, mit dem ich mich wusch. Der Gedanke daran, zum erstenmal in meinem Leben fünf Dollar in der Hand zu haben und sie Mama schenken zu können, war wichtiger als alles andere, das mich beschäftigte. Ich hätte nie gedacht, daß fünf Dollar mich so glücklich machen könnten. Mama fragte mich immer wieder: «Was ist denn los, Kind? Wenn du dich nicht wieder fängst, fährst du noch aus der Haut. Was hat dich denn gepackt?» Ich hätte es ihr gerne gesagt, aber ich wollte sie doch überraschen. Mein Geburtstag kam, und ich mußte es ihr nun doch sagen, weil es Winter war und die Tage kürzer waren und ich Angst hatte, in der Dunkelheit allein an der Ecke auf ihn zu warten. Wovor ich wirklich Angst hatte, war vielleicht, daß er nicht kommen würde und ich sie brauchen würde, um mich nach Hause zu bringen und mir zu helfen, mein gebrochenes Herz zusammenzuhalten.

Nachdem Mama erst eine Weile gemurrt hatte, zog sie doch ihren langen dunkelblauen Pullover an und willigte ein, mich zur Ecke zu begleiten. «Ist ja sowieso umsonst», sagte sie. Der Dezemberwind und der kalte graue Himmel waren unsere einzigen Begleiter auf dem Weg zur Ecke zwischen der Appleton und Baker Street. An den Straßenrändern standen alte Eichen, die einem kleinen Mädchen voller verzweifelter Hoffnungen und einer Mutter, die mit ihren Hoffnungen noch zu keinem Ziel gekommen war, Deckung gaben. Wir versuchten, uns vor dem Wind zu schützen, der die Allee hinunter und um die Ecke pfiff. Mama versuchte, mich so gut wie möglich abzuschirmen. Autos fuhren vorbei und manchmal sahen die Fahrer, daß Mama da stand und winkten ihr, herüberzukommen. Da sie nicht wußte, was für ein Auto mein Vater fuhr, fragte sie mich jedesmal, ob es das sei. Ich schüttelte den Kopf und dachte bei mir, daß sein schwarzer Ford mich an Begräbnisse erinnerte. Ich merkte, daß Mama genauso vor Kälte zitterte wie ich, und ich fühlte ihren Blick auf meinem Gesicht. Ein paarmal tat ich so, als ob ich die Sterne ansähe, aber in Wirklichkeit sah ich in ihr Gesicht und teilte ihren Schmerz und wußte genau, daß Vater nicht kommen würde.

Immer wieder kamen Autos, fuhren langsamer, Hände winkten Mama herüberzukommen, Autofenster wurden heruntergekurbelt und Lippen pfiffen herüber wie nach einem Hund. Mama nahm keine Notiz von ihnen und ich auch nicht, um ihnen zu zeigen, daß wir nicht einmal wahrnahmen, daß sie da fuhren, weil wir ganz andere Dinge im Kopf hatten. Wir standen eine halbe Stunde, bevor mein Vater eigentlich kommen wollte, an der Ecke, und wir gingen zwei Stunden später. Er kam nicht. Als Mama auf mich runterschaute und sagte: «Komm, Kind, wir gehen», stiegen große Tränen in meine Augen auf. Ich blinzelte, um sie zurückzudrängen, und meine Stimme versagte fast, als ich zu Mama sagte: «Können wir nicht noch ein kleines bißchen warten, vielleicht hat er einen Unfall gehabt oder es ist sonst was dazwischen gekommen.» Mamas Gesicht sagte nein, aber ihre Lippen sagten ja. Wir warteten weiter und uns wurde nur immer kälter, und endlich fühlte Mama, wie mein ganzer Körper vor Kälte und vor schmerzlicher Enttäuschung zitterte, und sie sagte: «Komm, wir gehen, Kind, der Kerl fährt jeden Abend an dieser Ecke vorbei, aber nicht einmal Gott der Allmächtige könnte diesen Hund dazu bringen, heute abend hier vorbeizufahren.»

Ich spürte das Brennen von Tränen, die mir über das Gesicht liefen. Sie beugte sich zu mir runter, grub ihre Hände in meine knochigen Schultern und sagte zu mir: «Hör mal gut zu, jetzt gib dir nicht immer für alles selber die Schuld. Es ist nicht deine Schuld, daß dein Daddy nichts taugt. Und schluck die Tränen jetzt runter.» Ich schmeckte das Salzwasser, das mein Gesicht hinunterlief. Sie schüttelte mich und schrie fast: «Schluck deine Tränen runter, aber sofort, und merk dir das dein Leben lang; alle Männer sind so wie dein Vater. Sie versprechen dir die halbe Welt und was sie dir geben, sind Sorgen und Elend. Männer bringen nichts ein außer Herzeleid. Hör mir gut zu und guck nicht auf den Boden, guck mich an. Ich weiß, daß du nicht verstehst, was ich dir jetzt sage, aber eines Tages wirst du es verstehen, und dann bist du vielleicht dankbar, daß ich dir das gesagt habe. Weine nie um einen Mann, weil keiner es wert ist, und wenn man sie ins Grab legt und ihnen Erde ins Gesicht wirft, dann wein immer noch nicht, weil sie es nicht wert sind.»

Wir ballten unseren Schmerz in unseren Fäusten zusammen, steckten sie in die Tasche und gingen nach Hause. Auf dem Heimweg blieb Mama in der Mackeen Street stehen und ging in ein Geschäft, das einer schwarzen Familie gehörte. Sie ging in zwei Minuten durchs ganze Geschäft und kam dann zur Kasse, wo sie mich hatte warten lassen, und verlangte eine Büchse *Gibbs* Schweinefleisch mit Bohnen. Sie zahlte und wir gingen raus. Unterwegs blieb Mama stehen und zog aus ihrem großen Pullover eine Packung Hackfleisch und einen Laib Brot. Sie sah mich an und sagte: «Was ich gerade gemacht habe, ist nicht richtig, aber du und deine Schwester braucht heute abend was Anständiges zu essen, sonst werdet ihr krank. Zu Hause ist nicht geheizt und ihr habt beide eine Woche lang keine richtige Mahlzeit gehabt.» Sie sah mir in die Augen und sagte: «Bitte verzeih mir, Sandra.» Ich fragte mit gesenktem Kopf: «Wofür denn?» Ich war beschämt, daß Mama mich um Verzeihung für etwas bat.

An der Oberfläche kam ich bald über die Enttäuschung weg, und in der Woche nach meinem Geburtstag kam Weihnachten. Und wieder kam mein Vater mit seinen Versprechungen, zu denen ihn kein Mensch zwang und von denen keiner erwartete, daß er sie hielt. Ein paar Tage nach meinem Geburtstag ging ich hinüber zu seiner Werkstatt, und er kam lachend her und versuchte, die Falschheit in seinen Augen zu verbergen. «Hallo Mädchen, wo warst du denn neulich abend, ich hab bis Mitternacht auf dich gewartet. Ich hatte dein Geburtstagsgeld, und ich hatte sogar einen Kuchen für dich gekauft.» «Daddy, ich hab zwei Stunden auf dich gewartet und du bist nicht gekommen.» Ich sah schon, wie sich die nächste Lüge in seinem Mund aufblähte. «Na, und wo hast du gewartet, Herzchen?» Ich wußte, daß das sein Trumpf war. Ich mußte ihm jetzt direkt ins Gesicht sehen und ich tat es. Ich zuckte nicht einmal mit der Wimper. Ich wußte, daß er lügen würde, und er tat es eine Sekunde, nachdem ich gesagt hatte, daß ich an der Ecke der Appleton und Baker Street gewartet hatte. «Ach, Herzchen, du hast die Straßen verwechselt, weißt du nicht mehr, daß ich gesagt habe, du sollst am Ende der Monroe und Laurens Street auf mich warten? Bei der Tankstelle.» Und jetzt hatte diese lügende Memme schon den Arm um mich gelegt und kämpfte tatsächlich mit den Tränen.

Ich fühlte seine Lippen auf meinen Wangen, und ich roch sein Rasierwasser, vermischt mit seinem männlichen Atem. Meine Arme hingen runter und kämpften gegen die Versuchung, ihn zu umarmen, aber ich hatte das Gefühl, wenn ich ihn umarmen würde, wäre für mich alles aus. Er würde mich in immer tiefere Verwirrung hineinlügen, so wie jetzt. Als er mich ansah und «Herzlichen Glückwunsch, mein Liebes» sagte, klangen die Worte so hohl, daß ich, nur damit sie nicht in meinem Kopf widerhallten, sagte: «Du hast gesagt, du hättest mein Geburtstagsgeschenk, hast du es noch?» Er wandte die Augen ab und sagte: «Ach weißt du, ich hab am Wochenende Magenkrämpfe bekommen und hab es gebraucht, aber an Weihnachten geb ich es dir und noch mehr, weil ich dich doch lieb habe, mein Schätzchen, Gott kann es bezeugen.»

Dieses Mal war ich äußerlich nicht aufgeregt, aber innerlich betete ich mit aller Inbrunst, daß er die Wahrheit sagte. Bis zum Heiligen Abend sagte ich nichts zu Mama; erst dann erzählte ich ihr genau, was er gesagt hatte, und sie hatte keinerlei Lust, mitzugehen, bis ich erwähnte, er hätte gesagt, meine Schwester sei nicht sein Kind, und er brauchte ihr wahrhaftig nichts zu Weihnachten zu schenken. Ich sollte allein kommen und die Geschenke nur für mich abholen. Mama bekam eine Wut und sah mich an. «Nimm deinen Mantel, und ich geh mit, weil ich ein Wörtchen mit diesem Taugenichts von einem Mann reden will.» Sie war ärgerlich, als sie zur Tür ging. Sie sagte mit einem bösen Lachen: «Wenn dieser Kerl heute abend an die Ecke kommt, dann wird heute auch noch mal ein Jesuskind geboren.» Ich lachte darüber, aber Mama schnitt mir das Lachen ab und sagte: «Was ich sage, ist kein bißchen komisch, und ich meine jedes Wort. Dieser nichtsnutzige Schuft, der rumtönt, warum er deiner Schwester nichts schenken sollte. Kein Mensch in diesem Haus hat ihn je um etwas gebeten außer dir, und ich hoff, du lernst was draus heute abend und guckst sein verdammtes Gesicht nicht mehr an, solange du lebst.»

Mama und ich gingen an die Ecke und wir warteten. Wir sahen Hunderte von Autos vorbeifahren voller fröhlicher Gesichter und Geschenke. Ich hatte zwar Zweifel, ob mein Vater kommen würde, aber meine Hoffnung ließ sich nicht unterdrücken. Es war doch Heiliger Abend, und keiner auf der Erde log heute abend absichtlich ein Kind an, nicht einmal ein uneheliches wie mich. Meine Ohren waren gespitzt, und meine Augen wandten sich sofort jedem Auto zu, das näherkam. Ich dachte, heute nacht würde er nicht lügen, nicht heute nacht, ausgerechnet; heute kommt er.

Wir warteten in der Kälte und wir warteten. Mama wieder in ihrem dicken blauen Pullover, weil sie immer noch keinen Mantel hatte. Sie hüpfte auf der Stelle herum, um sich warm zu halten. Wir warteten schweigend bis Mitternacht. Mama sagte: «Jetzt ist nicht mehr Heiliger Abend, jetzt ist Weihnachtsmorgen und mir ist kalt, komm, wir gehen nach Hause.» Und wir gingen zusammen nach Hause und hatten wieder mal was gelernt.

Ich war verletzt, aber ich war klug genug, nicht zu weinen. Ich sparte meine Tränen, bis ich allein im Bett war. Mama nahm meine Hände und sagte, sie fühlten sich wie Eiszapfen an. Wir kamen zu Hause an, und es gab keinen Tannenbaum, und die Familie saß da und sah uns mit Blicken an, die uns bestätigten, daß wir Dummköpfe seien, und so fühlten wir uns auch. Mama nahm mich mit in die Küche und versuchte, mich vor dem Kohleofen wieder aufzuwärmen. Sie zog mir die Kleider aus und tat sie in einen Topf mit Seifenwasser, der noch auf dem Herd stand. Sie half mir in meinen Schlafanzug, an den sie Füße und Hände genäht hatte. Die Füße waren ein Paar wollene Arbeitssocken und die Hände auch. Dann legte sie mir meinen Mantel über und brachte mich nach oben ins Bett. Sie nahm ihren üblichen Platz auf dem Boden neben der Matratze ein und hielt den Stock fest in der Hand. Keine Ratte hatte heute Nacht eine Chance, an Mamas Stock vorbeizukommen. Ich lag in der Kälte und betete laut, ich schämte mich nicht, vor Mama zu beten, und ich fragte Gott, warum er meinen Vater nicht geschickt hätte. Ich bat ihn, uns zu segnen und uns zu helfen, und sagte gute Nacht zu Mama. Sie war still, ich hörte sie nur ein bißchen schniefen, und ich wußte, daß sie weinte.

Am nächsten Morgen war es klar und sehr kalt, und ich wachte von dem Geschrei spielender Kinder auf der Straße unter meinem Fenster auf. Es waren die Stimmen, die ich so gut kannte, und heute gingen nur fröhliche Rufe hin und her. Ich stellte mich ans Fenster und spähte hinaus, ohne es zu öffnen, und sah die Puppen und die neuen Mäntel und Schuhe. Ich sah ein strahlendes Lächeln über einem Paar flinker Beine, die auf glänzenden neuen Rollschuhen mit Kugellagern die Straße entlangfuhren. Die Sonne war herrlich und die Szene auf der Straße auch. Ich trat schnell vom Fenster zurück, weil ich nicht wollte, daß mich jemand sähe, denn ich wußte, daß sie dann an die Tür klopfen würden und fragen, ob ich zum Spielen rauskäme, und dann würden sie sehen, daß ich keine Spielsachen bekommen hatte und wir auch keinen Tannenbaum im Wohnzimmer hatten.

Meine Schwester war schon runtergegangen, und ich hörte aus der Küche das Geräusch von klapperndem Geschirr. In der Ferne waren Stimmen, die Spirituals klangen aus dem Radio, und die andern gingen unten hin und her. Ich ging die Treppe hinunter und fand meine Schwester auf der kaputten Couch, sie saß staunend vor einem Tannenbaum. Mein erster Gedanke war, daß mein Vater doch noch in der Nacht gekommen war. Der Gedanke blitzte durch meinen Kopf, und ich wollte fast vor Freude zerspringen. Bevor ich fragen konnte, hörte ich aber schon Großmutters Stimme, die *Big Time*, dem Freund meiner Tante und dem Vater ihres Babys, dafür dankte, daß er den Baum gebracht und damit für ein wenig Weihnachtsstimmung gesorgt hatte.

Ihr Kind war noch kein Jahr alt, aber dort, unter dem Baum, stand eine riesige blonde Puppe mit Schlafaugen und einem Mund, der sich bewegte, wenn man sie an der Hand faßte und mit ihr herumging. Diese Puppe war an diesem Weihnachten die große Neuheit auf dem Markt und der Traum aller Mädchen, die ich kannte. Es war die größte Puppe, die ich je gesehen hatte, und sie war für meine kleine Cousine, die nicht einmal groß genug war, um überhaupt zu wissen, daß Weihnachten war. Ich ging zum Baum hinüber und berührte die Puppe, und aus dem Nichts bellte Großmutters Stimme herüber: «Gehört sie etwa dir?» Ich schüttelte den Kopf und sagte nein. «Dann laß die Finger davon und schüttel nicht den Kopf, als wärst du stumm, du kannst doch sprechen.»

Ich ging wieder hinüber zur Couch und setzte mich neben meine Schwester. *Big Time* versuchte, Großmutter zu beruhigen, und sagte, daß seine Tochter noch zu klein sei und noch gar nichts könnte, da sollten doch meine Schwester und ich uns an der Puppe freuen. Großmutter wollte nicht verstehen. Mama kam aus der Küche und fragte Großmutter, ob sie von ihr ein paar Haferflocken für uns zum Frühstück leihen könnte. Großmutter gab keine Antwort und alle verstanden das als nein. Mama nahm uns mit nach oben und fing an zu weinen. Sie fragte uns, ob wir sie hassen würden, und wir sahen sie beide an und dann uns gegenseitig und sagten nichts. Sie sagte: «Es tut mir leid, daß ich euch in die Welt gesetzt habe, in so ein Elend. Nehmt es mir nicht übel.»

Hätte man mir in all den Jahren beigebracht oder auch nur erlaubt, meine Gefühle zu zeigen, so hätte ich jetzt die Arme um meine Mutter gelegt, um ihr zu zeigen, daß ich sie liebte, aber so konnte ich nur dastehen und war kurz vor den Tränen, weil wir kein Spielzeug bekommen hatten, weil sie weinte und weil wir nichts zu essen hatten. Sie versprach uns, daß dies das letzte Weihnachten sei, das wir so verbringen müßten. Sie sagte: «Und wenn ich mich an die Ecke stellen muß und mich selbst verkaufen, ich verspreche euch, daß ihr nicht noch einmal so ein Weihnachten erlebt. Vielleicht kann ich euch nicht Essen und Kleidung geben, aber eins von beiden auf alle Fälle, im nächsten Jahr.» Dieses Weihnachtsfest mit all seinen Enttäuschungen ging schließlich vorüber, und wir überlebten es.

Aus irgendeinem seltsamen Grund oder Bedürfnis besuchte ich trotzdem weiter meinen Vater. Obwohl ich ihm nie mehr etwas glaubte, nachdem er das letzte Mal sein Wort gebrochen hatte, hörte ich stundenlang zu, wie er Luftschlösser baute. Ich antwortete nicht auf seine Träume, und ich erwiderte nichts auf seine Versprechungen. Mir fiel auf, daß er nach einer Weile unser Zusammensein immer abkürzte, indem er vorgab, daß er zu viel zu tun hätte. Oder er erklärte, daß er neulich nicht dagewesen sei, weil er Rippenfellentzündung oder Lungenentzündung gehabt hätte. Er wußte nicht, daß ich gesehen hatte, wie er aufs Klo gegangen war, um sich vor mir zu verstecken, als ich kam, und er hatte dem Weißen, bei dem er arbeitete, aufgetragen, mir zu sagen, er sei krank und zu Hause. Ich ging zurück über die Straße und versteckte mich im Schatten der Bäume und da sah ich, wie er aus der Toilette kam. Ich erzählte Mama von seinem Benehmen und sie sagte: «Das ist sein schlechtes Gewissen, das plagt ihn, und deshalb kann er dir nicht ins Gesicht sehen. Er ist ein Taugenichts und ein Lügner, und er weiß, daß du jetzt weißt, was er wert ist.»

Mama sagte, er sei ein Mistkerl. Ich wußte irgendwie, daß er gemein war und nichts taugte, aber ich wollte nicht gelten lassen, daß er ein Mistkerl sei. Ich wollte ihn so, wie ich ihn mir erträumte. Ich wollte, daß er eines Tages bei uns hereinstürmen würde und uns retten, alle drei, aus der Hölle, in der wir lebten. Aber er tat es nicht und würde es auch nie tun. Und obwohl ich das genau wußte, konnte ich ihn eigentlich nicht hassen. Ich war schon fast eine Frau, als ich endlich so weit kam, und das war, nachdem er uns durch die Hölle gezerrt und dann verlassen hatte. Ich verbrachte meine Jugend und das, was von meiner Kindheit übrig war, mit dem Traum, wie ich eines Tages zu ihm gehen würde und er mich nach meinem Namen fragen und ich plötzlich als unberührbare Schönheit vor ihm stehen würde und nicht als irgend so ein verstoßenes Kind, für das man ihm die Schuld gab. Eines Tages würde es ihm leid tun, und ich wäre nicht mehr das arme uneheliche Kind, er würde stolz darauf sein, mich seine Tochter zu nennen, und ich wäre dann so stark, daß ich ihn nicht mehr brauchen und wollen würde. Aber im Alter von zehn Jahren lag dies noch weit in der Zukunft.

Der praktische Ratschlag, den ich bei den Frauen von Mund zu Mund hatte gehen hören, bekam jetzt für mich mehr Bedeutung. «Eine Frau ist verrückt, wenn sie herumläuft und nach Liebe sucht, einen Mann liebt man nicht, man muß ihn benützen und zwar ausgiebig. Man darf zu Männern nicht freundlich sein, weil sie einen nur übel zurichten. Nimm von einem Mann alles, was er hergibt, und dann schaff dir einen neuen an.»

Nach einer Zeit, die für Mama wie ein tiefer Schlaf war, kam sie endlich wieder zu sich. Sie hatte wieder Arbeit, und das schien sie mit neuem Leben zu erfüllen. Sie arbeitete, aber außerdem ging sie auch wieder mit Männern aus. Sie durfte allerdings nicht, wie meine Tanten es taten, Männer in Großmutters Haus empfangen. Deshalb nahm sie mich oft mit, um allen Verdacht von vornherein auszuschalten. Wenn wir zurückkamen, zogen mich meine Tanten in eine Ecke und flüsterten mir ins Ohr und versuchten, aus mir herauszubekommen, wo wir gewesen waren und wen wir getroffen hatten. Ich erzählte ihnen immer die gleiche Geschichte: Wir hatten entweder die Witwe meines Großvaters besucht oder waren bei Tante Cottie gewesen. Mama arbeitete, und alles lief gut. So lange Großmutter ihre Miete jede Woche bekam, war sie verhältnismäßig ruhig.

Mama kaufte von ihrem eigenen Geld Lebensmittel und Kleidung für uns; so herrschte Frieden im Land. Aber wie all die anderen Freuden in meiner Kindheit, war auch dieser Friede von sehr kurzer Dauer. Mama hatte eine Liebesaffäre mit einem Mann namens Louis Carr. Er war dick und gelb wie Butter und hatte ein Doppelkinn oder einen Doppelhals, ich war mir nie klar darüber, welches von beiden. Aber trotz seines Aussehens schien er freundlich und behandelte Mama sehr zuvorkommend. Er mochte es nicht hinnehmen, daß er und Mama sich nur in seinem Auto und zusammen mit mir treffen konnten. Er war in der Armee und in Fort Meade außerhalb von Baltimore stationiert. Manchmal kam er in seiner Uniform. Seine Hosen raschelten wie Papier, wenn er lief, und seine hohen schwarzen Stiefel glänzten wie Sterne an einem schwarzen Septemberhimmel.

Ich beschloß, ihn nicht zu mögen und ihm nicht zu vertrauen, da er ja ein Mann war. Er erinnerte mich zu sehr an meinen Vater, wenn er sprach und Luftschlösser baute. Ich war überzeugt davon, daß ich genau wußte, wie die Dinge liefen, und daß alle Männer, wie mein Vater, Lügner waren. Er versprach Mama alles, aber ich hörte nie, daß sie ihn um etwas bat. Mamas Verhalten verwirrte mich, denn sie hatte mir beigebracht, nie einem Mann zu glauben, weil sie alle nichts taugten, aber jetzt sah ich auf ihrem Gesicht einen sonderbaren Ausdruck, wenn er anfing zu reden und Luftschlösser für sie zu bauen. Er sagte, sie wollten heiraten und Mama sollte Großmutters Haus verlassen, und das wollte sie ja auch lieber als alles auf der Welt. Ich saß hinten im Auto und sagte nichts, ich atmete nicht einmal laut. Ich hatte einfach Angst um Mama.

Ich sah, wie anstelle der Hoffnungslosigkeit wieder frische Farbe in ihr Gesicht kam. Sie war wieder jung und voller Energie wie ein übermütiges Fohlen. Sie hielt den Kopf hoch erhoben und blickte nicht mehr zu Boden, und sie versprach uns ein gutes Leben, und es klang, als ob sie selbst davon überzeugt sei. Nachdem Louis Mama gefragt hatte, ob sie ihn heiraten würde, traf sie ihn das nächste Mal alleine, ich nahm an, um seine Frau zu werden.

Sie kam ohne ihn zurück und sah aus wie vorher, also dachte ich mir, daß sie wohl doch nicht geheiratet hatte. Am nächsten Tag traf sie ihn wieder, und er sagte, er würde sie nach Hause bringen, weil er Großmutter von ihren Plänen erzählen wollte. Deshalb fuhr er an diesem Abend bis vor unsere Tür, anstatt uns wie sonst ein paar Blocks weiter abzusetzen, und ging mit uns hinein. Ich fühlte die Blicke aller Nachbarn, die hinter ihren Vorhängen und Jalousien hervorspähten. Das war schon ein Ereignis, Mama kam mit einem Mann an. «Miss Bessies schwarzes Schaf, Miss Bessies Dummchen» hatte endlich einen Mann geangelt! Ein paar Nachbarn machten sogar die Vorhänge und die Türen ganz kühn auf und lehnten sich hinaus, als hätten wir sie dazu aufgefordert.

Er nahm den Hut ab, als er unser ärmliches Wohnzimmer betrat. Mama ging wie ein Kind in die Küche und sagte zu Großmutter, sie hätte einen Freund mitgebracht, der mit ihr sprechen wollte. Großmutter antwortete mit ihrer häßlichsten Stimme. «Warum ist er denn nicht hergekommen, bevor er angefangen hat, sich mit dir auf der Straße rumzutreiben? Ich hab nichts zu sagen zu einem Mann, der sich mit einer Frau mit Kind auf der Straße herumtreibt.» Ich dachte bei mir, daß uns wahrscheinlich jemand gesehen hatte und daß Großmutter schon wochenlang in dieser Scheiße gerührt hatte und auf ihren Moment wartete, um leise und tödlich zuzuschlagen. Ich war ganz sicher, daß eine von Mamas Schwestern uns hinterhergegangen war und uns verpetzt hatte.

Großmutter hörte nicht auf zu arbeiten und sah Mama gar nicht an, als sie mit ihr sprach. Louis Carr öffnete den Mund und bat Großmutter, ihm die Möglichkeit zu geben, alles zu erklären, aber sie weigerte sich zuzuhören und beschimpfte ihn, er sei ein Taugenichts und er sollte gefälligst keine weiteren Kinder in dieses Haus schicken, wenn er nicht beabsichtigte, sie zu füttern. «Wenn Sie ihr ein Kind machen, dann kümmern Sie sich gefälligst auch drum, ich tu's nämlich nicht.» Mama war sehr verletzt und sie sah aus, als wollte sie weinen, aber sie stand ganz brav da wie ein kleines Mädchen und sagte gar nichts.

Louis Carr stand noch. Großmutter sah auf seine Füße, als sie anfing zu sprechen. «Sie haben Ihre Stiefel ja schön blank, mein Junge.» Sie nannte jeden Mann, der jünger als sie selbst war, mein Junge. Louis Carr kicherte und sagte: «Ja, Ma'am, das muß man in der Armee schon.» Falls er dachte, er könnte Großmutter damit beeindrucken, daß er in der Armee war und daß er seine Antwort so gefällig mit dem Titel Ma'am verbrämte, hatte er sich getäuscht. Für Großmutter war es ganz selbstverständlich, mit Ma'am angesprochen zu werden, anders tat sie es nicht, aber sie war die einzige, die das Recht hatte, andere Erwachsene ohne Titel anzusprechen. «Wo sind Sie denn her?» fragte Großmutter. Er antwortete «Ohio» und hielt den Kopf wie ein kleiner Junge, der vor einem Erwachsenen steht.

Großmutter war in Hochform, und ich verstand genau, was sie hier spielte. Sie versuchte, ihn zu ködern, als ob sie zu einem Wettkampf gegen ihn antreten würde, in dem es gar nicht zum Kampf kommt, weil sie von vornherein der Favorit war und keiner eine Chance gegen sie hatte. Ich wußte, daß wir nur noch ein kleines bißchen warten mußten, dann würde sie ihren berühmten linken Haken aus der linken Ecke setzen und keiner, den es traf, würde sich so schnell von dem Schlag erholen.

«Wie lang sind Sie denn schon in der Armee?» fragte sie. Ihre Augen bewegten sich langsam aufwärts und als sie ungefähr in seiner Mitte angekommen waren, sagte sie: «Ich muß schon sagen, Sie sind ziemlich fett, mein Junge, nicht?» Er antwortete: «Ja, Ma'am, ich bin etwas beleibt, und in der Armee bin ich schon sechs Jahre.»

«Und wie lange sind Sie schon in Fort Meade?» fragte sie. «Fast neun Monate.» Großmutter sah ihm jetzt direkt ins Gesicht, und ich wußte, daß die nächste Frage der Haken sein würde. Sie sah nie jemand ins Gesicht beim Sprechen, außer wenn sie zum Schlag ansetzte. «Waren Sie schon mal verheiratet?» Sein Gesicht wurde rot und gefror in einem Ausdruck des Schreckens. Der linke Haken war gelandet. «Ja, Ma'am, aber ich laß mich scheiden.» Großmutter war befriedigt und sagte: «Also, ich sag Ihnen was. Kommen Sie wieder und sprechen Sie mit mir, wenn Ihre Scheidung endgültig ist.» Mama sah aus wie erstarrt, sie hatte selbst nicht gewußt, daß er verheiratet war.

Großmutter kehrte uns allen ihr Hinterteil zu und schritt von dannen. Der Soldat verließ das Haus, und irgend etwas sagte mir, daß wir ihn nie wieder sehen würden, obwohl er Mamas Arm nahm und zu ihr sagte, daß er sie am folgenden Tag treffen würde. Es war früh im März, und draußen wehte ein schneidender Wind. Als er die Tür öffnete, um zu gehen, schien der Wind eine schlimme Botschaft zu bringen. Er schickte einen Eishauch herein, der uns durch und durch ging. Louis Carr sagte: «Leb wohl», und er meinte es. Wir sahen ihn nie wieder.

Mama starb innerlich ab und sah jahrelang keinen Mann auch nur von weitem an. Immer sah sie zu Boden, auf ihre Füße, auf die Erde und blickte nicht auf. Tief in sich verbarg sie etwas. Ich sah, wie sie ihre Röcke auseinanderfaltete und wieder zusammenlegte. Ich dachte, sie würde vielleicht wahnsinnig werden, denn mir war nicht aufgefallen, daß sie sie jedesmal, wenn sie sic zurücklegte, ein Stück weiter gemacht hatte. Sie wurde von ihrer Arbeitsstelle nach Hause geschickt. Ich fing an zu hassen, was ich sah, denn ich wußte jetzt, ohne daß es mir jemand sagen mußte, daß sie wieder ein Kind bekommen würde, das keinen Vater hatte. Jetzt würden wir zu dritt sein, und für jedes würde es noch weniger geben.

Sie schämte sich ihrer Schwangerschaft. Sie ging nie aus dem Haus, bevor es dunkel war, und dann ging sie in eine Richtung, in der keiner sie kannte. Ich dachte, das Hilfloseste auf der Welt nach einem alleingelassenen Kind ist eine alleingelassene schwangere Frau. Und sie war ganz alleine, und es gab absolut nichts, womit ich ihr helfen konnte, außer mich zu beeilen, wenn sie mich bat, etwas zu besorgen, und mich anständig zu benehmen, damit die Familie keinen Grund hatte, sie trotz ihrer Schwangerschaft zu schlagen, wenn sie mich verteidigte. Das war alles, was ich für den Menschen tun konnte, den ich mehr als alles in der Welt liebte.

Mama vor Freude lächeln zu sehen, wäre für mich mehr als alle Weihnachtsgeschenke der ganzen Welt gewesen. Sie fröhlich und frei von Sorgen um uns zu sehen, wäre mir mehr wert gewesen als alle guten Dinge, die das Leben bringen konnte. Ich wünschte, daß Mama einen Mann hätte, der sie anlächelte und der sie liebte. Sie verbrachte die Tage damit zu putzen und uns zu versorgen, aber sie sprach mit niemand. Es war, als sei sie ein Schatten geworden oder stumm. Nie hob sie die Augen über meine Schwester und mich hinaus, als ob es oberhalb von uns nichts mehr gäbe. Der Sommer war gekommen, und sie war dicker geworden, und statt daß Großmutter ihr eine Stütze gewesen wäre, war sie wie ein Henker, jederzeit bereit, sie an ihr Urteil zu erinnern. Mama war einfach dazu verdammt, die Hölle durchzumachen, solange sie im Haus ihrer Mutter wohnte.

Großmutter belehrte sie ständig wie ein Kind, und jedesmal fing sie mit den gleichen Worten an: «Also, das erste Mal, als du schwanger hier angekommen bist, hab ich's ja noch als Versehen gelten lassen, und beim zweitenmal als Zufall, aber beim drittenmal ist es keins von beiden, und es gibt keine Entschuldigung. Du solltest endlich mal lernen, nicht immer die Beine aufzumachen für diese Schweine da draußen auf der Straße.» Ich hörte ihre Worte so oft und wollte immer sagen, wie unverschämt es sei, so zu reden, aber ich wagte es nicht. Großmutter hatte ganz vergessen, daß sie selbst acht Kinder hatte und nie verheiratet gewesen war. Mama wollte eine Abtreibung, aber Großmutter merkte es und drohte ihr, sie würde sie bei der Polizei anzeigen. Mama weinte und fragte, warum sie das Kind bekommen müßte, wo doch eine ihrer Schwestern sogar mit Großmutters Hilfe abgetrieben hatte.

Ich wußte, daß das stimmte, weil ich sie tagelang im mittleren Zimmer oben schreien gehört hatte. Ich guckte durch das große Schlüsselloch und hörte, wie Großmutter zu ihr sagte, sie sollte drücken, es käme jetzt. Ich sah, wie der Fötus rauskam, und ich sah, wie Mutter Irene ihn in Zeitungspapier wickelte und sagte, es wäre ein kleiner Junge gewesen, und das ganze Bett war voller Blut, und ich drehte mich um und rannte vom Schlüsselloch weg runter in den Hinterhof. Von dort beobachtete ich, wie Mutter Irene mit einer braunen Papiertüte runterkam und sie in die Mülltonne warf und sich dann vergewisserte, daß der Deckel fest auf der Tonne saß. Ich sah, wie die streunenden Hunde wie verrückt um die Mülltonne rumschnüffelten. Ich nahm die Tüte aus der Mülltonne und versteckte sie oben im Schlafzimmer, bis ich Zeit hatte, sie aufzumachen und selbst zu sehen, wie es aussah. Ich packte eine Unmenge Zeitungspapier aus und endlich sah ich das winzige Ding, und ich konnte erkennen oder mir jedenfalls vorstellen, daß es ein Baby war. Ich steckte es zurück in den Mülleimer, und in mir stieg ein Ekel auf über das, was ich wußte. Am nächsten Morgen, als ich das Müllauto vorfahren hörte, ging ich zum Fenster, um zuzuschauen, wie sie es mitnahmen.

Als Mama nach einer Abtreibung jammerte und Großmutter sie ihr verweigerte, hatte ich das Gefühl, daß ihr Unrecht geschah. Großmutter haßte Mama einfach, und auf diese Art und Weise konnte sie sie leiden lassen. Ich glaubte, daß Großmutter sie dazu zwang, dieses Kind zu bekommen, damit sie es noch schwerer hätte als vorher. Mama hatte immer das Gefühl gehabt, daß Großmutter sie nie so lieben würde, wie eine Mutter das eigentlich müßte, und ich, ihre Enkelin wußte, daß sie für mich genausowenig wie für meine Mutter empfand. Großmutter mochte auch die Vertrautheit zwischen Mama und mir nicht, sie glaubte, sie hätte ein Recht darauf, alles zu wissen, was in meinem Herzen, meinem Körper und meiner Seele vorging.

Der Sommer näherte sich seinem Ende, und der September in seiner ganzen Schönheit war da. Die milde warme Sonne leistete mir Gesellschaft, wenn ich in der Schule meinen Gedanken nachhing und aus dem Fenster hinaus in die Welt sah. Diese Welt, von der ich durch den Beginn des neuen Schuljahrs wieder einmal getrennt worden war. Für mich fing das neue Jahr eigentlich im September an, nicht im Januar wie für alle anderen. Ich mochte die Schule gern und gleichzeitig haßte ich sie. Ich hatte einen unersättlichen Hunger danach zu lesen. Ich konnte nie genug bekommen, in der Schule war die Lesestunde immer viel zu kurz.

Die Freude am Lesen wurde mir ein wenig dadurch verleidet, daß wir uns gegenseitig unsere Leseerlebnisse nicht mitteilen durften. Es war nicht erlaubt zu sprechen, wenn man nicht aufgerufen wurde, und dann mußte man direkt antworten und beim Thema bleiben. Phantasie war strafbar, es gab Schläge auf die Hand, dafür, daß man «gelogen» oder seine Aufgabe nicht genau genug gemacht hatte, und wenn wir nicht geschlagen wurden, mußten wir in der Ecke stehen. Ich fühlte mich irgendwie tot, immer mußte ich dasitzen und nur dem Lehrer zuhören, immer der Stimme von jemand anderem, und nie durfte ich selbst etwas laut ausdrücken. Die Stimmen meiner Lehrer gaben mir zu verstehen, daß sie ihre Arbeit taten und wir junges Gemüse keinen Teil daran hatten, außer zuzuhören und uns anständig zu benehmen.

Wir saßen auf unseren Plätzen und wagten kaum zu fragen, ob wir auf die Toilette dürften oder einen Schluck Wasser trinken, und wenn die harten Sitze aus Holz zu unbequem wurden und wir anfingen, darauf herumzurutschen, fragte uns die Lehrerin, ob wir Ameisen in der Unterhose hätten. Natürlich konnte ich dieser Gelegenheit, eine freche Antwort zu geben, nicht widerstehen und gab zurück: «Nein, ich habe Würmer.» Sie gab mir einen Brief mit nach Hause, und ich wußte, daß Mama mir den Hintern versohlen würde. Trotzdem gab ich Mama den Brief, und sie sagte, dafür hätte ich eine Tracht Prügel verdient. Ich bat sie, mich nicht zu schlagen, und sie versprach mir, sie würde mir das nächste Mal den Hintern so windelweich schlagen, daß ich einen Monat nicht mehr sitzen könnte, und dann würde ich darum bitten und betteln, auf dieser hölzernen Schulbank sitzen zu dürfen. Während ihrer Schwangerschaft entschuldigte sie sich oft damit, daß ihr Zustand sie daran hinderte, mir den Arsch zu versohlen. Mir war es egal und anfangs nahm ich die Entschuldigung hin, aber im Laufe der Zeit fiel mir auf, daß es sie einfach nicht interessierte, was ich tat, ob es nun gut oder böse war. Sie saß stundenlang da und putzte ihre Finger- und Fußnägel oder drückte sich Mitesser aus.

Eines Tages, als ich aus der Schule kam, fand ich Mama mit schmerzverzerrtem Gesicht. Sie hielt ihren rechten Fuß auf dem linken Bein. Sie war im Hinterhof gestolpert und auf einen Nagel gefallen. Der Nagel hatte sich unter den Zehennagel ihrer großen Zehe gebohrt. Der Fuß war geschwollen und sie hinkte. Ich fragte, ob sie Wundstarrkrampf bekommen würde, und sie antwortete mit einem schmerzlich langgezogenen «naaaein». Der Nagel war lang und rostig gewesen, trotzdem wollte sie sich keine Tetanusspritze geben lassen. Ich dachte bei mir, wenn sie sich so verletzen kann und keine Spritze braucht, dann kann ich es auch.

Ich ging also hinaus und trat mit Absicht auf eine zerbrochene Milchflasche, die in der Gosse lag. Dem Milchmann war am Morgen eine Flasche kaputtgegangen, und er hatte sich nicht die Mühe gemacht, sie wegzuräumen. Ich weinte und heulte nicht, ich ging einfach zurück ins Haus, zog meinen Schuh aus und sagte: «Mama, guck mal, was passiert ist.» Mein weißer Strumpf war rot von Blut und Mama schnappte nach Luft. «Aber Kind, mein Gott, was hast du denn bloß gemacht?» Ich erzählte, daß ich auf Flaschenscherben in der Gosse getreten sei. Und dann sagte sie etwas, was ich nicht erwartet hatte. Sie sagte, ich müßte ins Krankenhaus. Sie badete meinen Fuß in warmem Wasser und drückte an dem Schnitt herum, um den Schmutz herauszubekommen, wie sie sagte. Dann badete sie ihn mit kaltem Wasser, und ich hatte das Gefühl, als fröre mein Fuß ab. Danach band sie eine alte Windel drum. Irgend jemand kam mit dem Auto, und ab ging es ins Krankenhaus, das allerseits Schlachthaus genannt wurde.

Ich bekam es erst mit der Angst zu tun, als das Auto sich dem Krankenhaus näherte und mir langsam die Geschichten einfielen, in denen so viel Blut und Tod und Schmerzen vorkamen. Ich war ganz sicher, daß sie mir den Fuß abnehmen würden. Nachdem wir eine Ewigkeit gewartet hatten, rief die Schwester meinen Namen auf. Mein Fuß hatte aufgehört zu bluten, und ich war sicher, daß ich nur einen Verband brauchte. Als ich eine andere Schwester sagen hörte, daß sie mich nähen würden, bekam ich fast einen Schock. Ich hielt mich an Mama fest und schrie und bat sie, mich wieder wegzubringen. Die Schwester sagte, ich würde überhaupt nichts spüren, ich würde schlafen, und ich wurde wieder etwas ruhiger.

Ich sah ständig meinen Fuß an und versuchte Mama davon zu überzeugen, daß er in Ordnung sei und wir gehen sollten. Aber sie wollte nichts davon hören und wollte wissen, was der Arzt dazu sagen würde. Wir warteten und warteten, bis endlich ein kleiner schwarzer Arzt mit einem Gesicht wie ein Wiesel ins Zimmer kam und uns ansah, als würde er uns gleich allesamt auffressen. Er sagte überhaupt nichts, keine Begrüßung und nichts, er nahm nur meinen Fuß und machte ihn sauber, während ich auf dem Rücken lag. Plötzlich durchfuhr mich ein Schmerz und ich stieß den lautesten Schrei meines Lebens aus. Mein Gott, es stimmte wirklich, dieses Arschloch schnitt mir den Fuß ab! Ich sah Mama verzweifelt an und versuchte, in ihre Richtung zu kriechen. Warum tat sie denn nichts? Ich versuchte meinen Fuß wegzuziehen und schrie: «Verdammter Mörder!» Der Arzt sah die Schwester an, und sie fing an, mich auf dem Operationstisch festzuschnallen. In meine Angst mischte sich Wut, erst mal auf Mama und dann auf alle anderen hier im Zimmer. Ich ließ eine Flut von Schimpfwörtern los, die einen Bierkutscher in Verlegenheit gebracht hätten.

Ich bat Mama, herüberzukommen und mich zu retten, sie würden mir den Fuß abschneiden. Sie kam herüber und fragte, ob man mir nicht gegen den Schmerz etwas geben könnte, und ich schrie: «Ach was, Scheißschmerzen, wenn mir bloß diese Arschlöcher nicht den Fuß abschneiden.» Mama sah verlegen aus und schockiert und verletzt. Sie wußte, daß ich solche Wörter mein Leben lang gehört hatte, aber sie hatte mich selbst nie so etwas sagen hören. Bisher hatte ich immer nur im geheimen und leise vor mich hin geflucht. Mama bat den Arzt noch mal, mir was gegen den Schmerz zu geben, und er sah sie scharf an und schickte sie aus dem Zimmer. Sie verließ das Zimmer mit hängendem Kopf und Tränen in den Augen. Der Arzt war der übelste, mieseste, mistigste schwarze Kerl, den ich je gesehen hatte.

Schon vom Augenblick an, in dem er das Zimmer betrat, hatte ich ihn nicht gemocht, und er jagte mir nicht nur Furcht ein, sondern er gab mir das gleiche Gefühl wie Weiße, wenn sie mich ansahen, als hätte ich kein Recht darauf, mit ihnen auf derselben Erde zu leben. Er vermittelte mir dasselbe, was die Lehrer in der Schule mir vermittelten: ich war eine von denen, die *drüben* im ärmeren Teil des Ghettos wohnten und keine Bildung oder sonstwas hatten und die selbst Schuld daran waren, daß sie nicht herüberkommen konnten. Wir machten nur den anderen das Leben schwer, und wir vergeudeten das Geld der Steuerzahler damit, daß wir in der Schule rumsaßen. «Dumm bleibt dumm und Schulen helfen auch nichts», hatte ich die Elite-Schwarzen immer wieder sagen hören. Diese sogenannte Elite sah auf mich herab wie die krankhaft fixierten Weißen; sie sahen aus, als wünschten sie, daß es mich gar nicht gäbe. Ich haßte den Arzt von dem Augenblick an, in dem er ins Zimmer kam, weil ich fand, daß kein Schwarzer einen anderen Schwarzen zu seinem Opfer machen dürfte. So jung ich war, wußte ich schon, daß wir versuchen mußten, zueinander zu stehen. Ich schrie ihn an, daß er kein bißchen besser sei als meine Mutter oder ich, und er könnte mir ruhig absichtlich weh tun, mir sei es egal. Ich würde zu ihm sagen, was ich sagen wollte, und ich nannte ihn ein Teergesicht, und ich schmähte ihn wegen seiner dicken Lippen und seinem kleinen Kopf.

«Sie sind kein Arzt, Sie sind eher 'ne Art Metzger, aber ich bin kein Tier, ich bin kein Hund.» Ich schüttete alle Frustrationen, die sich in mir gegen meine Lehrer angesammelt hatten, über ihn aus und schämte mich kein bißchen. Die ganze Zeit nähte er, die Nadel ging in mein Fleisch hinein und wieder raus. Als er fertig war, ging er aus dem Raum, ohne zu irgend jemand etwas zu sagen. Die Schwester verband meinen Fuß und gab mir eine Tetanusspritze. Sie war sehr nett, als sie mir vom Operationstisch half und mich zu Mama brachte.

Mama sah mich ernst an und sagte: «Sandra Young, du solltest dich schämen, so was zu dem Arzt zu sagen! Geh jetzt rüber zu ihm und entschuldige dich bei ihm, aber sofort, und wag bloß nicht, den Mund aufzumachen und mir jetzt zu widersprechen!» Ich wußte, daß Mama das nicht im Spaß gesagt hatte, und deshalb tat ich, was sie mir befahl. Ihre Augen brannten fast ein Loch in mich und ich wußte, daß das einzige, was sie davor zurückhielt, mich zu nehmen und zu würgen, die Tatsache war, daß wir nicht allein waren. Ich stand hinter dem Arzt, während er ein Rezept ausschrieb. Ich zog die Schultern hoch und sagte: «Ich möchte mich entschuldigen, Herr Doktor.» Er drehte sich nicht einmal um. Jetzt war Mama herübergekommen, sie legte mir die Hand auf die Schulter und sagte zu dem Arzt: «Meine Tochter möchte sich bei Ihnen entschuldigen.»

Ich wußte nicht, was ich tun sollte, deshalb sah ich Mama an. Sie sagte so laut, daß der Arzt es hören mußte: «Wenn sie zu Ihnen kommen und sich entschuldigen kann, dann könnten Sie sich auch umdrehen und die Entschuldigung annehmen.» Der Mann drehte sich nicht um. Er schob mit der linken Hand das Rezept, das er gerade geschrieben hatte, nach links, und die Schwester kam herüber und nahm es. Die Stille im Zimmer war erdrückend, und man konnte eine Stecknadel fallen hören.

Die Schwester bat uns, mitzukommen. Sie begleitete uns zur Tür und sagte leise zu Mama: «Der Arzt ist immer so, auch mit dem Personal, er ist schrecklich. Ich verstehe gar nicht, wie Ihr kleines

Mädchen solche Sachen zu ihm sagen konnte, sie ist doch noch so klein, aber es stimmt alles. Er behandelt seine Leute, als wären sie Schmutz, und in Notfällen dauert es immer ewig, bis er kommt. Manchmal auch bei Fällen, die zwischen Leben und Tod schweben. Hier sind ein paar Nachlässigkeiten vorgekommen, die eigentlich nicht sein dürften, aber ihm ist das alles egal. Aber was können wir schon machen, wir brauchen Ärzte, und es gibt wenig farbige Ärzte, und die Weißen kommen weiß Gott nicht hierher.»

Ich unterbrach sie und fragte: «Wieso kommen keine weißen Ärzte hierher? Ein Arzt ist doch ein Arzt, oder?» Bis zu diesem Augenblick hatte ich die weißen Ärzte immer aus der Gesamtheit der Weißen ausgeschlossen. Ich hatte sie immer mit Menschlichkeit und Rettung von Menschenleben in Verbindung gebracht. Jetzt, wo die Realität von Leben und Tod als verschieden für schwarze und weiße Ärzte beschrieben wurde, nahm sie für mich auch eine andere Bedeutung an. Es ging nicht mehr um Leben und Tod, sondern um schwarzes Leben und schwarzen Tod. Die Schwester beantwortete meine Frage: «Erstens ist ein weißer Arzt erst einmal ein Weißer und ein kaputter Weißer, und man kann ihm das Leben von Negern nicht anvertrauen, und zweitens, wenn einer hierherkäme, weil er seinem Eid entsprechend handeln wollte, wäre es das Ende seiner Karriere. Wenn er nicht sehr viel Phantasie hätte und Geld beschaffen könnte, um dieses Krankenhaus erst mal richtig auszurüsten. Im Vergleich zu einem weißen Krankenhaus ist dies hier eine Drogerie.»

In diesem Augenblick hätte ich am liebsten meinen Traum, Schriftstellerin zu werden, aufgegeben, um Ärztin werden und meinen Leuten helfen zu können. Und ich wußte nicht, daß beide Träume für mich eigentlich unerreichbar waren. Die Schwester gab mir einen Lutscher, küßte mein tränenverschmiertes Gesicht und verabschiedete sich von uns und sagte, wir sollten in Verbindung bleiben. Mama sagte dasselbe. Als wir rausgingen, sagte die Schwester: «Ach, übrigens, wann bekommen Sie denn Ihr Kind?» Mama sagte, im Dezember. Die Schwester lächelte und sagte: «Wenn ich nicht hier bin, wenn Sie zur Entbindung kommen, lassen Sie mich zu Hause anrufen, dann komme ich und helfe Ihnen. Sagen Sie nur, ich wäre Ihre Schwester.» Sie sagte, sie hieße Audrey Young und hätte also denselben Nachnamen wie wir.

Wir verließen das Krankenhaus und machten uns auf den langen Heimweg, denn das Auto, das uns hierhergefahren hatte, war schon lange weg, und wir hatten kein Geld, um einen Bus oder ein Taxi zu nehmen. Mama war müde und ich auch, aber wir gingen nebeneinander her, sie hielt meine Hand und sagte nicht viel zu mir, außer daß ich mit dem verbundenen Fuß aufpassen und damit nicht so in den Dreck treten sollte, damit der Verband nicht schmutzig würde. Ein paarmal fragte sie, ob mein Fuß weh täte. Wir kamen durch mehr Schmutz, als ich je auf der Pennsylvania Avenue gesehen hatte. Scherben von Schnaps- und Weinflaschen lagen herum. Die Straße war voller Stimmen. Geschimpfe und schlechte Laune drang aus Fenstern und Toreinfahrten. Aus Ladenkirchen stiegen die Rufe nach Erlösung. In der Luft hing ein Geruch von billigem Wein und von blühendem Geißblatt. Dieser Gang mit Mama nach Hause war für mich etwas ganz Besonderes, denn wir waren allein, und sie hielt meine Hand. Obwohl ich fast zehn war, brauchte ich das Gefühl ihrer Berührung. Wir beide gingen dahin, dem Leben um uns her ausgeliefert, aber wir waren allein miteinander und welch ein Friede war das ...

8

Der September verging, ein sonniger Herbst kam, und dann umfing uns wieder die Kühle des November. Die Türen, die im Sommer offenstanden, um ein frisches Lüftchen hereinzulassen, waren jetzt verrammelt, wie um eine feindliche Armee abzuwehren. In den Zimmern würden sich bald Frustrationen sammeln, die sonst in der Sommerluft verflogen. Jetzt gingen wieder die häßlichen Blicke von einem zum anderen, und überall war eine nervöse Spannung. Wir waren eingekerkert, beengt von unseren vier Wänden und eingeschlossen von dem heulenden Winter draußen, der uns versagte, herauszukommen, unter der Straßenlaterne zu stehen oder uns die Frustrationen von der Seele zu singen. Die kalten Zimmer zwangen böse Worte von unseren Lippen und ließen uns unseren Nächsten hassen, nur weil er da war oder weil er aß, womit man selber seinen Hunger hätte stillen können, oder dafür, daß er dort war, wo man sich selber hätte aufhalten können. Dieser Ärger in den Blicken, mit denen ein Kranker angesehen wurde, weil er eine Ansteckung ins

Haus schleppte. Es war kein Platz für ein Krankenzimmer, deshalb bekamen wir dann einer nach dem anderen alle Halsschmerzen oder die Grippe, und in unseren Schmerzen und unserer Schwäche schauten wir haßerfüllt auf den, der dieses unliebsame Geschenk ins Haus gebracht hatte. Diese Wutausbrüche, die der Winter mit sich brachte, führten oft zu ernsthaften Verletzungen, und meistens war meine Mutter das Opfer.

In den kalten Morgenstunden war ich allein, denn ich hatte die Aufgabe, Feuer zu machen und die Küche zu wärmen, jetzt wo ich als groß genug dafür betrachtet wurde, und Mama und Großmutter schon zur Arbeit gegangen waren. Ich fand, Cousin Boo-Boo hätte eigentlich die Pflicht gehabt, Feuer zu machen, weil er der einzige Mann im Haus war und der älteste Enkel. Aber Großmutter sagte, man sollte ihn in Ruhe lassen, und ich sollte Feuer machen. Obwohl man mir verboten hatte, Kerosin zum Feueranzünden zu nehmen, tat ich es trotzdem, weil ich das Krachen beim Überspringen der Flamme hören wollte und gern die Hitze des Feuers auf meinem Gesicht spürte. Beim Aufstehen und beim Ins-Bett-Gehen war es immer dasselbe: ich als Kind mußte guten Morgen und gute Nacht zu einem Zimmer voller Leute sagen, die nie antworteten, sondern mich nur voller Verachtung ansahen.

In dieses Haus kam meine Mutter an einem kalten 10. Dezember mit meinem rundlichen hellhäutigen Brüderchen aus dem Krankenhaus zurück; meinem ersten Bruder, den ich gerne liebhaben wollte und den ich gleichzeitig nicht mochte, weil nun ein weiterer Mund gestopft werden mußte und ein weiterer Körper unseren Platz zum Schlafen beengte. Mama stillte ihn und weinte dabei. Als ich fragte, warum sie weinte, sagte sie, es täte weh. Sie war sehr schwach und es ging ihr schlecht nach seiner Geburt, weil die Wehen lang und heftig gewesen waren und er ein riesiges Kind war, acht Pfund schwer. Man hatte sie genäht und jedes Mal, wenn sie sich hinsetzte, weinte sie oder stöhnte und seufzte.

Ich dachte bei mir, Kinder zu bekommen wäre nichts für mich, ich würde zweifellos nicht viel Spaß an der Sache haben. Sie bewegte sich sehr langsam und hielt sich immer am Tisch und an den Wänden fest. Sie konnte es kaum alleine schaffen, und ich sah in keinem Gesicht der Familie den geringsten Wunsch, ihr zu helfen. Die Weihnachtsferien hatten eine Woche nach seiner Geburt angefangen, so war also eine Weile lang keine Schule. Ich stand morgens auf, wusch mich und zog mich an, damit ich bereit war, ihn aus dem Bett zu nehmen, wenn er weinte. Ich fütterte ihn, badete ihn und brachte ihn dann wieder zu Mama ins Bett. Mama hatte Milch abgepumpt und sie in eine sterilisierte Flasche gefüllt, damit ich ihn füttern konnte und sie nicht für jede Mahlzeit aufstehen mußte. Er bekam bald einen starken Windelausschlag, weil ich die Windeln nicht richtig gekocht und nicht alle Seife rausgespült hatte. Die ganze Familie nahm das wieder zum Anlaß, Mama zu beschuldigen, daß sie auf der faulen Haut läge und einem Kind die Pflichten eines Erwachsenen zumuten würde. Ich antwortete meinen Tanten dann: «Komisch, wenn ich meinen Eimer nehme und die Straßen abklappere und bei anderen Leuten für Geld die Treppen und Fußböden schrubbe, um mitzuhelfen, daß wir was zu essen haben, dann findet kein Mensch, daß das die Pflicht von einem Erwachsenen wäre.» Meine Tante schlug mir so heftig ins Gesicht, daß meine Lippe aufsprang.

Mama ging es bei der Ruhe allmählich besser, und bald übernahm sie wieder die Pflege meines kleinen Bruders. Sie wollte wieder arbeiten und bat eine von ihren Schwestern, auf meinen kleinen Bruder aufzupassen. Ihre Schwester wollte es tun, allerdings nur gegen Bezahlung. Mama fand wieder Arbeit und trug mir auf, bei der Pflege meines Bruders mitzuhelfen. Das bedeutete kein Spielen am Nachmittag, und von der Schule mußte ich auf dem schnellsten Weg nach Hause kommen. Und ich mußte mir oft fast die Zunge abbeißen, damit man mir nicht die Seele aus dem Leib prügelte, während Mama bei der Arbeit war. Sie arbeitete lange und hart, sie ging morgens vor Sonnenaufgang aus dem Haus und kam abends erst zurück, wenn die Sonne unserer Straße den Gute-Nacht-Kuß gab. Ich sah sie morgens nur, wenn sie sich anzog, um wegzugehen.

Der Winter war da, und fast jede Woche gab es Schneestürme. Unsere Straße stieg etwas an, und die ganze Oberfläche war mit Eis bedeckt, so daß kein Auto fahren konnte. Die Kinder aus dem Block hatten alle irgendwelche selbstgemachten Schlitten und fuhren damit diesen Hügel hinunter. Freudenschreie hörte man in unserem Block nicht häufig, aber ein vereister Hügel war eine der wenigen Anlässe, die große Freude hervorriefen. Ich saß am Fenster des Schlafzimmers, das zur Straße hinausging, und hörte zu und beobachtete das Treiben. Ich sah, wie mein Cousin Boo-Boo mit den älteren Jungen Eishockey spielte. Sie hatten sich irgendwelche Metallstücke unter die Schuhe gebunden und glitten so über das Eis. Sie hatten Mops und Besen als Schläger und eine Büchse als Puck. Der Puck flog durch die Luft, und Cousin Boo-Boo fiel hin und gleichzeitig schlug der Puck mit Wucht auf seine Nase. Er blutete sofort, das Blut floß über sein Gesicht.

Ich ging nicht vom Fenster weg und erzählte Großmutter auch nicht, was geschehen war. Er versuchte weiterzuspielen, aber er blutete zu sehr und wurde von einer Gruppe von älteren Jungen nach Hause gebracht. Der Büchsendeckel hatte eine klaffende Wunde gerissen. Die Jungen waren so scharf auf ihr Spiel, daß sie vergessen hatten, den Deckel von der Büchse abzumachen. Ich dachte, Großmutter würde einen Herzschlag kriegen, als sie ihn sah. Ich saß am Fenster und sah hinaus auf das Spiel, das inzwischen weiterging, als wäre nichts geschehen. Ich freute mich, daß er verletzt war, weil das bedeutete, daß Großmutter auch verletzt war. Ich hörte, wie sie meine Tanten herumschickte, um ein Auto zu besorgen, und er sollte auch in kein Negerkrankenhaus gebracht werden. Er sollte ins Johns-Hopkins-Krankenhaus, weil sie nicht wollte, daß sein Gesicht verschandelt würde.

Jeden Tag sprach Großmutter von ihm, als ob die größte Familientragödie stattgefunden hätte. Der Schnitt hinterließ eine Narbe in seinem Gesicht, und für sie war das die größte Katastrophe des Jahres. Die Tatsache, daß wir fast verhungerten, wurde dagegen weit seltener und mit weniger Gefühlswallungen erwähnt als seine Narbe. Jeden Tag sah sie sich sein Gesicht an, mit einem Gesichtsausdruck wie die Mutter Maria den gekreuzigten Jesus. Ich mochte Boo-Boo nicht, einfach weil ich eifersüchtig auf ihre Liebe zu ihm war. Er war mindestens sechs Jahre älter als ich, und er verbrachte fast die ganze Zeit auf der Straße. Im Haus tat er nichts, was irgendwie nach Arbeit aussah, und keiner wagte, ihn um etwas zu bitten. Manchmal bot er sogar selbst an, etwas zu helfen, aber Großmutter ließ es nicht zu. Großmutter war bei jedem Mann schnell mit ihrem Urteil vom Tunichtgut zur Hand, nur nicht bei Boo-Boo und meinem Onkel Louis.

Cousin Boo-Boo war in einer viel höheren Klasse in der Schule als ich, aber er konnte kaum schreiben oder lesen. Wenn ich hörte, wie er beim Lesen stotterte, tat er mir leid. Trotzdem verlor Großmutter nicht ihren Glauben an ihn, und sie erlaubte mir auch nicht, ihm zu helfen, obwohl sie wußte, daß ich viel besser lesen konnte. Sie erzählte ihm immer wieder, er würde es schon noch rechtzeitig lernen, und die Lehrer in der Schule seien dumm, wenn sie glaubten, daß alle Kinder zur gleichen Zeit lesen lernen müßten, denn sie seien doch auch nicht alle zur gleichen Zeit geboren, und sie würden, so wahr ein Gott im Himmel wohne, auch nicht zur selben Zeit sterben. Trotzdem hatte ich meine Zweifel, daß Cousin Boo-Boo je richtig lesen lernen würde. Ich fragte mich oft, warum er keine Mutter hatte. Sie war nicht tot, denn ich hatte nie jemand in der Familie oder die Nachbarn etwas darüber sagen hören. Von ihr wurde nie gesprochen, deshalb glaubte ich, daß Großmutter das aus irgendwelchen Gründen nicht wollte. Ich fragte meine Mutter und sie sagte, seine Mutter sei in Pennsylvania. Mama sagte auch, sie sei dorthin gezogen, nachdem sie aus dem Gefängnis gekommen sei. Als das Wort Gefängnis von ihren Lippen kam, bekam ich Angst, weil für mich Gefängnis bedeutete, daß jemand einen Menschen umgebracht hatte.

«Was hat sie denn getan, Mama?»

«Hör mal, das reicht jetzt, ich hab dir schon viel zu viel erzählt. Und eins will ich dir sagen» (ihr Finger richtete sich hart und entschlossen auf mein Gesicht), «wenn ich hören sollte, daß du das, was ich dir erzählt habe, einem weitererzählst, oder wenn du die Unverschämtheit besitzen solltest, es Boo-Boo ins Gesicht zu sagen, erwürg ich dich, so wahr ich hier stehe.» Ich wußte, daß Mama es ernst meinte, und die Angst, die sich auf ihrem Gesicht ausbreitete, sagte mir, daß es für uns alle Ärger geben würde, wenn diese Geschichte rauskäme. Mama fügte noch hinzu, daß ihre Schwester im Gefängnis gewesen sei für etwas, was sie gar nicht getan habe, das sei bewiesen, und daß Großmutter sich geweigert hatte, ihr ihren Sohn zurückzugeben, als sie entlassen wurde.

Wegen dieser Geschichte hatte Mama auch nie weiter zur Schule gehen dürfen. Als die Schulbehörde beschloß, daß sie zu alt sei, um mit den Kleinen zusammen in eine Klasse zu gehen, hätte man sie in eine Berufsschule schicken können, in der hauswirtschaftliche Fertigkeiten gelehrt wurden, aber Großmutter behielt sie zu Hause, damit sie Boo-Boo hüten konnte.

Nur um sonntags der Familie zu entkommen, hatte Mama sich angewöhnt, Großvaters Witwe oder seine alte Geliebte zu besuchen. Seine Witwe erinnerte mich zu sehr an Großmutter, als daß ich mich bei ihr hätte wohlfühlen können. Auch vom Körperlichen her entsprach sie Großmutter, sie hatte auch dieselbe rotbraune Hautfarbe. Großvaters Geliebte aber hatte Humor und war viel lustiger, und sie überschüttete meine Schwester und mich mit Zärtlichkeiten und Küssen. Bei ihr mußten wir uns immer sofort zum Essen hinsetzen, gleichgültig, ob wir gerade vorher gegessen hatten oder nicht, und sie unterhielt sich mit uns, sie wollte wissen, wie es uns ging und was wir dachten. Sie benützte Parfum, Lippenstift und Augenmakeup, und obwohl sie untersetzt war, trug sie sehr hübsche Kleider. Ihre Haut war so hell wie die der weißen Amerikaner, und dazu hatte sie glattes Haar und graue Augen. Ich mochte sie wahnsinnig gern, und ich hielt es die Woche über kaum aus, bis es wieder Sonntag wurde. Mama sagte, wir dürften Großmutter nicht erzählen, daß wir sie sonntags besuchten, wir sollten sagen, wir seien in der Kirche gewesen. Großmutter mochte sie wohl nicht, so viel hatte ich mitbekommen, und in ihren Augen war sie eine Hure, weil sie sich mit Hurendingen umgab, Parfum und Lippenstift und Augenmakeup. Ich habe Großmutter nie in meinem Leben mit Lippenstift gesehen, allerdings brauchte sie eigentlich auch keinen, denn trotz ihrer harten Züge war sie eine schöne Frau, wenn sie auch nie lächelte.

Rose ließ es sich gefallen, daß ich sie liebte, und wir sprachen stundenlang über meinen Großvater. Sie wußte endlose Geschichten von ihrer Liebe zu ihm und wie gut er aussah und wie die Frauen ihm hinterher waren. Sie sagte, sie sei nie eifersüchtig gewesen, sondern immer stolz darauf, zu wissen, daß sie nicht die einzige Frau war, die ihn begehrte. «Und Kind, ich kann dir sagen, dein Großvater, das war ein toller Kerl, da könnte ich dir vielleicht Geschichten erzählen. Er konnte unheimlich feiern, als er jung war, und er hat gern getanzt. Er erfand für jede Musik, die gespielt wurde, irgendeinen Tanz. Er war ein schöner schwarzer Mann. Gott weiß, daß er das war. Manchmal kamen Frauen zu mir und sagten, sie würden ihn mir ausspannen, aber ich hab nur gelacht und gesagt, er gehört mir doch gar nicht, drum kannst du ihn mir nicht wegnehmen, geh mal lieber rüber zu seiner Frau, bevor du da irgendein Zeugs von wegen ausspannen erzählst.» Ich war überrascht darüber, daß sie wußte, daß er verheiratet war, und daß sie ihn trotzdem geliebt hatte.

«Ach weißt du, ich wollte gar nicht, daß er Elizabeth und seine Kinder verlassen sollte, ich war einfach glücklich, mit ihm zusammenzusein, wenn er Zeit hatte. Ich will keinen Mann, der sein Zuhause verläßt wegen mir, denn wenn er seiner Frau so was antut, dann tut er's mir auch an. Da liegt kein Segen drin, wenn ein Mann oder eine Frau die Familie von einem anderen Mann oder einer anderen Frau stört. Wenn zu mir ein Mann kam, dann hat er es immer aus freiem Willen getan, und ich will's auch nie anders haben. Ach, Kinder, euch erzähl ich das, was euer Großvater auch gesagt hätte. Ich hab nie einen Mann drum gebeten, mich zu lieben, und ich werd es auch nie tun und ihr sollt's auch nicht. Wenn er nicht genug Saft für seinen Motor hat, um zu mir zu kommen, dann will ich ihn gar nicht. Ein Mann, der nicht zu einer Frau kommen kann oder nicht weiß, weshalb er kommt, ist ein Schlappschwanz, und so was können wir nicht brauchen. Wenn ihr mal groß seid, dann nehmt mal einen Mann wie euren Großvater, einen guten Arbeiter und einen, der für seine Familie sorgt und der die Frauen liebt und sie achtet. Und denkt nicht schlecht von eurem Großvater, weil er eine Frau hatte und mich auch noch. Er hat seine Frau nie schlecht behandelt, und wenn sie nicht die ganze Zeit in der Kirche gewesen wäre, wär er nicht zu mir gekommen. Als sie ihren religiösen Tick kriegte, hatte sie keine Zeit mehr für die Liebe und ein Mann ist eben ein Mann.»

Sie erzählte Mama, daß Großvater wollte, daß sie das Haus von Großmutter verlassen sollte und eine Wohnung in einem der Siedlungsprojekte der Sozialhilfe nehmen. «Er hat mir das selbst erzählt, bevor dein zweites Kind geboren wurde.» Ich wußte, daß Mama nicht gerne in eine Wohnung ziehen wollte, sie hatte immer gesagt, daß sie lieber ein Haus hätte. Ich war auf dem Schulweg an diesen Siedlungen, wie alle sie nannten, vorbeigekommen und hatte mich gefragt, was sich wohl in diesen kleinen Wohnungen abspielte.

«Du weißt doch, Delores, dein Daddy ist der einzige Mensch, der dir nie in deinem Leben etwas Böses gewollt hat. Du wirst nie deine Ruhe haben, solange du bei deiner Mutter wohnst; und diese Siedlungen sind die einzige Garantie, daß du nie mehr in ihr Haus zurückmußt. Sie machen dir einen Vertrag, wenn du eine von diesen Wohnungen mietest, einen Vertrag mit dem Staat. Wenn du deine Arbeit verlierst, gehst du zum Wohnungsamt, und sie schicken dich zum Sozialamt, und du kriegst eine Unterstützung, sie schmeißen dich nicht einfach auf die Straße wie deine Mutter. Merk dir, was ich sage, Schätzchen. Du hast es viel besser, wenn du jetzt einmal das tust, was ich dir sage. Und du wirst es nicht bereuen.»

Mein Blick hing an Mamas Gesicht, weil ich dachte, es würde sich neue Hoffnung darauf ausbreiten, aber statt dessen wirkte sie ängstlich und unentschlossen. Die Vorstellung, daß wir unbedingt dorthin ziehen müßten, nistete sich tief in mir ein. Auf dem Nachhauseweg an diesem Abend kamen wir an den winzigen Backsteinhäusern vorbei, die aussahen, als wären sie aneinandergeklebt. Die Puppenstubenfensterchen sahen aus, als würden sie, zusammengesetzt, ein einziges großes Fenster ergeben. Als wir vorbeigingen, sah ich die glänzende Ölfarbe an den Wänden. An einem anderen Tag ging ich auf dem Schulweg an den Wäschetrockenplätzen vorbei, und der Geruch von frischer Wäsche füllte meine Nase, große weiße Bettücher tanzten auf der Leine. Jedes Haus hatte einen kleinen Garten, manche mit weißen Zäunen drum herum. Großmutters Haus zu verlassen war für mich zu jener Zeit das, was ich am sehnlichsten wünschte, und die Vorstellung, in den Siedlungen zu wohnen, wo jedes Haus einen Garten hatte, überwältigte mich. Ich wußte aber, daß Mama nicht von sich aus etwas unternehmen würde, und ich hatte das Gefühl, daß jetzt alles von mir abhing.

In der folgenden Woche fiel es mir sehr schwer, mich in der Schule anständig zu benehmen. Ich hatte beschlossen, aus meiner Rolle als Kind herauszutreten und Mama ein wenig zu helfen. Am nächsten Samstagvormittag verließ ich Großmutters Haus, während Mama im Hinterhof Wäsche aufhängte. Ich ging langsam bis zur Ecke unseres Blocks, und als ich mich umgesehen hatte und sicher war, daß mich niemand beobachtete, rannte ich los in Richtung auf die Siedlungen. Ich war während der Woche schon mal nach der Schule am Mietbüro vorbeigegangen. Ich hatte Wegweiser gesehen, denen ich bis zur Tür des Büros nachgegangen war. Als ich an diesem Samstag dorthin ging, wußte ich den Weg ganz genau. Ich hörte auf zu rennen, als ich Mountmore Court erreicht hatte – die kurzen Straßen trugen hier alle die Bezeichnung Court, Hof –, und ging in das Mietbüro, das klein und aus Backstein war wie die anderen Häuser auch und innen hellgrün gestrichen. Eine Glaswand trennte das Sekretariat von den Kunden, die hereinkamen. Hinter dem Glas kam eine Frau herüber. Sie lächelte tatsächlich, als sie mich fragte, ob sie mir helfen könnte. Ich mochte sie sofort gern, weil sie lächelte und weil sie denselben kirschroten Lippenstift trug wie Mama. Ich sagte, Mama könnte nicht kommen, weil sie jeden Tag arbeiten müßte, und wenn sie abends aufhörte, sei das Büro immer geschlossen. Ich bat sie um ein Antragsformular für eine Wohnung. Sie sah mich ein wenig zweifelnd an, aber ich sagte, daß ich fast elf sei. Ich sagte, sie könnte sich darauf verlassen, daß ich das Formular nicht verlieren würde.

Sie faltete das Papier ordentlich zusammen und steckte es in einen Briefumschlag aus Manilapapier, den sie mir gab. Sie sagte, ich sollte Mama sagen, daß es eine Warteliste gäbe und im Augenblick nur dringliche Fälle, die von der Stadt geschickt wurden, bearbeitet würden. Sie sagte, sie heiße Mrs. Wheatly, falls Mama irgendwelche Fragen hätte. Ich bedankte mich und ging, war aber etwas enttäuscht wegen der Warteliste. Was sollten wir denn nun tun? Ich hatte gedacht, eine Wohnung würde man bekommen, wenn man sie benötigte. Ich ging aus dem Büro raus und in ein Gebüsch, zog mein Kleid hoch, steckte den Umschlag in meine Unterhose, und als ich sicher war, daß er nicht rausfallen konnte, rannte ich nach Hause. Als ich um die Ecke kam, hörte ich, daß Mama mich rief. An ihrer Stimme merkte ich, daß sie schon eine Weile gerufen hatte. Ich beschloß, sie anzulügen und zu sagen, ich wäre bei meinem Vater gewesen. Ich rannte weiter bis zu unserer Treppe und sah schon den Gürtel in ihrer Hand. Sie packte den Gürtel fester, als sie mich sah, und schrie: «Kind, wo bist du denn in aller Welt gewesen, ich ruf dich schon seit zehn Minuten!»

Ich legte den Finger auf die Lippen, um ihr anzudeuten, daß sie nicht so laut schreien sollte. Sofort flog der Gürtel in die Luft. Ich zitterte und sagte leise: «Mama, hör doch mal, ich muß dir was sagen. Pssst, Mama, es darf sonst niemand hören.» Mama ließ den Gürtel sinken, und als ich an mein Ohr zeigte, beugte sie sich zu mir runter und sagte: «Dann sieh nur zu, daß es was Gutes ist, sonst zieh ich dir bei lebendigem Leib die Haut über die Ohren.» Ich suchte verzweifelt nach einer Lüge, als ihr Ohr näher an meinen Mund kam. Ich sagte: «Mama, ich war bei meinem Daddy, und er will dich heute abend um acht an der Ecke zwischen der Prestman und Bentalou Street treffen. Er sagte, du sollst nicht wütend auf mich sein, weil es wichtig ist.»

Mama sah mich verdrossen an und sagte: «Dein Vater kann doch selbst laufen, und er weiß auch genau wohin.» Ich war froh, weil sie gesagt hatte, was ich erwartet hatte. Ich drückte mich an ihr vorbei und sagte noch: «Ich dachte nur, du wolltest es vielleicht wissen. Ich geh aufs Klo, Mama.» Dann war ich schon außerhalb der Reichweite des Gürtels und rannte in das Zimmer, in dem wir schliefen, schob den Umschlag unter das Linoleum und rannte dann zur Toilette. Danach ging ich runter und hörte mir an, wie Mama mir noch mal bestätigte, daß sie nicht die Absicht hätte, meinen Vater abends zu treffen.

In dieser Nacht konnte ich nicht schlafen, und ich konnte den nächsten Tag kaum erwarten. Ich hatte das Gefühl, daß ich in Rose eine Vertraute hatte. Die ganze Nacht hatte ich Angst, daß mein Versteck entdeckt werden würde. Früh am nächsten Morgen stieg ich aus dem Bett und setzte mich ans Fenster, um ein wenig zu träumen. Mama stand kurz danach auf und wir machten uns für den Besuch bei Miss Rose fertig. Großmutter wollte wissen, wohin wir gingen, und Mama antwortete ohne zu zögern: «In die Kirche.»

Wir gingen durch dieselben Straßen wie jeden Sonntag und sahen dieselben Gesichter. Meistens alte Menschen, die in ihre Kirche gingen. Einige blickten neugierig oder feindlich, weil wir Fremde in ihrer Gegend waren. Rose wohnte am entgegengesetzten Ende der Mount Street und die Straße kam mir endlos vor. An jedem normalen Sonntag machte mir der lange Spaziergang Spaß, aber heute hatte ich den Umschlag in meiner Hose und hoffte, daß Rose Mama dazu bringen würde, das Formular auszufüllen und sich für eine Wohnung zu bewerben.

Wir sahen sie schon von weitem auf der Treppe vor ihrem Haus sitzen. Ihre roten Lippen öffneten sich und sie lächelte uns ein Willkommen zu. Ich rannte sofort los, um zuerst bei ihr zu sein. Ich stürzte die Stufen rauf und flüsterte ihr ins Ohr: «Ich muß dir was Wichtiges sagen, aber Mama darf es nicht hören. Und ich hab einen Zahn, der wackelt, ziehst du ihn mir raus?» Sie begrüßte Mama und meine Schwester und fragte, ob sie was zu essen oder zu trinken wollten. Beide sagten nein. Sie sagte, sie sollten sich auf die Treppe setzen und ein Weilchen warten. Sie nahm mich mit nach drinnen und ich bat sie, mit ins Bad zu kommen. Als sie die Tür zugemacht hatte, erzählte ich ihr, was ich unternommen hatte, hob mein Kleid hoch, nahm das Formular aus meiner Hose und gab es ihr.

Rose sagte, sie würde das schon machen, sie lächelte und meinte, ich sei wahrhaftig das Kind meines Großvaters. Sie ging mit mir nach unten und bat meine Mutter und Schwester herein, um beim Zahnziehen zuzuschauen. Sie nahm ein Stück dicken weißen Faden und legte ihn um den Zahn. Dann zog sie ganz plötzlich fest an den beiden Fadenenden und der Zahn flog auf den Küchenboden. Wir beide krabbelten fast eine Stunde lang lachend und kichernd auf Händen und Knien auf dem Boden herum und suchten meinen Zahn. Sie fand ihn endlich und sagte, ich sollte ihn unter mein Kopfkissen legen, dann würde ich am nächsten Morgen ein Geldstück von der guten Fee drunter finden. Ich zuckte mit den Schultern und sagte, das brauchte ich gar nicht zu tun, ich hätte es schon probiert und die gute Fee sei nie gekommen, und wenn sie dagewesen sei, hätte sie immer meinen Zahn dagelassen und sonst nichts. Rose sah mich lachend an und sagte: «Man kann nie wissen.»

Es gab das übliche Sonntagsessen, Grünkohl, geschmortes Hähnchen in brauner Soße, Kartoffelsalat und selbstgebackene Brötchen. Ich aß, bis Mama mir befahl, aufzuhören, sie sagte, ich würde die Sachen wie ein Hund in mich reinfressen. Rose gefiel dieser Vergleich gar nicht, und sie füllte meinen Teller noch einmal, ohne mich zu fragen, ob ich noch was wollte, und sagte scharf zu Mama: «Werd nicht wie deine Mutter, Delores.»

Von Anfang an fühlte ich mich vertraut mit Miss Rose und dieselbe Vertrautheit hätte ich auch Großmutter gegenüber gerne gefühlt. Ich war überzeugt davon, daß Großmutter mich nie in die Arme nehmen würde und mich drücken und küssen wie Miss Rose, aber ich fühlte eine gewisse Wärme von ihr ausströmen, wenn sie mich Samstag abends bat, ihr die Afro-Zeitung vorzulesen. Sie bat mich, ihr vorzulesen, weil, wie sie sagte, ihre Augen es nicht mehr täten. Rose ließ mich auf ihrem Schoß sitzen, obwohl mir das ein wenig peinlich war, weil sie so große Brüste hatte und es schwer war, dicht bei ihr zu sein, ohne ihre Brüste zu berühren. Ihr riesiger Busen erregte mich sonderbar. Ich mochte ihn und er erfüllte mich mit Neugier. Ich mußte meinen Wunsch, ihren Busen zu berühren, unterdrücken. Wenn ich auf ihrem Schoß saß, studierte ich ihre weiße Haut, und es erstaunte mich, daß sie zu uns gehörte, wo doch ihre Haut so weiß war und ihr Haar so glatt. Diese hellgrauen Augen, die durchsichtig zu sein schienen und mich an eine Katze erinnerten. Während ich in ihr Gesicht sah und beobachtete, wie ihre rosafarbenen Lippen sich bewegten, überlegte ich, was es wohl für ein Gefühl sei, weiß zu sein. Was fühlte sie, und war sie glücklicher als wir, und stimmte es, daß die Weißen besser als wir waren, weil wir schwarz waren? Sie war so weiß, daß ich nicht anders konnte, als endlich zu fragen, was sie denn nun sei. Ich saß auf der Stufe unter ihr und mein Kopf lag auf ihren kräftigen Schenkeln. Ich drehte mich um und sah sie an, und mein Mund öffnete sich wie von selbst und alles kam raus.

«Rose, darf ich dich was fragen über dich selbst?»

«Ja, natürlich.»

«Bist du weiß?»

Bevor sie antworten konnte, hatte Mama mich schon am Arm gepackt und schickte sich an, mir eins aufs Dach zu geben. Rose zog mich von Mama weg und faßte ihre erhobene Hand, um den Schlag aufzufangen, der mir die Zähne aus dem Mund schlagen sollte.

«Es ist doch nicht die Schuld von diesem Kind, daß die Welt so verrückt ist.» Jetzt hatte ich Angst. Miss Rose sagte zu Mama, es sei nicht recht, mich so anzufahren. Mama schickte mir einen bösen Blick herüber, als Rose mich auf ihren Schoß nahm, von dem meine dünnen Beine viel zu weit herunterhingen. Auf ihrem Schoß zu sitzen gab mir ein starkes Gefühl von Liebe und Geborgenheit, und ich vergaß, wie groß und aufregend ihr Busen war, und ich legte meinen Kopf dran. Sie sah hinunter auf mein Gesicht und ich hörte ihre Stimme, direkt aus ihrer Brust, während sie erzählte.

«Nein, mein Liebes, ich bin nicht weiß, und meine Mama war schwarz wie du. Und mir tut es leid, daß ich nicht auch so bin. Diese Farbe hier hat mir das Leben nie leichter gemacht als dir und deiner Mama. Ich hab es höchstens schwerer gehabt. Ich habe meine Mama überhaupt nicht gekannt, sie ist gestorben, als ich noch ein Baby war. Sie wurde von sechs Weißen vergewaltigt, und bis heute weiß ich nicht, wer eigentlich mein Vater ist. Meine Großmutter hat mich aufgezogen, und nach dem Begräbnis meiner Mutter setzte sie sich in den Zug und zog hierher, und hier ist sie auch gestorben. Ich bin nie wieder in den Süden gegangen, wie ich es Großmutter auf dem Totenbett eigentlich versprochen hatte.»

Ich fing an zu weinen, weil es mir so leid tat, daß sie sich an diese traurigen Dinge erinnerte, weil ich sie nach ihrer Farbe gefragt hatte. Sie wurde ernst und schob mich ein bißchen, wenn auch sanft, von sich, so daß sie mich besser ansehen konnte. «Wein nicht, mein Herzchen, verschwende deine kleinen Tränen nicht an so was, es gibt andere Dinge im Leben, über die zu weinen es sich lohnt.»

Dann änderte sich ihr Ton plötzlich und sie sah Mama an und sagte: «Kind, hör mal der alten Rose zu, als würde dein Vater sprechen. Nimm deine Kinder und zieh in eine von diesen Siedlungen und fang mal an, dein eigenes Leben zu leben. Dort ist es sauber, es gibt keine Ratten, und wenn man Küchenschaben hat, kriegt man sie umsonst ausgeräuchert. Alle vier Jahre bekommt man Farbe für die Wohnung. Und vierundzwanzig Stunden am Tag ist geheizt, und es gibt heißes Wasser. Und die verdammten Nigger müssen sich anständig benehmen, weil dort keine Schlägereien und kein Krach geduldet werden. Wenn man dort leben will, muß man die Wohnung sauberhalten, und wer im Dreck lebt, fliegt raus. Sie lassen sich von keinem was bieten. Sie sind fair, wenn du auch fair bist. Und das ist die einzige Hoffnung, die wir haben, wir armen Schwarzen. Man hört 'ne Menge gegen diese Siedlungen, aber achte nicht drauf, weil sie entweder keine Ahnung haben, oder ihr Leben einfach nicht ändern wollen.

Die einzige Hoffnung, die wir Schwarzen haben, ist der Staat. Die Weißen, wenn sie nicht zur Regierung gehören, sind beschissen, ihre Worte sind beschissen und keinen Pfennig wert, und du weißt das genauso gut wie ich. Wir werden ewig in diesen verdammten Judenslums wohnen, solange diese verdammten Juden ihr Geld kriegen und damit abhauen können. Mein Liebes, zieh mit deinen Kindern dorthin, dann wird's dir besser gehen. Zieh aus dem Haus von deiner Mutter aus und bleib draußen, und die Siedlungen sind die einzige Garantie dafür, daß du nie zurück mußt, weil sie einen Vertrag mit dir abschließen. Wenn du ein Problem hast oder die Arbeit verlierst, kannst du hingehen und es erklären, und sie schikken dich zur Sozialhilfe, bis du eine neue Stelle findest. Da gibt's das nicht, daß du auf die Straße geworfen wirst wie von all diesen Leuten, bei denen du versucht hast, dich einzumieten.»

Rose sagte zu Mama, sie würde am Montagmorgen mit ihr zum Mietbüro gehen. Sie gingen sehr früh, und Rose half Mama, das Formular auszufüllen, und sie sprach auch mit der Sekretärin über Mamas Lage. Die Sekretärin meinte, daß Mamas Lebensumstände von der Stadt vielleicht als Notfall eingestuft werden könnten, weil in Großmutters Haus zu viele Menschen wohnten. Sie sagte, ein Sozialarbeiter würde Mama in Großmutters Haus besuchen, um festzustellen, wie viele Menschen dort wohnten. Ich wußte nur ungefähr, was Rose und Mama an den folgenden Sonntagen besprachen und planten. Ich war so voller Hoffnung, daß ich mich unter Kontrolle halten mußte wie einen Luftballon. Ich zählte die Tage und hörte ganze Nächte durch die Ratten an den Wänden nagen. Allein der Gedanke, den ganzen Tag Wärme und heißes Wasser zu haben, war schon ein Trost. Mama hatte Vorbehalte gegen eine Wohnung, in der alle Zimmer auf einem Stockwerk lagen. Aber dort waren die Wände aus Beton und die Ratten würden sich nicht mehr von außen hereinnagen können. Mama würde zum erstenmal, seit wir geboren waren, normal schlafen können.

Mama zog mich ins Vertrauen und erzählte mir, daß sie jetzt eine Wohnung für uns suchte. Ich ließ mir nicht anmerken, daß ich über ihre Pläne schon Bescheid wußte. Meine Aufregung stieg wie eine Rakete. Für mich war das Unmögliche geschehen: Mama wollte ausziehen und unternahm tatsächlich etwas, um eine neue Wohnung zu finden. Dank Rose waren es jetzt keine leeren Worte mehr. Ich konnte mich vor Aufregung kaum mehr halten und sagte mir ständig: «Jetzt beruhig dich erst mal und mach dir keine falschen Hoffnungen und bete bloß nicht zu Gott, daß er es geschehen läßt.» Denn alles, was ich bisher von Gott erbeten hatte, war fehlgeschlagen.

In der Schule erklärte die Lehrerin die Anzeichen des Frühlings auf einer Karte, die vor der Tafel hing. Ich hob die Hand und hielt sie fast eine halbe Stunde lang hoch. Endlich zeigte die Lehrerin mit ihrem Zeigestock mit der schwarzen Gummispitze feindselig auf mich. «Was willst du denn?» sagte sie mit einem gereizten Seufzen. Ich erzählte, daß man draußen auf dem leeren Platz neben der Schule diese Anzeichen des Frühlings gut beobachten könnte, und wir sollten doch einen Ausflug dorthin machen und Frühlingsblumen pflücken und die Insekten beobachten.

Ich war gerade mittendrin, die Schmetterlinge zu beschreiben, die ich auf dem Schulweg gesehen hatte, als sie mir sehr grob befahl, mich hinzusetzen und den Mund zu halten. Ich war sehr verletzt und verlegen und mußte mit den Tränen kämpfen. «Ich bin hier die Lehrerin und bis du dir ein Diplom erarbeitet hast wie ich und es dir um den Hals hängen kannst, bleibst du schön auf deinem Platz sitzen und bist still und triffst gefälligst keine Anordnungen in diesem Zimmer.» Ich wurde wahnsinnig wütend, ich rollte mit den Augen und biß mir auf die Lippen.

Und unhörbar nannte ich sie eine gemeine Ziege. Oder ich dachte, ich hätte es unhörbar gesagt, bis diese eiköpfige Petzliese von einem Jungen, der neben mir saß, plötzlich laut rausplatzte: «Auweia, hast du ein schlimmes Wort gesagt! Mannomann.» Ich hätte ihm den Kopf abreißen können. Die Lehrerin wollte gleich ganz aufgeregt wissen: «Und was hat sie gesagt, sag sofort, was sie gesagt hat!» Sie war so aufgeregt, daß ich mir vorstellte, wie sie gleich vor Aufregung in die Luft gehen würde und dabei immer weiter fragen: «Was hat sie gesagt?»

Als er gerade antworten wollte, stand ich auf und sagte: «Ich kann selbst sprechen, ich hab gesagt, Sie sind eine gemeine Ziege.» Ein Schauder ging durch das Klassenzimmer, und ich genoß diesen Augenblick. Die Lehrerin zeigte mit ihrem garstigen schwarzen Zeigefinger auf mich und befahl mir, das Klassenzimmer zu verlassen, und mit ihrer piepsigen Stimme sagte sie, ich sollte mich nicht ohne meine Mutter wieder herwagen. Ich wußte, daß ich von Mama eine Tracht Prügel kriegen würde, aber irgendwie war mir das egal. Ich wußte, ich würde mich vor der Klasse bei der Lehrerin entschuldigen müssen, aber in dem Augenblick entschloß ich mich, daß ich, gleichgültig was geschähe, auf keinen Fall weinen würde; und wenn Mama mir mit ihrem Gürtel den Hintern wund schlagen würde, auch dann würde ich nicht weinen. Ich würde es ertragen, und auch wenn sie mich den ganzen Tag schlagen würde, würde ich mich vor dieser Kuh nicht demütigen und sagen, daß es mir leid täte.

Ich wußte, daß sie zu Beverly Carroll oder Cecil Taylor oder Julius Fleming nie so etwas sagen würde, weil diese Kinder aus sogenannten guten Familien kamen, aus denen der Familienklatsch nicht hinausgetragen wurde. Sie kamen aus Familien, in denen es einen Vater und eine Mutter gab, und sie hatten nie Sozialhilfe bekommen, jedenfalls war das nicht bekannt, und ihre Väter nannte keiner Frauenschänder und ihre Mütter auch nicht Schwachköpfe. Ich wußte, daß die anderen Sozialhilfekinder die Lehrerin auch haßten und sogar die Kinder, die keine Sozialhilfe bekamen; sie hatten es oft genug hinter ihrem Rücken gesagt. Aber ich sagte es ihr direkt und ich wollte, daß sie wissen sollte, daß ich keine Angst hatte, das zu sagen, was ich dachte, und daß ich mich nicht schämte, daß meine Familie Sozialhilfe bekam. Mama arbeitete zwar, aber die Stadt hatte entschieden, daß sie nicht genug verdiente, um ihre Familie zu ernähren, deshalb bekam sie weiterhin einen Zuschuß. Und trotzdem sah die Lehrerin keinen Unterschied zwischen mir und den anderen Sozialhilfekindern in der Klasse. Sie machte ständig an den Sozialhilfekindern rum und zog sie auf mit ihren zerlumpten Kleidern und ihren kleinen Köpfen. Und immer wieder war der Grund aller Fehler und Mißerfolge die Tatsache, daß sie Sozialhilfe bekamen. In den

Augen der Lehrerin war nichts, was diese Kinder taten, richtig und gut und würde es auch nie sein. Nur die Sozialhilfekinder gaben ihr freche Antworten, weil sie die einzigen waren, die so gemein angegriffen wurden. Die anderen kamen aus Familien, die man achtete, und deshalb verdienten ihre Sprößlinge auch Achtung. Sie kamen, wie die Lehrerin tagaus tagein betonte, aus Familien, die ihre Steuern zahlten. Die einzigen Kinder, die mit uns in einen Topf geworfen wurden, waren die, deren Eltern im Gefängnis gesessen hatten oder deren Mütter Prostituierte waren. Und da saßen wir alle neunundvierzig, in einem kleinen Klassenzimmer zusammengepfercht. Alle waren da, um was zu lernen, und eine Lehrerin stand vorn, die am größten Teil von uns gar nicht interessiert war, sondern nur an einer Handvoll Auserwählter.

Ich hatte die Schule und die Lehrerin schon vergessen, als ich die Schultreppe hinter mir gelassen hatte und meinen Fuß auf die Erde setzte. Die Sonne war herrlich warm, und ich hatte ein wohliges Gefühl, als sie mein Gesicht beschien. Ich war richtig froh, daß ich jetzt noch einmal auf diese Wiese gehen und Blumen pflücken und den Hunden bei ihren Liebesspielen zusehen und Schmetterlinge jagen konnte. Ich pflückte einen Strauß Weidenkätzchen, und neben mir knurrte und biß eine Hündin nach einem Hund, der versuchte, sie zu besteigen. Ich mischte meine Weidenkätzchen mit Löwenzahn, dann legte ich mich hin und machte ein kleines Schläfchen. Die Schulglocke, die um drei Uhr klingelte, weckte mich auf. Mir kam es vor, als hätte ich einerseits lange geschlafen und andererseits überhaupt nicht. Ich ging mit meinen Blumen und Büchern nach Hause, als hätte ich keine Sorge auf der Welt. Mama war natürlich nicht da. Ich ging mit meinen Blumen ins Haus und direkt in den Hinterhof, dort legte ich sie im Schatten ab und suchte ein Glas. Niemand war unten im Haus, sie waren alle oben, undeutlich hörte ich ihre Stimmen.

Ich rief meinen Gruß die Treppe hinauf, aber natürlich antwortete keiner. Als ich das leere Mayonnaiseglas mit Wasser für meine Blumen füllte, dachte ich daran, daß ich bald nichts mehr zu irgendeinem von ihnen sagen müßte, weil wir dann nicht mehr hier wohnen würden. Ich steckte meine Blumen in das Glas und stellte es auf den großen Tisch aus künstlichem Marmor und Chrom in der Küche. Ich setzte mich auf die Terasse hinter dem Haus und wartete auf Mama. Die Stimme meiner Tante Annette tönte von oben herunter und befahl mir, zur kahlköpfigen Elizabeth rüberzulaufen, um ihren Entkrausungskamm und ihre Lockenwickler zu leihen, nur für heute, sie würde sie noch am selben Abend zurückbekommen. Ich latschte unwillig durchs Haus und über die Straße, weil ich etwas ausleihen sollte, das gar nicht für mich war, und weil sie weder bitte noch danke sagte.

Ich überquerte die Straße in einem spitzen Winkel, weil sie unten am Hügel wohnten. Miss Margaret, die keinen Zahn mehr im Mund hatte, saß auf der untersten Treppenstufe, Miss Rosebud, ihre Schwester, stand hinter ihr in der Tür und Miss Maggie, die Mutter der beiden, lehnte aus dem Fenster neben ihnen. Das Fenster war so niedrig, daß es fast auf einer Ebene mit der obersten Treppenstufe war. Um sie hing ein Geruch von Schwefel, Fett und Menschenkörpern.

Ich sagte: «Guten Abend Miss Maggie, Miss Rosebud und Miss Margaret.» Keine machte den Mund auf, aber sie begrüßten mich mit ihren Blicken. «Was willste denn heute leihen, und wer hat dich diesmal geschickt, hm?» Ich antwortete: «Ist Miss Elizabeth hier, ich soll den Kamm zum Entkrausen und die Lockenwickler für Annette borgen.» – «Lizabeth, Lizabeth, Mädchen, komm mal raus. Das Kind von da drüben will was von dir leihen.» Die kahlköpfige Beth erschien in der Tür und murrte: «Hab nix zu verleihen, Sarnie-Kind, was willst du denn?» – «Ich soll den elektrischen Kamm und die Lockenwickler holen.» – «Nee, Kindchen, die hab ich nich mehr, habse jemand geliehen und se nich wieder zu Gesicht gekriegt.»

Ich sah Beth, Margaret und ihre Mama an, und mir fiel auf, daß sie sich wie ein Ei dem anderen glichen, mit der einen Ausnahme, daß Margaret dunkelbraun wie ich war und Beth hellbraun, und beide waren kahlköpfig. Ich sagte: «Gut, Ma'am» und lief zurück über die Straße. Ich brüllte zu meiner Tante rauf, was Beth mir gesagt hatte. Sie sagte, ich sollte noch mal hin und Beth fragen, wem sie die Sachen geliehen hätte, und ob es in Ordnung wäre, wenn ich dort hinginge und in ihrem Namen darum bitten würde.

Ich rannte wieder rüber und Beth stand noch in der Tür. Ich wiederholte, was Annette mir aufgetragen hatte, und sie sagte, sie hätte alles Doris Shipley geliehen. Ich bedankte mich und wollte gehen, und gerade, als ich vom Bordstein auf die Straße trat, erfaßte mich ein Fahrrad, das sehr schnell den Berg runterkam, und irgendwie geriet ich in die Kette. Ich merkte, daß ich ein Stück mitgezogen wurde und dann plötzlich liegenblieb. Mein Geschrei konnte man bestimmt zwei Blocks weit hören. Das Fahrrad hatte mich ein Stück mitgerissen, dann war ich gegen einen alten 51er Buick geschleudert worden. Ich war halb unter das Auto geraten, und ein Stück scharfes Metall hatte mich in der Nähe des Ellbogens am Arm verletzt. Ich stand auf und rannte, immer noch unter hysterischem Geschrei, nach Hause. Der junge Mann, der auf dem Fahrrad gesessen hatte, kam hinter mir hergelaufen und versuchte, mich zu beruhigen. Er schrie mir nach: «Du bist verletzt, wart doch mal.» Ich drehte mich um und sah, daß er hinter mir herkam, und ich rannte nur noch schneller. Irgendwie hatte ich die zwanghafte Vorstellung, daß er mich absichtlich verletzt hatte.

Ich lief die Treppe rauf und ins Haus rein. Meine Kleider waren zerrissen, und ich war vollkommen mit Blut, Schmutz und Fahrradöl verschmiert. Irgendwo hinter mir hörte ich die Stimme meiner Mutter. Ich drehte mich um und sah sie zur Tür hereinstürmen. Ich weinte immer noch und versuchte zu erklären, daß es nicht meine Schuld sei und daß ich nicht auf der Straße gespielt hätte. Sie hatte mir immer verboten, auf der Straße zu spielen, weil sie Angst hatte, daß mich ein Auto überfahren würde. Ich stand da und weinte und zeigte auf den jungen Mann: «Er hat mich umgestoßen, er ist in mich reingefahren.» Mama sah einen Moment lang wie betäubt aus. Sie versuchte, sich auf all das einen Reim zu machen. Ich hätte es so gern gehabt, wenn sie mich tröstend in die Arme genommen hätte, aber das gehörte irgendwie nicht zu ihren natürlichen Reaktionen.

Der junge Mann, der erschrocken und besorgt aussah, versuchte, mein Geschrei mit einer Erklärung zu übertönen. Ich fuhr ihn an: «Warum haben Sie mich angefahren. Sie hätten doch bremsen können!» Er antwortete: «Ich dachte, du hättest mich gesehen. Es war zu spät, ich konnte nicht mehr bremsen.» Er entschuldigte sich bei Mama und ging. Der Rest der Familie war immer noch oben und schwatzte. Jetzt tönte wieder die Stimme meiner Tante herunter: «Sarnie, hast du die Lockenwickler und den Kamm für mich?» Mir fiel jetzt erst auf, daß Annette trotz meinem Geschrei und Weinen nicht einmal die Treppe heruntergekommen war, um zu sehen, was eigentlich los war. Ihr war es völlig egal, und das machte mich wütend und ich explodierte. Ich rannte zur Treppe und brüllte rauf: «Nein, ich hab keine Lockenwickler und keinen

Entkrauser, und wenn du sie willst, dann setz deinen Hintern in Bewegung und hol sie dir selbst.»

Ich hörte sie ärgerlich zur Treppe schlurfen und dabei ankündigen, sie würde mich in den Arsch treten, wenn sie mich unter die Hände bekäme. Ich lief zum Hinterhof und blieb beim Hackblock stehen, wo mein Onkel und manchmal Großmutter die Hühner schlachteten. Ich hob die Axt auf, als meine Tante die Treppe runterpolterte und dabei brüllte: «Du freche Range, wirst du wohl aufhören, so mit mir zu reden!» Ich sagte: «Komm ja nicht näher, ich mein's ernst.» Hinter meiner Tante hörte ich meine Mutter rufen: «Annette, laß die Hände von ihr, sie ist mein Kind, und wenn sie was Falsches getan oder gesagt hat, kann ich sie selber zur Rechenschaft ziehen.» Annette kam immer näher, und ich schloß die Augen und fing an, die Axt zu schwingen. Ich hielt sie in den ausgestreckten Armen, drehte mich damit um mich selbst und schrie: «Ich bring dich um.» Ich weiß nicht, wann Annette endlich stehenblieb, aber ich hörte, wie sie zu Mama sagte, daß ich verrückt geworden sei. Mama sagte zu mir: «Sandra, sie ist weg, du kannst die Axt wegtun, hör auf, bevor sie dir aus der Hand fällt und du mich damit umbringst.»

Ich wollte Mama nicht verletzen, aber ich drehte mich immer noch so schnell im Kreis, daß ich nicht wußte, ob ich halten konnte. Ich machte die Augen auf, fühlte mich plötzlich schwindlig und fiel hin, und die Axt fiel neben mich. Ich lag im Schmutz des Hinterhofs und schrie. Mama kam herüber und versuchte, mich in ihrer unbeholfenen Art zu trösten, aber ich weinte weiter und fragte immer wieder: «Warum ich, Mama, warum immer ich?» Sie half mir auf und brachte mich rein. Alle meine Tanten saßen in der Küche. Eine sagte, ich sei eine kleine Hexe und mir gehöre der Arsch versohlt. Die andere sagte, ich sei eine ganz üble Nummer, und wenn ich mal ein Stück größer wäre, würde ich meiner Mama den Arsch versohlen. Mama schenkte ihnen so wenig Beachtung, wie sie konnte, nahm mich mit nach oben und badete mich in Wasser, das grade eine Idee wärmer als eiskalt war.

Ich zitterte vor Kälte. Als sie mich abtrocknete, fragte ich sie, ob sie dieses brennende Zeug auf meine Wunden tun würde. Sie sagte nein, sie hätte etwas anderes, auch rot, aber es würde nicht brennen. Ich machte mich steif und wollte den Arm wegziehen, als sie meinen offenen Ellbogen mit dem Glasspatel berührte. Zu meiner Überraschung brannte es wirklich nicht. Sie zog mich an, und erst jetzt merkte ich, daß sie früher von der Arbeit gekommen war, es war draußen noch hell. Ich fragte, warum sie schon so früh nach Hause gekommen sei, aber bevor ich die Frage ausgesprochen hatte, rutschte mir das Herz schon in die Hose. Ob man sie wieder rausgeschmissen hatte? Nein, das durfte nicht sein. Ich hätte fast wieder angefangen zu weinen. Ich merkte, wie sie innehielt und sagte, sie würde es mir später erzählen. «Ich hab eine Überraschung für dich, frag jetzt nicht, ich sag es dir später.» Ich sah an ihren Augen, daß es etwas Gutes war. Es mußten Neuigkeiten über eine Wohnung sein.

Wir gingen zusammen runter und ich schenkte ihr die Blumen, die ich für sie gepflückt hatte. Eine meiner Tanten rümpfte verächtlich die Nase und sagte: «Ach Gott, das ist doch Unkraut, du holst dir noch irgendwas an diesen Giftpflanzen.» Ich beschloß, sie nicht zu beachten, und Mama bedankte sich bei mir und warnte mich vor dem Giftsumach, der manchmal zwischen dem Unkraut wuchs. Ich ging wieder hinaus auf den Hinterhof und sah zum Haus meines Vaters hinüber. Aber dann sah ich, daß der Frühling auch hier ins Ghetto gekommen war. Pirole, Eichelhäher und Rotkehlchen flogen herum. Kleine grüne Flecken von Unkraut wuchsen auf dem unebenen Boden. Dies war schlechte Erde, wie Großmutter sagte, aber auch sie versuchte, ihren Beitrag zum Frühling zu leisten. Ich saß da und beobachtete, wie Licht und Schatten sich mit der blassen Sonne weiterschoben.

Ich wußte, wenn ich Mama erzählen würde, was ich in der Schule gesagt hatte, würde es eine Tracht Prügel setzen und zwar eine ordentliche. Ich konnte kaum mein Abendessen runterwürgen, so oft mußte ich aufs Klo. Großmutter war inzwischen nach Hause gekommen und fragte mich, warum ich so oft aufs Klo renne. Ich sagte, es sei nichts. Ich las eine Geschichte aus meinem Lesebuch beim Licht einer Kerosinlampe. Der Strom war mal wieder abgestellt worden, aber das war im Sommer ganz normal, und Großmutter sagte, in den Ferien brauchten wir ja nicht viel Licht, um zu lesen, und außerdem seien die Tage jetzt länger. Ich hörte, wie die Ratten anfingen, im Treppenhaus zu nagen, sie waren heute früh dran. Die Sonne war gerade untergegangen, als Mama vom Tisch aufstand und die Milch in den Kühlschrank stellte. Es war eigentlich nur eine Eisbox, aber ich zog die Bezeichnung Kühlschrank vor.

Großmutter stand mit dem Rücken zu uns, als Mama zu mir

sagte: «Komm mal mit nach oben.» Sie legte den Finger auf die Lippen, damit ich keine Fragen stellen sollte. Sie ging direkt ins Badezimmer und machte die Tür zu. Sie klappte den hölzernen Klodeckel runter und setzte sich drauf. Sie fing an, sich Badewasser einlaufen zu lassen, das heiße Wasser war an eine Schwarzstromleitung angeschlossen, so daß der Boiler nicht betroffen wurde, wenn im Haus der Strom abgeschaltet war. Sie fing an, ihre Strumpfbänder herunterzurollen. Ich half ihr dabei. Die Strümpfe legten ihren kaputten Zehennagel frei, er war dicker als die anderen und häßlich. Ihre Strumpfbänder hatten sich in ihre Schenkel eingeschnitten. Sie beobachtete mich und sagte dann: «Vorsicht, zerreiß mir meine Strümpfe nicht.» Ich legte ihre Strümpfe ins Waschbecken und ließ das Wasser drüber laufen, sie streute Seifenpulver dazu, und ich fing an, sie zu waschen.

Sie legte ihre Hand auf meine Schulter und sagte: «Ich muß dir was sagen, und du darfst es nicht weitererzählen.» Ich nickte, was mehr Lärm zu machen schien als ihr Flüstern. Sie nahm einen Umschlag aus ihrer Handtasche und zeigte ihn mir. Sie sagte, wir würden umziehen, sobald mit der Post so ein Umschlag käme. «Sieh dir diese Adresse gut an und merk sie dir. Wenn du so einen Brief in der Post siehst, dann nimm ihn und versteck ihn, bis ich komme. Laß dich von niemand erwischen, und wenn du auf dem Schulweg den Postboten siehst, frag ihn nach der Post. Wenn ich ihn morgen früh sehe, sag ich ihm, daß er dir die Post geben kann, wenn du ihn triffst, bevor er an unseren Briefkasten kommt.» Sie sagte, ich sollte die Adresse genau ansehen und sie ihr vorlesen, wenn ich könnte. Ich las «Städtisches Wohnungsamt Baltimore, Zentralbüro für Dringlichkeitsfälle». Ich wußte, daß ich diesen Namen nicht vergessen würde, und versicherte es Mama.

Ich mußte Mama noch erzählen, was ich in der Schule gesagt hatte, und ich wußte, daß es für uns beide nicht leicht werden würde. In Anbetracht der guten Nachricht, die sie mitgebracht hatte, fühlte ich mich ein bißchen sicherer. Als sie Waschpulver in ihr Bad streute, dasselbe, das sie für alles benützte, fing ich an, die Furcht aus meiner Seele zu lösen. Sie setzte die Waschpulverpackung ab, sah mich böse an und sagte: «Wenn ich jetzt in meiner eigenen Wohnung wäre, würde ich deinen Hintern bis zu den Knochen durchwetzen. Was glaubst du denn, was du erreichst, wenn du so was zu deinen Lehrern sagst? Du hörst wohl nie auf, mich in Verlegenheit zu bringen, oder?»

Ich war beschämt, aber nicht so stark wie sonst, es war keine bloße

Beschämung. Ich wußte, daß Mama von mir enttäuscht war, aber ich war von mir selbst nicht enttäuscht. Ich fühlte eine gewisse Rechtfertigung für das, was ich gesagt hatte. Im nächsten Atemzug sagte ich, daß sie am nächsten Morgen mit mir zur Schule gehen müßte, weil ich nicht ohne sie wiederkommen dürfte. Sie nickte und sagte, sobald wir umgezogen seien, würde sie mich so bestrafen, daß ich immer dran denken würde. Sie stieg in ihre Waschlauge, als Großmutters Stimme von unten kam: «Delores», schrie sie hoch, «wofür läßt du denn das ganze heiße Wasser laufen, dreh mal lieber aus und laß auch noch für die anderen was übrig.» Mama drehte wie ein gehorsames Kind das Wasser ab, und ich saß dabei und wünschte, sie müßte es nicht. Ich versuchte, mich vor dieser Stimme abzuschirmen, und beobachtete den Schaum, der sich in der Wanne türmte. Manchmal verbrannten wir uns fast am Badewasser. Sie bewegte sich schamhaft in dem Wasser, das noch nicht hoch genug stand, um ihre nackten Brüste zu bedecken.

Normalerweise befahl sie mir, den Raum zu verlassen, wenn sie nackt war, aber heute tat sie es nicht. Ein Kälteschauer durchfuhr sie und sie seufzte: «Oh, ist mir kalt.» Sie schrubbte sich, als wollte sie ihre Haut abscheuern. Mama war sehr stolz darauf, daß sie trotz ihrer Armut nicht schmutzig war. Ich wußte nie, ob sie ein Bad vorbereitete oder die Wäsche. Sie badete meine Schwester und mich Sonnabend abends, und wenn wir aus dem Wasser kamen, beklagten wir uns über das Brennen oder Jucken und hampelten herum, und sie sagte: «Still, damit ich dich abtrocknen kann.» Ich saß während des ganzen Bades bei ihr. Ich wusch ihr sogar zum erstenmal in meinem Leben den Rücken. Wir brachen Großmutters strenges Gesetz, daß keine Kinder hier im Haus Erwachsene nackt sehen durften. Und schon hörte ich Großmutter raufschreien: «Schick das Kind runter, du weißt, daß du kein Recht hast, dich vor ihr auszuziehen.»

Mama schrie zurück: «Mama, sie hat doch dasselbe, was ich auch habe, und ich bin ihre Mutter, ich zeig ihr schon nichts Schlimmes.» Großmutter schrie zurück: «Paß bloß auf dein ungewaschenes Maul auf, bevor ich dich wieder marschieren lasse.» Das hieß, daß sie mal wieder ihre Austreibungs-Laune hatte. «Und schick das Kind endlich runter.» Mama sagte nichts mehr, aber sie befahl mir auch nicht, rauszugehen, deshalb blieb ich und wartete auf sie. Als sie schon fast angezogen war, bat sie mich, ihr hinten die Bluse zuzuknöpfen.

Als Mama mich an diesem Abend ins Bett brachte, fragte ich sie, warum es so schlimm sei, die Lehrerin eine gemeine Ziege zu nennen, das sagten schließlich alle in diesem Haus zu mir. Mama sagte: «Wenn sie es tun, ist es deshalb noch lange nicht richtig.» Am nächsten Morgen, als sie mit mir in die Schule kam, sah ich in die Gesichter der anderen Kinder meiner Klasse, und meine Mutter tat mir leid. Ich war der Grund, warum die Lehrerin unsere Familie angriff und zu Mama sagte, daß ihrem Kind die Erziehung von zu Hause fehlte. Nach dem, was ich gesagt hatte, konnte Mama sich nicht einmal verteidigen. Ich beobachtete das Gesicht der Lehrerin. Sie genoß jeden Augenblick, wo sie Mama demütigen konnte, eine von diesen nichtsnutzigen Sozialhilfeleuten, die zu faul zum Arbeiten waren.

Ich beschloß, ihr einen Hieb zu versetzen, dieser pomadisierten Hexe. Ich wollte nicht, daß Mama wegen mir mit gesenktem Kopf weggehen sollte, und, das war mir noch wichtiger, ich wollte, daß Mama die Wahrheit wissen sollte.

Ich fragte, ob ich sprechen dürfte, weil ich etwas sagen wollte, und daß ich mich entschuldigen wollte. Das Gesicht dieser Hexe strahlte wie ein Weihnachtsbaum, weil sie dachte, ich würde mich jetzt endlich demütigen und mich bei ihr entschuldigen. Sie nickte, und ich stand von meinem Platz auf und stand ihr und Mama gegenüber. Sie hatte Mama und mich in die Garderobe geführt, wo alle Kinder ihre Mäntel und Mützen aufhängten. Es war eigentlich ein Teil des Klassenzimmers, das durch eine Holzwand abgeteilt war. In die eine Seite waren Haken geschraubt, und die andere Seite, zum Klassenzimmer hin, war mit Schiefer bedeckt. Die Zwischenwand ging nicht ganz bis auf den Boden und so konnte man vom Klassenzimmer aus die Füße der Leute sehen, die in der Garderobe waren und an ihrer Stellung sah man normalerweise, was sich dort abspielte. Im Klassenzimmer war es ruhig und ich nahm an, daß die Kinder wahrscheinlich darauf warteten, daß Mamas Schlag in mein Gesicht die Stille brechen würde.

Ich war froh, daß sie still waren, weil ich nicht wollte, daß jemand das Märchen in die Welt setzte, daß ich Angst vor der Lehrerin hätte. Ich fing an und sagte: «Ich bitte um Entschuldigung dafür, daß ich zu Ihnen ein Wort gesagt habe, das meine Mutter in Verlegenheit gebracht hat.» Ich hörte, wie ein paar Kinder auf der anderen Seite kicherten. Sie dachten, die Lehrerin hätte mich jetzt soweit. Ich sprach weiter: «Aber ich hätte gern, daß Sie vor meiner Mutter erklären, warum Sie die Kinder, die Väter haben und keine Sozialhilfe bekommen, besser behandeln als mich und einige andere, die Sozialhilfe bekommen. Warum werden Sie ärgerlich und beachten mich nicht, wenn ich die Hand hebe und eine Antwort geben möchte? Sie haben grade zu meiner Mama gesagt, daß ich ungezogen bin und die Klasse den ganzen Tag störe. Aber Sie loben mich nie, wenn ich brav bin. Sie sehen mich an, als ob Sie mich hassen, und wenn ich ins Klassenzimmer komme und guten Morgen sage, geben Sie mir keine Antwort.»

Hier hätte ich am liebsten losgeheult und meine Stimme zitterte ein wenig. «Wenn Sie die Hausaufgabe kontrollieren, nehmen Sie immer die Arbeiten von uns Sozialhilfekindern und erzählen vor der Klasse, wieviel wir falsch gemacht haben, aber nie, was wir richtig haben. Und als Julius Fleming seine Hausaufgabe unterwegs in eine Pfütze fallen ließ und die Tinte verwischt war, haben Sie gesagt, es sei schon gut, und er solle nicht weinen. Aber als ich Ihnen meine Hausaufgabe mit einem Fettfleck oben neben meinem Namen abgegeben habe, haben Sie sich nicht einmal die Mühe gemacht, sie zu korrigieren, statt dessen haben Sie mich und meine Arbeit vor der ganzen Klasse schlechtgemacht. Sie haben gesagt, von den Sozialhilfeleuten könnte man ja nicht mehr erwarten. Wenn Sie so etwas über mich sagen, sagen Sie das auch gegen meine Mutter, und jetzt glaube ich, sollten Sie sich bei meiner Mutter entschuldigen, wie ich mich gerade bei Ihnen entschuldigen mußte.»

Alle im Zimmer waren still. Plötzlich schlug mir Mama so hart ins Gesicht, daß ich Sterne sah. Sie packte mich an den Schultern und sagte, ich sollte meinen unverschämten Hintern auf seinen Platz setzen und mich anständig benehmen, und wenn sie noch mal in die Schule kommen müßte wegen meines losen Mauls, dann würde sie mir die Hosen runterziehn und mir den Hintern versengen.

Ich war wie vor den Kopf geschlagen, verletzt und schockiert, als ich zu meinem Platz ging, vorbei an einem schwarzen Himmel von lauter Augen. Einige hatten Mitleid mit mir, andere freuten sich, so schien mir wenigstens. Die Unterredung war zu Ende, und Mama verabschiedete sich an der Tür von der Lehrerin. Dann rief die Lehrerin meinen Namen, und ich stand auf und ging zur Tür, um zu sehen, wer etwas von mir wollte. Sie sagte, Mama wollte mich allein auf der Toilette sprechen. Ich ging hinaus und meine Klassenkameraden dachten wohl, daß ich jetzt eine ordentliche Tracht Prügel bekommen würde. Denn die meisten Mütter nahmen ihre Kinder mit aufs Klo, um sie dort zu schlagen, weil das den Lehrern lieber war. Mama ging zuerst in die Toilette, es war ein einfacher Raum mit einer Reihe von Klos, jeweils durch eine weißgestrichene Holzwand voneinander abgetrennt, und gegenüber war eine Reihe von Waschbecken. Mama drehte sich plötzlich und sehr schnell um, und ich duckte mich, um dem erwarteten Schlag auszuweichen, aber statt dessen legte sie ihre Arme um mich und weinte. Als sie weinte, weinte ich auch. Sie versuchte, etwas durch ihr Schluchzen hindurch zu sagen, aber das meiste war unverständlich. Ihr ganzer Körper bebte, als sie ärgerlich, aber sanft zu mir sagte: «Sandra, du tust mir leid, und es tut mir leid, daß ich dich geschlagen habe. Du verstehst das jetzt vielleicht nicht, aber eines Tages wirst du verstehen, warum ich es getan habe, und Gott weiß, daß es mir mehr weh getan hat als dir, glaub mir.»

Ich verstand vieles, und vieles verwirrte mich auch, aber Mamas Tränen an jenem Tag waren etwas, das mir sehr klar war.

9

Der Sommer kam, und ich betreute meine Schwester und meinen kleinen Bruder jetzt den ganzen Tag. Mama fiel es schwer, einen Babysitter für uns zu bezahlen; ich mußte eben für mich selbst sorgen; meine Schwester wurde ohnehin von der Familie immer vorgezogen, und deshalb gab es meistens jemand, der ihr mittags was zu essen gab und nach ihr sah, aber ich mußte schon alleine durchkommen. Meine Tanten taten nur etwas für mich, wenn sie glaubten, daß sie mich dafür über Mama aushorchen konnten. Und da ich nichts ausplauderte, wollten sie nichts mit mir zu tun haben. Ich mußte Mama davor warnen, nicht zu viel vor meiner Schwester zu erzählen, weil sie alles weitererzählte, wenn man sie hinsetzte und ihr einen Lutscher oder ein Sandwich gab. Ich geriet ja auch manchmal in Versuchung, aber zum Glück war ich klug genug zu widerstehen. Wir waren fast immer hungrig, und ich wußte, daß unsere Tanten uns nicht deshalb etwas zu essen gaben, weil es richtig und gut war, sondern nur als Mittel, um ihre Informationen zu bekommen. Ich lernte schnell, ihr Spiel gegen sie zu verwenden, indem ich nur das wiederholte, was jemand von ihnen zu jemand anderem gesagt hatte, der gerade nicht da war, wenn sie versuchten mich auszuhorchen. Trotzdem hörte das Drängen und Ausfragen nie auf.

Das schlimmste daran, daß ich Mamas Babysitter sein mußte, war eigentlich, daß ich nicht rausgehen konnte, um mit den anderen zu spielen, weil ich mit meinem Bruder den ganzen Tag ans Haus gebunden war. Solange noch keine Ferien waren, war das nicht so schlimm gewesen, aber jetzt hatte ich den ganzen Sommer lang meinen Bruder am Hals. Ich wußte nicht, daß das der Anfang eines sich immer weiter fortsetzenden Kreislaufes war. Ich war knapp zehn Jahre alt, und der zuverlässigste und beste Babysitter, den Mama je gehabt hatte. Die anderen Babysitter hielten selten länger als eine Woche aus. Wenn die Schule wieder anfing, wartete ich schon auf den Tag, an dem Mama mit meinem Bruder auf dem Arm das Haus verlassen würde, bei ihrem Babysitter an die Tür klopfen und keiner aufmachen würde. Sie stand dann da, klopfte noch mal und kam gesenkten Kopfes wieder nach Hause. Manchmal nahm eine andere Nachbarin meinen Bruder den Tag über oder versprach, ihn eine Woche lang zu nehmen. Oft kam Mama aber mit ihm zurück, legte ihn neben mich und sagte, ich müßte zu Hause bleiben und auf ihn aufpassen. Manchmal war mir das gar nicht recht, denn obwohl meine Lehrerin eine alte Ziege war, vermißte ich die Schule, weil es zu Hause keine Bücher zum Lesen gab. Mama sah sich gar nicht nach einer anderen Betreuung für meinen Bruder um, solange sie mich hatte.

Den größten Teil des Tages saß ich da und hielt ihn wie ein Spielzeug in den Armen. Großmutter und meine Tanten sahen mich verächtlich an, weil sie keine Zeichen von Liebe und Zuneigung leiden konnten. Morgens fütterte ich ihn zuerst, dann badete ich ihn und legte ihn ins Bett. Während er schlief, kochte ich seine Windeln und wusch sie in Bleiche und Seife. Manchmal brannte das Bleichmittel an meinen Händen. Aber ich beachtete es nicht weiter. Alle Leute, die ich kannte, hatten irgendwann mal kaputte Hände von dem Bleichmittel. Ich wußte, daß Mama es sehr zu schätzen wußte, wenn ich die Wäsche machte, auch wenn sie sich nicht bedankte oder, falls sie es tat, ziemlich gleichgültig. Aber ich sah durch die

Müdigkeit in ihrem Gesicht hindurch, daß sie erleichtert darüber war, daß sie an diesem Abend ein wenig früher ins Bett konnte, weil sie eine Pflicht weniger hatte.

Ich war weiter die Sommer-Mama meines Bruders und sah zu, wie die Tage kamen und gingen, ohne die Freuden des Sommers genießen zu können. Meine rechte Hüfte tat weh davon, daß ich meinen Bruder den ganzen Tag durch die Straßen trug. Ich erzählte es Mama, und sie sagte, das würde sich legen. Aber auch wenn ich ihn mitschleppte, konnte ich mich nicht weit vom Haus entfernen, weil ich ja immer auf die Post aufpassen mußte. Ich hatte die Hoffnung auf den Brief schon fast aufgegeben und machte mir Vorwürfe, daß ich nicht gut aufgepaßt hätte, ich hatte schon den Verdacht, Großmutter hätte mir den Brief vor der Nase weggeschnappt.

An einigen Vormittagen verpaßte ich den Postboten, weil ich in der Küche irgend etwas für meinen Bruder tat. Mein armer kleiner Bruder, er war so ein hilfloses dickes kleines Baby, und ich wollte ihm doch so gerne alles Gute tun. Ich wollte ihm wirklich eine gute Schwester sein, aber manchmal konnte ich nicht anders, als mich über ihn zu ärgern. Er war jetzt immer der erste, an den Mama dachte, und ich war die letzte, natürlich, weil ich die älteste war und verständiger als die anderen. Mit jeder Woche wurde meine Liste von Pflichten länger. Man gab mir die Verantwortung einer Frau und erwartete, daß mir trotzdem immer meine Grenzen als Kind klar waren.

Und jetzt kam es mir so vor, als ob Mama sich überhaupt nicht mehr um mich kümmerte, und ich war wütend auf alle und alles. Mir brachte sie nie etwas mit, nur meinem kleinen Bruder. Der Rest der Familie sorgte schon dafür, daß meine Schwester ihr Teil abbekam, aber mich mochte keiner. Ich hatte die Nase voll und dachte, eines Tages wird es ihr leid tun, wenn ich tot bin und sie niemand mehr hat wie mich. Das war der Anfang einer langen Zeit, in der ich immer von Begräbnissen träumte, auch tagsüber. Fast jede Nacht träumte ich, daß ich tot wäre und Mama sich nach mir die Augen aus dem Kopf weinte und Gott anflehte, mich zurückzugeben, damit sie jemand hätte, der ihr helfen konnte beim Bügeln und Kochen und Kinderhüten und dabei, samstags die Treppen zu putzen und auf dem Markt einzukaufen und den kleinen roten Wagen mit den Einkäufen nach Hause zu ziehen, wofür ich mich schämte, weil die Kinder mich hänselten, und um die gebrauchten Kleider von meinen Tanten und von anderen Leuten aufzutragen, auch wenn sie mir noch zu groß waren.

Sie weinte sich die Augen aus und Gott sagte zu ihr, sie hätte ihre Chance gehabt und hätte sie vertan. Und ich lag da in meinem Sarg, so tot wie man nur sein konnte, aber nur körperlich, meine Seele war zur Milchstraße hinaufgeflogen, und Gott beschützte mich vor der ganzen Scheiße. Ich brauchte nicht mehr zu kämpfen und mir Sorgen zu machen und zu fluchen, und zum erstenmal konnte ich wirklich ein Kind sein. Ich konnte spielen und tun, was ich wollte, und sprechen, wann ich wollte, und keiner wartete darauf, mir den Hintern zu versohlen. Mein Körper lag tot im Sarg und Mama schüttelte mich, wie sie es morgens tat, um mich aufzuwecken, damit ich auf meinen Bruder aufpaßte. Sie versuchte mich dazu zu überreden, zurückzukommen, aber ich konnte kein Wort sprechen. Nachdem ich so lange zugesehen hatte, wie sie weinte und flehte, fing meine Seele auch an zu weinen, und ich bat Gott, mich doch zurück zu meiner Mutter zu lassen, weil sie mich doch brauchte. Das waren jahrelang meine Träume, bis ich endlich Mamas Haus für immer verließ.

Eines Tages saß ich in der Küche und ruhte mich aus, nachdem ich meinem Bruder seine Mittagsmahlzeit gegeben hatte. Es war im Hochsommer, und die Küche war voller Fliegen, die nicht wußten, daß ihre Minuten auf der Erde gezählt waren, weil von der Decke überall klebrige Fliegenfänger runterhingen, die nur auf die summenden Viecher warteten. Ich stützte meinen Kopf in die Hände und war entsetzlich müde, am liebsten hätte ich auch geschlafen wie mein Bruder. Mit einem Ohr hörte ich ihn mit seiner Kette mit den vielen Schlüsseln dran spielen. Plötzlich zuckte eine schreckliche Ahnung durch meinen Kopf: heute mußte der Brief kommen. Großmutter stand gerade auf, um dem Postboten an der Tür entgegenzugehen, und meine Chancen, ihn vorher abzufangen, standen etwa wie die eines Eiswürfels in der Hölle. Ich beobachtete jede Bewegung und zählte jeden Brief, den der Briefträger Großmutter gab. Sechs Briefe, und sie sah jeden genau an. Einen legte sie beiseite, und ich wußte, das war er, der Postbote hatte zu ihr gesagt, dieser Brief sei für meine Mutter.

Ich sprang auf die Füße und schlich leise durchs Haus. Ich hatte Turnschuhe an, deshalb hörte sie nicht, wie ich mich bewegte. Als ich sah, wie sie sich umdrehte mit den fünf Briefen in der einen

Hand und dem für Mama in der anderen, blieb ich stehen. Ich dachte daran, ihn ihr aus der Hand zu reißen und wegzulaufen, aber möglicherweise hätte ich ihn zerrissen oder nicht richtig gegriffen. Ich sah, daß sie überlegte, wieviel ich wohl mitbekommen hatte, deshalb tat ich ganz dumm. Ich kannte ihre Verstecke und ich würde eben warten. Sie stieg die Treppe rauf, wie ich erwartet hatte und ging oben hin und her. Ich ging in das Zimmer direkt unter ihr und horchte auf ihre Bewegungen, und ich hörte, wie sie etwas zerriß. Ich hatte Angst, daß es Mamas Brief sei, ich war sogar sicher, aber was sollte ich tun. Dann hörte ich, wie sie die Tür zu ihrem Wandschrank aufmachte, und ich wußte, daß sie den Brief unter dem ganzen Haufen von Lumpen und Kram verstecken würde wie die neuen Schuhe, die mir die Juden im vergangenen Jahr zum Geburtstag geschickt hatten, die hatte sie auch dort versteckt.

Ich war im Bett und hörte, wie sie sagte, ich würde diese Schuhe nicht bekommen, sie würde sie in ihrem Schrank verstecken, bis die Füße meiner Schwester groß genug dafür seien. Ich weinte mich in den Schlaf, weil die Schuhe das einzige Geburtstagsgeschenk waren, das ich je bekommen hatte, und sie verwehrte es mir. Ihr Wandschrank war in dem Zimmer, in dem ich schlief, beinahe konnte ich jedes Geräusch deuten. Ich wartete direkt unter ihr, bis sie die Treppe runterkam. Ich saß auf dem alten Sofa, dessen Polsterung kaputt war und tat, als ob ich schlief. Sie blieb unten an der Treppe stehen und sah rüber zu mir, dann drehte sie sich um und ging in die Küche und nach einer Weile in den Hinterhof, um mit der alten Lady Holmes von nebenan zu sprechen.

Ich konnte ums Leben nicht verstehen, warum sie mit der alten Lady Holmes überhaupt sprach, wo sie sie doch beschuldigte, sie hätte etwas aus der Schachtel gestohlen, die Großmutter einmal in ihre Obhut gegeben hatte. Aber ich war der alten Dame heute dankbar und auch sonst, jeden Samstag, denn sie zahlte mehr als alle anderen dafür, daß ich bei ihr die Treppe putzte. Ich hörte, wie Großmutter die alte Dame anquatschte mit diesem Ton, an dem ich merkte, daß sie etwas von ihr wollte. «Wie geht's denn heute, Schwester Holmes?» Schwester war das Zauberwort. Schwester Holmes antwortete: «Ach gut, Bessie, und Ihnen?» Bessie sagte: «Alles geht gut, wenn es der Herr will, ein schöner Sommer ist das, nicht wahr? Und wir werden 'ne Menge einzumachen haben im September, oder?» Ich wußte, daß es jetzt an der Zeit war, mein Vorhaben durchzuführen, weil sie über das Einmachen tagelang reden konnten. Da blühten sie richtig auf und jede tat so, als wüßte sie mehr als die andere.

Ich schlich die knarrende Treppe hinauf, ging in mein Zimmer, machte die Tür zum Wandschrank auf und fing an zu graben wie eine Feldmaus, die dem Frost zuvorkommen will. Ich grub und grub und fand nichts. Ich schwitzte und hatte Angst und dachte, ich hätte etwas gehört. Ich wußte, wenn ich erwischt würde, würde es eine Strafe setzen, die der Kreuzigung Christi nahekäme. Ich horchte, «ach sie redet immer noch, ich bin außer Gefahr». Aber nicht lang, denn sie waren zu einem Punkt gekommen, an dem sie unterschiedlicher Meinungen waren und eine sagte nur noch «hm»; eine einseitige Unterhaltung kann nicht lang dauern, dachte ich, grub aber weiter. Ich fand die Schuhe und ließ sie, wo sie waren. Aber jetzt, das ist Papier in meiner Hand, ich zieh es raus. «Großer Gott», sagte ich laut, «ich hab's.» Ich mach es auf, um sicher zu gehen, und es ist der Brief.

Ich tu den Rest zurück in die Schachtel und mach die Tür wieder zu. Ich dreh mich um nach meinem Bruder, er schläft noch, und ich nehm zwei Kopfkissen und steck eins an jede Seite, damit er nicht aus dem Bett fällt, während ich weg bin. Ich renn mit meinen dünnen Beinen die Treppe runter und die Straße entlang. Als ich oben am Hügel bin, sehe ich Großmutter, sie winkt mir und befiehlt mir, zurückzukommen, und mein großer Cousin Boo-Boo kommt den Hügel raufgelaufen hinter mir her, mit seiner ganzen Bande von großen Jungen. Ich kann ihnen nicht entkommen, das weiß ich, und in der Angst mach ich in die Hose, hier mitten auf der Straße. Er ist schon halb den Berg hoch und da kommt ein Taxi, aber ich habe Angst, es zu nehmen, weil Mama vielleicht kein Geld hat, es zu bezahlen, wenn ich zu ihr fahre, und vielleicht kommen wir dann beide ins Gefängnis. Dieser Brief gibt ihr nur zwei Tage Zeit, wegen der Wohnung vorzusprechen, und wenn wir ins Gefängnis kommen, ist alles aus. Die Pisse läuft mir immer noch am Bein runter, und ich sag zu mir: «Scheiße, er hat mich fast, ich muß was tun.» Der 1er Bus kommt grade, aber er fährt in die falsche Richtung. Ich renn raus, mitten in den Verkehr, und die Bremsen klingen wie die Trompete des Erzengel Gabriel am Jüngsten Tag. Ich duck mich und schlüpfe zwischen den fahrenden Autos durch, mir ist das egal, ich denke sogar, es ist besser, von einem Auto angefahren zu werden, als die Prügel auszuhalten, mit denen die Familie mich begrüßen wird. Ich schau zurück und seh meinen Cousin an der Ecke, er blickt suchend um sich wie jemand, der sich verirrt hat. Ich renn vorne um den Bus rum und bin in Deckung, er kann mich nicht sehen, bis der Bus losfährt. Ich hab kein Geld, um mit dem Bus zu fahren, aber Boo-Boo wird mich einholen, wenn ich den Bus nicht nehme.

Ich rannte hinten an den Bus, gerade als die Ampel für den Bus grün wurde. Ich sah, wie sie nach mir suchten wie die Polizei nach einem Verbrecher. Sie krabbelten auf Händen und Knien und sahen unter die Autos, und irgendeiner schrie: «Sie ist in den Abwasserkanal gekrochen.» Und mein Cousin brüllte ihn an: «Du blödes Arschloch, wie soll wohl ein Mädchen den schweren Deckel hochkriegen?» Die anderen von der Bande, die nahe genug standen, lachten über ihn und ich auch, und jemand sah mich, als der Bus sich in Bewegung setzte, und schrie: «Hier, Mensch, hier ist sie!» Mein Cousin brüllte: «Sarnie, wenn ich dich kriege, dann paß bloß auf deinen Arsch auf.» Ich dachte: «Na, du kriegst erst mal einen schönen Dauerlauf verpaßt.» Der Bus fuhr an, und ich hatte keine andere Wahl, als hinten auf die Stoßstange zu springen.

Ich tat das zum erstenmal in meinem Leben, aber es gelang mir. Das Metallteil am Heck, an dem ich mich festhielt, schnitt mir in die Hand, wenn der Bus über eine unebene Stelle fuhr. Ich betete darum, daß keiner an der nächsten Haltestelle ausstieg, denn sie kamen hinter dem Bus hergerannt vor dem anderen Verkehr, und man brauchte zwei Haltestellen ohne Zwischenstop, um einen Verfolger abzuhängen. Der Bus fuhr an der nächsten Ecke langsamer, aber er hielt nicht. Ich sah, wie einer nach dem anderen aus der Hetzjagd ausstieg und die Faust gegen den Bus hob. Ich lachte wie ein Idiot und machte noch mal in die Hosen vor lauter Freude. Die Auspuffgase hatten mich fast erstickt, als ich endlich abstieg und den Bus wechselte, um in die richtige Richtung zurückzukommen. Ich konnte nicht durch unsere Straße fahren, deshalb mußte ich einen Bus nehmen, der eine andere Strecke fuhr. Endlich war ich nahe genug, um vom Bus abspringen und den Rest des Weges zur Wäscherei laufen zu können.

Es war Mittagszeit, als ich ankam. Ich kam die Straße entlanggelaufen mit dem Brief in der Hand, und die Tränen liefen mir über die Backen, so froh war ich, Mama endlich zu sehen. Sie saß auf der Erde und aß mit ein paar anderen Frauen zusammen ihr Mittagessen, als ich anfing zu schreien und den weißen Umschlag in der Luft zu schwenken. Sie hörte mich schon von weitem brüllen und stand auf, um mir entgegenzugehen. Als ich endlich bei ihr war, sah sie ganz erschrocken aus, sie hatte das Papier in meiner Hand gar nicht gesehen. Es war nur noch ein Schritt bis zu ihr und ich schrie: «Der Brief ist gekommen.» Ich hörte gar nicht auf zu schreien, sondern wiederholte: «Er ist gekommen, er ist gekommen!» Ich warf meine Arme um ihren Bauch und der ganze Auspuffschmutz des Busses und meine Tränen verschmierten ihren weißen Kittel.

Mama nahm den Brief aus meiner Hand und sah ihn zuerst an, dann sah sie ihren Kittel an und sagte: «Mein Gott, Kind, wo bist du denn bloß gewesen? Du siehst ja aus wie der kleine schwarze Sambo oder so was.» Ich erzählte ihr die Geschichte mit dem Brief von A bis Z, und wie ich auf den Bus hatte springen müssen, um hierherzukommen. Ich versprach ihr, daß es das erste und letzte Mal gewesen sei, daß ich das getan hätte, aber ich wußte, daß ich log. Ich hatte ein großartiges Gefühl hinten auf diesem Bus gehabt. Es war ein Gefühl, als sei ich selbst der Bus und bewegte mich riesig und gewaltig durch den Verkehr hindurch wie ein enormer Bulldozer. Ich wußte jetzt, wie man es macht, und wußte, wie man im Fahren auf- und abspringt. Ich war nicht mehr durch Furcht in eine Mädchenwelt eingeschlossen, ich hatte es getan, ich hatte getan, was jedes Jahr so vielen Jungen das Leben kostete. Die einzige Gelegenheit, bei der Mädchen für wertvoller als Jungen gehalten wurden, war, wenn ein Junge beim Stoßstangenfahren umkam und die Mütter herumsaßen und sagten: «Zum Glück hab ich diese Sorgen nicht, ich hab ja Mädchen.» Ich war kein normales Mädchen mehr. Jetzt war ich so gut wie ein Gassenjunge, und ich war stolz darauf.

Sie sah in mein schmutzverschmiertes Gesicht in der heißen Augusthitze und sagte: «Wir ziehen um.» Wir standen beide da und strahlten vor Freude. Sie verließ sofort ihren Arbeitsplatz und ging mit mir und mit dem Brief zum Wohnungsamt. Sie frage, wann sie umziehen könnte, und die Dame sagte: «Sobald Sie wollen. Die Wohnung ist gestrichen und geputzt, sie brauchen nur noch einzuziehen.» Mama nahm den Schlüssel, um sich die Wohnung anzusehen. Man mußte, sagte die Sekretärin, die Wohnung gesehen haben, bevor man unterschrieb. Mama besichtigte die Wohnung vielleicht eine Sekunde lang, dann drehte sie sich um und rannte fast zum Büro zurück, um die Gebühr zu bezahlen. Ich dachte, als ich dastand: «Wir haben eine Wohnung. Eine eigene Wohnung.» Die Wohnung war ganz in Blau gestrichen, alle Zimmer. Mama bedankte sich bei der Sekretärin für ihre Bemühungen und ging. Sie faßte meine Hand, und ich sah hoch zu ihr und sagte: «Jetzt brauch ich nicht mehr Mutter zu sagen, jetzt kann ich Mama zu dir sagen.» Mama sah weg, irgendwohin und sagte: «Du kannst zu mir sagen, was du willst, solange du nicht frech wirst.»

Wir würden zum letztenmal in Großmutters Haus schlafen, und diesmal hatte ich keine Zweifel, keine komischen Gefühle irgendwo unten in der Magengegend. Ich war unsrer Sache ganz sicher, das altbekannte «erst mal abwarten», das normalerweise sofort in meinem Kopf auftauchte, war nicht da. Mama ging zur Tür rein und hielt immer noch meine Hand. Großmutter war wütend, nicht wegen dem Brief, sondern weil ich weggelaufen war und das Baby ihr überlassen hatte. Sie hatte keine Ahnung, daß ich den Brief genommen hatte, und ich weiß nicht, wann sie sich alles zusammenreimte, vielleicht gleich als Mama zu ihr sagte: «Wir ziehen um.»

Großmutter sah schockiert aus, dann wandte sie mir ihren Blick zu. Ich lächelte sie sonnig an, ich hatte meinen kleinen Bruder aus dem Bett genommen und wechselte seine Windel. Großmutter hätte mit ihrem Geschrei Tote aufwecken können. Mama ging hin und her, suchte die Dinge zusammen, die uns gehörten, und sagte zu Großmutter: «Egal was ist, ich zieh morgen um.» Großmutter lief hinter ihr her und sagte: «Was willst du denn für Möbel nehmen?» Und Mama antwortete: «Ich find schon was.» – «Und wie willst du die Miete zahlen, Kind?» Mama drehte sich um und sagte: «So, wie ich sie dir auch gezahlt habe.» Großmutter verfiel in ihren Prediger-Ton: «Ist das denn nicht das Undankbarste, was man je auf der Welt gesehen hat? Du kündigst mir nicht mal!» Mama sagte: «Ich kündige dir jetzt. Ich zieh morgen um.» Ich sagte leise vor mich hin: «Hast du uns etwa gekündigt, wenn du uns mit einem Tritt auf die Straße befördert hast?»

Ich hielt meinen Bruder auf der linken Hüfte und lehnte mich als Gegengewicht ganz nach rechts, lief hinter Mama her und half ihr, das bißchen, was wir hatten, einzupacken. Als der Karton voll war, brachte sie meinen Bruder zu einer Nachbarin und bat sie, eine oder zwei Stunden auf ihn aufzupassen. Die Frau hieß Elizabeth, und sie hatte keinen Zahn mehr im Mund, aber ständig waren

Männer hinter ihr her. Sie war nie allein und sie sagte zu Mama, sie sollte ja in zwei Stunden zurück sein, weil ihr Freund dann käme.

Mama und ich gingen in die Laurens Street zum Flohmarkt; ich zog meinen kleinen roten Handwagen. Sie ging in ein Geschäft mit gebrauchten Möbeln, und ein alter knochiger, ausgetrockneter Weißer zeigte mit seinem halbtoten Finger auf die Sachen, die er verkaufte. Er hatte ebenfalls keine Zähne mehr. Er hatte überall auf der Haut braune Flecken. Ich dachte, wenn er mehr von diesen braunen Flecken hätte, wäre er besser dran, dann hätte er wenigstens eine durchgehende Hautfarbe. Er hatte einen ganzen Stamm von entsetzlichen, schmutzigen Kindern, und sie hatten alle eine Rotznase. Mama hatte mich ja schon damals, bevor wir zum Sozialamt gingen, davor gewarnt, mit diesen schmutzigen weißen Kindern zu spielen. Deshalb sagte ich zu einem kleinen Mädchen, das in meinem Wagen saß, sie sollte aussteigen. Der alte Mann sah mich an und sagte: «Sie hat doch gar nichts dran gemacht.» Ich blickte zu ihm auf und sagte: «So wie sie aussieht! Das ist wohl ein Witz.»

Der alte Kerl war sauer auf mich und befahl seiner Tochter Sally, aus meinem Wagen auszusteigen. Ich stand da und sah meinen Wagen an, als erwartete ich, daß er gleich auseinanderfallen würde. Mama schien mit den Gedanken woanders zu sein, sie sagte kein Wort. Sally ging in eine Ecke und fing an, sich zwischen den Beinen und am Kopf zu kratzen, und ich wußte, daß sie diese Dinger haben mußte, die Mama Läuse nannte oder Filzläuse. Ich wurde wütend, weil ich glaubte, sie wären jetzt auch an meinem Wagen. Mama war schon an der Tür und rief mich, sie sagte, sie wollte in diesem Geschäft nichts kaufen.

Als wir weggingen, fragte ich sie, ob sie das kleine Mädchen mit den Läusen gesehen hätte, und sie nickte. Ich fragte, wie es käme, daß wir keine Läuse hätten, und sie sagte, sie kämen vom Schmutz. «Wir sind zwar arm, aber wir sind wenigstens sauber.» Mama blieb endlich bei einem anderen Geschäft stehen und kaufte darin einen Tisch und vier Stühle, die nicht zusammenpaßten, und zwei Matratzen, die alt und voller Flecke waren. Der Mann im Geschäft sagte, er hätte heute keinen Lieferwagen, deshalb bestand Mama darauf, daß er den Tisch und die Stühle auf meinen kleinen Wagen band und die Matratzen am nächsten Tag in unsere neue Wohnung liefern sollte.

Dann gingen wir los mit dem kleinen roten Wagen mit dem Tisch und den vier Stühlen drauf. Unterwegs kauften wir Farbe und Desinfektionsmittel. In einem anderen Geschäft kauften wir Geschirr, Töpfe, Pfannen und Besteck. Dann kauften wir noch Matratzenbezüge aus Plastik und Bettzeug und Decken. Wir nahmen das Billigste, was sie hatten, obwohl Mama sagte, das Zeug würde die erste Wäsche wahrscheinlich gar nicht überstehen, aber für den Augenblick mußte es eben genügen. Glücklicherweise waren in dem Appartement Rollos angebracht.

Wir zogen den Wagen zu Großmutters Haus, Mama zog ihn und ich hielt hinten fest. Mama setzte vier Töpfe mit Wasser auf den Herd, und wir luden den Tisch und die Stühle im Hinterhof ab. Die Frau meines Vaters stand in ihrer Hintertür und machte sich lustig über Mama und mich, als wir das heiße Wasser über den Tisch gossen und die Küchenschaben anfingen, herauszukriechen. Der Tisch lag umgedreht auf dem Boden und die weißgestrichene Platte lag wie eine Schürze drumherum. Die Küchenschaben waren überall, es waren Tausende. Mama und ich schlugen stundenlang Küchenschaben tot. Mir wurde so schlecht davon, daß ich den ganzen Abend nichts essen konnte. Mit den Stühlen taten wir dasselbe und ließen alles über Nacht zum Trocknen draußen. Mama sagte: «Das reicht, komm wir gehen rein und bringen unsere anderen Sachen in die neue Wohnung.»

Wir trugen das Bettzeug und die Küchensachen hinüber und saßen dort lange in der Dunkelheit auf dem Boden und horchten auf die Geräusche dieses fremden Ortes, an dem wir jetzt wohnen sollten. Mama sagte endlich: «Ich glaube, wir sollten jetzt gehen und vielleicht unterwegs ein U-Boot-Sandwich essen.» Ich konnte meins gar nicht essen wegen der Küchenschaben.

In Großmutters Haus wurde Mamas Auszug mit unterschiedlichen Gefühlen betrachtet. Großmutter war natürlich wütend, und ein paar von Mamas Schwestern waren neidisch. Cousin Boo-Boo freute sich, weil das mehr Platz bedeutete, wir würden ja nicht mehr dort schlafen. Mama, meine Schwester, mein Bruder und ich schliefen im selben Doppelbett, wir hatten uns von einer Matratze auf dem Fußboden zu diesem Bett hochgedient. Mama und ich schliefen in dieser Nacht nur wenig. Mir schien es eine der längsten Nächte meines Lebens zu sein. Wie ich so dalag, beschloß ich, daß ich die Schuhe aus Großmutters Schrank zurückstehlen würde, wenn wir weggingen. Als es dämmerte, sahen Mama und ich uns an; weil wir nicht mehr schlafen konnten, standen wir auf und gingen in den Hinterhof, um zu streichen.

Es dauerte nicht lang, den Tisch und die Stühle zu streichen, und wir stellten sie weiter in den Hof hinein, wo die Sonne später hinkommen würde. Mama und ich mühten uns wieder mit dem alten kleinen Wagen ab, auf den wir den Rest unserer Kleider packten und was wir sonst noch fanden. Endlich kamen wir am Aufgang zu dem vierstöckigen Gebäude an, unsere Wohnung war im zweiten Stock. Wir trugen die Kartons hinauf und warteten auf die Matratzen. Wir hatten keine Kleiderschränke, deshalb zeigte Mama mir, wie man sie in die eingebauten Schränke einordnete. Es war das erste Mal in meinem Leben, daß ich Kleider, besonders unsere Kleider, nicht in Schachteln auf dem Boden, sondern in einem Einbauschrank sah. Ich hatte gedacht, daß dieses Privileg nur Juden zustand, in deren Häuser ich ja gearbeitet hatte.

Während ich die Kleider zusammenfaltete, legte Mama Zeitungen auf den Boden des Zimmers, das das Wohnzimmer werden sollte. Die Matratzen kamen ein paar Minuten später, und Mama sagte, die Männer sollten sie auf den Boden legen. Sie band mir eine alte Windel um den Mund und sich selbst auch, und ich beobachtete sie, um zu sehen, was als nächstes kam. Sie zog die zusammengerollten Ränder der Matratzen zurück, und da waren sie: Tausende von Wanzen hockten auf einem Haufen zusammen und formten eine schwarze Masse. Mama zerquetschte sie gnadenlos zwischen den Fingern. Das Blut tropfte zwischen ihren Fingern durch. Sie wusch sich die Hand in einem Eimer mit heißem Wasser, den sie dafür bereitgestellt hatte. Wieder und wieder drückte Mama zu, und das Blut lief durch ihre Hand.

Ich wußte, daß ich dasselbe tun mußte. Als ich die Hand zusammendrückte und das Knacken in meiner Hand hörte, dachte ich an all die Wanzenstiche, die ich schon gehabt hatte, und wie viele ich noch bekommen würde, wenn ich es nicht ordentlich machte. Ich dachte daran, wie viele Körper auf diesen Matratzen gelegen hatten und vielleicht sogar darauf gestorben waren, und wie die Wanzen ihnen keine Ruhe gegönnt hatten. Das Blut, das aus ihnen floß, war nicht ihr eigenes, es war das Blut all der Menschen, die wie wir arm und gering waren und die einem Traum hinterhereilten wie Mama und ich, junge schöne Frauen, die wie meine Mama verlassen worden waren und deren einzige Begleiter immer neue Probleme und Frustrationen waren. Warum, fragte ich mich, läßt Gott uns so leiden? Wir sind doch seine Kinder. Warum müssen wir uns durchs Leben schleppen und dürfen nicht erhobenen Kopfes gehen? Und wo ist Gott? Warum hört er unseren Ruf nicht? Und auch in meiner Freude darüber, daß wir jetzt eine neue Heimat gefunden hatten, weigerte ich mich, mir einreden zu lassen, daß Gott uns das ermöglicht hätte. Es waren Mama und ich gewesen, und wir waren ganz allein gegen alle und alles, und jetzt saßen wir auf dem Boden und das Blut tropfte durch unsere Hände und die alten Windeln vor dem Mund schützten uns vor dem Insektenpulver.

Ich wollte zu ihr, der Frau, die mir gegenüberkniete, sagen: Wann kann ich denn endlich mal ein Kind sein, und wenn das schon zu spät ist, wann werde ich dann eine Frau? Um uns war eine Wolke von Insektenpulver, und Mama stand auf, um das Fenster zu öffnen. Die Luft wurde endlich wieder klar, und ich mußte mich an eine Wand lehnen, weil mir ganz schlecht war. Wir hatten einen Balkon vor der Küche, und Mama hatte die Tür geschlossen, weil sie sich vor den Nachbarn dessen schämte, was wir taten. Jetzt konnten wir die Rollos hochziehen und die Tür öffnen und endlich wieder frische Luft atmen. Ich stand auf dem Balkon und war so glücklich, daß ich einfach in die Luft geflogen wäre, wenn jemand mit dem Finger geschnalzt und es mir befohlen hätte.

Das Leben würde jetzt ganz anders werden, es mußte anders werden, in dieser unserer ersten und einzigen Wohnung. Ich rollte die Zeitungen vorsichtig zusammen und steckte sie in eine Tüte, die Mama für den Müll bestimmt hatte. Es war eine große Tüte vom A&P-Supermarkt, in dem sie Lebensmittel für unser erstes Essen in unserem neuen Heim gekauft hatte. Ich werde dieses Essen, Kohl, Schweinekotelett und Kartoffeln, nie vergessen. Es war traurig zu wissen, daß Mama keine Freunde hatte, die ihr zum Einzug Geschenke brachten und ihr alles Gute wünschten und sich bei einer Flasche Wein mit ihr freuten, so wie ich das später kennenlernte. Mama hatte auch keinen Mann, der sie beschützen und lieben und mit ihr schlafen konnte. Sie hatte nur uns drei vaterlose Kinder, die sie so sehr brauchten. Wir brauchten sie mehr, als sie je vermutete.

Wir zogen die Matratzenbezüge über die Matratzen und trugen sie in die beiden Schlafzimmer. Mama hatte zwei verschiedene Bezüge für jede Matratze gekauft, zwei aus Plastik, um die letzten

Wanzen zu vernichten, und zwei aus Stoff, weil sie sagte, das Plastikzeug sei zu warm am Körper, wenn nur ein Bettuch dazwischen läge. Nachdem in jedem Zimmer eine Matratze lag, Essen im Kühlschrank und die Wohnung sauber war, kehrten Mama und ich zurück in das Haus ihrer Mutter, um unseren Tisch mit den Stühlen und meine Schwester und meinen Bruder in unser neues Heim zu holen.

Mein Bruder war zu klein, viel zu klein, um zu verstehen, was um ihn her vor sich ging. Er war verschont geblieben von der beherrschenden Autorität und dem verschrobenen Wesen seiner Großmutter. Meine Schwester hatte vor Mama und mir wahrscheinlich genauso Angst wie wir immer vor dem Rest der Familie gehabt hatten. Sie war ja der Liebling von allen gewesen. An diesem Abend badeten wir zum erstenmal in unserer neuen Wohnung. Wir hatten keine Handtücher zum Abtrocknen, und Mama wollte gehen und welche ausleihen. Aber ich war dagegen, ich wollte niemandem etwas schuldig sein, und ich wollte niemand einen Grund geben, zu uns zu kommen und uns zu belästigen. Ich trocknete mich mit meinem Waschlappen ab und die anderen taten das auch, und Mama sagte, ich sei zu stolz, und sie wüßte gar nicht, von wem ich das hätte.

Ich war ganz enttäuscht darüber, daß Mama Großmutter verlassen hatte, ohne ihr richtig die Meinung zu sagen. Ich hätte mich gefreut, wenn sie gesagt hätte: «Adieu, du alte Hexe, du kannst mich am Arsch lecken. Von dem Tag, an dem ich geboren wurde, hast du auf mir rumgetrampelt wie auf einem Fußabtreter. Jetzt hat der Fußabtreter die Kraft, alleine zu gehen. Danke für gar nichts. Danke für die vielen Nächte, in denen du meine Kinder sich vor Hunger in den Schlaf weinen ließest, obwohl du was zu essen hattest, und es nicht mit ihnen teilen wolltest. Danke für meinen linken Arm, der halb gelähmt ist. Danke dafür, daß du mich nicht geliebt hast, wie es sich für eine Mutter gehört. Danke dafür, daß du verstehst, daß ich auch eine Frau bin, und dafür, daß du auf mich neidisch bist.» Das einzige, was Mama wirklich sagte, war: «Danke, Mama, für alles. Wir sehen uns am Sonntag.» Ich dachte, nur über meine Leiche sehen wir uns am Sonntag. Genug ist genug. Ich war zehn Jahre lang gezwungen, meine Sonntage mit ihr zu verbringen, und ich war fertig mit ihr.

Natürlich war ich auch in unserer neuen Wohnung hauptberuflich für meine beiden Geschwister Mutter, daran änderte sich nichts. Ich konnte mit meinem Bruder hinuntergehen und auf den Betonbänken sitzen, die den Spielplatz einschlossen. Grüne Büsche umgaben den Hof an den Häuserseiten, die Kinder nannten sie Holzäpfelbüsche, weil winzige orange-rote Früchte daran wuchsen, von denen alle sagten, sie seien giftig. Das glaubte ich einfach nicht, ich dachte diese Kinder seien entweder verrückt, oder sie würden lügen wie gedruckt.

Für mich war es hier ganz anders, und zuerst gefiel es mir gar nicht. Es war mir peinlich, daß die Kinder hier so viel besser gekleidet waren als ich, sie trugen offensichtlich keine geerbten Kleider, außer den Geschwistern von Helena Ballard. Helena war die einzige in der Familie, die so aussah und roch, als ob sie manchmal badete und frische Kleider anzog, aber mit denen wollte ich mich eigentlich nicht gern vergleichen lassen.

Natürlich war Dian, ein dickes gelbes Mädchen aus South Carolina und der größte Raufbold im ganzen Court, die erste, die feststellte, daß ich nicht gut angezogen war und daß ich jeden Tag meinen Bruder hüten mußte. Sie kam herüber mit ihrer Schar von Anhängern, als ich auf der Bank saß und ihn auf dem Schoß hielt. Sie fragte mich, wie er heiße, ich sagte es ihr und sie sagte, das wäre doch kein Jungenname, sondern ein Mädchenname. Ich wußte, daß ich jetzt dazu herausgefordert werden sollte, etwas zu verteidigen, was die Gruppe für verteidigungswert hielt.

Wenn man im Ghetto eine Schlägerei anfangen wollte, brauchte man nur etwas über die Mutter von jemand zu sagen. Ich merkte, daß es darauf hinauslaufen sollte. Wenn sie sich über den Namen meines Bruders lustig machte, war das ein Angriff auf Mama, denn sie hatte ihn ja so genannt. Ich wollte nicht kämpfen, ich wollte in Ruhe gelassen werden. Ich war alleine, Mama war bei der Arbeit. Diese Raufbolde wußten genau, bei wem jemand zu Hause war und aus dem Fenster gucken konnte, wenn die große Schlacht anfing. Sie wußten, daß ich allein war und daß ich nicht einmal eine Bande zu meiner Verteidigung hatte. Ich wußte, daß diese dicke gelbe, halbweiße Kuh aus dem Süden mich zwingen würde, gegen sie oder einen anderen aus ihrer Gruppe zu kämpfen, wenn ich mich nicht mit Rumreden aus der Affäre ziehen könnte oder einfach so lange ihre Beschimpfungen aushalten würde, bis sie den Spaß dran verloren.

Ich dachte viel an den alten Block zurück, von dem wir weggezogen waren, nicht an Großmutter und meine Familie, sondern daran, wie die Dinge im alten Block liefen. Dort waren es meistens ganze Familien, die kämpften, entweder untereinander oder gegen eine andere Familie. Die Kinder fingen nicht von sich aus an, andere zu schikanieren, wenn sie nicht von ihren Eltern dazu angestachelt wurden. Und natürlich, wenn jemand von seiner Mutter losgeschickt wurde, um zu kämpfen, dann war es ein Kampf auf Leben und Tod, weil keiner wollte, daß seine Mama Zeuge seiner Niederlage sein sollte. Es war seltsam, sogar die Kinder, vor denen ich normalerweise eine Todesangst hatte, konnten mir nichts anhaben, wenn Mama in der Nähe war. Es war, als könnte ich nicht unterliegen, wenn sie da war, und ich wußte, die anderen Raufbolde, die drumherumstanden, würden nicht in den Kampf eingreifen, wenn sie irgendwo in der Nähe war.

Unsere neue Wohnung war nur fünf Minuten von Großmutters Haus entfernt, aber zwischen beiden lagen Welten. Hier waren die Leute alle arm, taten aber so, als wären sie es nicht, und die Kinder machten sich lustig über die, die am wenigsten hatten. Ich vermißte den alten Block vor allem, weil dort jeder wußte, wie es um ihn stand, und keiner ein Theater darum machte. Das Leben dort schien einfacher.

Wir wohnten im hübschesten Court der ganzen Gilmore-Siedlung; er hatte früher einen riesigen Springbrunnen in der Mitte gehabt zum Besprenkeln der Straßen im Sommer, und unser Hof hieß deswegen Springbrunnenhof. Eines Tages waren ein paar Weiße gekommen und hatten den Springbrunnen ohne ein Wort der Erklärung einfach ausgegraben und die Stelle asphaltiert. Das war mindestens fünf Jahre vor unserem Einzug gewesen, und allen war es noch ganz frisch im Gedächtnis, weil die Pflaster-Armee der unsichtbaren weißen Regierung in Washington noch einmal wiedergekommen war und diesmal auch noch das ganze Gras mit Asphalt bedeckt hatte. Sie sagten, es sei, weil wir drauf rumliefen und es kaputt machten, und es sei zu teuer, es jedes Jahr neu zu säen. Mir kam das absurd vor, weil ich immer gedacht hatte, genau dafür wäre das Gras da.

Allmählich wurde mir die Hackordnung unter meinen neuen Freunden klar, und ich erfuhr mehr über Dian. Sie war das jüngste von vier Kindern, deren Vater bei einem Unfall im Süden gestorben war, und ihre Mutter war ein junges Abbild meiner Großmutter. Wenn ich sie nur sah, wurde mir ganz schlecht. Diese Frau sagte nie guten Morgen und nie guten Abend, weder zu Erwachsenen noch zu Kindern; sie war wie ein Stein. Wenn sie um die Ecke in den Hof kam und sich suchend nach Dian, ihrer Schwester und den beiden Brüdern umsah, rannten sie schon los ins Haus. Keiner durfte in Dians Wohnung kommen, egal ob ihre Mutter zu Hause war oder nicht. Ich sah das Innere ihres Hauses erst, als sie ein paar Jahre später in eine andere Straße umzogen.

Ich hatte Dian vom Fenster aus beobachtet und ich sah, daß sie ihre eigenen Vorstellungen von den Dingen hatte, und solange sie daran nicht gehindert wurde, prügelte sie sich auch nicht so viel mit anderen herum, aber wenn ihre Mutter sie verrückt machte, war jeder, der ihr im Weg stand, in höchster Gefahr. Ich beschloß, sie machen zu lassen und mich von ihr fernzuhalten, wenn nötig. Zu ihrer kleinen Bande gehörten die Ballard-Kinder, Helena, Doris und ihr Bruder Pee-Wee. Fast überall, wo wir wohnten, gab es einen kleinen Jungen, der Pee-Wee, Würstchen hieß. Wenn man dieser Ehre teilhaftig werden wollte, mußte man dünn und knochig wie eine Bohnenstange sein und obendrein einen langen knochigen Kopf haben. Er hatte das alles, er war einfach spukhäßlich, und seine Haut war schmutzig-rot. Die Ballards hatten keine Mutter, und es waren bestimmt zehn Kinder, eins schmutziger als das andere. Ihre verschiedenen Hautfarben waren ganz ungewöhnlich; sie reichten von tiefschwarz, der Farbe ihres Vaters, bis zu fast weiß mit grauen oder grünen Augen. Ihre Mutter war sehr weiß gewesen mit hellen Augen.

Helena sah am hübschesten aus und am saubersten, aber sie stanken alle nach Pisse. Sie sagten, sie würden bald umziehen, weil die Regierung entschieden hatte, daß die Familie zu groß für eine Dreizimmerwohnung sei. Ihre Mutter war gestorben, als sie das letzte Kind bekam, und Helena war die Mama für die ganze Horde. Den Vater sah ich nur, wenn er abends von der Arbeit nach Hause kam oder wenn ihn die beiden ältesten Brüder von Helena manchmal freitags oder samstags betrunken nach Hause schleppten. Aber er war kein Schläger, er betrank sich nicht, um dann zu Hause die Kinder zu schlagen. Manchmal weinte er, wenn seine Söhne ihn wegschleppten. Er sprach von ihrer Mutter, und daß sie davongegangen sei und so. Manchmal versuchte er, selbst zu seiner Wohnung zu gehen, aber die Jungen mußten immer dicht neben ihm bleiben, um ihn aufrecht zu halten. Manchmal entschuldigte er sich bei seinen Kindern vor uns allen. Er sagte zu ihnen: «Ich bin euer Daddy, und ich bin betrunken, aber nehmt es mir nicht übel. Ich hab nichts außer euch Kindern und ich bin ein Mann, ich muß doch auch mal meinen Spaß haben.» Er griff manchmal in seine Taschen und schenkte uns allen Geld für Bonbons, und manchmal schickte er uns sonntags ins Kino, einen ganzen Haufen von uns, und bezahlte für uns alle.

Dann gab es noch Janis und ihre Schwester Rita, ihre rundliche Mama Juanita und die beiden Freddies, ihren Vater und ihren Bruder, den großen Freddy und den kleinen Freddy, wie bei meinem Cousin und seinem Vater. Ich mochte die Familie Ellis gern, sie waren so, wie ich mir eine gute Familie vorstellte. Janis war die jüngste, und sie war in Dians Bande. Rita war ein paar Jahre älter als wir, deshalb ging sie mit Dians Schwester Joa. Helena hätte eigentlich auch zu ihnen gehört, aber sie wollten sie nicht aufnehmen, weil sie stank, und sie interessierten sich schon für die Jungen in ihrem Alter und Helena hatte nicht die Kleider und was man sonst braucht, um einen Freund zu kriegen. An ihr hingen ihre vielen Brüder und Schwestern, und sie mußte kochen und Kleider waschen, wenn die Geschwister mal badeten.

Janis hatte ein nettes Lachen, wie ein Plätschern, und krause schwarze Haare. Ich hatte jemand gefunden, der noch krauseres Haar als Mama und ich hatte. Für ein kleines Mädchen hatte sie eine hübsche Figur, nicht flach wie ein Brett. Ihre Schwester Rita hatte noch eine bessere Figur und feinere Gesichtszüge, und alle hatten sie wunderschöne Zähne. Ihre Mama und ihr Daddy waren sehr glücklich miteinander. Sie gingen morgens zusammen zur Arbeit und kamen abends zusammen wieder. Manchmal hielten sie sich sogar an den Händen. Ich war erstaunt, weil ich bisher nur gesehen hatte, daß junge Leute, die miteinander ausgingen, Händchen hielten, aber nicht verheiratete Ehepaare. Sie arbeiteten in derselben Fabrik und Freddy beschloß, daß seine Frau zur Abendschule gehen, eine Abschlußprüfung machen und dann studieren und Lehrerin werden sollte. Er sagte, in der Fabrik, das sei nicht die richtige Arbeit für eine Frau, und weil er mehr als sie verdiente, könnte sie studieren.

Das war das erste Mal in meinem Leben, daß ich Leute traf, die zur Abendschule gingen, und ich wollte, daß Mama das auch tun sollte. Juanita arbeitete weiter tagsüber und studierte abends für ihre Prüfung. Nachdem sie die Abschlußprüfung gemacht hatte, hörte sie auf zu arbeiten und ging zum College. Ich fand diese Familie großartig und ich war überzeugt, daß ich die ganzen Jahre lang recht gehabt hatte, mir ein besseres Familienleben zu wünschen, als wir es hatten. Juanita sprach oft mit mir, und als ich sie fragte, was für Fächer sie in der Abendschule hatte, war sie nicht wie die anderen Mütter, die immer, wenn Kinder Fragen stellten, was Gemeines oder Häßliches sagten. Freddy kochte abends nach der Arbeit und achtete darauf, daß Janis und die anderen badeten und ihre Hausaufgaben machten. Manchmal holte er Juanita nach ihren Abendseminaren im College ab. Ich fand, daß Freddy ein guter Mann war, und ich wollte auch so einen, wenn ich erwachsen wäre.

Brenda und Jackie Hill wohnten im gleichen Haus wie die Familie Ellis und Dians Familie. Brenda hatte ein Gesicht wie eine schwarze Ratte und Jackie sah aus wie ein Frosch. Ich fand, daß sie das häßlichste Geschwisterpaar auf der Welt waren. Von dem Augenblick an, als ich sie zum erstenmal sah, wußte ich, daß ich sie nicht leiden konnte. Brenda und Jackie waren auch in der Bande.

Toni Brisco wohnte im Haus genau vor unserem. Sie war so gelb wie man nur gelb sein konnte, ihr Bruder Thomas war dunkelbraun, ihr Bruder Toby war mittelbraun und ihre Mama erschien mir sehr schwarz. Sie sah aus wie ein Flußpferd, besonders ihre Nase und ihr Hintern. Ihre Kleider spannten über ihrem dicken Hintern und hingen vorne lappelig herum. Ihr Arsch sah aus wie zwei Kamelhöcker, die die Natur an die falsche Stelle gesetzt hatte. Sie arbeitete in Hotels und Restaurants und kam meistens in ihrer schwarzen Kellnerinnenkleidung mit diesen kleinen weißen Schürzen nach Hause. Sonntags, wenn sie nicht ihre Arbeitskleidung anhatte, trug sie die weiße Uniform der Schwestern der Kirche, mächtig gestärkt und schrecklich weiß. Die beiden Höcker sahen dann noch riesiger aus.

Sonntags zog sie sich so an, weil sie in eine dieser geweihten Sektenkirchen ging. Tonis Bruder Thomas sei gerettet, erzählte sie allen, weil er in der Kirche geschrien und mit seiner Mutter «Danke Jesus» gerufen hätte. Toni und Toby würden auch noch in die Reihe der Geretteten aufgenommen werden. Toni gehörte auch zu Dians Bande, und Toby hatte die Aufgabe, seine Schwester daran zu erinnern, was sie alles nicht tun sollte, weil ihre Mutter es nicht wollte.

Ich sah aus dem Fenster und fühlte mich ausgeschlossen; ich

würde ihnen nie das bedeuten, was sie einander bedeuteten. Ich gehörte einfach nicht dazu und so würde es immer bleiben. Ich würde vielleicht an den Rand ihrer kleinen Gesellschaft gelangen, aber ich würde nie voll akzeptiert werden.

Ich wollte zurück in die Lorman Street, aber nicht in Großmutters Haus. Ich wollte wieder mit den Leuten zusammensein, die mir wirklich erschienen, den Homos und Lesbierinnen und den Leuten, die sie akzeptierten. Ich wollte zurück zu den Menschen, deren Regungen ich verstand. Ich wollte an einem Ort leben, wo die Leute sich nicht schämten und sich nicht übereinander lustig machten, oder, wenn sie was Lustiges sagten, alle miteinander darüber lachten. Mehr als je zuvor wünschte ich mir jetzt einen großen Bruder, der mir die anderen vom Hals halten konnte. Wo ich vorher gewesen war, war nichts so erschreckend und so wirklich gewesen. Ich wußte, daß dort alles auch wirklich war, aber hier schien alles nur wirklich und sonst nichts zu sein. Die Menschen verhielten sich so, wie ich es vorher nie erlebt hatte. Sie bewegten sich und jagten hinter irgend etwas her, und ich fühlte mich fremd und ausgeschlossen. Wie würde ich mich je eingliedern können? Oder wohin sollte ich sonst gehen? Ich konnte nicht zurück, dafür war es zu spät, und ich konnte noch keine Frau sein, dafür war ich zu jung. Aber ich konnte auch keiner von diesen Banden beitreten und Dians Untertan sein und ihr folgen. Ich fühlte mich verloren, einfach verloren.

10

Eines Morgens wachte ich von dem wohlbekannten Singsang auf: «Wassermelone, durch und durch gut! Prima Äpfel, Orangen, Ananas, Pfirsiche! Kartoffeln und Kohl, einen Dollar das halbe *bushel*. Ich rufe aus, und dann noch mal. Ich warte auf Sie alle, meine Damen. Fangen Sie an! Ich hab das schönste Obst und Gemüse in der Stadt. Wer mir ein Lächeln schenkt, kriegt's billiger.»

Draußen machte der Obst- und Gemüsewagen seine Runde. Ich hörte die Hufe des Pferdes auf der Straße. Ich hörte, wie der Händler seine Ware aussang und mit seinem Pferd sprach. Edna hieß es.

«Brrr, Edna», und jedesmal blieb das Pferd stehen. Ich mußte schnell rauslaufen, um das Pferd und den Wagen zu sehen. Mama erwischte mich, bevor ich aus der Tür schlüpfen konnte. «Kommst du sofort rein, Mädchen, und wäschst dir das Gesicht! Wo willst du denn überhaupt hin?» Ich war ganz kribbelig vor Ungeduld, während ich mein Gesicht wusch. Ich hörte, wie die Hufe sich weiterbewegten, und ich wußte, wenn ich Mama erzählte, warum ich es so eilig hätte, würde sie Zustände kriegen und mich im Haus behalten, bis der Wagen weg war. Mama mochte es nicht, wenn ich beim Gemüsewagen stand, sie sagte, das sei nichts für ein kleines Mädchen. Mama hatte sich verändert, seit wir umgezogen waren, vorher hatte sie nie etwas dagegen gehabt, daß ich zum Gemüsewagen lief und ihn bis zur Ecke begleitete. Jetzt war sie plötzlich bei allem so ängstlich und zerfahren.

Ich glitt jedenfalls wie eine Schlange durch die Tür und die Treppen hinunter. Der Wagen stand noch da, und ich rannte hinüber zu dem Mann, der seine Ware ausrief, alle nannten ihn nur den Straßenhändler; er drehte sich um, sah mich an und fragte, was ich wollte. Ich sagte «nichts», ich wollte nur zusehen. Das Pferd fing an, einen Haufen zu machen, und ich erinnerte mich daran, wie Großmutter uns früher auf die Straße geschickt hatte, um die Pferdeäpfel mit einer Schaufel in einen Eimer zu sammeln, und um sie zu ärgern, nahm ich die dampfenden Pferdeäpfel in die Hand und kam damit zurück ins Haus gelaufen. Sie benützte den Mist für ihren Garten, in dem nie was wuchs außer Unkraut.

Ich setzte mich auf den Randstein und beobachtete, wie das Pferd seinen Haufen machte. So was machte mir weitaus mehr Spaß, als beispielsweise Kochen und Backen zu lernen. Das Pferd machte einen Schritt vorwärts, dann einen rückwärts, als tanze es zu einem unhörbaren Rhythmus. Der Straßenhändler rief «Huuu», und das Pferd horchte auf. Er fragte mich, ob ich wüßte, wie man einem Pferd einen Apfel gibt. Ich sagte ja und fragte, ob er das Pferd kannte, das Sauerpiß hieß und Mr. Jones gehörte, der den anderen Bezirk hatte. Er nickte und gab mir einen Apfel für Edna. Ich legte den Apfel auf meine flache Hand und ließ Edna daran beißen und drehen, bis sie endlich auch noch das Kerngehäuse fraß. Ich war gerade fertig, und Speichel tropfte von meiner Hand, als Mama aus dem Fenster sah und mir befahl, hochzukommen. Ich schüttelte den Speichel ab und sagte auf Wiedersehen zu dem Straßenhändler und

Edna. Der Händler bat mich, einen Augenblick zu warten, und schenkte mir eine Tüte voll Obst und sagte: «Das ist für deine Mutter, weil sie hier neu ist und weil sie so hübsch ist.»

Ich lächelte, bedankte mich und ging und war entschlossen, Mama nichts zu erzählen, was er gesagt hatte. Ich würde auch nicht mehr an seinen Wagen kommen, weil ich dachte, er würde mich dazu benützen, um sich an Mama ranzumachen, und ich wußte, daß unsere Schwierigkeiten immer anfingen, wenn Mama wieder einen Mann kennenlernte. Ich gab Mama das Obst und sagte, es sei für uns, weil ich das Pferd gefüttert hätte. Ich wusch mir den Speichel von den Händen und fragte Mama, was sie von mir wollte. Sie sagte, ich hätte kein Recht zu fragen, was sie von mir wollte. Ich sagte: «Du hast mich doch wegen irgendwas hochgerufen.» Mama sagte, ich sei ihr Kind und sie hätte das Recht, mich zu rufen, wann sie wolle. Ich meinte, sie hörte sich genau an wie Großmutter, und sie sagte, ich sollte den Mund halten, bevor ihre Faust das besorgen würde. Ich fand wirklich, daß sie jetzt wie ihre Mutter klang. Ich wollte sie fragen: «Was ist das denn bloß, warum müssen wir so miteinander sprechen? Ich dachte, wir würden uns gut verstehen.» Außerdem war ich ja ihr Babysitter und wie würde das denn aussehen, wenn sie mir eine Tracht Prügel gäbe. Aber ich sah Mamas Gesicht: es sah sonderbar aus, sie war wirklich ganz anders als früher.

Sie trank jetzt auch, nicht viel, aber mehr als je zuvor. Manchmal ließ sie uns Freitag abends allein und ging in irgendeinen Club oder eine Bar zum Tanzen. Ich hatte Angst, Freitag abends mit meiner Schwester und meinem Bruder allein in der Wohnung zu sein, weil das der Anfang des Wochenendes war und sich am Wochenende lauter finstere Gestalten auf der Straße herumtrieben und die Gegend unsicher machten, mit Flaschen warfen, rumbrüllten und kämpften, als gäbe es einen Weltmeistertitel dafür.

Schließlich sagte Mama, warum sie mich reingerufen hatte. Sie wollte, daß ich das Bad, die Küche und mein Zimmer saubermachte. Ich sagte: «Was, aber das ist ja fast die ganze Wohnung! Warum denn ich? Hilfst du mir?» Sie sagte: «Kind, wenn du jetzt nicht sofort verschwindest und tust, was ich dir sage, dreh ich dir den Hals um.» Ich ging ins Bad und fing an zu putzen und gleichzeitig zu weinen. Ich fand, sie war unfair, aber ich sagte nichts mehr zu ihr. Irgendwas war mit ihr, aber ich ließ sie in Ruhe und putzte und weinte weiter. Als ich fertig war, mußte ich mit zum Supermarkt einkaufen. Und dann zu Hause auspacken. Dann zum Waschsalon auf der anderen Seite der Straße unten in dem Haus, in dem Toni wohnte. Der Waschsalon war leer und Mama zeigte mir, wie man die Waschmaschinen bediente, aber sie würden nicht sehr sauber waschen. Sie sagte, sie fände die Maschinen im anderen Waschsalon besser und hierher würde sie nur gehen, um Geld zu sparen. Jede Waschmaschine kostete zehn Cent, und selbst wenn man jede Ladung zehnmal gewaschen hätte, wäre sie Mama immer noch nicht sauber genug gewesen. Als wir fertig waren, mußten wir eine Wäscheleine aufspannen und die Wäsche aufhängen. Und als wir damit fertig waren, war es schon Zeit fürs Abendessen. Und ich wußte schon, wer kochen mußte. Ich war schlechter Laune und hätte Mama am liebsten gesagt, daß sie unfair sei. Sie ließ mich alles tun, und meine Schwester tat nichts. Aber ich kannte die Antwort schon, meine Schwester sei zu klein zum Helfen. Ich dachte, sie hätte doch wenigstens den Waschpulverkarton tragen können.

In ein paar Wochen würde die Schule wieder anfangen, und ich war froh, von Mama wegzukommen, denn dann würde ich Hausaufgaben machen müssen und könnte nicht mehr jeden Tag einkaufen gehen und kochen. Mama verbrachte ihre Zeit damit, zu trinken oder einfach nur dazusitzen und aus dem Fenster zu schauen. Manchmal fand sie ein paar Möbel auf der Straße, und sie brachte mich in tödliche Verlegenheit, wenn sie mich holte, um diese alten schmutzigen halbkaputten Möbelstücke nach Hause zu tragen. Gelegentlich kam sie mit ein paar Weinsäufern nach Hause, die für einen Schluck Wein alles für sie taten. Ich sagte zu Mama, ich hätte lieber eine leere Wohnung als all diesen Müll, den sie auf der Straße auflas. Mama schlug mir ins Gesicht und sagte, sie täte schon, was sie könnte. Ich sagte leise, daß sie überhaupt nicht täte, was sie könnte, aber dann machte ich den Mund auf und sagte es laut: «Mama, du tust nicht, was du kannst. Wenn du aufhören würdest, dieses Bier und den ganzen Whisky zu trinken, dann könnten wir was dafür kaufen. Und warum gehst du nicht vor Gericht, um meinen Vater zu zwingen, für mich zu zahlen.»

Mama sah mich an. Sie drohte mir, sie würde mich umbringen, wenn ich noch ein Wort sagen würde. Da war ich still. Zwischen uns beiden vollzog sich etwas Schreckliches, und wir verstanden beide nicht, was es war. Ich hörte bald danach, wie Mama sich mit der Nachbarin unterhielt, die mit uns zusammen denselben Balkon hatte. Sie hieß Catherine und ich mochte sie nicht, weil ich fand, was Mama ihr erzählte, müßte sie mit mir besprechen statt mit einer wildfremden Frau. Mama war so, sie offenbarte sich jedem Beliebigen, und ich fand, das war falsch. Ich kannte die Leute in unserer neuen Umgebung noch nicht so gut, aber ich wußte, daß man ihnen nicht trauen konnte, ich war mir sicher, daß sie falsch waren und daß Mama bald in den ganzen Klatsch und Tratsch hineingezogen würde.

Aber ich konnte nichts zu Mama sagen, weil sie immer gleich in die Luft ging und einen Riesenaufstand machte und mir vorwarf, daß ich anmaßend wäre und wohl vergäße, daß ich noch ein Kind sei. Schließlich hielt ich den Mund, und nun gab es zwischen Mama und mir gar keine Verständigungsmöglichkeit mehr. Eines Abends, als ich im Bett lag, hörte ich, wie Mama Catherine erzählte, daß man nicht mehr zulassen wollte, daß sie arbeiten ging. Die Regierung und das Sozialamt wollten, daß sie bei uns zu Hause bleiben sollte. Sie hatten entschieden, daß ich zu jung sei, um den ganzen Tag mit meiner Schwester und meinem Bruder allein zu sein. Und daß ich im September ja wieder in die Schule müßte und noch bis zum gesetzlich bestimmten Alter schulpflichtig sei, und das war sechzehn. Also war ich fürs erste abgesichert, mir standen noch mindestens sechs Jahre Schule zu.

Mama erzählte ihr auch, daß das Sozialamt meinen Vater noch mal vor Gericht stellen und ihn zwingen wollte, die Alimente für mich zu zahlen. Ich fand, daß das die beste Neuigkeit war, die ich seit langem gehört hatte. Das letzte Mal, als ich Vater gesehen hatte, war er in einem Cadillac an unserem Haus vorbeigefahren, und ich hatte Löcher in den Schuhen gehabt. Ich lag im Bett und hoffte, daß sie ihn ins Gefängnis stecken würden. Aus dem, was ich gehört hatte, schloß ich, daß das wohl der Grund gewesen sei, warum sie die ganze Zeit so sauer war. Wir Kinder brachten sie mal wieder in Schwierigkeiten.

Trotz Mamas schlechter Nerven fand ich in der neuen Wohnung zum erstenmal eine Freiheit, wie ich sie vorher nie gekannt hatte. Hier verfolgten nicht mehr hundert Augenpaare jede meiner Bewegungen wie in Großmutters Haus.

Ich fand in unserer glänzenden unifarbenen Wohnung in der Gilmore-Siedlung endlich ausreichend Platz, um mich selbst zu erfahren. Zum erstenmal in meinem Leben konnte ich in meinem Zimmer nackt rumlaufen, wenn meine Schwester draußen spielte. Ich konnte meine Nacktheit zum erstenmal im Spiegel ansehen, ohne für die Sünde der Eitelkeit geschlagen zu werden. Ich hatte Verstecke, die Mama allerdings fand, wenn sie sich entschloß zu putzen. Alles was mir gehörte, wanderte in den Müll. Ich würde ziemlich unverträglich, sagte Mama und gab mir ein eigenes Schlafzimmer. Sie schlief auf der halb zusammengebrochenen Couch, die ihr jemand geschenkt hatte, und gab meiner Schwester ihr Schlafzimmer. Ich einigte mich mit Mama, daß ich mein Zimmer selbst saubermachen wollte, weil sie jedesmal die kleine Welt zerstörte, die ich morgens, bevor ich zur Schule ging, um mich herum aufbaute. Sie sagte, ich würde Müll sammeln, denn sie sah keinen Sinn und Nutzen darin, Steine zu sammeln und Ameisen in Gläsern, Ausschnitte aus Zeitungen, die ich neben meine eigenen Gedichte an die Wand pinnte. Alles was mich irgendwie fesselte, brachte ich mit nach Hause.

Ich versuchte, mich mit Dian und ihrer Bande ein wenig mehr anzufreunden, und fand, daß sie gar nicht so übel waren. «Mir nach!» zu spielen machte mir Spaß; natürlich war Dian immer der Anführer. Wir kletterten auf Bäume und balancierten auf schmalen Geländern viele Meter über dem Erdboden, wir machten Rollen vorwärts und rückwärts, schlugen Räder, versuchten Saltos, fielen hin und weinten und standen wieder auf und probierten es noch mal. Ein Stück weiter weg in einem der anderen Innenhöfe gab es einen kleinen Teich. Manchmal ging Dian mit ihrer Bande dorthin zum Baden, nur ich ging nicht mit. Mama hatte Angst vor dem Wasser und wir deshalb auch.

Am Ende unserer Straße stand ein Freizeitzentrum, ein riesiges Backsteingebäude, das immer geschlossen war. Eines Tages, als ich mit Dian und den anderen davor saß, kam eine Frau herüber, die etwa dieselbe Figur wie Tonis Mutter hatte und so viel Puder auf dem Gesicht, daß sie ganz grau aussah. Ihre Haare waren vielleicht streichholzlang und entkraust, und irgendwo im Hintergrund ihres Kopfes saß dieser kleine Vogel, der sie wie der Kuckuck in der Kukkucksuhr stündlich daran erinnerte, daß sie der Mittelschicht angehörte. Das stand wie ein Werbeslogan auf ihrem Gesicht geschrieben. Sie hieß Miss Holland, und wenn man sie ansah, dann wußte man, warum sie noch Miss hieß.

Mit ihr kam ein Mann namens Mr. Lampkin. Ich mochte ihn

gleich gern, man sah ihm an, daß er mit beiden Beinen auf der Erde stand und nicht auf der Bourgeoisie-Wolke schwebte. Alle in der Gruppe außer mir sagten guten Tag. Sie standen auf, rannten zur Tür hinüber und fragten, ob sie was tragen könnten. «Heute noch nicht», hieß es. Jemand fragte, wann das Zentrum geöffnet würde, und Miss Holland sagte Ende September, und wir sollten unsere Mitgliedsausweise nicht vergessen. Mr. Lampkin fragte, ob wir Lust hätten, an einem Wettlauf teilzunehmen. Dian wollte wissen wofür, und er sagte, es gäbe Preise und Urkunden. Ich sagte ja, bevor sonst jemand antworten konnte, und er fragte mich, ob ich neu sei. Ich sagte, ich sei gerade eingezogen und zeigte ihm wo. Er sagte, er brauchte mindestens vier Mädchen für eine Mannschaft. Dian, Toni, Janis und ich wollten eine Mannschaft bilden. Er sagte, die Wettkämpfe fänden immer samstags in einem Park in Ost-Baltimore statt. Wir wollten wissen, wie wir dorthin kommen sollten, und er sagte, er würde uns hinfahren. Er sagte, es gäbe auch im Winter Wettkämpfe in der Halle und dort würde er uns auch mal mit hinnehmen. Wenn man trainierte und ernsthaft bei der Sache bliebe, könnte man sogar zur Olympiade. Ich wußte nicht, was die Olympiade war, bis ich ihn traf und mich in diesen Ersatzvater verliebte.

Er fragte uns alle nach unseren Adressen und sagte, daß er uns am nächsten Samstag um zehn Uhr abholen würde, und wir sollten alle bereit sein. Ich hätte zu gerne gewußt, was die Olympiade war, aber ich wollte ihn nicht vor den anderen fragen, obwohl ich das Gefühl hatte, daß sie auch nicht so genau wußten, was es damit auf sich hatte. Ich wollte es unbedingt wissen, aber ich hatte keine Ahnung, wie man es schrieb, und konnte es deshalb nicht im Lexikon nachschlagen. Mama brauchte ich gar nicht erst zu fragen, weil sie sowieso nur sagen würde, ich sollte ihr aus den Augen gehen.

Die ganze Woche war ich aufgeregt und sprach nur von dem Wettkampf. Ich ging zu Mama und bat sie, mir ein Paar neue Turnschuhe zu kaufen, weil meine Löcher hatten. Sie sagte, ich sollte ihr aus den Augen gehen und ihr nicht mit solchen dummen Ideen kommen. Sie sagte, sie hätte genug Schwierigkeiten, uns jeden Tag was zu essen auf den Tisch zu stellen, und sie würde keine Wettkämpfe ausrichten. Ich hätte fast losgeheult und wäre am liebsten gestorben. Sie sagte, ich sollte meinen Vater fragen. «Du weißt doch, wo er arbeitet, also geh hin und bitte ihn drum.» Ich wollte ihn nicht gern umsonst bitten, ich wußte ja schon von vornherein, daß er mich anlügen würde. Aber ich war so versessen darauf, bei dem Wettkampf mitzumachen, daß ich es kaum mehr aushalten konnte. Ich wartete, bis es dunkel wurde, und ging dann hinüber zu der Werkstatt, in der er arbeitete, stellte mich an die Ecke und wartete, bis ich ihn herauskommen sah. Ich lief über die Monroe Straße und sagte: «Hallo Daddy.» Er drehte sich fast erschrocken um. Ich dachte bei mir: «Ja, ich weiß schon, du hast fast vergessen, daß es mich gibt, du kennst nicht mal mehr meine Stimme.»

Er sah mich an, bückte sich zu mir runter und küßte mich, als komme es ihm aus dem Herzen, als bedeute ich ihm wirklich etwas. «Wie geht's denn meinem kleinen Mädchen so? Ich seh dich gar nicht mehr, wo hast du dich denn versteckt? Und wo ist deine Mutter?» Ich sagte: «Mir geht's gut und Mama geht's auch gut» ... und quatsch bloß nicht so scheinheilig rum, du weißt verdammt gut, daß du mich gar nicht sehen wolltest ...

Ich hatte mein nettes Klein-Mädchenlächeln aufgesetzt, obwohl ich ihm am liebsten in sein beschissenes Gesicht gespuckt hätte. Was bringt dich her?» fragte er. «Ich such jemand, der mir erklärt, was die Olympiade ist.» Er sagte, das sei ein großer Sportwettkampf, der alle vier Jahre stattfände, um zu entscheiden, wer die besten Athleten seien. Und nur die Besten kämen überhaupt so weit. «Warum fragst du mich nach der Olympiade?» wollte er wissen. Ich erzählte, daß Mr. Lampkin wollte, daß ich am nächsten Samstag in einem Park in Ost-Baltimore bei einem Rennen mitlaufen sollte und daß man dann später zur Olympiade könnte.

Er sagte: «Ja, mag sein, aber man braucht viel gutes Essen, um fit zu werden und 'ne ganze Sportausrüstung. Was glaubst du denn, woher du das kriegst?» Mein Herz sank, und ich wollte auf der Stelle sterben. Ich wußte, daß ich ihn gar nicht erst um die Turnschuhe zu bitten brauchte, er hatte schon deutlich gesagt, daß von ihm keine Unterstützung kommen würde. Trotzdem mußte ich es versuchen. «Daddy, ich brauch ein Paar Turnschuhe für das Rennen.» Ich sah, wie sich seine Stirn krauste, wie immer, wenn er sprach oder log, und er versprach, wenn ich am Freitagabend kommen würde, würde er mir das Geld für die Turnschuhe geben. Ich bedankte mich, ging weg und weinte auf dem ganzen Weg nach Hause. Ich ging und dachte, ich brauchte mit ihm gar nicht mehr zu rechnen und mit Mama auch nicht. Ich saß ganz allein da mit meinen Schwierigkeiten, und ich würde selbst tun, was nötig war, um es zu schaffen.

Ich ging nach Hause, und Mama fragte, was geschehen sei. – Warum fragst du denn überhaupt, dir ist das doch scheißegal ... Ich erzählte ihr, was geschehen war und auch, was es mit der Olympiade auf sich hatte. Sie sah nur aus dem Fenster über unseren Balkon hinweg und sagte «mhm». Ich ging in meinZimmer und blieb dort, bis Mama kam und sagte: «Warum versuchst du nicht, dir Geld zu verschaffen mit Treppenscheuern oder so was?» Ach, natürlich, gute Idee, was ist denn nur los mit mir? Früh am nächsten Morgen nahm ich meinen Eimer und ging in die altbekannte Gegend um Großmutters Haus und machte die Runde bei meinen alten Kunden. Ein paar hatten inzwischen schon jemand anders, weil Mama mir verboten hatte, nach unserem Umzug weiter dort zu arbeiten. Aber ich wollte noch nicht aufgeben und versuchte es weiter. Mit meinem Eimer, meinem Putzmittel, einer Wurzelbürste und einem Lappen klopfte ich an die Türen. Endlich sagte jemand: «Ja, ich hab schon drauf gewartet, daß du wiederkommst und meine Treppe putzt, aber du mußt regelmäßig kommen, sonst muß ich jemand anderen nehmen.» Die gute alte Miss Ethel gab mir fünfzehn Cent dafür, daß ich ihre Treppe schrubbte.

Ich erinnerte mich, daß Daddy mal was erzählt hatte von einem Joe Louis, der als zerlumpter Bauernjunge zur Olympiade angetreten war, und jetzt war er der beste Boxer in der ganzen Welt und sehr reich. Ich sah meinen Eimer an und dachte, wenn das die Bedingung ist, dann will ich alle Treppen in ganz Baltimore scheuern, um diesen Wettkampf am Samstag mitzumachen. Mir wurde heiß, und ich bekam Hunger, aber ich scheuerte immer weiter. Ich hatte Angst, nach Hause zu gehen und was zu essen, weil in der Zwischenzeit vielleicht jemand käme und mir die Arbeit wegschnappte. Ich klopfte an jede Tür im ganzen Block außer bei Großmutter, und ich scheuerte vielleicht zehn Treppen. Dann ging ich nach Hause und gab Mama mein Geld zum Aufbewahren. Ich hoffte ein bißchen, daß sie mir den Rest drauflegen würde. Aber sie sagte nichts, und ich bat sie lieber nicht darum. Im ersten Stock zog am nächsten Morgen eine neue Nachbarin ein, und ich ging hinaus und setzte mich auf die Bank. Sie hieß Gwen, und Mama hatte schon ein paar Tage vorher mit ihr gesprochen. Gott weiß, was Mama dieser Fremden erzählt hatte. Aber so wie ich Mama kannte, versuchte sie vielleicht, noch mehr Arbeit für mich zu finden. Egal für wieviel Geld. Später fand ich, daß ich recht hatte! Mama war hingegangen und hatte der Frau erzählt, wie gut ich bügeln konnte. Ich haßte Bügeln, ich haßte es einfach entsetzlich, auch wenn ich Geld dafür bekam. Mama kam und sagte, ich sollte hoch zu Miss Gwen gehen, sie hätte etwas für mich zu tun. Ich dachte sofort an meine Turnschuhe. Ich ging hinauf, klopfte an ihre Tür und sie fragte, ob ich es sei, und ich sagte: «Ja, Ma'am.» Sie sagte: «Ich hab was zu bügeln für dich, kannst du das?»

Ich wollte eigentlich nein sagen, aber ich brauchte die Turnschuhe. Ich bügelte und bügelte, und jede Minute davon war einfach gräßlich. Sie saß im selben Zimmer und nähte. Sie hatte die erste elektrische Nähmaschine, die ich je gesehen hatte. Ich hätte gern aufgehört zu bügeln und ihr beim Nähen zugesehen, aber ich wollte nicht, daß die Frau denken sollte, ich könnte mich nicht anständig benehmen, deshalb blieb ich, wo ich war, und tat, was sich für ein Kind gehörte. Ich bügelte fertig, und sie gab mir einen Dollar, und ich sagte, ich würde nächstes Jahr in die *Junior High School* kommen und ich wollte nähen lernen, und ob sie so freundlich sein könnte, mir dabei zu helfen, wenn ich Hilfe brauchte. Sie sagte, sie würde mir gern jederzeit helfen, und ich ging.

Ich wußte, daß ich jetzt genug Geld für meine Turnschuhe hatte, und ich hätte sie gern auf der Stelle gekauft. Ich rannte rein und erzählte Mama, daß ich jetzt den Dollar hätte, der mir für die Turnschuhe für den Wettkampf am Samstag noch gefehlt hatte, und daß ich sie jetzt gleich kaufen wollte. Mama sagte, ich würde überhaupt nirgends hingehen außer in die Wohnung, um zu putzen. Ich roch, da war was faul. Ich hatte das dumme Gefühl, daß Mama mir im letzten Augenblick verbieten würde, zu dem Wettkampf zu gehen. Ich wurde ganz kribbelig und sauer, als die nächsten Tage vergingen und sie nichts davon sagte, daß sie mit mir die Schuhe kaufen würde, und ich konnte ja nicht allein gehen, weil sie mein Geld hatte. Endlich beschloß ich, ruhig zu bleiben und erst mal abzuwarten, was am Freitag geschehen würde. Naja, dachte ich, sie wartet wahrscheinlich bis Freitag, wenn es Sonderangebote gibt und die Geschäfte lange auf sind.

Der Freitag kam und Mama sagte nichts. Schließlich ging ich zu ihr hin und fragte, wann die Geschäfte zumachen, und sie sagte:

«Kind, geh mir bloß aus den Augen und mach mich nicht mit deinen Geschäften wild.» Ich sagte: «Aber Mama, ich brauch die Schuhe doch morgen.» – «Kind, jetzt komm mir bloß nicht immer mit deinem Wettkampf. Ich hab dir noch gar nicht erlaubt, hinzugehen. Geh hier raus und laß mich in Ruhe, bevor ich dir morgen den ganzen Tag Hausarrest gebe.» Mama, du gemeine Hexe, wart nur noch einen Tag, einen Tag. Ich ging hinaus, setzte mich auf die Bank und weinte. Als der Abend kam, ging ich zu meinem Vater und er sagte, er hätte auch kein Geld, er hätte seine Gas- und Stromrechnung zahlen müssen. Er wollte mir fünfundzwanzig Cent für ein Abendessen geben, aber ich lehnte es ab. Ich wäre am liebsten schnurstracks in ein Geschäft marschiert und hätte mir Turnschuhe gestohlen, aber dann überlegte ich es mir anders. Ich dachte, wenn ich dabei erwischt würde, müßte ich in ein Heim für schwererziehbare Mädchen und würde das Rennen am nächsten Tag versäumen und bestimmt auf lange Sicht noch viel mehr.

Es war besser, in meine alten Turnschuhe ein Stück Pappdeckel reinzulegen und die ganze Sache zu vergessen. Ich ging nach Hause, und Dian und ihre Freundinnen kamen herübergerannt, um mir zu erzählen, daß meiner Mutter auf der Treppe zu unserem Haus schlecht geworden sei. Eins von den Ballard-Kindern sagte: «Ihr ist nicht schlecht, sie ist betrunken.» Mir war plötzlich selbst ganz übel, und ich wußte nicht, was ich sagen oder tun sollte. Ich ging hinüber und sah, wie Mama sich schreiend die Treppe hinunterwälzte. Die Nachbarn zeigten mit den Fingern auf sie und lachten. Ich stand wie erstarrt und beschämt über die Bescherung. Mama hatte Bermudashorts und ein gestricktes Oberteil an, und zwei Männer versuchten, sie zurück auf die Treppe zu tragen. Sie sah aus wie ein Haufen Lumpen und schrie nach Jesus und jemand, der ihr helfen sollte. Die beiden Männer lachten und sagten: «Kleines, wir versuchen dir doch zu helfen.» Vor all den Leuten strichen sie Mama über die Oberschenkel.

Ich sah mich nach meiner Schwester und meinem Bruder um und entdeckte meine Schwester in der Menschenmenge, die sich versammelt hatte, und eine Frau, die ich nicht kannte, hielt meinen kleinen Bruder auf dem Arm. Ich mußte jetzt etwas tun, aber ich wußte nicht was. Ich ging zu der Frau hinüber und sagte, sie hätte meinen Bruder auf dem Arm und ich würde ihn jetzt nehmen. Sie gab ihn mir, und ich bedankte mich. Mein Bruder sah ganz jämmerlich und verwirrt um sich, er hörte meine Mutter schreien und verstand nicht, was los war. Ich nahm ihn und meine Schwester und ging an Mama vorbei, die immer noch schreiend auf der Treppe lag. Sie versuchte, uns festzuhalten, aber sie konnte nur einen Arm bewegen. Dann erbrach sie sich und schrie: «Ach, Sandra, ich bin doch eine gute Mutter.» Ihre Stimme erstickte im Keuchen neuen Erbrechens. Sie hatte sich schon ganz vollgespuckt. Nachdem ich meinen Bruder und meine Schwester in die Wohnung gebracht hatte, machte ich einen Waschlappen naß, um Mamas Gesicht abzuwischen. Ich wollte versuchen, sie ins Haus zu bringen. Ich ging hinunter, säuberte Mamas Gesicht und sagte zu ihr, sie solle aufstehen. Aber sie konnte nicht. Sie sagte: «Laß mich noch ein paar Minuten hier liegen.» Ich ging wieder nach oben und setzte Wasser auf, um ihr einen Kaffee zu machen.

Während ich darauf wartete, bis das Wasser kochte, ging ich wieder hinunter und wischte ihr noch einmal das Gesicht ab. Während ich das tat, hörte ich die Stimme eines jungen Mannes: «Ich weiß, was sie braucht. Ich werd's ihr gleich besorgen.» Ich blickte auf, und er faßte mit der Hand in seinen Hosenschlitz. Sein Glied war steif, und er schämte sich kein bißchen trotz der vielen Leute. Ein paar andere Männer lachten und sagten: «Wetten, daß du dich nicht traust», und andere sagten: «Mann, schäm dich doch, siehst du nicht, daß das kleine Mädchen seiner Mutter helfen will?» Der Mann mit dem steifen Glied sagte: «Schert euch doch zum Teufel, wenn mein Knüppel anfängt zu jucken, dann kriegt sie ihn rein und ihre Mutter auch noch.»

Ein paar Männer kamen herüber, um mir zu helfen, Mama die Treppe raufzutragen, aber ich lehnte ihre Hilfe ab, weil ich Angst hatte, daß sie versuchen würden, uns zu vergewaltigen, wenn wir erst im Haus wären. Ich wollte hochgehen und den Kaffee machen, aber ich hatte Angst, Mama hier alleine liegen zu lassen. Dieser Mann könnte sie glatt vergewaltigen, und kein Mensch würde was dagegen tun. Die Nachbarn würden sagen, es geschähe ihr recht, dafür daß sie sich betrunken hätte. Ich wusch ihr Gesicht und wünschte, ich wäre taub und blind.

Während ich noch dabei war, kam die Polizei. Sie kamen herüber und fragten, was geschehen sei. Ich sagte, Mama wäre die Treppe hinuntergefallen, und ob sie mir helfen würden, sie nach oben zu bringen. Sie lachten und sagten: «Sie riecht nach mehr als einem

Sturz.» Die beiden Bullen hoben Mama auf und fingen an, sie die Treppe hinaufzuzerren. Sie schrie auf, und einer von ihnen ließ sie auf die oberste Stufe fallen und drückte ihr sein Knie in den Brustkorb. Die Menge lachte, die Leute fielen fast um vor Lachen. Das Schauspiel erheiterte sie königlich. Der Bulle schrie Mama an, schlug ihr ins Gesicht und nannte sie eine besoffene nichtsnutzige Schlampe. «Du bist 'ne ordinäre Nutte und verdienst 'ne Nacht im Knast, da kannst du wieder zu dir kommen. Wenn du noch mal losbrüllst, laß ich gleich den Wagen kommen.»

Mama schluchzte und mir tat alles weh von einem Schmerz, wie ich ihn noch nie gespürt hatte. Die Bullen legten Mama aufs Sofa und fragten mich, wie alt ich sei. Ich konnte gar nicht antworten. Ich drehte nur den Kopf weg und sah Mama an. Sie lag da wie ein Bündel schmutziger Lumpen und merkte gar nicht, in welchem Zustand sie war. Ihr Oberteil war über ihre Brust hochgerutscht. Ich zog es zurecht und antwortete dann dem Bullen. Ich sagte, ich sei zwölf, obwohl es nicht stimmte. Aber ich dachte, je älter ich mich machte, um so günstiger sei es für uns alle. Vielleicht würden sie dann weggehen und mir die Sorge für die anderen und Mama überlassen. Ich sagte, es sei alles in Ordnung, und wir würden jetzt ins Bett gehen.

Sie gingen hinüber und untersuchten die Tür, sie vergewisserten sich, daß sie abgeschlossen war, und gingen. Ich gab meinem Bruder die Flasche, legte ihn ins Bett und sagte meiner Schwester, sie solle auch ins Bett gehen. Ich machte Mama sauber, so gut es ging, und setzte mich auf einen der Stühle, die die Weinsäufer ihr hochgeschleppt hatten, und beobachtete sie. Ich löschte das Licht und zog die Rolläden etwas hoch, so daß ein wenig Licht von der Straße hereinschien. Die Menge hatte sich verlaufen und die Kotze war noch auf der Treppe und ich war allein und hatte schreckliche Angst. Ich fühlte ein so starkes Bedürfnis danach zu weinen, daß ich alle meine Kraft zusammennehmen mußte, es nicht zu tun. Ich hatte das Gefühl, wenn ich jetzt anfangen würde, könnte ich gar nicht wieder aufhören. Ich dachte an den Wettkampf am nächsten Tag und dachte, ich kann Dian und den anderen gar nicht ins Gesicht sehen, sie hatten ja alles miterlebt. Aber ich muß gehen, ich kann mich ja nicht ewig verstecken. Ich muß zu diesem Wettkampf.

Ich ging ins Badezimmer, badete, wusch meine Haare und flocht sie. Ich schnitt mit einem Messer ein Stück Pappdeckel zurecht, steckte es in meine Turnschuhe und stellte sie neben mein Bett. Ich guckte noch mal, ob meine Shorts und mein T-Shirt bereitlagen und sauber waren. Ich versuchte mit aller Kraft, Mama nicht zu hassen und nicht darüber nachzudenken, was an diesem Abend geschehen war. Ich schlief die ganze Nacht im Sessel neben Mama, falls sie aufwachen und noch mal brechen würde, aber sie schnarchte nur und schlief fest.

Ich schlief gar nicht gut. Morgens stand ich auf, zog mich an und ging mit heißem Wasser hinaus, um den Rest der Kotze von der Treppe wegzuwischen. Keiner war auf der Straße außer mir, und ich war froh darüber. Ich ging wieder hinauf, und Mama wachte gerade auf, und ich konnte sie nicht ansehen, ich konnte es einfach nicht. Als ich an ihr vorbeiging, faßte sie meine Hand und sagte: «Sandra, sieh mich mal an.» Ich blieb stehen, aber ich konnte ihr nicht ins Gesicht sehen, ich sah statt dessen ihre Beine an. Sie zitterte, das merkte ich an ihrer Hand. Ihre Stimme zitterte, und ich wollte schreien, weil ich mich wie in einem entsetzlichen Erdbeben fühlte. Mama hielt meine Hand fest und sagte: «Es tut mir leid, Sandra, verzeih mir.»

Ich schwieg.

«Ich sprech mit dir Sandra, verzeih mir.»

«Ja, Ma'am.»

«Du weißt doch, Sandra, ich versuche, eine gute Mutter zu sein, aber es ist so schwer, wenn man ganz allein dasteht. Ich steck von vielen Leuten unheimlich viel ein, um euch zu behalten und euch durchzufüttern. Das Sozialamt hat mir verboten zu arbeiten, damit ich bei euch zu Hause bleiben kann. Ich will keine Sozialhilfe von diesen Leuten, die ständig ihre Nase in meine Angelegenheiten stekken. Das bringt einfach nichts, wenn man sein Leben damit zubringt, auf den Scheck vom Sozialamt zu warten. Sie sagen, ihr seid zu klein, um allein zu Hause zu bleiben und für dieses Hin und Her mit einer Betreuung. Aber das ist es eigentlich gar nicht. Sie wollen uns Schwarze abhängig von der Sozialhilfe halten, damit wir angewiesen sind auf ihre Gnade. Sie wollen nicht, daß wir aufstehen und selbst was tun.»

«Mama, das Trinken hilft dir auch nicht weiter, das hilft doch nur denen, dich noch weiter unten zu halten», sagte ich. Mama ließ meine Hand fallen und weinte wie ein kleines alleingelassenes Kind. Ich ging weg, stellte den Eimer an seinen Platz und machte mich für meinen Wettkampf fertig.

Im ganzen Haus war nichts zu essen außer Cornflakes, deshalb nahm ich eine Büchse Kondensmilch, verdünnte sie mit Wasser und goß sie über meine Cornflakes. Ich wollte eigentlich rausgehen und auf die anderen warten, aber ich schämte mich und wollte nicht, daß die Leute mich anstarren sollten wegen gestern abend. Mama stand auf und badete, sie kam aus dem Bad und fragte mich, warum ich so früh auf sei und schon angezogen. Ich sagte: «Du hast wohl meinen Wettkampf vergessen?» – «Du und dein blödsinniger Wettkampf», sagte sie, «da rennst du wie ein Idiot für nichts und wieder nichts.» – «Es ist für etwas, Mama, vielleicht nicht gleich, aber wenn ich älter bin.»

Jemand klopfte an die Tür und ich machte auf. Es war Mr. Lampkin. Er sagte guten Morgen und fragte, ob ich fertig sei. Ich nickte, und er sah an mir vorbei und sagte noch einmal guten Morgen zu Mama, stellte sich vor und sagte, daß er auf mich aufpassen würde und mich persönlich wieder hier abliefern würde. Er würde für unser Mittagessen und auch unser Abendessen sorgen, wenn wir spät zurückkämen. Mama stand da und sagte nur «hmhm». Schließlich machte sie den Mund auf und sagte: «Sarnie, benimm dich ordentlich da draußen und gehorche Mr. Lampin.» Ich sagte: «Mama, er heißt Lampkin.» Sie sagte in ihrer Entschuldigungsmanier: «Tut mir leid.»

Wir gingen hinunter, und die anderen warteten schon. Sie drehten sich zu mir um und sagten: «Na, Sarnie, bist du fertig, kommst du mit?» Ich sagte: «Seht ihr doch, daß ich mitkomme.» Wir nickten alle ganz aufgeregt und stiegen nach hinten in Mr. Lampkins weißen Buick Kombi. Mr. Lampkin saß allein vorne und sagte: «Was ist denn das, sitzt niemand neben mir?» Wir lachten alle und sahen uns gegenseitig an, um zu sehen, wer wohl Mut genug hätte, sich neben ihn zu setzen. Keiner wollte, deshalb tat ich es. Dann ging es los. Als wir jetzt aus der bekannten Umgebung wegfuhren, wurden wir nervös. Ich fragte, gegen wen wir laufen würden, und er sagte, wir seien an diesem Tag die einzigen schwarzen Mädchen in unserem Alter.

Ich kriegte es mit der Angst zu tun, wir hätten bestimmt nicht den Funken einer Chance zu siegen, wenn wir gegen weiße Mädchen laufen müßten. Ich war ganz sicher, daß sie, selbst wenn wir gewinnen würden, uns den Sieg noch irgendwie abspenstig machen würden, und ich sagte es Mr. Lampkin. Er sagte: «Aber nein, was glaubst du wohl, was ich mache, während ihr lauft. Ich werde die

Zeit nehmen und alles genau beobachten. Und ihr müßt dran denken, daß es wichtig ist, auf eurer Bahn zu bleiben. Die Aschenbahn ist mit weißen Linien unterteilt, und ihr müßt in eurer Bahn bleiben. Wer auf eine andere Bahn läuft, ist automatisch disqualifiziert.»

Er sagte, wir sollten als Gruppe zusammenbleiben und die Weißen nicht beachten und vor dem Start kein Wasser trinken. Ich hatte Angst, als wir ankamen, ich hatte mein ganzes Leben lang nie so viele Weiße auf einmal gesehen; den ganzen Tag mußte ich an Lynchmorde denken. Die weißen Teilnehmer hatte alle ihre Familien mitgebracht, die sie anfeuern sollten, sie sahen aus wie die Zuschauer bei einem Fußballspiel.

Ich blieb Mr. Lampkin auf den Fersen. Ich hatte Angst, von seiner Seite zu weichen. Die anderen blieben auch ganz schön dicht dabei. Wir sahen bei anderen Wettkämpfen zu und hörten, wie die Menge ihre Mannschaften anfeuerte. Die Wettkampfleiter verlangten unsere Geburtsurkunden, die wir natürlich nicht dabeihatten. Sie sagten, wir seien zu groß für das Alter, das auf unseren Teilnehmerkarten angegeben sei. Mr. Lampkin hielt ihnen entgegen, daß nirgends gefordert worden sei, daß die Teilnehmer unter vierzehn Jahren ihr Alter belegen müßten, und wenn wir Geburtsurkunden haben müßten, dann würde er das auch von den anderen Mannschaften fordern. Und er wollte jede Urkunde selbst sehen.

Die Wettkampfleiter waren alle weiß, und sie liefen von einer Mannschaft zur anderen, um sich die Urkunden vorlegen zu lassen, und Mr. Lampkin rannte mit, und wir, seine Mannschaft, folgten ihm auf den Fersen. Ich lief und sagte zu mir, ich wußte, daß so was geschehen würde. Die Weißen sahen ihre Konkurrenz und die gefiel ihnen gar nicht. Sie wollten sogar die Regeln ändern, nur um uns aus dem Wettkampf auszuschließen. Alle außer zwei weißen Mädchen hatten ihre Urkunden, und als diese beiden hörten, daß sie deshalb vielleicht nicht mitlaufen dürften, rannten sie unter Tränen und halb hysterisch zu ihren Vätern. Als die Väter der beiden Mädchen anfingen, genau dieselben Argumente wie Mr. Lampkin vorzubringen, wußte ich, daß wir mitmachen würden.

Die beiden Weißen und Mr. Lampkin verwandelten den Park in eine Art Irrenhaus. Ich lachte innerlich, weil ich gesehen hatte, wie die Schwierigkeiten sich zunächst gegen uns gerichtet hatten, und jetzt stritten sich die Weißen und schrien und rannten sich gegenseitig hinterher durch den Park und redeten von Fairness und Rechten und ein Beispiel geben von sportlichem Verhalten vor den Kindern, und sie meinten natürlich die weißen Kinder. Mr. Lampkins sagte jetzt gar nichts mehr, sondern überließ es ihnen, die Sache zu klären. Wir ruhten uns aus, wie er uns gesagt hatte, grade jetzt sei es noch wichtiger, das Rennen zu gewinnen. Er sagte, der Starter würde einen Schuß abgeben, und dann müßte der erste Läufer loslaufen und den Stab dem zweiten Läufer übergeben und so weiter, bis alle Läufer gelaufen seien, und keiner sollte sich umdrehen und hinhören, was die Zuschauer riefen, egal was passierte. Ich sah mir diese Leute an, die ich so verachtete, und dachte, wenn dieses Rennen aus ist, werden diese kleinen weißen Mädchen erst einen richtigen Grund haben zu weinen. Ich würde so schnell laufen, daß sie ganz dumm aus der Wäsche gucken würden.

Staffellauf der Mädchen wurde angekündigt, und die Mannschaften gingen auf die Aschenbahn. Mr. Lampkin sagte, wir würden als letzte antreten, damit wir nicht aufgeregt würden. Das letzte, woran er uns erinnerte, war, keinen Fehlstart zu machen. Drei Fehlstarts würden uns disqualifizieren. «Denkt dran, wartet auf den Schuß.» Dian sollte starten, dann kam Janis, dann ich, und Toni sollte den Sieg heimbringen, wie er es nannte. Es war kein Wettkampf um einen Preis, es war ein Wettkampf gegen *sie*. Es ging drum, ihnen zu zeigen, daß ich etwas besser konnte, obwohl sie das nicht glauben wollten. Wir gingen langsam hinüber und auf unsere Bahnen und hörten, wie die Weißen ihren Kindern zuriefen, wie toll sie seien und daß sie gewinnen würden, weil es keine Konkurrenz gäbe. Ich dachte, «da irrt ihr euch aber gewaltig, ihr Arschlöcher. Ich lauf für ein ganzes Volk, für das ihr die Regeln geändert habt und das ihr aus dem Rennen geworfen habt.» Auf die Plätze, fertig, peng, die Pistole, sie erschreckte mich zu Tode.

Dian sah aus wie ein riesiges rotes Feuerwehrauto, als sie die Bahn herunterlief, sie war den anderen weit voraus, und für mich war das Rennen schon entschieden. Die weißen Familien brüllten und sprangen auf und nieder, als ob Dians enorme Führung gar nichts bedeutete. Dian hatte Janis den Stab übergeben, als die anderen Läuferinnen erst auf halbem Weg zur zweiten Läuferin waren. Janis rollte auf mich zu wie ein Armeepanzer, der einen Hügel runterkommt. Ihr Gesicht war ganz verzerrt und sie rannte, was das Zeug hielt. Sie übergab mir das Holz, und ich hatte das Gefühl, ich könnte um die ganze Erde laufen. Die Menge war jetzt still, still vor

Schreck. Nachdem ich Toni den Stab übergeben hatte, sah ich mich um, um zu sehen, was hinter mir geschah. Ein paar von den weißen Mädchen hatten aufgegeben und weinten. Andere rannten weiter, aber nicht gut. Sie kamen gerade bei ihrer dritten Läuferin an, als Toni durchs Ziel lief und wir schrien und aufeinander zuliefen. «Wir haben es geschafft, wir haben es geschafft.»

Mr. Lampkin stand am Ziel und war so glücklich und stolz auf uns, daß wir fast anfingen zu weinen, aber wir sollten uns ja wie große Mädchen benehmen. Er hatte Tränen in den Augen, aber sie fielen nicht auf sein Gesicht. Toni, Janis und ich ließen unsere Tränen jetzt doch laufen, und wir umarmten uns und küßten uns gegenseitig und schrien immer noch. Der Lauf war zu Ende und der Sieg gehörte uns, aber keiner kam herüber, um uns oder Mr. Lampkin zu gratulieren, deshalb gratulierten wir uns gegenseitig.

Ein Weißer von der Presse kam her und fragte uns nach unseren Namen und woher wir kämen, und wir fragten warum. Er sagte, wir würden am nächsten Tag in der *Baltimore Sun* auf der Sportseite unsere Namen finden. Wir konnten kaum glauben, was wir hörten, es war unmöglich. Aber es stand wirklich drin am nächsten Tag, und wir waren das Team aus der Gilmore-Siedlung. Jetzt kam ein Wettkampfleiter herüber, um uns eine Karte zu geben, mit der wir unsere Trophäen abholen konnten. Es war eine goldene Statue einer Frau mit Flügeln und einer Fackel in der linken Hand und einem Kranz aus Blättern in der anderen. Ich konnte es gar nicht abwarten, sie Mama zu zeigen. Ich wußte, daß dies alles zwischen uns wieder ändern würde und daß sie jetzt sehen würde, daß aus mir wirklich eines Tages was werden konnte, wenn sie nur ein wenig an mich glauben würde.

Wir waren so aufgeregt, nachdem wir unsere Trophäen bekommen hatten, daß wir Mr. Lampkin anbettelten und baten, uns zurückzubringen, damit wir unseren Freunden und Familien die Trophäen zeigen könnten. Wir wollten nichts essen, wir wollten nur zurück und unsere Trophäen vorzeigen. In unserer Straße angekommen, fielen wir fast übereinander aus dem Auto und machten ein unvorstellbares Geheul. Köpfe kamen ans Fenster, und andere fingen an zu rufen: «Guckt mal, was sie gewonnen haben!» Mama kam endlich zum Fenster und lächelte und sagte, ich sollte die Trophäe raufbringen und ihr zeigen. Janis' Vater kam raus, um Mr. Lampkin die Hand zu schütteln und ihm dafür zu danken, daß er sich so für uns eingesetzt hatte. Freddy machte mit seiner Browniekamera Bilder von uns und gratulierte uns. Ich freute mich mehr, als ich je für möglich gehalten hatte. Ich setzte meine Trophäe auf ein kleines hölzernes Tischchen in unserem Wohnzimmer. Sie sah aus wie das einzige echte Stück in einem Trödelladen. Es war das erste, was einem auffiel, wenn man in die Wohnung kam.

Ein paar Tage lang wurde in der ganzen Siedlung über diese Trophäen gesprochen und darüber, wie die Weißen vor uns Angst bekommen hatten und versucht hatten, uns an der Teilnahme zu hindern, und wie Mr. Lampkin es gegen sie aufgenommen hatte. Wir waren ein paar Tage lang die Helden der Umgebung, doch dann erlosch die ganze Aufregung wieder so plötzlich, wie sie gekommen war. Lampkin, wie ich ihn lieber nannte, sagte, er würde uns Bescheid geben, wenn der nächste Wettkampf wäre. Wir bedankten uns bei ihm und er sagte, er sei derjenige, der uns Dank schuldete.

Ich kehrte zu meinen häuslichen Pflichten zurück, ging mit meinem Bruder spazieren oder einkaufen. Mama arbeitete ja nicht mehr und in der folgenden Woche würde die Schule wieder anfangen. Ich freute mich auf die Schule, aber nicht darauf, weiter zur *Public School 107* zu müssen. Ich hoffte, daß ich in die *Public School 108* gehen könnte wie die anderen Kinder aus unserer Siedlung. Ich fragte, ob wir zum Schulanfang neue Kleider bekommen würden, und Mama sagte, ich sei wohl verrückt. So fing ich an, meine alten Kleider durchzusehen, um etwas zum Anziehen zu haben, wenn die Schule anfing. Die meisten Kinder hatten am ersten Tag etwas Neues an, manche sogar die ganze erste Woche. Ich würde nicht mehr losziehen und Geld verdienen, das Mama dann vertrinken würde, deshalb kramte ich in der Schachtel, um ein paar Kleider rauszusuchen, die ich mir zurechtmachen konnte. Ich fand nicht viel, aber es war egal, man konnte es eben nicht ändern. Auf der Straße sprachen die Kinder vom Schulanfang und was sie bekommen würden. Ein paar Kinder gingen nur die ersten Tage in die Schule oder solange sie neue Kleider hatten, danach fingen sie an zu schwänzen.

Ich hatte noch nie geschwänzt, aber ich beschloß, daß ich es auch versuchen wollte, wenn sich die Gelegenheit ergeben würde. Ich konnte Mamas Unterschrift nachmachen und damit für mich selbst eine Entschuldigung schreiben. Ich sah, daß meine Mutter mit der Post eine Zahlung von meinem Vater bekommen hatte, und ich beschloß, den nächsten Scheck in Empfang zu nehmen, mit ihrem Namen zu unterschreiben und ihn in Doc's Drugstore in der Fulton Avenue einzulösen. Mir war inzwischen gleichgültig geworden, was recht und was unrecht war. Ich versuchte jetzt nur noch über die Runden zu kommen, bis ich achtzehn wäre und Mamas Wohnung verlassen könnte.

Während ich die alten Kleider sortierte, sagte Mama mir, daß sie an diesem Abend ausgehen würde, und wir sollten zu Hause bleiben und die Tür verschließen und niemand rein lassen. Ich hörte, was sie sagte, aber ich antwortete nicht, sondern zog noch mehr altes Zeug aus dem Schrank. Ich wollte eigentlich losziehen und einfach etwas stehlen, aber ich wußte nicht, wie ich es anfangen sollte. Aber das würde ich auch noch lernen. Wir hatten Tüten über Tüten voller abgelegter Kleider, die Mama von irgend jemand geschenkt bekommen hatte. Ich fand ein paar Sachen darunter, die mir gefielen, und ich zog sie raus, um sie zu waschen und zu bügeln. Es war der letzte Samstag, bevor die Schule anfing, und ich mußte meine Sachen fertig machen. Mama kochte einen Riesentopf voll Spaghetti und ging dann los, um sich zu amüsieren, wie sie es nannte. Ich sagte vor mich hin: «Komm bloß nicht wieder betrunken nach Hause.» Ich hatte Großmutter und die Familie lange Zeit nicht gesehen, und ich wollte nicht, daß sie erfahren sollten, daß Mama so trank. Ich wußte, daß Großmutter gemein sein konnte, wenn sie wollte, und Mama deshalb vor Gericht bringen. Ich hörte unten eine Hupe und gleichzeitig verließ Mama die Wohnung. Ich sah ihr ins Gesicht, und die Tür fiel ins Schloß. Ich ging ans Fenster und sah, wie sie in ein Auto stieg. Ich hatte ein schlechtes Gefühl und hatte wieder Angst. Dann wurde ich ärgerlich und warf meine Kleider im Zimmer rum und sprach laut mit mir selbst. «Da geht sie jetzt weg und läßt sich wieder ein Kind machen, und ich kann es dann hüten. Bin ich froh, wenn ich alt genug bin, von hier abzuhauen und für mich selbst zu sorgen. Ich laß Mama einfach allein mit ihren Babies und ihren nichtsnutzigen Männern.» Ich fing an zu weinen und weinte, bis ich müde wurde und ins Bett ging.

Mama kam später zurück, und obwohl sie nur flüsterten, hörte ich, daß sie jemand dabeihatte. Sie kam in mein Zimmer, schloß die Tür und machte dann die Tür zum Zimmer meiner Schwester zu. Ein paar Minuten später hörte ich, wie sie Laute ausstieß, als ob sie weinte. Ich wollte hingehen und nachsehen, was mit ihr los war, aber ich hatte Angst. Es klang wie ein Schrei, aber nicht wie die Schreie, die ich kannte. Ich wußte inzwischen, daß die Erwachsenen im Bett zusammen etwas machten, was man Geschlechtsverkehr nannte, und ich war sicher, daß sie es jetzt taten. Deshalb hatte sie auch meine Tür zugemacht. Ich fühlte Panik in mir aufsteigen und wollte brüllen und Mama davon abhalten, es zu tun, aber ich dachte, dann würde sie mich umbringen. Warum tat Mama so was mit einem Mann, den keiner kannte? Die Geräusche wurden immer lauter, und ich dachte, mein Kopf müßte zerspringen. Ich wollte sie hassen und sie umbringen. Ich wußte, wegen diesem Mann würden wir nur wieder neue Schwierigkeiten haben. Ich hörte, wie sie den kleinen Tisch wegschoben, und ich bangte um meine Trophäe. Bald hörte ich, wie die Tür aufging, der Mann ging, und Mama war im Bad und wusch sich. Ich hörte, wie das Geld klingelte, das sie auf den Tisch legte. Ich konnte den Rest der Nacht nicht mehr schlafen. Am nächsten Morgen mochte ich Mama gar nicht ins Gesicht sehen oder mit ihr sprechen, aber weil ich ein Kind war, wußte ich, daß ich es wohl mußte. Ich hätte sie gerne gefragt, was sie nachts eigentlich tat. Es brachte mich fast um, aber ich überstand diesen Sonntag, ohne was zu sagen, und machte meine Kleider für die Schule fertig.

Am Montagmorgen brachte Mama uns in unsere alten Schulen, und die Schulleiter weigerten sich, uns auf die Schule 108 zu überweisen, obwohl sie viel näher lag und wir sogar daran vorbeikamen, wenn wir zur Schule 112, der Schule meiner Schwester, und zur Schule 107, das war meine, gingen. Mama beharrte nicht weiter darauf und ließ meine Schwester in ihrer Schule und brachte mich in meine. Ich hatte zum erstenmal in meinem Leben einen Mann als Lehrer, und ich hatte gehört, daß er immer die schlimmsten Klassen bekäme. Er hieß Austin Willie Williams, den Namen fand ich komisch. Ich lachte, als er ihn an die Tafel schrieb, und merkte gleich, daß er keinen Humor hatte. Er war groß, schon grauhaarig und hatte ein nettes Gesicht, aber er mochte mich nicht. Ich merkte wohl, daß mir schon ein ganz bestimmter Ruf vorausging. Es waren neunundvierzig Kinder in einem Klassenzimmer, und sie waren in drei Klassen aufgeteilt, die vierte, die fünfte und die sechste. Ich war in der fünften und fand es schrecklich, daß drei Klassen im gleichen Zimmer unterrichtet wurden. Aber seit ich in der Schule war, hatte ich es nie anders erlebt. Er sagte uns, was für ein Heft wir am nächsten Tag mitbringen sollten, und ich hatte schon jetzt eine Wut auf ihn, weil ich wußte, daß Mama einen Anfall bekommen würde, wenn ich ein neues Heft kaufen mußte. Er teilte uns Bücher aus, und ich wurde schon wieder ärgerlich, weil ich dasselbe Buch wie die Viertkläßler lesen mußte. Unsere Bücher kämen von den weißen Schulen in Baltimore, sagte er, und wir bekämen sie, wenn sie sie ausgebraucht hätten. Wir hätten kein Recht auf neue Bücher, sagte er, weil wir schwarz seien und der Bürgermeister sagte, daß die Schwarzen nicht genügend Steuern zahlten und keine neuen Bücher verdienten. Er sagte das eiskalt, ohne einen Kommentar. Als er fertig war, gab er jedem einen Radiergummi, und wir mußten Seite um Seite die Kritzeleien und schmutzigen Bemerkungen ausradieren, die unsere überlegenen weißen Brüder für uns hinterlassen hatten.

Ich bekam gar nicht mit, was er erzählte, und ich fragte auch nicht. Ich beschäftigte mich mit dem Problem, wie ich zu einem neuen Heft kommen könnte. Ich sah mich in der Klasse um und sah Kinder, die alt genug waren, um meine Mutter zu sein, und andere, die jünger als meine Schwester aussahen. Die älteren waren, wie ich später herausfand, fünfzehn und sechzehn Jahre alt. Ich war zehn, fast elf, und in diesem Klassenzimmer würde ich mein Lebtag nichts lernen. Die Gruppe war zu sehr zusammengewürfelt, und die älteren Kinder sahen ganz schön rauhbeinig aus. Ich ging nach Hause und wünschte, ich müßte nie mehr hin und legte Mama mein Problem mit dem Heft vor. Sie sagte, ich sollte zu Doc's Drugstore gehen, ein Heft holen und sagen, daß sie es zahlen würde, wenn ihr Scheck käme. Ich genierte mich, hinzugehen und diesem Weißen zu erzählen, daß wir Sozialhilfe bekamen, aber ich brauchte das Heft. Er gab es mir und schrieb es auf Mamas Rechnung. Jetzt hatte ich also das Heft, und das einzige andere Problem war, wie ich in diesem Klassenzimmer etwas lernen könnte. Ich nahm meine Trophäe mit in mein Schlafzimmer und setzte sie auf mein Heft.

Alles in allem war dieser erste Schultag keine große Sache gewesen, und es waren weniger Kinder mit neuen Kleidern gekommen, als ich erwartet hatte. Die großen Wortführer hatten schon am ersten Tag jeden mit einem Spitznamen bedacht. Alexander Speck hieß bei ihnen Kohlenspeck als Anspielung auf seine tiefschwarze Haut, der schwärzesten in der ganzen Klasse. Ich war die Bohnenstange, und andere hießen Holzapfel, Zwiebelkopf, Krokodillippe oder Nagezahn. Ein paar Kinder wehrten sich gegen diese Neubenennungen, und Widerstand führte natürlich zur Zeremonie des Kämpfens. Ich lag auf meiner Matratze und schrieb meinen Namen auf mein Spiralheft, quer drüber, mit Kugelschreiber, damit ich beweisen konnte, daß es mir gehörte.

Weil die Schule angefangen hatte, mußte ich jetzt wieder um neun Uhr im Bett sein. Und Mama mußte sich wieder um meinen kleinen Bruder kümmern. Ich wusch meine Unterhosen und Socken und legte sie auf den kalten Heizkörper, sie trockneten trotzdem bis zum nächsten Morgen, ich hatte es schon mal probiert. Nachdem ich Mama gute Nacht gesagt hatte, schlief ich ziemlich schnell ein. Normalerweise lag ich noch lange wach und dachte über alles nach, was mich beschäftigte. Kurz darauf wurde ich davon wach, daß jemand am Türknopf rüttelte und Mamas Vornamen rief. Jemand schrie: «Tür aufmachen!» Mama fragte, wer es sei, und sie sagten die Polizei. Ich bekam Angst und mich fror und gleichzeitig brach mir der Schweiß aus. Ich wollte pinkeln, aber ich hatte solche Angst, daß selbst meine Blase nicht funktionierte.

Ich hörte Mama sagen: «Einen Moment, ich muß mich erst anziehen.» Plötzlich krachte es laut, und unsere Tür fiel aus dem Rahmen, und die Wohnung war voller Weißer mit Taschenlampen, die uns in die Gesichter leuchteten. Mein Bruder schrie, und ich versuchte, ihn zu beruhigen. Meine Schwester stand dabei mit einem völlig leeren Blick. Es war kaum vorstellbar, daß sie nur ein Jahr jünger war als ich, sie verstand so wenig. Sie reagierte nie auf etwas wie ich. Ich wußte nie, was sie gerade dachte oder was ich mit ihr sprechen sollte. Mama hatte nur den Unterrock an, und sie bat darum, daß sie den Rock anziehen dürfte. Sie sagten, das könnte sie ruhig, aber vor ihren Augen. Ich hätte sie am liebsten allesamt umgebracht, wie sie da so im Zimmer standen. Mama fragte, was sie wollten, aber keiner antwortete. Sie sahen sich gegenseitig an und lachten.

Ich stand da in einem Schlafanzug, der jemand gehört hatte, der einen halben Meter kleiner als ich war, und hielt meinen Bruder im Arm, und meine Schwester war im Nachthemd. Die Männer sagten, sie seien Kriminalbeamte und von der Sozialhilfe geschickt worden, weil jemand angegeben hätte, daß Mama mit einem Mann zusammenlebte. Mama sagte, das sei nicht wahr, und wer sie angezeigt hätte. Die Männer lachten wieder und zogen alle unsere zusammengelegten Kleider von den Regalen. Einer guckte in den Kühlschrank und fand eine Büchse Bier und sagte, Mama würde die Unterstützung gestrichen, wenn sie das melden würden, und sie würden es melden. Mama fing an zu weinen und die Männer nahmen meine Schwester, meinen Bruder und mich mit in die Küche und leuchteten uns mit ihren Taschenlampen ins Gesicht, obwohl das Deckenlicht an war.

Zuerst fragten sie meinen Bruder, der etwa zwei Jahre alt war, ob er Mama mit einem Mann im Bett gesehen hätte. Mein Bruder war ein Baby und verstand überhaupt nichts, statt dessen lachte er über die Lampe und versuchte, danach zu greifen. Dann fragten sie meine Schwester dasselbe, und sie gab keine Antwort. Dann fragten sie mich. Ich sagte, wenn sie was zu fragen hätten, sollten sie Mama fragen und nicht uns. Sie fragten mich, wie alt ich sei. Als ich es ihnen sagte, meinten sie, ich sei ein bißchen zu vorlaut, als gut für mich sei, und dann fragten sie mich, was ich später werden wollte. Ich mochte nicht antworten. Dann kamen wieder die Fragen: «Hast du deine Mutter im Bett mit einem Mann gesehen? Wie viele Männer kommen jede Nacht hierher? Wer hat das Bier gekauft? Wieso habt ihr Bier und nichts zu essen?» Ich sagte: «Wenn das Geld ausgeht, geht auch das Essen aus.» Sie sagten wegen meinen vorlauten Antworten würden sie Mama die Sozialhilfe streichen. Mama schrie mich an, ich sollte um Gottes willen den Mund halten. Ich hätte sie am liebsten in den Hintern getreten, sie stand einfach nur da und weinte, und diese Tiere schlugen die ganze Wohnung in Stücke. Alles lag auf dem Fußboden und sie leuchteten uns immer noch mit ihren Taschenlampen ins Gesicht und Mama weinte nur. Ich wurde stinkwütend und sagte, Mama hätte keinen Mann, der mit ihr zusammenlebte, und sie wohnte hier allein mit uns, und wenn sie nur ein Fünkchen Verstand hätten, hätten sie das inzwischen selbst sehen können.

Ich nahm meine Schwester und meinen Bruder mit ins Schlafzimmer, schmiß die Tür zu und sagte, sie könnten ihren Sozialhilfescheck nehmen und ihn sich wohin stecken. Mama hatte mich noch nie so reden hören, und ich wußte, daß sie mich umbringen würde, wenn sie weg wären. Aber mir war das egal, und das würde ich Mama auch ins Gesicht sagen. Diese Razzia war vorüber, aber es sollten noch viele dieser Art folgen. Mama sagte nichts zu mir wegen dem, was ich zu den Polizisten gesagt hatte, aber sie dachte, oder sah jedenfalls so aus, als ob sie dachte, ich wäre verrückt oder so was.

Diese Razzien gingen jahrelang weiter, bis der Oberste Gerichtshof sie verbot. Mama trank weiter und ließ die Sozialbehörde weiter unser Leben kaputt machen. Die Razzien hörten nur dann auf, wenn Mama wieder eine Kinderbetreuung gefunden und eine Sklavenarbeit angenommen hatte, die sie dann aus irgendwelchen Gründen wieder verlor, und dann mußte sie wieder zurück zur Sozialhilfe, bis sie einen neuen Job fand.

11

Es war eine sonderbare Zeit, immer wieder kamen diese Razzien, und jede war schlimmer als die letzte. Je größer ich wurde, desto gemeiner wurden die Polizisten. Ein paarmal wurde ich sogar rumgestoßen und gegen eine Wand geschleudert, weil ich meine Mutter verteidigt hatte. Es schien, als hätte ich mich in kurzer Zeit sehr verändert. Meistens wußte ich selbst nicht, was ich als nächstes sagen oder tun würde. Ich lernte allmählich, die Anzeichen für die nächste Razzia zu erkennen. Ich versuchte, mir alles Ungewöhnliche in unserer Umgebung und bei unseren Nachbarn zu merken. Ich stellte fest, daß sie immer ein oder zwei Tage vor der Razzia kamen und dann ein fremdes schwarzes Auto in unserer Straße parkte. Ein schwarzes Auto mit vier Türen, immer besetzt mit Weißen mit Bürstenschnitt in billigen Kaufhausanzügen und Slippern, und sie versuchten so auszusehen, als seien sie gerade mal mit dem Auto stehengeblieben, um ein bißchen zu schwatzen. Ich wurde darauf aufmerksam, weil ich vor der letzten Razzia, als ich auf der Bank saß, etwas von ihrem Gespräch hören konnte, irgend etwas, wer drüben im ersten und zweiten Stockwerk wohnte. Ich hatte nicht gesehen, wohin sie deuteten, aber ich sah, daß sie eine Straßenkarte rauszogen und draufguckten. Es war alles nur ein Vorwand, um unseren Court zu beobachten und Mama zu überwachen, denn es war unsere Wohnung im zweiten Stock, die sie im Auge hatten. Sie waren Beobachter von der Sozialhilfe, ich hatte vorher nie auf sie geachtet, aber jetzt würde ich sie nicht mehr übersehen.

Zwischen Mama und mir war eine Mauer, aber ich brauchte etwas oder jemand für mein Gefühlsleben. Ich wandte mich Gwen zu, die über uns wohnte, und sie wurde für mich eine Ersatzmutter. Zwischen uns herrschte von Anfang an ein gegenseitiges friedliches Einverständnis. Wenn ich mich bei ihr über Mama beklagte, hielt sie mich immer zurück. Endlich war es gar nicht mehr nötig, über Mama zu sprechen, weil es so viele andere Dinge gab, die Gwen und ich besprechen und die wir gemeinsam tun konnten. Sie hatte zwei Töchter, aber sie waren beide jünger als ich, und ich war für Gwen wie eine kleine Schwester, die sie sich immer gewünscht hatte. Sie brachte mir auf ihrer alten Singer-Nähmaschine das Nähen bei, und ich paßte auf ihre beiden Kinder auf. Sie interessierte sich für mich, wie sich vorher nie jemand für mich interessiert hatte, und ich hätte am liebsten die Familie gewechselt. Ich fühlte mich so geehrt, wenn sie nach Hause kam und mich zum Essen in ihre Wohnung einlud. Sie ging auch in die Abendschule. Ich hatte die Hoffnung aufgegeben, daß Mama es je tun würde. Gwen war die einzige, die mich vor der völligen Hoffnungslosigkeit bewahrte. Wenn ich merkte, daß ich in der Trostlosigkeit zu versinken drohte, lief ich zu ihr hoch und schüttete mein Herz bei ihr aus. Manchmal gab sie mir einen Rat und manchmal hörte sie nur zu. Viele der älteren Kinder in meiner Klasse waren verschwunden, und ich wußte, daß ein paar auf der Besserungs-Farm waren, weil sie gestohlen hatten, und andere waren in Heimen für Schwererziehbare, weil sie zu oft die Schule geschwänzt hatten. Wenn ich nicht Gwen gehabt hätte, wäre ich wahrscheinlich auch bei ihnen gelandet, weil ich ein starkes Bedürfnis hatte, einer Gruppe anzugehören, in der niemand an mir rummachte, und wo ich in dem Gefühl dazuzugehören ganz aufgehen könnte. Schon das Wissen, daß man in einer Gruppe nie als einzelner versagen oder Erfolg haben konnte, war für mich verlockend.

Statt einer Gruppe hatte ich nun Gwen; sie lobte mich dafür, wie gut ich nähte, und ich wußte, daß sie es ernst meinte, wenn sie etwas sagte. Ich nähte gern, und ich beschloß, daß ich Nähen in der High School als Wahlfach nehmen würde, weil ich dann gleichzeitig auch Modezeichnen lernen konnte. Aber das war noch lange hin, ich mußte noch fünf Jahre warten. Ich wollte immer noch gerne schreiben, aber ich wußte nicht, wo man schreiben lernen und studieren konnte. Ich dachte, es sei etwas, das einem angeboren sei, wie Musikalität, und ich glaubte, daß ich ohne alle Talente geboren sei. Ich lief einfach rum und wußte über nichts Bescheid, wie die meisten

Leute in meiner Umgebung. Meine einzige wirkliche Fluchtmöglichkeit war die Bücherei, die Enoch-Pratt-Bücherei, die kostenlos war. Ich war vorher nie in einer Bücherei gewesen und hatte keine Ahnung, wie es da zugeht, aber ich marschierte hinein, wie jemand, der die Erde zum erstenmal betritt. Ich wußte gar nicht, was ich zuerst anfassen sollte und ob man überhaupt etwas anfassen durfte.

Ich merkte, daß Mama wieder schwanger war, und ich konnte meinen Ärger darüber nicht gut verbergen. So wurde die Bücherei meine Zuflucht. Wieder war irgend so ein Unbekannter in unser Leben getreten und ließ uns mit einem weiteren Kleinen zurück, das nun auch ein Teil dieser Hölle werden würde, die uns jetzt schon umgab. Ich hatte kein Recht, Mama zur Rechenschaft zu ziehen, aber ich mußte wissen, warum sie überhaupt jemand erlaubte, sie in diesen Zustand zu bringen. Sie sagte, GV sei wie eine schlechte Angewohnheit, wenn man einmal anfange, könne man nicht mehr aufhören. Sie flehte mich an, ich sollte nie damit anfangen, dann würde ich nicht in so einen Teufelskreis geraten wie sie. Sie war bei verschiedenen Ärzten gewesen, um sich sterilisieren zu lassen, aber sie hatten es abgelehnt, weil sie erst achtundzwanzig war. Sie würde sich erst mit fünfunddreißig sterilisieren lassen dürfen. Ihre Erklärung war mal wieder so etwas Unverständliches, was ich gar nicht in meinen Kopf bekommen konnte.

Es war der elfte Tag im Monat, und unser Court wirkte wie ein Friedhof. Es war ein normaler Schultag, aber keiner ging in die Schule außer ein paar wenigen. Alle Fenster standen offen, und hin und wieder streckte jemand den Kopf heraus. Ich blieb an diesem Tag auch zu Hause, weil Mama mich darum gebeten hatte. Ich sollte ihr beim Einkaufen helfen und auf meinen Bruder aufpassen. Die übliche Gruppe von Männern stand an der Ecke rum, und sogar von ihnen ging eine gewisse Aufregung aus. Was spielte sich nur in diesen Häusern ab, aus denen der Postbote gerade herauskam? Kurz nach ihm ergoß sich ein ganzer Strom von Müttern und Kindern auf die Straße. Die Frauen hatten ihre Sonntags-Ausgehkleider an und die Kinder wie immer Blue jeans. Kleine Hände zerrten an den Rökken und Ellbogen, wenn sie schon hochreichen konnten. Stimmen baten um etwas, als handle es sich um den letzten Wunsch vor der Hinrichtung. Gesichter voller Freude und andere so enttäuscht, daß man nicht zu fragen brauchte, warum. Frauen, die sonst Muße hatten, ein paar Worte mit den Männern, die an den Ecken herumstanden, zu wechseln, trugen jetzt einen entschlossenen Blick zur Schau. Sie hatten ein Ziel vor Augen. Wenn sie an der Ecke vorbeikamen, griff die eine oder andere Hand eines Mannes nach einer Frau, aber sie ging einfach weiter, als könnte sie diese Zeichen nicht verstehen. «He, Mama, warum kennst du mich denn heute nicht, gestern hast du doch noch genau gewußt, wer ich bin!» Immer noch keine Antwort von der Frau und ihrem Gefolge. «He, he, ist ja gut, morgen kennst du mich schon wieder, wenn das Geld alle ist. Aha, ich seh schon, daß du heute was Wichtiges vorhast, heute ist ja Muttertag!» – «He, sag mal, wo sind denn heute die ganzen Weiber? Die ganze Siedlung ist ja leer.» – «Du weißt doch, daß heute Muttertag ist, warum glaubst du, ist Noudy gestern abend zum erstenmal in diesem Monat zu Hause bei seiner Alten erschienen? Die Männer versuchen doch auch, was von dem Scheck abzukriegen. Aber du weißt genau so gut wie ich, daß er ihr in den Arsch treten muß, wenn er was von dem Geld haben will.» – «Mein lieber Mann, die Weiber werden ganz schön keß am Muttertag.»

Natürlich hatte ich, schon kurz nachdem wir hierher gezogen waren, von diesem Muttertag sprechen hören, aber ich hatte eigentlich nie hingehört, was die Eckensteher genau sagten. In meiner naiven Unvertrautheit mit der neuen Umgebung hatte ich gedacht, sie sprächen vom nationalen Muttertag. Dies war also der berühmte Muttertag im Ghetto, und für jede Mutter gab es einen Scheck vom Staat, der jedoch nur dazu beitrug, dieses Elend zu erhalten, in das uns der Staat gestoßen hatte. Und auch die Mutterschaft Mamas wurde auf diese Art und Weise gefeiert. Ich sah, wie Mama sich fertig machte, und während sie die Strümpfe mit den Laufmaschen anzog, bat sie mich, zum Briefkasten zu gehen und ihr den Scheck zu holen. Ich tat, was sie mir befahl, ich nahm den Scheck aus dem Briefkasten und steckte ihn dann schnell unter mein T-Shirt. Ich wollte nicht, daß mich jemand mit diesem Scheck in der Hand sehen sollte. Irgendwie kam er mir wie etwas Schmutziges vor, und ich fand die grünblaue Farbe widerlich.

Auch für meine Mutter war also Muttertag. Sie nahm mich mit zu Doc's Drugstore, um den Scheck einzulösen und um mein Heft zu bezahlen, das ich auf Kredit gekauft hatte. Mein kleiner Bruder hielt meine Hand fest, während ich vor dem Drugstore wartete. Mama kam wieder raus und ging in den Supermarkt. Sie kaufte so viel Lebensmittel, wie sie für ihr Geld bekam. Und es waren keine Delikatessen darunter, es waren nur Grundnahrungsmittel. Nachdem wir die Lebensmittel nach Hause gebracht und aufgeräumt hatten, fuhren wir mit dem Dreier Bus zur Baltimore Street im Herzen des Einkaufszentrums. Ich war noch nie mit Mama in der Stadt gewesen. Sie nahm uns mit zum Billig-Markt, und hier fanden wir fast alle unsere Nachbarn wieder. Alles in diesem Geschäft war «drei, vier oder fünf für einen Dollar». Mama kaufte für jeden fünf Paar Socken für einen Dollar und fünf Paar Unterhosen für einen Dollar, und dann gingen wir raus und zur Bushaltestelle, um mit dem Bus nach Hause zu fahren. Jetzt war die ganze Geschichte schon vorbei, der Muttertag war beendet, jedenfalls für Mama. Es war früher Abend, und sie hatte kein Geld mehr und kaum genug Lebensmittel für zwei Wochen. Aber so war es eben, es waren harte Zeiten und Muttertag war nur einmal im Monat, immer am elften. Den Rest des Monats wurde gehungert, wenn Mama nicht einen Mann fand, der versprach, uns zu füttern im Austausch gegen ihren Körper, oder manchmal konnte sie auf ihren nächsten Scheck etwas Geld leihen. Oder ich fand eine Arbeit, Bügeln oder Babysitting. Wenn alle meine Möglichkeiten erschöpft waren, versuchte ich manchmal, mich bei anderen Leuten ein oder zweimal zum Abendessen einladen zu lassen. Zweimal war in der Regel das Maximum, beim drittenmal hatte man das Gefühl, daß man nicht gerade willkommen war. Mama war da anders, und meistens hatte sie noch weniger als die anderen, aber sie weigerte sich nie, denen was zu essen zu geben, die zur Essenszeit in unsere Wohnung kamen. Normalerweise hatten wir selbst nicht genug zu essen, aber Mama teilte immer alles, was sie hatte.

Alle, die Mama kannten, sagten, sie sei zu freundlich, zu großzügig und zu nachgiebig. Tante Grace besuchte uns einmal, sie wohnte selbst nur ein paar Blocks weiter. Sie stand den ganzen Tag da und hielt Mama einen Vortrag darüber, wie sie ihr Leben gestalten sollte. Ich fragte Tante Grace, warum Mama so freundlich zu anderen sein konnte und nur ihren eigenen Kindern die Hölle so heiß machte, wenn wir etwas taten, was ihr nicht gefiel. Tante Grace sagte, Mama sei so streng mit uns, weil sie uns liebte, und sie sei so freundlich zu anderen, weil nie jemand freundlich zu ihr gewesen sei. Sie sagte: «Weißt du, Sandra, manche Leute sind so. Obwohl man sie ihr Leben lang immer wie Dreck behandelt hat, sind sie die freundlichsten und nettesten Menschen, die man sich nur denken kann. Und dann gibt's wieder welche, die einfach zu den gemeinsten und übelsten Schuften werden. Eure Mutter ist nicht gemein zu euch Kindern, denn wenn sie es wäre, hätte sie euch schon längst in ein Heim gesteckt und hätte sich um ihre eigenen Sachen gekümmert. Sie ist einfach eine unheimlich gute Frau. Sie ist nur nicht für diese Welt gemacht, weil sie auch zu diesen verdammten Männern viel zu nett ist. Und weißt du, eure Mama ist eigentlich nie richtig über Männer aufgeklärt worden, und sie ist Männern gegenüber wie ein Kind. Sie weiß nicht, wann sie die Wahrheit sagen und wann sie ihr ins Gesicht lügen. Deshalb kriegt sie auch immer Kinder ohne Vater. Deine Mutter ist eine gute Frau; Gott weiß, sie hätte was Besseres verdient als diese nichtsnutzigen Schweinekerle, die kommen und sie aufs Kreuz legen und sie dann wieder verlassen. Aber, Liebes, zieh du deine Lehre aus dem, was du siehst, und laß dir nie von einem Mann antun, was sie deiner Mama angetan haben. Sieh erst mal zu, daß du dein Schäfchen ins trockene kriegst und gib keinem Mann was zu leicht.» Irgendwie wußte ich, daß Tante Grace Mama richtig sah. Sie hatte ein gutes Herz, und dafür war auf dieser Welt kein Platz. Ich hatte Angst, weil ich wußte, daß wir ganz schön drinsteckten, und was uns bevorstand. Das Sozialamt hatte schon gedroht, daß sie uns die Wohnung kündigen würden, wenn Mama noch ein uneheliches Kind bekommen würde.

Ich schämte mich für Mama, und ich wußte, daß es wieder Schwierigkeiten mit dem Sozialamt geben würde. Mama sagte zu mir, sie wollte versuchen, das Baby wegzumachen. Ich fand, das war das Schlimmste, was sie je zu mir gesagt hatte. Mama bat mich, ihr zu helfen, und ich hatte keine Ahnung, was ich für sie tun konnte. Wieder mal war es so, daß von mir, einem Kind, von einem Tag auf den anderen erwartet wurde, daß ich mich wie eine Frau verhalten sollte und am nächsten Tag wieder wie ein Kind. Ich hätte es gern Gwen erzählt, aber ich hatte Angst. In der Schule lief alles schlecht, ich lernte überhaupt nichts, weil ich immer nur daran denken mußte, wie man den Schwierigkeiten mit dem Sozialamt und dem Gericht aus dem Weg gehen könnte. Ich hoffte und betete jeden Tag, daß Mama ihre Schwangerschaft und später dieses weitere Kind vor dem Sozialamt verheimlichen könnte.

Mamas älteste Schwester wohnte einen Monat lang bei uns, sie war Alkoholikerin. Zum erstenmal war Mama mit jemand zusammen, der noch mehr trank als sie selbst, und sie sah, wie ekelhaft das war. Jetzt konnte sie mal eine andere Frau betrunken sehen, wie sie es selbst so oft gewesen war. Mamas Schwester hieß Hortense, sie war nach achtzehn Jahren aus dem selbstauferlegten Exil nach Baltimore zurückgekommen, und sie war Boo-Boos Mutter.

Großmutter hatte ihr ihren Sohn weggenommen, als sie ins Gefängnis mußte. Sie sei unschuldig ins Gefängnis gekommen, sagte sie, und Mama hatte mir das auch schon erzählt. Großmutter hatte sie des Stehlens bezichtigt, und dafür war sie ins Gefängnis gekommen. Ich haßte Großmutter hierfür noch mehr. Wie konnte sie nur so etwas Entsetzliches tun? Mama sagte, deswegen tränke Tante Hortense auch so viel. Sie war immer betrunken, sogar wenn sie schlief. Sie hatte derartig üble Launen, daß Mama in ihrer eigenen Wohnung nicht mehr tun und sagen konnte, was sie wollte. Tante Hortense kam mit zwei kleinen Kindern zurück, einem Jungen und einem Mädchen. Die Kinder hatten solche Angst vor ihr, daß sie sie nur anzusehen brauchte und sie schon aufs Klo mußten. Sie schlug sie mit allem, was sie gerade fand. Manchmal schlug sie sie mit der Faust und warf sie halb durchs Zimmer auf einen Stuhl. Ich konnte kaum glauben, was ich sah, wenn sie sie wie Stoffpuppen durchs Zimmer schleuderte. Vor lauter Nervosität waren den Kindern die Haare ausgegangen, sie hatten kahle Stellen auf dem Kopf. Im Bett schaukelten sie und schlugen ihre Köpfe an die Wand, bis sie einschliefen. Manchmal taten sie das so heftig, daß sie am Kopf bluteten. Sie schlugen ihre Köfpe genauso heftig auf den Fußboden oder an die Wände wie auf ein Kissen. Ich fand, in dieser Wohnung waren alle verrückt, und ich wünschte jeden Tag, daß sie mit ihren Kindern gehen sollte. Ich blieb so viel wie möglich von zu Hause weg und benützte die Schule als Entschuldigung. Tante Hortense setzte sich gegenüber Mama immer mehr durch, und was sie sagte, galt für die ganze Familie. Mamas Schwangerschaft schritt voran, und die Spannung im Haus wuchs im selben Maß wie ihr Bauch.

Eines Tages rief Mama aus dem Fenster nach mir, als ich Baseball spielte. Ich war gerade zum Schlagen dran, und ich rief zurück, daß ich eben noch meinen Schlag machen würde und dann würde ich jemand anders für mich laufen lassen und hochkommen. Mama sagte, es sei in Ordnung. Ich machte meinen Schlag und rannte dann hoch, um zu sehen, was sie wollte. Als ich zur Tür hereinkam, weinte Mama, und Tante Hortense schlug mich mit einem elektrischen Kabel ins Gesicht. Der Schlag brannte und stach entsetzlich, so daß ich wie angewurzelt stehen blieb und mir den Arm vors Gesicht hielt. Sie schrie mich an: «Du Luder, du, deine Mutter hat dich gerufen und du kommst einfach nicht!» Ich versuchte zu erklären, daß Mama gesagt hatte, daß es in Ordnung sei, wenn ich meinen Schlag noch machte, aber bevor ich ausreden konnte, kam die Schnur schon wieder angesaust, und mein rechtes Auge schmerzte und fühlte sich an, als ob es brannte. Die Schnur kam immer und immer wieder auf mich herunter, und alles, was Mama tat, war, an meiner Stelle zu weinen. Ich dachte, das ist doch verrückt, ich werde hier zu Tode geschlagen und sie weint.

Blut lief mein Gesicht, meine Arme und Beine runter, und ich schrie: «Mama, ich blute.» Mama sprang auf, packte die sausende Schnur und sagte zu Tante Hortense, daß sie ihre Sachen nehmen und sofort gehen solle. Sie sei hier nicht mehr erwünscht. Ich rannte die Treppe hinunter und zum Haus hinaus, und ich war von Kopf bis Fuß blutverschmiert. Ich saß auf der Bank und weinte, und meine Shorts waren zerrissen und meine Bluse auch. Die Polizei machte gerade ihre Runde, und sie sahen mich blutverschmiert dasitzen. Sie blieben stehen und fragten, was geschehen sei. Ich sagte, meine Tante hätte mich gerade mit einem Kabel geschlagen. Sie gingen mit mir die Treppe hoch, und Mama weinte immer noch, und Tante Hortense trank ihr Lieblingsgetränk, vor ihr auf dem Tisch stand eine Flasche Gin. Ich machte die Tür auf, und die Polizisten kamen mit herein und fragten, wer meine Tante und wer meine Mutter sei. Zuerst fragten sie Mama, ob sie meiner Tante erlaubt hätte, mich zu schlagen. Mama weinte immer noch und schüttelte nur den Kopf. Tante Hortense sagte, dazu brauchte sie keine Erlaubnis. Die Polizisten sagten, in Baltimore sei es gegen das Gesetz, Menschen mit elektrischen Kabeln zu schlagen, und wenn Mama sie anzeigen wollte, würden sie sie auf der Stelle festnehmen. Ich war minderjährig und konnte es nicht, und Mama war ihre Schwester und wollte es nicht.

Die Polizisten sagten, ich müßte im Krankenhaus behandelt werden, weil die Striemen so tief seien, daß sie sich entzünden könnten. Sie setzten mich ins Polizeiauto und fuhren Mama und mich ins Krankenhaus und fragten Mama, warum sie jemand erlaubte, ihrer eigenen Tochter so etwas anzutun. Mama antwortete nicht. Mein rechtes Auge war fast zu, und Striemen bedeckten meinen ganzen Körper. Ich war ganz verschwollen und blutete immer noch, als ich ins Krankenhaus kam. Die Polizisten brachten mich rein, und ein Arzt kam und verordnete mir ein Bad in grünem Wasser. Ich hatte Angst, daß es brennen würde, aber es tat nicht weh. Ich schlief in der Wanne ein, und man weckte mich nach einer Zeit, die mir sehr lang vorkam. Man gab mir einen langen weißen Bademantel und sagte, ich sollte nicht rubbeln, der Stoff würde das Wasser aufsaugen. Der Arzt fragte mich, warum meine Tante das getan hätte, und ich sagte, sie sei Alkoholikerin. Er sagte, es sähe so aus, als wollte sie sich selbst zerstören, indem sie mich so entstellte. Ich verstand das nicht und Mama auch nicht.

Sie hatte jetzt aufgehört zu weinen, und ich sagte, es sei nicht recht von ihr gewesen, zuzulassen, daß ihre Schwester mich so geschlagen hätte. Ich sagte, das würde ich nie vergessen, und ich würde den nächsten in der Familie, der mich schlagen würde, umbringen, und da sei sie mit eingeschlossen. Ich ging eine Woche lang nicht in die Schule, und Tante Hortense zog vor dem Ende der Woche aus. Sie sah mich nicht mehr an, weil sie dachte, ich hätte ihr die Polizei auf den Hals gehetzt. Und ich versuchte nicht, ihr das auszureden.

Mama war jetzt im fünften Monat schwanger, und nur wer sie gut kannte, sah den Unterschied. Eines Tages erschien wie aus dem Nichts eine Sozialarbeiterin. Hortense war gerade da und holte noch ein paar von ihren Sachen hinüber in ihre Wohnung in der Fulton Street. Es war die erste schwarze Sozialarbeiterin, die ich je gesehen hatte, aber sie war genauso wie die weißen, die ich bisher kennengelernt hatte. Sie bearbeitete Mama, sie sollte ihr sagen, ob sie schwanger sei. Mama sagte nein, sie hätte immer einen runden Bauch, und das stimmte auch, sie sah sogar schwanger aus, wenn sie es gar nicht war. Tante Hortense kam rüber, stellte sich vor die Sozialarbeiterin und Mama hin und sagte: «Das stimmt überhaupt nicht, sie ist genau im fünften Monat.»

Die Sozialarbeiterin schrieb es auf und sagte, ich sollte rausgehen. Ich weigerte mich, und sie warnte Mama davor, was bei einer Schwangerschaft geschehen würde. «Ihre Schecks werden sofort gestoppt, und Sie müssen die Entscheidung des Bezirksvorstandes abwarten. Sie bekommen dann mit der Post von uns Bescheid.» Diese schwarze Sozialarbeiterin sah Mama an, als sei sie ein Stück Dreck und als sei unsere mit Möbeln aus dem Sperrmüll eingerichtete Wohnung eine Jauchegrube. Sie ging genauso kühl weg, wie sie gekommen war. Ich wußte, daß sie ja nur ihre Pflicht tat, aber sie brauchte uns doch nicht so anzusehen, als seien wir keine Menschen.

Tante Hortense hatte sich mit einer letzten entscheidenden Gemeinheit von uns verabschiedet und war damit aus unserem Leben entschwunden. Mama zahlte einer Frau namens Dorothy Barnes zwanzig Dollar, damit sie eine Abtreibung an ihr vornehmen sollte. Sie steckte das Geld ein und kam nie wieder, um die Abtreibung zu machen. Ich ging zu ihrer Wohnung, um nach ihr zu suchen, aber sie war nie zu Hause. Mama geriet in Panik und schluckte alle möglichen Pillen, um einen Abgang zu bewirken, aber nichts tat sich. Sie rannte jede Woche zum Sozialamt, um ihren Scheck wieder angewiesen zu bekommen. Sie drohten ihr, ihr das Sorgerecht für uns zu entziehen, weil sie für unfähig erklärt worden sei, uns zu erziehen. Mama war ein Nervenbündel, und obwohl ich wütend auf sie war, wußte ich, daß sie mich brauchte. Ich benahm mich besser in der Schule und versuchte, den Haushalt zu machen, weil sie oft weg war, beim Sozialamt. Die Wohnungsbehörde drohte, uns zu kündigen, und Mamas Stimmung war wirklich am Tiefpunkt. Sie lief mit einem Blick herum, der mir solche Furcht einjagte, daß ich es kaum wagte, das Haus zu verlassen. Ich dachte, sie würde uns alle umbringen, wie sie es schon so oft angedroht hatte, wenn ihr die Probleme über den Kopf wuchsen. Ich glaubte, Mama würde verrückt. Sie saß allein da und sprach laut, als würde sie mit jemand reden, schüttelte den Kopf und deutete mit dem Finger, wie wenn noch jemand im Zimmer wäre. Ich fing an, mit ihr zu reden, wenn ich sah, daß sie ganz allein laut vor sich hinsprach. Ich wollte nicht, daß sie wahnsinnig würde, und dachte, wenn ich mit ihr redete, könnte ich sie vielleicht daran hindern. Sie strengte sich auch an, wenn sie wußte, daß ich in der Nähe war und sie beobachtete. Sie schlief nachts gar nicht, sondern ging hin und her und trank, deshalb blieb ich auch meistens auf. Die Schule war mir völlig unwichtig geworden, und wenn ich hinging, geriet ich entweder in irgendwelche Schlägereien oder hatte Auseinandersetzungen mit dem Lehrer. Ich sollte im Juni die Prüfung für die Junior High School machen, aber mir war völlig gleichgültig, ob ich es schaffen würde. Mama sollte das Kind im Januar bekommen, und danach könnte ich mich vielleicht mit meiner Prüfung beschäftigen.

Eines Tages traf ich Dorothy Barnes auf der Straße, und sie hatte ganz vergessen, daß ich wußte, was sie Mama angetan hatte. Ich ging zu ihr hin und sagte, wenn sie die zwanzig Dollar nicht zurückzahlen würde, würde ich es meiner Tante Chelsea sagen und die würde ihr in den Hintern treten. Sie lachte mich aus und sagte, ich sollte mich benehmen, wie es sich für ein Kind gehörte. Ich sagte, Kinder wüßten auch schon, wie man jemand eine Ladung Salzsäure ins Gesicht schüttet. Da hörte sie auf zu lächeln und schrak zurück. Ihr Bruder, der dicke Phillip war in meiner Klasse. Er war größer und stärker als ich, er stahl mir eine Töpferarbeit, die ich im Werkunterricht gemacht hatte, und schrieb seinen Namen auf mein Stück, als es noch weich war. Natürlich gab es eine Auseinandersetzung, und der Lehrer zog es vor, Phillip zu glauben, und gab ihm das Stück am Abend unserer Ausstellung. Ich hatte auch eine kleine Steppdecke für das Baby genäht, das Mama erwartete. Ich war traurig und in Sorgen wegen dieses Kinds, aber ich wollte mein neues Geschwisterchen aufnehmen, wie es sich gehörte. Es war schließlich ein hilfloses kleines Kind, und es brauchte uns. Ich hatte die Decke als Geschenk für das Baby gemacht und die Tonschüssel für Mama, damit sie es daraus füttern konnte.

Als Phillip das Stück gestohlen hatte, beschloß ich, es ihm heimzuzahlen. Ich erinnerte mich an die Geschichte von den zwei Frauen, die ihre Ansprüche auf dasselbe Kind anmeldeten, und wie die richtige Mutter das Kind lieber aufgab, als es zu verletzen. Und genau das wollte ich auch am Abend der Ausstellung tun. Mama kam mit mir zur Schule, und obwohl sie schwanger war, war sie hübsch, und ich sah, wie mein Lehrer sie ansah. Ich dachte, es ist wohl nicht nur Mamas Schuld, wenn die Männer sie ansehen, aber sie brauchte deshalb doch nicht immer gleich schwanger zu werden. Ich fragte mich, was Prostituierte wohl tun, um nicht schwanger zu werden, aber ich beschäftigte mich nicht weiter mit der Frage. Ich wußte, daß ich es wohl noch früh genug erfahren würde.

In der Ausstellung ging ich zu Phillip hin und sagte, er sollte die Wahrheit über die Schüssel sagen, und er weigerte sich zum letztenmal. Da nahm ich die Schüssel und warf sie vor Mama und Phillips Mutter auf den Boden. Ich schrie raus, daß ich die Schüssel gemacht und er sie gestohlen hätte. Der Lehrer kam herüber und zog Mama in eine Ecke, um mit ihr zu sprechen. Phillip weinte und erzählte seiner Mutter endlich die Wahrheit. Ich stand trotzig über der zerbrochenen Schüssel und wehe, wenn jemand etwas zu mir gesagt hätte. Ich hatte Lust zu kämpfen, und ich wollte gewalttätig sein. Ich schmeckte es fast in meinem Mund. Mama kam herüber und fragte, warum ich das getan hätte. Ich sagte, es sei das einzige, was mir übrig geblieben sei, weil der Lehrer gegen mich Partei für Phillip ergriffen hätte. Mama war es peinlich, aber mich ließ das kalt.

Ich hatte das Gefühl, daß ich getan hatte, was richtig war. Ich nahm am selben Abend noch meine Decke mit nach Hause und legte sie ans Fußende meines Bettes. In der nächsten Woche kam Phillip zu mir und entschuldigte sich bei mir, und seine Mutter schrieb Mama und dem Lehrer einen Brief, in dem stand, daß Phillip gelogen hätte. Mama sagte, trotzdem wäre es nicht richtig gewesen, was ich getan hätte. Was der Lehrer dachte, war mir offengestanden gleichgültig. Als ich wieder in die Schule kam, beachtete er mich natürlich gar nicht, und ich hielt mich weiter an die älteren Kinder in der Klasse. Manchmal gab es ein Handgemenge zwischen dem Lehrer und den älteren Jungen, die, wie er es ausdrückte, schon ihre Männlichkeit spürten. Mr. Williams forderte sie heraus, er kam sogar her und versetzte ihnen einen leichten Schlag, um zu sehen, wie sie reagieren würden. Ich dachte, er forderte sie wohl gerne heraus als Test für das, was ihm selbst von seiner Jugend geblieben war. Mamas Depressionen kamen und gingen, und Gwen war mit ihren GIs beschäftigt. Sie liebte Soldaten und brachte oft welche mit nach Hause, und ein paar waren einfach wunderschön, besonders die amerikanischen Indianer. Ich hütete ihre Kinder, und sie ging zum *Fort Meade* und tanzte und lernte Männer kennen, die sie mit nach Hause brachte.

Ich schlief immer ein, bevor sie nach Hause kam, und dann wachte ich in einem Zimmer voller Leute auf, Soldaten und Gwens Freundinnen. Gwen war ganz anders als alle anderen Frauen, die ich kannte. Sie liebte die Männer wirklich und schlief mit ihnen und wurde davon nicht schwanger, das sah ich. Ich wollte gern ihr Geheimnis wissen. Aber wie hätte ich danach fragen können? Ich wußte von den Affären der Erwachsenen, und ich war in sie hineingezogen worden, nicht auf meinen eigenen Wunsch, aber trotzdem verstand ich noch nicht alles. Ich nannte sie nicht mehr Gwen, sondern sagte Mama zu ihr. Ich mußte einfach, ich mochte sie so gerne, und ich hätte sie mir gern als Mutter ausgesucht, wenn Gott mir die Möglichkeit dazu gegeben hätte. Gwen war Fahrstuhlführerin, und sie hatte Stil, und ich wollte sein wie sie, wenn ich erwachsen wäre.

Mama war natürlich wahnsinnig eifersüchtig und machte Gwen schlecht, wenn ich sie in den Himmel lobte und sagte, daß ich wie Gwen sein wollte, und das bedeutete, daß ich nicht wie Mama sein wollte.

Mama war eine schwangere Fremde für mich. Ich wollte sie gern haben und vertraut mit ihr sein, aber etwas Kaltes und Hartes stand zwischen uns beiden, was ich nicht verstand und nicht erkannte. Ich entwickelte mich in so viele Richtungen und wurde von so vielen Dingen beeinflußt, daß ich mit mir selbst in Konflikt über Mama kam und darüber, was ich in meiner unmittelbaren Umgebung akzeptieren sollte.

Ich erfuhr, daß mein Vater Katholik war, deshalb begann ich, in die katholische Gemeindekirche zu gehen, die um die Ecke war. Ich hörte von Recht und Gerechtigkeit und Moral, und all das stand völlig im Gegensatz dazu, wie wir lebten und die meisten Leute um uns herum. Ich war verwirrt, denn viele Dinge, die ich bei den Katholiken lernte, betrachtete ich wirklich als Quatsch und dachte, die glaubten wohl, die Welt sei verrückt genug, diese ganze Geschichte mit der unbefleckten Empfängnis zu schlucken. Ich wußte, daß Mama jedesmal, wenn sie einen neuen Freund hatte, wieder ein Kind bekam, und ich dachte, die Mutter Gottes sei doch sicher auch nicht anders und jedenfalls nicht besser als meine Mutter. Wenn das stimmte, was der Priester sagte, daß die Menschen alle nach dem Bilde Gottes geschaffen seien, dann war Mama auch nach seinem Bild geschaffen und die Weißen waren es auch, die uns haßten und uns das Leben zur Hölle machten. Ich mußte den Priester fragen, ob es auch schwarze Priester gäbe. Natürlich bejahte er es, und ich fragte, wo; er sagte, in anderen Gemeinden, und ich bat ihn, einen schwarzen Priester einzuladen, weil ich gern einen erleben wollte. Der Priester sagte, er wollte sehen, ob es sich machen lasse.

Pater Conally war ein blonder irischer Kettenraucher, und ich glaubte ihm, als er sagte, er würde es versuchen, weil es ihm gelungen war, in seiner Gemeinde Schwarze und Weiße zusammenzubringen. St. Gregory war die Kirche einer weißen Gemeinde, und sie stand mitten in der schwarzen Gilmore-Siedlung. Pater Conally wurde in der ganzen Umgebung gerühmt, als wir hinzogen. Es gab damals noch keine Bürgerrechtsbewegung, und als er über seine Gemeinde hinwegblickte, sah er, daß die Schwarzen und die Weißen getrennt saßen, und es waren nicht die Schwarzen, die sich absonderten, es waren die guten christlichen katholischen Weißen. Ihr erster Widerstand kam, als er sein Amt antrat. Er gab die Kommunion nicht mehr den Weißen zuerst. Die guten Weißen hatten fast einen Herzanfall, aber immerhin nahmen sie weiter den Leib Christi aus denselben Händen entgegen, die ihn gerade einem Schwarzen gereicht hatten. Eines Sonntags kamen die Weißen in die Kirche und fanden, daß das Kirchengestühl, in dem sie sonst saßen, mit Seilen abgesperrt war, und ein Schwarzer und ein Weißer wiesen ihnen Plätze im Kirchenschiff an. Die Schwarzen saßen so wie immer, aber die Weißen hatten mal wieder das Gefühl, daß ihre christliche Großmut stark strapaziert würde. Immerhin mußten wir uns doch glücklich preisen, überhaupt in ihrer Kirche zugelassen zu werden. Vor allem wenn man in Betracht zog, daß die katholische Religion ihnen gehörte, und daß sie die sich hatten patentieren lassen als eine vorzügliche Technik, um uns weiterhin unterwürfig auf den Knien zu halten.

Pater Conally blieb seiner Politik treu, auch als die Seile wieder weg waren, aber der Stachel im Herzen vieler Weißer saß zu tief, als daß ihn die christliche Bruderliebe hätte herausziehen können, und sie verließen die Kirche auf der Suche nach einem reineren und weißeren Katholizismus. Diese Erfahrungen hinterließen dicke Schrammen an meinem neu erworbenen glänzenden Spielzeug, dem Katholizismus. Ich mochte den katholischen Glauben lieber, und es gefiel mir, daß die Kirche immer offen war und ich hineinkonnte und in der Stille sitzen. Ich mochte die Messe, vor allem weil sie so farbenprächtig war und nur eine Stunde dauerte. Es war ein großer Gegensatz zu den Methodistenkirchen, in denen ich gewesen war, mit diesem Schreien und Weinen und Flehen zum Herrn, ihnen Stärke zu geben und sie vor der Hölle zu retten. Ich liebte den Frieden, den ich bei den Katholiken fand, aber ich fing an, mir mehr Fragen zu stellen über Gott, den Zweck der Schöpfung und meine Zukunft in der Kirche. Ich bemerkte, daß Nonnen einen inneren Frieden zur Schau trugen, und ich wußte, Nonne zu werden bedeutete, daß man die wahren Kämpfe des Lebens umgehen konnte. Schon in meinem Alter wußte ich, daß es für mich eine Fluchtmöglichkeit sein könnte und daß ich sie gerne wahrnehmen würde. Es würde eine Gelegenheit sein, dem Gefängnis des Lebens zu entkommen, das mir in Form des Ghettos aufgezwungen worden war.

Ich wußte, daß Nonnen manchmal in die ganze Welt geschickt

wurden und daß sie dazu beitrugen, eine Menge Böses wiedergutzumachen und Elend zu lindern, und trotzdem konnte ich die endlosen Fragen nicht zurückdrängen, die in meinem Kopf immer wieder auftauchten. Für die Kinder unserer Gegend wurde ein Film darüber gezeigt, wie die Kirche auf einer Insel mit sehr armen Menschen arbeitet. Diese Menschen waren so arm, daß ich während des ganzen Films niemand, weder Erwachsene noch Kinder, mit Schuhen an den Füßen sah, und die Kinder hatten Lumpen an, die schlimmer als meine waren. Die Nonnen verkauften ihnen kleine Statuen der Jungfrau Maria und von Joseph und Jesus. Nach dem Film sahen ein paar meiner Freunde mich an, lachten und sagten, diese Kinder hätten noch mehr Löcher in den Kleidern gehabt als ich in meinen Jeans. Normalerweise kränkten mich solche Bemerkungen oder trieben mir die Tränen in die Augen, aber an diesem Tag wollte ich dem Priester und Schwester Madeleine auf den Zahn fühlen. Ich hob die Hand und stand auf, um meine Frage zu stellen: «Warum haben die Nonnen und der Priester diesen armen Menschen Statuen verkauft, statt ihnen was zu essen zu geben?»

Die Schwester und der Priester antworteten mir so demütig und ernst, daß ich nicht weiter über ihre Antwort streiten mochte. Ich ging weg mit dem Gedanken, daß der katholische Glaube trotz meiner Zweifel an der Kirche mir immerhin helfe, mit Mama besser auszukommen, und daß er mir deutlich gemacht hatte, daß ich kein guter Christ war, weil ich ihr ihre Schwangerschaft in sehr häßlicher Weise übelnahm. Ich holte mir von der Kirche Bücher über die Religion, um sie zu Hause zu lesen, und ich lernte die Bibel jetzt aus katholischer Sicht kennen. Ich kannte alle Feiertage und die Tage der Heiligen und befolgte sie sehr ernst. Ich glaubte, wenn ich getauft wäre, würde Gott meinen Vater zu uns schicken und wir würden danach immer glücklich zusammenleben. Oder Gott würde uns sonst jemand zuführen, der für Mama da sein und ihr die Kraft geben würde, nach der sie suchte, und die Liebe und das Verständnis, das sie nie gehabt hatte.

Eines Abends kam ich aus der Kirche nach Hause und fand Mama mit geöffneten Beinen dastehen, mit einem Kleiderbügel in der Hand. Ich wußte sofort, was sie tat, weil ich gehört hatte, wie sie und ihr Freund, der Taxi fahrende Stahlarbeiter, darüber gesprochen hatten. Er schlief mit Mama und sagte, das Baby, das sie erwartete, sei nicht von ihm. Ich hatte gehört, wie Mama anderen Leuten erzählte, es sei von Bob, das war dieser Fremde, der ein paarmal gekommen war, um mit Mama zu schlafen. Ich erinnerte mich genau daran, daß er aus Mamas Bett stieg mit den Worten, er sei hungrig, in den leeren Kühlschrank guckte und sagte: «Ihr alle hier habt nichts zu essen», mit einem häßlichen gemeinen Blick. Ich hätte ihm am liebsten jedesmal gesagt: «Du fickst doch meine Mama, dann bezahl sie doch oder kauf was für uns zu essen.» Aber ich hielt den Mund, so schwer es mir fiel, weil der Schmerz in meinem Herzen so groß war. Ich war immer kurz davor zu explodieren und ihm und Mama die Meinung zu sagen. Natürlich ging er immer weg und sagte, er würde gleich mit was zu essen zurückkommen. Einmal sagte ich: «Ich halt aber nicht den Mund, während ich warte», und Mama schlug mir mit der Faust die Lippe blutig. Er kam natürlich nie mit etwas zu essen zurück, und wenn er kam, war es mitten in der Nacht, um Mama zu ficken und ihr den Kopf mit unerfüllbaren Versprechungen zu vernebeln. Mama war jetzt von diesem Fremden schwanger und kein Mensch wußte, wo er war, außer Gott und ihm selbst.

Ich hatte also gehört, wie Mamas anderer Freund, dieser Stahlarbeiter, zu Mama gesagt hatte, man könnte einen Kleiderbügel aus Draht in die Scheide stecken und das Baby damit abtreiben. Mama war schon ziemlich weit, mindestens im fünften Monat, und ich wußte, daß sie daran sterben konnte. Ich hatte Angst, ihr zu sagen, daß ich die Unterhaltung mit ihm gehört hatte, und sie zu bitten, es nicht zu tun. Deshalb ging ich jeden Tag in die Kirche und bat Gott, uns zu helfen und Mama zu beschützen. Jetzt rannte ich zu Mama hin, fiel auf die Knie und sah den Drahtbügel, der zwischen ihren Beinen raushing. Ich schrie und weinte und sagte, daß es eine Sünde wäre und daß sie wegen Mord in die Hölle käme. Ich schrie, als ginge es um mein Leben, und das tat es auch. «Mama, bitte tu es nicht, bitte Mama. Ich hab dich lieb, Mama, und wir brauchen dich. Wenn du das tust und du nicht dran stirbst, bringen sie dich für den Rest deines Lebens ins Gefängnis und schicken uns alle in ein Heim.»

Ich umklammerte einen von Mamas Schenkeln und schrie verzweifelter als am Tag meiner Geburt. Ich bat sie: «Mama, bitte, ich helf dir. Ich tu alles für dich und ich helf dir, für es zu sorgen. Ich bleib zu Hause und wasche und putze und koche, aber bitte, Mama, bitte bring dich nicht um.» Mama fing auch noch an zu weinen und zog den Bügel raus und etwas Blut lief ihr schon am Bein runter und Mama sagte: «Gott, vergib mir, es ist zu spät.» Wir lagen uns in den Armen, wir weinten beide, und Mama bat mich, zu schwören, nie jemand zu erzählen, was ich gerade gesehen hätte. Ich nickte und versprach es durch meine Tränen, und Mama sagte, sie tue doch ihr Bestes für uns, und daß die Männer alle Schweine seien und nichts taugten und: «Bleib bloß den Rest deines Lebens von ihnen weg, denn sie brechen dir nur das Herz. Sieh mich doch an, Sandra, sieh deine Mutter an und sieh, was sie mir angetan haben. Sie haben mir die Welt versprochen, solange mein Bauch noch nicht bis zum Kinn reichte, aber in dem Augenblick, wo sie rausfinden, daß ich schwanger bin, rennen sie davon, sie rennen alle davon, und ich muß dann sehen, wie ich zurechtkomme. Ich bin keine Hure, Sandra, Gott weiß, ich bin keine, aber manchmal tue ich Dinge, um euch alle zu ernähren, ich mach es nicht gern und es macht mir auch keinen Spaß. Mein Scheck reicht nicht aus, und ich kann auch nicht arbeiten, und keiner leiht mir Geld für euch Kinder, und kein Mensch auf der ganzen Welt gibt mir was umsonst. Die einzige Möglichkeit, sie für das bißchen zu bezahlen, was sie mir geben, ist, die Beine aufzumachen.» Als Mama mir diese harte kalte Wirklichkeit beschrieb, hätte ich so gerne alles für sie geändert. Ich wünschte, ich wäre nie geboren worden, denn ich als erstes Kind hatte sie ja in diese Schwierigkeiten gebracht. Wenn ich nicht geboren worden wäre, wären die anderen vielleicht nicht gekommen.

Ich nahm den blutigen Kleiderbügel und hob ihn vier Jahre lang auf als Erinnerung daran, was Mama geschehen war. Ich behielt ihn und sah ihn mir jedesmal an, wenn der Priester etwas gegen Geburtenkontrolle sagte. Im Lauf der Zeit bekam ich zu viele Zweifel an der Kirche, an allen Kirchen, um Mitglied in irgendeiner zu werden. Vier Jahre nach der Geburt dieses Kindes, das Mama nicht hatte haben wollen, gab es Ereignisse, die mich ohne allen Glauben zurückließen und noch mehr allein als vorher und ohne das, was ich noch gehabt hatte, nämlich den Glauben an Gott. Ich konnte nicht glauben, daß es ihn gab und er solche schlimmen Dinge dulden konnte, wie die, die Mama schließlich völlig zugrunde richteten.

Ich hielt mein Versprechen, Mama zu helfen und mich anständig zu benehmen, so gut ich konnte. Ich machte meine Prüfung im Juni und kam in die Junior High School. Meine hübsche kleine Schwester Marsha wurde im Januar vor meiner Prüfung geboren, und

Mama kam zu der Abschlußvorführung in die Schule. Ich fühlte mich so leicht, als ich in meinem Kreppapierkostüm um den Fahnenmast tanzte, an dem keine Fahne war.

Als Mama mit mir und meiner kleinen Schwester im Arm nach Hause ging, kamen wir am Haus von Dorothy Barnes vorbei, der Engelmacherin; sie saß auf der Treppe, als wir vorbeigingen, und grüßte Mama, und Mama blieb stehen, um zurückzugrüßen. Ich sagte nichts und ging weiter. Dorothy rief an Mama vorbei hinter mir her: «Hallo, kleines Fräulein Frischgebacken, du hast doch deine Prüfung gemacht. Und im Herbst gehst du zur Junior High School, hm?» Ich gab der Hexe keine Antwort, weil sie Mama immer noch die zwanzig Dollar schuldete. Sie fragte Mama, ob das das Kind sei. Mama nickte und Dorothy sagte: «Na, bist du nicht froh, daß du es nicht getan hast?» Mama lächelte und ging weiter.

Das war am 16. Juni und eine Woche später kamen die Pater der Paulus-Mission mit einer riesigen transportablen Leinwand und einem Wohnwagen und parkten in unserem Court. Sechs Wochen lang waren sie da und verbreiteten das Wort Gottes. Ich war zwölf, und es war der letzte Sommer, in dem ich so eine Art Kindheit hatte, wenn ich das überhaupt hatte. Die Pater kamen mit Filmen vom Leben Jesu, von der Geburt bis zur Kreuzigung. Alle aus der Gegend waren da, auch die schlimmsten Raufbolde und Rumtreiber. Und das war das einzige, was mir an diesem Sommer nicht gefiel, die schlimmen Nigger. Sie und ihre Gewalttätigkeiten waren unvorhersehbar. Inzwischen hatte sich mein Cousin Boo-Boo einer Gruppe von schlimmen Niggern zugesellt, und ich hatte dadurch ein wenig Schutz, aber nicht viel. Er guckte zu, wie seine Freunde mir das bißchen Hintern, das ich hatte, betatschten, und lachte mit ihnen drüber. Und wenn einer ihn um Erlaubnis bat, mich zu vögeln, dann schützte er mich nicht etwa, wie ich es mir gewünscht hätte, sondern sagte, er sollte nur rangehen, wenn er es schaffte. Und wieder mal stellte ich fest, was Familienbande wert waren. Die schlimmen Nigger waren hoffnungslos. Sie kannten keine Grenzen und keine Skrupel, was immer und an wem sie es taten. Die meisten waren schon auf der Besserungsfarm gewesen oder die Älteren in einer Jugendstrafanstalt. Ein paar waren im Gefängnis als Frauen benutzt worden, sie galten auf der Straße als verrückte schlimme Nigger; und ein paar waren Schwule. Ich hatte vor allen Angst und ging ihnen aus dem Weg, wenn es nur irgend ging. Aber die Pater boten kostenlose Unterhaltung für die ganze Umgebung, und diese schlimmen Nigger wollten auch dabeisein, auch wenn es im Namen Jesu geschah. Die Pater zeigten jeden Abend einen Film, und dann stellten sie dem Publikum eine Frage, die am nächsten Abend beantwortet wurde, aber die Antwort mußte tagsüber schriftlich eingereicht werden. Die Pater beurteilten die Antworten und verteilten Preise, Plastikstatuen, Skapuliere, Rosenkränze und Bibeln und alle möglichen anderen heiligen Sächelchen.

Einige Fragen mußten in der Bibel gesucht werden, und man mußte den Vers und das Kapitel aufschreiben. Ich war damals ganz gut in Religion und hatte Spaß daran, mein Glück zu versuchen. Jeden Abend gewann ich irgendeinen Preis. Mamas kleines gebraucht gekauftes Bücherregal, auf dem nie Bücher standen, füllte sich jetzt mit Heiligenbildchen, Statuen und anderen heiligen Kleinigkeiten. Mama saß auf der Treppe und sah sich die Filme an, und der Ton war so laut, daß man ihn im ganzen Court hören konnte, und die Leinwand konnte man auch überall sehen. Mama war stolz, wenn ich etwas gewonnen hatte, und ich war glücklich.

Irgend jemand setzte in die Welt, ich würde bei dem Priester Vorbereitungsunterricht in Religion nehmen, und deshalb würde ich immer gewinnen. Aber ich kümmerte mich nicht um das, was sie sagten, und freute mich einfach nur über meine Erfolge. Am vorletzten Abend kam ein Mädchen, das ich sehr fürchtete, in unsere Straße und fing an rumzumotzen, wenn ich an diesem Abend wieder was gewinnen würde, würde sie mir den Preis wegnehmen. Ich gab ihr keine Antwort, aber ich sagte zu Gott, wenn sie das tut, ist mir egal, ob ich Angst vor ihr habe oder nicht, dann bring ich sie um. Ein paar dieser Schlägertypen standen in der Nähe und hörten, was sie sagte, und drohten ihr, sie würden ihr in den Arsch treten, wenn sie mit mir was anfinge. So wußte ich, daß mir mein Preis sicher war.

An diesem Abend saß sie hinter mir und steckte mir den ganzen Abend lang Stecknadeln in den Hintern, bis der Priester wieder als Gewinner meinen Namen aufrief. Die Menge applaudierte und jubelte mir zu, als der Priester etwas von meiner vielversprechenden Intelligenz sagte. Während der Priester sprach, hatte er seine Hand auf meine linke Schulter gelegt, und er sagte, am nächsten Abend hätte er einen großen Preis für den, der seine Frage von heute abend beantworten könnte. Und es sei nicht wie sonst, es würde nämlich nur einen Gewinner geben. Er sagte, er würde die Frage nach dem Film stellen. An diesem Abend zeigten sie die Kreuzigung Jesu, und ich weinte und dachte, daß die Weißen wirklich die Kinder des Teufels seien, außer denen, die in der Kirche waren.

Die Frage lautete, was geschah mit dem anderen Schächer, der Jesus verfluchte und am Kreuz neben ihm starb. Der Priester sagte, der eine Schächer hatte Jesus um die Vergebung seiner Sünden gebeten, bevor er starb, und das hätte ihm wenigstens für eine Zeit einen Platz im Fegefeuer gesichert. Aber der andere sei gestorben, ohne um Vergebung gebeten zu haben, und was sei mit ihm geschehen? Kam er in die Hölle oder in den Himmel oder ins Fegefeuer und dann in die Hölle? Ich ging nach Hause und schrieb noch an diesem Abend mit meiner ganzen Seele einen Aufsatz, der diesen alten weißhaarigen Priester am nächsten Abend zu Tränen rührte. Ich schrieb zwei Blätter auf beiden Seiten voll und schrieb über die Liebe Gottes für alle seine Kinder und seine Vergebung, und daß der Himmel auf alle wartete. Wie ich das schaffte, wundert mich selbst, wo ich doch jeden Tag meines Lebens an den Pforten der Hölle verbrachte.

Alle aus der Nachbarschaft waren an diesem Abend da, um zu sehen, wer der Endsieger werden würde, und viele sagten, ich müßte den Preis gewinnen, weil ich doch jeden Abend schon etwas gewonnen hatte. Ich saß dem Priester zu Füßen, während er sprach. Ich hatte die Augen auf seine Füße gesenkt, auf diese schwarzen Schuhe, und ich zweifelte mehr an mir, als nötig war. Aber Selbstbewußtsein hatte ich nie und sollte es auch später nicht im Übermaß haben. Er sagte: «Heute abend bin ich sehr stolz, diesen Preis zu vergeben, diesen ganz besonderen Preis. In meiner Laufbahn habe ich schon viele Menschen getroffen, aber nie jemand, der sich ausdrücken konnte wie dieser junge Mensch.» Ich fühlte, wie mich Hände berührten, und hörte sagen: «Ich habe es gewußt, daß du gewinnst.» Ich saß wie erstarrt und blickte immer noch nicht auf. «Die Eltern dieses kleinen Mädchens sollten stolz auf sie sein und sich klar machen, wie begabt sie ist.» Ich fühlte noch mehr Hände und hörte lautes Geflüster, ich bewegte mich immer noch nicht, und ich war so aufgeregt, daß ich fast weinte und gleichzeitig fast in die Hose machte. Ich redete mir selbst und meiner Blase gut zu und bat sie, mich nicht in Verlegenheit zu bringen.

Der Priester sagte: «Ja, einige von euch wissen schon, wer es ist, aber ich möchte, daß alle sie sehen, während ich ihre Antwort auf diese letzte und wichtigste Frage vorlese, die die Liebe Gottes zu uns allen betrifft.» Er rief meinen Namen, und ich rührte mich nicht von der Stelle, ich war noch immer völlig erstarrt, und meine Beine zitterten, und die Leute um mich rum klatschten Beifall und schrien und schoben mich nach vorn. Ich fing an zu weinen, und einer der jungen Priester packte mich und hob mich hoch zur Bühne zwischen einer Menge von Händen hindurch, die mich anfaßten und mir alles Gute wünschten. Es war ein schönes Gefühl, aber ich hatte Angst. Das grelle Licht auf der Bühne tat mir in den Augen weh, und ich mochte nicht aufblicken, außerdem weinte ich und wollte das nicht der ganzen Welt zeigen. Der alte Priester bat meine Mama auf die Bühne, und es war mir peinlich, weil ich wußte, daß Mama heute abend Shorts anhatte, aber sie kam trotzdem und stellte sich mit ihren Shorts neben mich, und sie bekam von allen Priestern die Hand gedrückt und gesagt, welche hervorragende Begabung ich sei. Der alte Priester fing an, meinen Aufsatz vorzulesen über die Liebe Gottes zu uns allen und über seine Macht und seinen Willen, uns durch das Schlimmste zu führen, und gleichgültig was war, Gott sei immer da, wenn wir nur die Hand ausstrecken und den Geist seiner Gegenwart berühren, aussprechen und fühlen wollten. Als er las, fragte ich mich, was wohl mit mir geschehen war, als ich den Aufsatz geschrieben hatte. Es kam mir vor, als sei ich es gar nicht selbst gewesen. Einiges davon kam mir ganz unbekannt vor. Der Priester fragte Mama, ob sie mir geholfen hätte, und sie sagte: «Das ist Gottes Wort, ich hab ihr nicht geholfen.» Dem Priester liefen Tränen die Wangen hinunter, als er mir eine Fünf-Pfund-Packung Pralinen überreichte und eine Bibel und einen wunderschönen Rosenkranz. Er beugte sich runter zu mir und sagte, Gott würde alle Tage meines Lebens bei mir sein, weil ich in ihm sei, und ich würde nie allein sein, wenn ich weiter mein Leben lang an diesem Glauben festhielte. Er sagte zu Mama, sie sollte stolz auf mich sein und mich beschützen, weil er wohl gemerkt hätte, daß ich etwas Besonderes sei.

Wir gingen durch eine Woge von begeisterten Zurufen und lächelnden Gesichtern nach Hause. Die Polizei war auch da, wie jeden Abend, und der einzige schwarze Polizist, den ich je gesehen hatte, kam zu Mama herüber und sagte: «Sie sind sicher stolz, nicht wahr?» Ich hatte eigentlich gar nichts Großartiges geleistet, aber für die Menschen um mich herum war jede Anerkennung von der weißen Welt dafür, daß wir etwas Richtiges oder Gültiges vollbracht hatten, ausreichend, eine Kleinigkeit ins Unermeßliche zu heben. Noch Tage danach traf Mama Leute in Geschäften und auf der Straße, die sich daran erinnerten, daß selbst der weiße Priester mit Tränen in den Augen gesagt hätte, daß ich etwas Besonderes sei.

In der nächsten Woche war die Aufregung vorüber, und ich fuhr ins Francis M. Woods-Ferienlager. Meine Pralinen waren alle gegessen, mehr von den anderen als von mir, aber ich hatte noch die Erinnerung im Herzen und die Bibel in meinem Zimmer, und Mamas Bücherregal war ohne Bücher, aber voll von religiösen Bildchen und Schriften und Heiligenstatuen, die meine kleinste Schwester bald zu ihrem Lieblingsspielzeug auserkor. Mama brachte meine Schwester und mich zum Sozialamt, wo der Bus uns aufnehmen und in eine, wie mir vorkam, völlig andere Welt bringen sollte. Wir würden zwei Wochen auf dem Land und in der frischen Luft sein. Es waren die ersten Ferien unseres Lebens und die letzten, bis wir erwachsen waren und selbst Geld hatten. Für mich waren diese beiden Wochen im Ferienlager trotz aller späteren Reisen und Ausflüge die schönsten, die ich je verlebte. Es war auf dem Lande außerhalb von Baltimore und nicht weit vom Pretty Boy-Stausee. Ich wußte gar nicht, daß es dort einen Stausee gab, bis ich in dieses Ferienlager kam.

Das Lager war in die grünen Hügel von Maryland eingebettet, und unsere kleinen weißen Holzhäuser standen da wie winzige Blumen auf einer riesigen Wiese. An der Grenze des Lagers floß ein Fluß vorbei, und wir badeten und wateten jeden Tag darin. In meiner ganzen Kindheit war dieses Lager das einzige, was mir wie das Paradies erschien. In einem großen weißen Haus wohnten die Lagerleiter Mr. und Mrs. Lambson mit ihrer Tochter Evangeline, die meine liebste Freundin wurde. Ihre Eltern waren Sozialarbeiter, die jeden Sommer dieses Ferienlager betreuten, und Vangie war den ganzen Sommer über im Lager und ging erst im September nach Baltimore zurück, um in die Schule zu gehen. Im Lager konnten ihre Eltern ihr nicht vorschreiben, mit wem sie spielte, aber zu Hause in der Stadt sollte sie nicht mit Sozialhilfekindern wie mir spielen, die aus diesen entsetzlichen Siedlungen kamen. Vangies Mutter sprach das zwar nie aus, aber das war auch gar nicht nötig. Ich sah es schon an ihrem Gesichtsausdruck, wenn ich mal an ihre Tür kam.

Im Lager waren Vangie und ich immer zusammen, und wir mochten uns sehr gern. Meine Schwester bekam ihr Asthma und mußte nach zwei Tagen nach Hause gebracht werden. Ich half ihr packen, und sie schien erleichtert, wieder nach Hause zu dürfen. Mir tat sie leid, weil sie so kränklich war und immer vom Sport und allem Anstrengenden ausgeschlossen war. Sie fuhr ab, und ich dachte nicht mehr an sie, außer bei den Mahlzeiten, da tat sie mir leid, weil ich wußte, daß sie zu Hause nie so gut essen würde wie wir im Lager. Jeden Tag konnten wir so viel essen, wie wir wollten, es war immer reichlich und immer gut und frisch. Manchmal lachten wir und sagten, es sei Essen für Weiße. Es war anders als das, was wir von zu Hause gewöhnt waren, Salate aus Früchten oder Gemüsen gehörte nicht zum Speiseplan unserer Familie, unsere Gemüse waren immer gekocht und frisches Obst gab es in unserem Haus nicht. Die Gemüsesalate und das frische Obst wurden zu meinen Lieblingsspeisen, der Quark allerdings nicht. In den Holzhäusern gab es kein fließendes Wasser und jeden Morgen wurden wir alle gleichzeitig aufgeweckt und hinaus ins taunasse Gras geschickt, wo wir um riesige Waschbecken mit langen Reihen von Wasserhähnen standen, die Zähne putzten und unsere Gesichter wuschen. Nach ein paar Tagen wurde ein anderes Mädchen, das wie ich Sandra hieß, wegen Bettnässen nach Hause geschickt. Zwischen uns beiden war ein Unterschied wie Tag und Nacht, sie hatte blondes welliges Haar und helle Haut, fast weiß, dort wo sie nicht durch die Sonne gebräunt war. Ihre Augen waren blau und ihre Lippen bonbonrosa. Sie und ich standen manchmal minutenlang da und starrten uns gegenseitig an, wenn unsere Namen beim Appell aufgerufen wurden.

Nach einer Woche im Ferienlager kam der Bürgermeister der Stadt Baltimore heraus, um sich mit allen, die in der Nähe standen, ein paar aufregende Minuten lang zu unterhalten. Ich sah ihn, stand aber etwas von der Gruppe entfernt. Er blickte in meine Richtung, und vielleicht sah er mich, aber ich war nicht sicher. Er drehte den Kopf weg, und ich ging hinüber und schenkte ihm einen Strauß Löwenzahn, den ich gepflückt hatte, als sein Auto ankam. Wir hatten gerade eine kleine Zwischenmahlzeit bekommen, und ich aß ein Stück Wassermelone. Ich bot ihm meine Melone an, schenkte ihm den Strauß und sagte: «Herzlich Willkommen.» Er lächelte und schüttelte mir die Hand und fragte mich nach meinem Namen, als ob er für ihn etwas bedeuten würde. Fünf Jahre später würde ich mich politisch engagieren und an einer Kampagne beteiligen gegen seine Mannschaft, die so lange regiert hatte, der er aber offiziell gar nicht mehr vorstand.

Das Ferienlager war einfach herrlich, und ich weinte, als sie uns in den Bus packten und wir zurückfahren mußten zu den kärglichen Mahlzeiten und den Tagen ohne Essen und den Feindseligkeiten der Umwelt und keinem, der für die Probleme eines Kinderherzens Zeit hatte. Ich hatte im Lager Kinder aus dem ganzen Stadtgebiet kennengelernt, und außer Vangie wurden sie alle von der Sozialhilfe unterstützt. Es waren nette Kinder, und es gab keine Raufereien unter den Mädchen und fast nie unter den Jungen. Und wenn es zum Kampf kam, wurden die beiden Streithähne in einen Ring geschickt wie Berufsboxer, und die Lagerhelfer spielten Schiedsrichter. Die Kämpfer bekamen Boxhandschuhe, und man ließ sie kämpfen, bis sie nicht mehr konnten oder nicht mehr wollten. Bei den Mädchen bestanden die Strafen darin, daß sie von Unternehmungen ausgeschlossen wurden, die ihnen besonderen Spaß machten.

Wir machten ein Lagerfeuer im Wald in der Nähe des Flusses und kochten über dem Feuer und sangen Lieder, bis wir nicht mehr singen konnten. Die Betreuer verstanden unsere Nöte und unser gelegentliches Heimweh. Sie spielten mit uns oder überwachten unsere Spiele, und sie legten immer Wert auf Fairness in allem, was wir taten, und auf Sauberkeit im Tun und Denken. Die Vorstellung von sauberem Tun verstand ich, aber die sauberen Gedanken waren etwas anderes und mir völlig neu.

Alle möglichen Tiere kamen tags oder nachts in unser Lager, wilde Tiere, die ich vorher nie so nahe gesehen hatte, vielleicht mal ein Bild von einem, aber nie eins, das mir auf dem Weg begegnete oder zu unsrer Tür kam. Es gab Waschbären, Eichhörnchen und Fische im Bach, Oppossums und Rehe, der Wald um uns hallte wider vom Leben der Tiere, und ich wollte überhaupt nicht wieder weg. Ich wollte nicht zu diesen Freunden, die ich hier kennengelernt hatte, auf Wiedersehen sagen, weil ich wußte, daß ich sie nie wieder sehen würde, die weiße Sandra oder Pee-Wee mit einer Kette von Fröschen um den Hals und schwarzen Gartenschlangen in den Taschen, die er beim Abendessen rausholte und über den Tisch kriechen ließ, oder seine fast unmenschlich dünnen Beine, denen man gar nicht zutraute, daß sie ihn tragen konnten, aber die ihm trotzdem halfen, alle möglichen Untaten zu vollbringen, auf die kein anderer größerer Junge je gekommen wäre.

Solange ich lebe, werde ich seinen unmöglichen Kopf nicht vergessen. Er lief nach oben spitz zu, und Pee-Wee schien es am meisten zu erheitern, wenn sich die anderen über seine Kopfform lustig machten. Er und ich hatten von allen Kindern die verrücktesten Ideen, und manchmal, wenn wir ermahnt wurden, uns anständig zu benehmen, gaben wir zurück, daß wir gern nach Hause gingen, wo wir nicht die ganze Zeit dieses «Benimm dich mal» und «Wo warst du denn?» zu hören bekämen, aber es war nicht so. Pee-Wee und ich waren am allerglücklichsten von all den Kindern, auch was die Disziplin anging, und wir weinten im Bus, wo wir nebeneinander saßen, auf dem ganzen Weg zurück nach Baltimore. Als wir einstiegen, neckten uns die Betreuer und überprüften ihn, um zu sehen, was er mit zurück in die Stadt schmuggelte, und Pee-Wee, seiner Natur treu, hatte die ganze Tasche mit seinen schwarzen Lieblingsschlangen voll, und sie nahmen ihm alle außer einer weg. Pee-Wee kam in Baltimore an mit Salzwasserflecken auf dem Gesicht, wie ich auch, und mit einer schwarzen Schlange in einem leeren *Bennets*-Mayonnaiseglas.

12

Der Herbst kam und mit ihm die größte Enttäuschung meiner ganzen Schulzeit: die Zuweisung an die *Washington Junior High School.* Diese Schule war wirklich eine Katastrophe, und die Lehrer waren schlimmer als alle, die ich bisher kennengelernt hatte. Sie schienen gar nicht mehr zur schwarzen Rasse zu gehören. Ihre Bildung hatte sie derart verfeinert, daß sie auf uns, ihre Schäflein, nur mit milder Verachtung herabblicken konnten. Bei ihnen gab es kein freundliches Gesicht. Das Klassenzimmer zu betreten und guten Morgen zu sagen, wurde wie ein entsetzliches Vergehen behandelt, und mit einem Lächeln hereinzukommen war ein Kapitalverbrechen. Alle Lehrer und auch die Verwaltungsbeamten waren schwarz, aber nur äußerlich. Sie sahen uns an, als hätten sie nichts mit uns gemein, nicht einmal die Schulbildung. Sie sprachen zu uns, als wären wir ein Haufen Schlachtvieh oder, noch schlimmer, eine Horde Kettenhunde. Sie behandelten uns, als sei Disziplin ihr

Hauptziel und nicht unsere Bildung. Unsere Erziehung war eine ernste Angelegenheit, und Dummheiten wurden nicht durchgelassen. Es gab keine Zeit für den Ausdruck von Gefühlen, sondern nur diese unglaublich wortreichen und boshaften Angriffe auf uns. Wir waren für sie genau das, was unsere Eltern waren oder gewesen waren, und es gab für uns keine Hoffnung, es einmal besser zu machen, falls sie versagt hatten. Dieselbe Ideologie, die mir schon von den weißen Sozialarbeitern eingeimpft worden war, wurde mir hier von meinem schwarzen Lehrer serviert, der mich, die Hoffnung der schwarzen Rasse für die Zukunft, eigentlich hätte prägen und bilden sollen. Ich fühlte mich überhaupt nicht wie die Hoffnung der schwarzen Rasse. Das Schulhaus war alt und grau, und die ganze Schulsituation wirkte noch düsterer, weil die Lehrer in ihren Auffassungen noch archaischer als das Schulhaus waren. Ihre Kreativität war völlig erlahmt, falls sie je etwas Derartiges gehabt hatten. Für viele von ihnen war das Studium des Lehrberufs ein Weg gewesen, um der armseligen Zukunft zu entgehen, die ihnen das Unglück, eine schwarze Haut zu haben, zudiktiert hatte. Nur wenige von diesen Menschen, in deren Hand unsere Erziehung lag, hatten wirklich das Bedürfnis, ihrem Volk etwas mitzugeben. Jeden Tag wurde uns vorgeworfen, daß wir falsch sprachen, falsch aussahen, das Falsche taten, falsch rochen, falsch saßen oder standen. Über jedem Winkel und jeder Ecke lastete strengste Disziplin und harte Unterdrückung. Wir alle wußten genau, was wir nicht durften. Aber was uns erlaubt war, blieb uns ein Rätsel bis zu dem schicksalhaften Tag, an dem man sich gegen die Autorität auflehnte. Meine Lehrer versuchten nie, uns wie denkende und fühlende Menschen zu behandeln. Den Versuch zu machen, etwas mit uns zu besprechen oder zu diskutieren, kam gar nicht in Frage. Mit uns ruhig und verständnisvoll zu sprechen, war nicht drin. Und doch sollten wir dann auf ihre Disziplinierungen wie Menschen reagieren. Die geringste Übertretung einer Regel wurde viel zu streng geahndet, und das trieb einige Schüler dazu, die Regeln völlig zu durchbrechen, weil die Strafe dafür auch nicht mehr schlimmer sein konnte. Wir wurden wegen der kleinsten Kleinigkeit nach Hause zu unseren Eltern geschickt, statt daß die Schule versucht hätte, das Problem selbst in Angriff zu nehmen. Wir wurden häufiger vom Unterricht ausgeschlossen, als wir dabei sein durften. Die Klassenzimmer waren überfüllt, und die Lehrer interessierten sich nicht für uns oder dafür, ob wir was lernten oder nicht. Wir waren wie eine Horde wilder Tiere in einem Käfig unter dem Einfluß einer leichten Betäubung, die erst um halb drei schwand, wenn die Schule aus war. Mit der Frustration über diesen Tag und vielleicht noch viele ähnliche strömten wir auf die Straße und schon gingen die Schlägereien los.

Die ungezügelte Gewalt, die beim geringsten Grund losbrach, war erschreckend. Die Polizisten fuhren an dieser sich prügelnden Menge von vielleicht zweihundert Kindern vorbei, zeigten mit dem Finger auf sie und hielten sich den Bauch vor Lachen. Die Kinder kämpften aus Gründen, die keinem von uns klar waren. Die Gründe für die blutigen Raufereien mit Fäusten, Messern oder sonstigen Gegenständen, mit denen man Schmerz zufügen konnte, waren immer dieselben: «Er hat gesagt» oder «Sie hat gesagt»; oder daß sich jemand über die Hautfarbe von jemand anderem lustig machte, ob tiefschwarz oder blassestes Weiß; oder Hänseleien über die Kleidung; oder Hohn, weil man Sozialhilfe bekam; am besten funktionierte es immer, etwas gegen die Mutter eines anderen zu sagen oder einfach nur, sich auf einen anderen drauffallen zu lassen oder jemand mit einem bedenklichen Ausdruck anzusehen oder einen Raufbold nicht abschreiben zu lassen oder nur zu versuchen, sich anständig zu benehmen. Überall in der Menge wurde gekämpft und in jeder Gruppe fanden sich zwei oder mehrere, die sich gegenseitig fast umbrachten aus eigentlich keinem Grund.

Ich bekam Angst vor meinem Volk um mich her, sie richteten sich gegenseitig zugrunde. Sie taten sich gegenseitig die schlimmsten Dinge an. Ich versuchte immer wieder herauszufinden, ob mit ihnen etwas geschehen war, das ich nicht erlebt hatte. War ich vielleicht die einzige Verrückte, und hatten sie alle recht? War das das Richtige? War das das wahre Leben, was ich hier sah? Ich glaubte auch nicht, daß es eine Entwicklungsstufe sei, die vorübergehen würde, weil die Erwachsenen, die verheiratet waren und selbst Kinder hatten, genau dasselbe taten und nicht nur an Fremden, die sie beleidigten oder nicht beleidigten, sondern sie brachten ihre Frauen und Kinder jeden Freitag und Samstag oder bei jeder Gelegenheit, bei der es sie überkam, halb um. Wenn dies das Leben ist, wann werde ich mich ändern? Ich beobachtete mich im Spiegel und suchte nach Anzeichen dafür, ob ich mich auch in eine Art Werwolf verwandelte. Wann würde ich anfangen zu stehlen und zu kämpfen und mit Jungen zu schlafen? Wann würde ich mich einer Bande anschließen? Ich wußte noch nicht, daß meine Erfahrungen in der *Junior High School Nr. 181* auch für mich der Einstieg werden würden. Ich war nur ein bißchen langsamer als die anderen. Ich versuchte, die Raufereien zu vermeiden, weil mir Gewalttätigkeit Übelkeit verursachte. Sie lähmte mich. Manchmal ging ich auf Wegen von der Schule nach Hause, die aus den üblichen fünf Minuten eine Strecke von einer halben Stunde machten, nur um der raufenden Menge aus dem Weg zu gehen. Oft gelang es mir nicht, und sie warteten irgendwo auf mich, und ich wurde verdroschen, einfach weil ich mich weigerte, ihnen, wie die frühen Christen in der Arena, ein Kampfspektakel zu liefern.

Ich suchte in den Gesichtern meiner Lehrer nach einer Erklärung für die Gewalt. Ich hoffte, daß die ganze Schule sich versammeln und sich bemühen würde, uns allen, der Zukunft des schwarzen Amerika, zu helfen, Dinge zu verstehen und diese tägliche Wiederholung zu vermeiden. Aber nein, die Schlägereien vertieften die Verachtung der Lehrer für uns nur noch. Sie beachteten unser Flehen um Hilfe nicht, sondern stempelten uns ab als einen Haufen von hoffnungslosen Typen, aus denen nie etwas werden würde. Die Reaktion der Leute, die in der Nachbarschaft der Schule wohnten, war genauso schlimm oder noch schlimmer. Jeden Tag setzten sie uns zu. «Diese jungen Kerle sind doch Nieten, aus denen wird nie was. Aus der Schule sollte man sie nehmen und das ganze verdammte Haus schließen und diese Müßiggänger zum Arbeiten schicken, so wie ich es mußte, als ich so alt war wie sie.» Um uns herum war ein endloser Teufelskreis von Haß, Abscheu gegen sich selbst, Verachtung und Neid. Neid auf diese lächerliche, völlig sinnlose und mangelhafte Ausbildung. Die meisten jungen Leute, die ein Abschlußzeugnis von dieser Schule bekamen, brachten es keineswegs weiter als die, die keins hatten. Sie landeten genau da, wo die alten Leute in der Straße auch gelandet waren, bei Knochenarbeit von Sonnenaufgang bis Sonnenuntergang, an jedem Tag in der Woche, und wenn sie nicht arbeiteten, hingen sie rum mit einer Flasche Kentucky Whisky oder billigem Wein, die sie herumgehen ließen, und dabei kratzten sie ihr Glied oder holten es vor aller Augen raus und ließen auf dem Bürgersteig Wasser. Ein paar Ecken stanken nach ihnen, auch dann, wenn sie gar nicht da waren; und alles war voller Scherben und Urinflecken. Fast nie standen Frauen dabei, außer Säuferinnen, Huren, Rauschgiftsüchtigen, Lesbierinnen oder den Flittchen der Umgebung. Die Frauen taten alles, um die Kinder auf dem rechten Weg zu halten, auch wenn offensichtlich war, daß ihre Väter nicht wie richtige Männer für ihre Familien sorgten. Aber schon mit zwölf Jahren verließen die Kinder gewöhnlich die Familie und fingen an, das schlimme Verhalten ihrer Umgebung zu kopieren. Sie gingen nicht in die Schule, rauften, stahlen oder soffen billigen Wein. Bei den Mädchen war es fast genauso, und bei ihnen kam meistens noch dazu, daß sie schwanger wurden.

Ich war ständig in Angst, weil ich nicht wußte, was mit mir geschehen würde, welcher Wind mich erfassen würde. Mit vierzehn sollte ich es wissen. Ich haßte meine Schule, und an allen sogenannten guten Schulen herrschte noch Rassentrennung, und sie waren für mich nur ein verschwommener Traum irgendwo ganz hinten in meiner Vorstellung. Nahe fühlte ich mich niemandem. Meine kleine Schwester wurde größer und jeden Tag hübscher mit ihren riesigen tiefschwarzen Augen, die von langen, dichten Wimpern umrahmt waren, ihrer dunkeloliven Haut und ihren rosigen Wangen und Lippen. Ich fand, daß sie die Hübscheste in der Familie war, aber sie war seltsam ruhig. Sie machte nie bei irgendwelchen Spielen mit, sondern stand immer abseits. Wenn sie mit meinem Bruder spielte und er etwas tat, was sie nicht mochte, zog sie sich in eine Ecke zurück. Sie spielte aber selten mit ihm und weinte nie. Ihre großen Augen blickten immer so schwermütig und wie von weit her. Sie konnte sehr früh und sehr gut sprechen, und alle im Haus mochten sie gern und baten sie zu singen oder zu tanzen oder noch lieber, sich mit ihnen zu unterhalten. In dieser Zeit hängte sich mein Bruder sehr an meine Mutter, und der Bruder meiner Mutter und Boo-Boo hänselten ihn immer, wenn sie mal bei uns vorbeikamen. Sie machten sich lustig und riefen «Schwuler», «Tunte» oder «komm her, kleines Mädchen». Und wenn mein Bruder dann kam, schlugen sie ihn, und wenn er weinte, sagten sie «Schwuler» und «du warmer Bruder, du bist doch kein Mädchen, du bist ein Mann». Sie faßten in seine Hosen und holten seinen Penis raus und befahlen ihm, ihn anzusehen und sagten zu ihm: «Mädchen haben keinen Schwanz, das ist der Unterschied, und am besten lernst du bald, was man damit macht. Der ist dazu da, die Weiber tanzen zu lassen.»

Da ich von niemand Antworten auf meine Fragen über das Leben, meinen sich verändernden Körper und anderes bekam, begann ich, zu einem schwarzen Arzt zu gehen, der seine Praxis zwei

Blocks entfernt hatte. Er hatte so helle Haut, daß ich ihn einfach fragen mußte, ob er weiß sei. Er hatte glattes Haar und seine Stimme war ruhig und klar. Ich bewunderte ihn und hielt ihn für ein Genie, weil er meine ständig aufgesprungenen und geschwollenen Lippen heilte. Jahrelang waren meine Lippen immer geschwollen und aufgesprungen gewesen, ungefähr doppelt so dick wie normal. Die Kinder hänselten mich deswegen, und das machte es noch schlimmer. Die Jungen hatten dasselbe Problem, aber ich war das einzige Mädchen damit, deshalb sagten sie, es käme davon, daß ich einen Jungen mit kranken Lippen geküßt hätte, was mir allerdings nichts ausmachte, denn zu der Zeit hätte ich mich über jeden Kuß, egal von wem, gefreut. Schließlich wurde die Schwellung so schlimm und schmerzhaft, daß ich ständig weinte, und eine von Mamas Freundinnen sagte, sie sei verrückt, mich nicht ins Krankenhaus zu bringen. Mama glaubte aus Unwissenheit nicht an Ärzte. In unserer Familie ging immer irgendeine Infektion oder eine Grippe um, einer nach dem anderen bekam sie, und das zog sich über Wochen hin. Mama dachte gar nicht daran, zum Arzt zu gehen, sie hatte kein Geld für so was, und das stimmte. Aber die Stadt ließ Karten drukken, die uns zu kostenloser medizinischer Behandlung berechtigten. Mama weigerte sich, diese kostenlose medizinische Behandlung in Anspruch zu nehmen. Sie sagte, das gäbe den Ärzten das Recht, beliebig an uns herumzuexperimentieren, ob man einverstanden war oder nicht, und wir seien schließlich Menschen und keine Meerschweinchen, auch wenn wir schwarz geboren seien.

Ich nahm die Karte und ging allein zu dem Arzt, und er heilte meine Lippen, die ganz schwarz und vernarbt geworden waren, und der Riß, der auf der Lippe angefangen hatte, reichte schon bis zum Kinn. Ich werde den Schmerz nie vergessen und diesen langen nässenden Riß, der fast meinen Kiefer freilegte. Die Hänseleien der anderen Kinder setzte sich noch mindestens ein weiteres Jahr fort, obwohl die Lippe schon ganz geheilt war, aber um meinen Mund blieb ein sehr dunkler Ring, weil das Gewebe bis tief hinein verletzt worden war.

Mama betrank sich immer noch, ohne auf mich zu hören, und sie sagte, alle Nigger seien verrückt und ich sollte nicht auf das hören, was sie sagten und auch nicht auf diese gemeinen Sachen über sie, daß sie eine Hure sei und jedes Jahr wie Hefeteig auseinanderginge. Dr. Page war freundlich, er sprach leise und war sehr alt und hatte immer eine Pfeife im Mund oder in der Hand. Er starb, noch bevor ich erwachsen war. Aber er war ein Beispiel dafür, daß meine Vorstellungen davon, wie gebildete Schwarze ihrem Volk helfen können, richtig waren. Er tat das, was meine Lehrer gar nicht versuchten; seine Großzügigkeit war bekannt, und er wies niemand ab, der kein Geld hatte. Er hatte Geduld mit mir, und meine Fragen beantwortete er oft mit einer neuen Frage, besonders wenn ich ihn nach Dingen fragte wie zum Beispiel, wie Babies gemacht würden, und nach dem Geschlechtsverkehr, der Menstruation und dem Tod. Er sagte: «Das alles kann man nicht umgehen, wenn man wirklich die Frucht des Lebens ißt.» Ich verstand das nicht und er sagte: «Du verstehst es, wenn du dreißig bist.» Manchmal lachte er sogar über mich. Sicher wurde er oft durch meine Abruptheit und Offenheit, die für ein Mädchen meines Alters erstaunlich war, in Verlegenheit gebracht. Manchmal wurde er mich gar nicht wieder los, weil ich so viel hatte, was ich mit ihm besprechen wollte. Er schrieb mir Titel von Büchern auf, die in einfacher Sprache die Dinge abhandelten, von denen er das Gefühl hatte, daß er sie noch nicht ausreichend beantwortet hatte, und ich ging in die Bibliothek, um sie zu lesen.

Bei einem der letzten Male, als ich hinging, gab er mir einen Stoß von Broschüren über den Körper der Frau und die Menstruation. Ich ging nach Hause und vertiefte mich in meinem Zimmer in diese Hefte. Ich tarnte sie mit meinem großen Schulheft, damit Mama mich nicht erwischte. Ich versteckte sie, weil sie mir sicher vorwerfen würde, daß ich mich mit Jungen rumtriebe und deshalb über meinen Körper Bescheid wissen wollte. Mama hatte vier Kinder und wußte weniger über ihren Körper als ich im Alter von zwölf Jahren. Und nachdem ich noch mehr über den menschlichen Körper gelesen hatte, wurde mir klar, daß sie eigentlich gar nichts über sich selbst wußte. Sie tat mir leid, weil ich wußte, wenn sie diese Broschüren verstehen könnte, wüßte sie besser, warum sie immer wieder schwanger wurde, warum «es sie erwischte», wie sie sagte. Alle Fragen, die ich ihr über den Körper der Frau stellte, wies sie ärgerlich ab, und sie warf mir vor, daß ich mich über sie lustig machte. Sie kam immer wieder mit der gleichen alten Lektion daher: «Du erfährst alle diese Sachen bald genug, wenn du einen Mann hast. Er antwortet dir auf alle deine Fragen; und wenn du erst mit einem zusammen bist, wird's dir bald leid tun, weil sie alle Schweine sind. Männer sind beschissen, erst reißen sie dich auf, und dann lassen sie dich allein mit hundert Mäulern, die du stopfen mußt. Wenn du unbedingt einen Mann haben mußt, dann krieg bloß keine Kinder, da bist du besser dran.»

Ich hatte das alles schon von Großmutter gehört und Mama war im Laufe ihres Lebens ebenso verbittert und voller Haß auf die Männer geworden. Ich hätte Mama so gern gefragt, ob nach meinem Vater die anderen Männer sie dazu gezwungen hätten, ein Kind zu bekommen, aber ich war klug genug, nicht zu fragen, und schluckte meine Worte runter und die Bitterkeit auch, ohne es zu wissen. Ich hatte die ewig gleichen Lektionen satt und sicherte meine geheime Welt ab mit Hilfe von Dr. Page und der Stadtbücherei. Meine Broschüren machten die Runde in der Nachbarschaft. All die anderen Mädchen wollten es auch wissen. Sie bekamen genau wie ich als Antwort auf ihre Fragen nur immer Predigten darüber zu hören, daß sie die Finger von den Jungen lassen sollten. Ich ließ sogar die Jungen, die gerne wollten, meine Broschüren lesen zum Ärger der Mädchen, die glaubten, daß diese Informationen nur ihnen zustanden. Ich dachte, die Jungen müßten doch Bescheid wissen, wenn sie schon dazu auserwählt seien, uns über die Funktionen unseres Körpers zu belehren. Ein paar Eltern regten sich auf und kamen zu Mama und sagten: «Ihre Tochter ist ganz schön verdorben, sie zeigt meiner Tochter schmutzige Sexzeitschriften. Passen Sie lieber auf das Mädchen auf, die ist ganz schlimm und ein geiles Ding. Die bringt Ihnen eines Tages ein ganzes Haus voller vaterloser Kinder daher.» Mama hatte wie üblich eine Stinkwut auf mich und keinerlei Interesse daran, mich auch zu hören. Sie wollte die Bücher sofort wegwerfen, und ich sagte, ich hätte sie von der Bücherei ausgeliehen und schon wieder zurückgebracht. Ich fragte sie: «Mama, hast du schon mal erlebt, daß sie in der Stadtbücherei an Kinder schmutzige Bücher ausleihen?» Mamas Antwort war: «Ich weiß nicht, ich bin noch nie in einer Bücherei gewesen.» Ich war verblüfft, weil ich vergessen hatte, daß Mama so viele Dinge versagt gewesen waren, die ich hatte und, so jung wie ich war, ganz selbstverständlich in Anspruch nahm. Ich fragte Mama, ob ich ihr helfen sollte, besser lesen zu lernen. Ich sah, daß es ihr peinlich war. Doch sie versuchte, es nicht zu zeigen, und gab vor, sie sei nicht interessiert. Aber danach kam sie manchmal und stand bei mir, wenn ich laut vorlas, um ihr Interesse zu wecken. Ich las fast jeden Tag aus «Hyawathas Kindheit» von Longfellow laut vor, weil ich es schon auswendig konnte und es ganz dramatisch vortrug und sie damit zum Lachen brachte. Ich fing an, Mama meine Hausaufgaben vorzulegen, und manchmal hörte sie zu, und manchmal sagte sie, ich sollte den Mund halten. Wegen der Geschichte mit den Büchern über den weiblichen Körper vertraute Mama mir jetzt noch weniger. Sie war überzeugt davon, daß ich mich von jemand ficken ließ und raffiniert genug war, es zu verheimlichen. Ich sagte zu ihr: «Mama, ich bin doch erst zwölf, wie soll ich denn mit Jungen was haben. Ich hab doch nicht mal einen Freund. Die Jungen machen sich alle über mein krauses Haar lustig und meine zerlumpten Jeans und sagen, ich bin nur Haut und Knochen.» Aber wenn Mama einen schlimmen Tag hatte, konnte sie einen ganz schön verletzen. Später gab es Zeiten, in denen sie nichts anderes als Häßlichkeiten von sich geben konnte. Ich erinnere mich gut daran, wie Mama mich beschimpfte und mir ins Gesicht schlug und mir «Hure» und «Fickschwein» an den Kopf warf. Ich hätte sie am liebsten in den Hintern getreten, aber sie war schließlich meine Mutter und das gab ihr das Vorrecht, zu mir zu sagen oder mit mir zu tun, was sie wollte. Zurückschlagen oder frech zu antworten wäre schlimmer gewesen, als mit einem unehelichen Kind anzukommen. Es war ein Vergehen, die eigene Mutter zu schlagen, und wenn man mit ihr oder mit seinem Vater Meinungsverschiedenheiten hatte, war man groß genug, das Haus zu verlassen. Und das würde ich auch bald tun, früher, als ich dachte. Mamas Stimme verfolgte mich und diese Dinge, mit denen sie mich folterte, daß sie den Tag verwünschte, an dem ich geboren sei, und wenn sie alles noch mal tun könnte, würde sie mich «das Klo runterspülen». Sie würde die Stadt bitten, mich wegzunehmen, dann hätte sie einen weniger zu versorgen. Mama griff mich ständig an, und ich wußte nicht warum. Ich tat viele schlimme Dinge nicht, die so viele andere taten, obwohl ich mich mit einer ziemlich zwielichtigen Gruppe von Mädchen rumtrieb. Sie stahlen und hurten und waren nicht viel älter als ich. Ich schloß mich ihnen an, weil ich die Kinder meines Alters nicht ausstehen konnte, und außerdem konnten sie etwas, was ich unbedingt lernen wollte, und zwar die Haare entkrausen und stehlen.

An einem schönen Tag im Herbst, im dritten November, den wir jetzt in der Siedlung wohnten, war ich draußen und fuhr mit Rollschuhen, die ich von jemand geliehen hatte. Ich hatte eine von diesen abgetragenen Blue jeans an, die mir jemand geschenkt hatte, mit tausend Flicken drauf und einen Pullover mit zu kurzen Ärmeln. Man spürte schon die Kälte des Winters in der Luft wie einen schüchternen Begleiter. Ich fuhr ganz allein auf der Einfahrt zum Siedlungsparkplatz. Die große römisch-katholische Kirche St. Gregory begrenzte die Einfahrt an der einen Seite, auf der anderen Seite war eine Mauer. Die Einfahrt war etwas schräg, oben stand das Freizeitzentrum. Die kurze Einfahrt war das einzige asphaltierte Stück, auf dem wir Rollschuhlaufen oder Fahrradfahren durften. Die Oberfläche war glatt wie die Autostraßen, und die Neigung machte die Sache noch lustiger.

Ich hatte gerade erst rollschuhlaufen gelernt und konnte noch nicht radfahren. Und ich besaß natürlich weder Rollschuhe noch ein Fahrrad, aber hin und wieder konnte man sich von einem Spielkameraden etwas ausleihen, wenn die Eltern nicht dazwischenfunkten. Beides hätte ich sehr gern besessen, aber ich brauchte gar nicht erst darum zu bitten. Ich fuhr diesen kleinen Hügel vielleicht ein paar hundert Male rauf und runter, und die frühe Dämmerung brach herein, als Mama mich nach oben rief. Ich saß auf der Mauer und beugte mich vor, um die geliehenen Rollschuhe abzuschnallen. Da floß etwas Warmes zwischen meinen Beinen hinunter. Ich wußte, daß es kein Urin war, von dort kam es nicht. Als ich mit der Hand zwischen die Beine gefaßt und das dicke rote Blut gesehen hatte, wußte ich, was los war. Sofort bekam ich Angst, denn ich wußte, was Mama sagen würde. Sie würde mir wieder vorwerfen, daß ich mit jemandem geschlafen hätte. Ich wußte, was mit mir vorging, aber Mama würde es nie verstehen. Ich blieb gebückt sitzen, um die Rollschuhe abzumachen, und Tränen fielen aus meinen Augen. Ich versuchte, diese Freude zu spüren, die ich über das Einsetzen des Frau-Seins hätte empfinden sollen, das stand jedenfalls in all den Büchern, aber es glückte mir nicht. Ich war traurig und hatte Angst und wünschte, ich hätte eine andere Mama.

Ich saß immer noch in meinem Blut da und überlegte, was jetzt wohl mit mir geschehen würde. Ich hatte gesehen, daß sich andere Mädchen veränderten, wenn sie ihre erste Periode gehabt hatten, oder soll ich lieber sagen, daß sie sich verändern mußten. Sie durften nichts mehr tun, nicht rollschuhlaufen an den bewußten Tagen, nicht fahrradfahren, nicht dieses und nicht jenes. Und die älteren Frauen erinnerten sie daran, daß sie kein Kind mehr waren. «Kindchen, du bist jetzt eine Frau.» Und der alte Vers: «Als ich ein Kind war, sprach ich wie ein Kind und benahm mich wie ein Kind, jetzt wo ich eine Frau bin, lege ich meine kindlichen Dinge ab.» Kein Wunder, daß die Mädchen alle schwanger wurden, nachdem sie ihre Periode bekommen hatten, was blieb ihnen denn sonst übrig? Ich fing gerade erst an, Spaß am Rollschuhfahren und Kurzstreckenlauf zu bekommen und am Schwimmen im Chick-Webb-Schwimmbad an den Tagen für Schwarze. Ich hatte winzige Knöllchen als Brüste, und die Jungen hänselten mich deswegen, weil ich die einzige war, die diese kleinen Knöllchen hatte, die anderen Mädchen hatten alle schon eine richtige Brust. Meine Armlöcher in den Hemden waren immer zu groß, und die Jungen setzten sich neben mich und sahen durch meine Armlöcher meine Brust an. Ich hatte schon ein paar Haare an dem V zwischen meinen Beinen, aber nicht so wie die anderen Mädchen, die ich beobachtete, wenn sie sich in der Schule fürs Turnen umzogen. Ich war am wenigsten von allen entwickelt, und ich wußte es auch. Unter den Armen hatte ich ein paar Haare wie einsame Grashalme auf einem Feld im Frühling. Mein Schweiß roch jetzt ein bißchen nach Zwiebeln, aber ich wollte noch keine Deodorants nehmen. Ich war eine Frau geworden, eine schöne Bescherung!

Ich stand auf, und in der Dämmerung konnte ich mein Blut an der Mauer sehen. Was blieb mir anderes übrig, als zu heulen, und ich tat es ausgiebig. Dann brachte ich die Rollschuhe zurück und ging nach Hause. Ich stellte mich vor Mama hin: «Mama, ich hab Blut in der Unterhose, es hat gerade angefangen, als ich mich hingesetzt und die Rollschuhe ausgezogen habe.»

«Hast du dich mit Jungen rumgetrieben?»

«Nein, Mama, ich hab nichts Schlimmes gemacht.»

«Kann ich mir nicht denken. Geh rein und hol dir ein paar saubere Lappen und steck sie dir in die Hose.» Ich hätte Mama am liebsten geschlagen. Was dachte sie sich wohl, Lappen? Ich sagte: «Lappen? Mama, kann ich nicht eine Schachtel Monatsbinden haben?» Sie sagte: «Nein, ich hab kein Geld für Binden. Für mich waren Lappen gut genug, dann sind sie's auch für dich.» Nein, das sind sie nicht, sagte ich mir. Ich würde mir keine Lappen zwischen die Beine stekken, das war sicher. Ich ging hinaus und die Treppe hoch in Gwens Wohnung. Inzwischen ging ich so oft dorthin, daß ich einfach reinmarschierte, ohne zu klingeln oder zu klopfen. Wenn ihre Schlafzimmertür zu war, bedeutete das, daß man sie nicht stören durfte, aber heute hätte ich sogar Gott gestört, wenn's nötig gewesen wäre, weil ich richtige Binden wollte und nicht irgendwelche Lappen wie im dunklen Mittelalter, als noch dreckiges Zeug für eine blutende Frau gut genug war, weil sie während dieser Zeit des Monats ohnehin als unrein galt. Auch wenn die Lappen sauber wären, bedeuteten sie für mich etwas Schmutziges, wegen den Flecken und der Verfärbung.

Gwen war in der Küche und entkrauste ihr Haar, und der blaugraue Rauch stieg um ihren Kopf hoch. Ich ging immer noch weinend zu ihr hin und fragte sie, ob sie mir einen Gefallen tun würde. «Wenn ich kann.» Ich erzählte ihr, daß ich gerade meine erste Periode bekommen hätte und daß ich Geld brauchte, um eine Schachtel Binden zu kaufen. Ich dachte dabei, wenn sie mir jetzt dasselbe erzählen würde wie Mama, dann würde ich hingehen und mir stehlen, was ich brauchte. Sie fragte, ob ich sie jetzt gleich brauchte, und ich sagte ja, das Blut liefe in meine Jeans. Sie rief in Doc's Drugstore an, sie brauchte dringend Binden und einen Gürtel. Er schickte einen Laufburschen damit herüber und Gwen gab ihm ein Trinkgeld. Sie fragte mich, ob ich wüßte, wie es ginge, und ich sagte, ich glaubte wohl, weil ich ein Bild in einem der Hefte gesehen hatte, die Dr. Page mir gegeben hatte. Trotzdem machte sie eine Binde am Gürtel fest und sagte, ich sollte mich waschen und ihn anziehen, und sie würde runtergehen und mir eine saubere Hose und Unterhose holen. Ich sagte, das könnte sie nicht, weil ich mein einziges Paar Jeans anhätte und auch keine andere Unterhose mehr hätte, weil die ganzen Vier-für-einen-Dollar-Unterhosen schon zerschlissen waren. Sie ging an ihren Wandschrank und nahm eine Hose raus, während ich mich wusch, und nähte sie auf der Nähmaschine enger. Das waren die neuesten Jeans, die ich je besessen hatte. Sie waren viel zu weit, bevor sie sie enger nähte, das sah ich an dem Stück, das sie abgeschnitten hatte. Sie sagte, ich sollte meine Sachen mit nach Hause nehmen und sie gleich in kaltem Wasser einweichen, und ich sagte, das könnte ich nicht, weil Mamas Freund da sei, und der würde mich nie in Ruhe lassen. Er käme ständig in mein Zimmer, um zu sehen, was ich tat, aber ich wußte, was er dachte. Er dachte, ich wäre nackt, und er würde vielleicht einen Blick von mir erhaschen. Sie sagte: «Penny, sag doch so was nicht», aber ich antwortete: «Es stimmt aber, er denkt, er wäre ganz schön raffiniert.» Sie senkte die Augen und sah ein bißchen verlegen aus und nahm meine

Sachen mit in ihr Bad und erklärte mir, wie ich die Flecken rauswaschen sollte. Als ich fertig war, bedankte ich mich und sagte, ich würde ihr das Geld zurückgeben, sobald ich welches hätte, oder würde für sie bügeln oder die Kinder hüten, um es abzubezahlen, je nachdem was sie zuerst brauchte. Aber sie schüttelte den Kopf.

Gwen sagte Penny zu mir und ihre beiden Töchter auch, mit denen ich mich allmählich besser verstand als mit meinen eigenen Schwestern. Ich fragte sie, ob ihr ein Kosename für mich einfiele, und es dauerte Monate, bis sie einen fand. Ihr gefiel Sandy vom Klang her nicht. Es passe nur zu jemand, dessen Haut und Haare die Farbe von Sand hätten. Sie nannte mich Penny, weil ich die Farbe eines Pennys hatte, und das ist der einzige Name, mit dem man mich rufen durfte außer mit meinem vollen Vornamen. Die ersten paar Tage, nachdem ich meinen «Besuch» bekommen hatte, lebte ich wie ein Einsiedler. Ich schämte mich rauszugehen, weil Mama in der ganzen Nachbarschaft herumerzählt hatte, daß ich meine Periode hätte, als ob das etwas Weltbewegendes wäre. Ich dachte, jeder könnte die dicke Zellstoffbinde zwischen meinen Beinen sehen. Ich war todunglücklich und fühlte mich sehr elend. Ich konnte nicht mehr mit offenen Beinen dasitzen, und ich hatte immer Angst, daß Blut an meinem Rock wäre oder, noch schlimmer, am Stuhl, wenn ich aufstand. Ich wollte lieber drinnen bleiben und mich vor allen verstecken, bis es vorbei war. Und genau das tat ich auch das ganze erste Jahr über, immer wenn mein «Besuch» kam. Ich fehlte zu oft in der Schule, und es kamen Klagen, und Mama sagte, ihr sei es egal, es sollte ihr keiner damit kommen. Sie wollte mir keine Entschuldigung für diese Tage schreiben, so mußte ich dann doch gehen, aber nach der Schule blieb ich immer im Haus, meistens oben bei Gwen. Am Tag nachdem meine erste Periode gekommen war, war ich rausgegangen, um mich irgendwo hinzusetzen. Ich hatte Angst zu spielen, deshalb saß ich auf der Treppe und sah den anderen zu. Die Jungen fingen an, mich zu hänseln und die Mädchen lachten. Mama hatte allen anderen Müttern erzählt, daß ich meine Periode hatte, und hier war es üblich, vor den Kindern über alles abfällige Bemerkungen zu machen. Die Jungen riefen: «Sandra hat Lumpen an! Nicht hingehen, das bringt Unglück!» Oder: «Mach die Beine zu, Sandra, du stinkst nach Fisch!» Ich war entsetzt, daß sie so was in aller Öffentlichkeit sagten, sie hatten doch selbst Schwestern. Aber ihre Schwestern wurden nie gehänselt, weil sie ältere Brüder hatten.

Das schlimmste daran, als Älteste und als Mädchen aufzuwachsen, war, daß man immer das Opfer der anderen war, weil hinter einem keine männliche Autorität stand und einen schützte. Und wo ich wohnte, litten die Unbeschützten sehr. Mama war es gleichgültig, und das wußten die Kinder, und ich hatte keinen Vater. Mamas Freund, den sie kannte, seit ich fünf war, kam manchmal, um mit ihr zu schlafen, und stritt immer ab, daß irgendeins der Kinder, die Mama alle in der Zeit bekam, während der sie mit ihm schlief, von ihm sei. Meine jüngste Schwester sah genau aus wie er, aber sie sah auch aus wie der andere Mann, der zu Mama kam. Es war ganz allgemein bekannt, daß Mama nicht wüßte, wer die Väter ihrer Kinder nach mir waren. Es war mir so peinlich, wenn die Leute uns ganz unverblümt diskutierten. Ich bat Mama, diesen Klatschbasen doch nicht so viel zu erzählen. «Sie wollen dir nichts Gutes, Mama, die lachen doch nur über uns.» Ich sagte zu Mama, sie sollte doch mit Gwen sprechen, die würde nichts weitererzählen. Sie sei verschwiegen wie ein Grab. «Ach, zum Kuckuck», sagte Mama, sie haßte dieses «gelbe Weibsbild». Wenn sie sich im Hausflur begegneten, sagte Mama kein Wort, sie rollte nur mit den Augen und schlug die Tür zu. Ich sagte zu Mama: «Das wird dir noch leid tun. Eines Tages wirst du sehen, daß sie deine einzige wahre Freundin hier ist.» Ich sollte recht behalten.

Mamas Freund interessierte sich plötzlich stark für mich, seit ich meine Periode hatte. Und er übertraf Mama noch mit diesen ständigen Vorwürfen, ich würde mit jemand rumvögeln. Aber inzwischen gab ich zurück, wenn jemand mir dumm kam, auch Mama. Mama drohte, sie würde mir die Zähne aus dem Mund schlagen, und ich antwortete ihr mit einem «Versuchs-doch-mal»-Blick. Sie war nicht sicher, ob ich nicht zurückschlagen würde. Sie sagte, ich sei ganz schön unverschämt, weil ich ihren Namen fälschte und mich selbst in eine andere Schule in einer rassenintegrierten Gegend und mit einem gemischten Lehrerkollegium versetzen ließ. Die Direktorin hieß Heromine E. Wharton, sie war in ganz Baltimore dafür bekannt, daß sie die schlimmsten Nigger zur Räson brachte. In ihrer Schule gab es keine Raufereien, und wer es versuchte, konnte sich verabschieden. Die Schule war ganz neu, es gab Labors mit modernster Ausstattung und Lehrer, die wirklich unterrichten und nicht den ganzen Tag Feldwebel spielen wollten. Die Schule war weit vom Ghetto, deshalb wußte ich oder dachte jedenfalls, daß nur Kinder, die wirklich etwas lernen wollten, den weiten Weg auf sich nehmen würden. Man mußte mindestens zweimal umsteigen, um vom nächsten schwarzen Ghetto hinzukommen. So ging ich also im nächsten September in die achte Klasse der *William H. Lemmel Junior High School*. Am ersten Schultag kam ich zu spät, weil ich keine Ahnung hatte, wie ich hinkommen sollte. Und Mama wollte mir, ihren Grundsätzen treu, natürlich kein Geld für den Bus geben, um so weit zu einer Schule zu fahren, wenn es um die nächste Ecke auch eine gab. So schnaufte ich also hin, wie wir dazu sagten. Miss Wharton stand an der Tür und drehte mich ohne Erklärung um, ich sollte wieder nach Hause gehen. Sie sagte: «In meine Schule kommt man nicht zu spät, wenn man was lernen will. Wenn du zum Mittagessen gekommen bist, dann bist du etwas früh dran.» Aber bevor sie ihre Fingernägel wieder aus meinen Schultern zog, sagte sie noch: «Komm mal hier herüber, kleines Mädchen.» Ich ging mit, ich hatte keine andere Wahl, ihre Fingernägel hielten mich fest wie Fleischerhaken. Sie zog mich zu einer Anschlagtafel und zeigte mir dort ein Bild von William H. Lemmel, dem Weißen, der, wie sie sagte, noch im Sterben dafür gekämpft hatte, daß diese Schule hier für Schwarze und Weiße ins Leben gerufen wurde. Und jeder, der hierherkam, um was zu lernen, müßte pünktlich sein oder dahin zurückgehen, von wo er gekommen sei. Und das war mein erster Tag.

Von da an hatte ich ständig Auseinandersetzungen mit dieser weiß aussehenden Schwarzen. Nie in meinem Leben hatte mich eine Hautfarbe so verwirrt. Sie war heller als der Stellvertretende Direktor, der von seiner Herkunft durch und durch weiß war, aber sie wurde als Schwarze bezeichnet. Ihr Haar war glatt und ihr Gesicht war so schön wie das der schönsten Weißen, aber jeder sagte, sie sei schwarz. Trotzdem war diese kleine Frau ein Teufel, und ein ganzes Jahr lang hatte ich eine Heidenangst vor ihr. Dann hatte ich festgestellt, daß sie mehr bellte als biß. Ich kam jeden Tag zu spät und mußte nach der Schule eine Stunde lang dableiben und in leserlicher Handschrift hundertmal schreiben, daß ich lernen müßte, pünktlich zu sein. Mir gelang es einfach nicht, pünktlich zu kommen bei dieser Mutter. Mir schien, daß sie alles tat, um mich davon abzuhalten, zu dieser Schule zu gehen. Morgens, gerade wenn ich losgehen wollte, erschien Mama mit einer riesigen Wanne voller Wäsche und befahl mir, sie in die Wäscherei zu bringen und sie in die Waschmaschine zu tun oder sie aufzuhängen. Oder fürs Abendessen einzukaufen, und das am frühen Morgen. Ich fragte, warum sie es nicht selbst besorgen könnte, sie sei doch den ganzen Tag zu Hause. Und als Antwort bekam ich nur Drohungen.

Ich fing an, besonders früh aufzustehen, um pünktlich in die Schule zu kommen. Ich sah schon, wie meine Lehrer sich ihre Meinung über mich bildeten und so langsam dasselbe von mir hielten wie die Lehrer in der Schule Nr. 181. Daß solche wie ich nie etwas Rechtes mit ihrem Leben anfangen würden. Ich wußte, daß sie dachten, ich würde nur zu spät kommen, um die Aufmerksamkeit auf mich zu ziehen oder ihren Unterricht zu stören. Ich fing an, wieder hinten auf den Stoßstangen von Bussen zu fahren oder in die hintere Tür zu schlüpfen, wenn die Leute ausstiegen, denn der lange Weg machte einen im Winter halb taub vor Kälte. Hin und wieder ließ Mama sich erweichen und gab mir Geld für den Bus, aber meistens hieß es nein. Ich fing an, Mama zu verachten, und sie merkte es. Ich war wütend, daß sie immer Geld für ihre Dose Bier aufheben wollte, statt es mir für das Mittagessen oder den Bus zu geben. In der Schule hatte ich ständig Hunger, bis ich um eine Arbeit in der Cafeteria bat als Gegenleistung für das Mittagessen. Der Koch war einverstanden, und ich konnte wenigstens etwas essen, wenn ich arbeitete. Das Zeitungsaustragen, das ich angefangen hatte, um Geld für Monatsbinden zu verdienen, mußte ich aufgeben, weil die Schule zu weit weg war. Wenn ich nach Hause kam, wurde es schon dunkel, und Mama sagte, es sei zu spät für Mädchen, um auf der Straße rumzulaufen und die Afro-Amerikanische Zeitung auszutragen. Ich versuchte, einen Bezirk in der Nähe der Schule zu bekommen, aber die ganze Gegend war schon von Kindern abgedeckt, die in der Nähe wohnten. Ich verdiente fünf Cent für jeweils fünf verkaufte Zeitungen, die zwanzig Cent pro Stück kosteten. Jetzt hatte ich also kein Geld mehr, aber wenigstens konnte ich mittags was essen, und das war ein Segen, denn oft gab es abends zu Hause nichts zu essen. Nur Mama hatte immer ihre Büchse National Böhmisches oder Gunther Bier. Manchmal schlief sie mit der Bierbüchse in der Hand ein, aber sie ließ sie nie fallen.

In der neuen Schule wurde wirklich gelernt, und wenn man Ärger machte, flog man raus. Es gab keine Banden, die sich auf der Straße herumtrieben und Schlägereien anfingen oder an den Ecken rumstanden und andere schikanieren oder mit Gewalt zu irgendwelchen Dummheiten anstiften wollten. Miss Wharton ließ das ganze Gebiet um die Schule herum von der Polizei überwachen, und die Schläger aus anderen Stadtteilen wurden von Polizisten verjagt oder abtransportiert. In der Schule gab's zwar ein paar üble Burschen, aber die trauten sich nichts. Sie drehten ihre Dinger lieber in der Douglas-Schule ganz in der Nähe; an dieser Schule schlugen sie sich wie verrückt bis in die sechziger Jahre, da wurde dann ein Jahr lang der ganze Sport eingestellt, bis sie es schafften, ein Fußballspiel mit einer anderen Schule ohne anschließende Schlägerei auszutragen. Ich fand es widerlich, daß sie ein weißes Team mit seinen Anhängern einladen und nach dem Spiel friedlich auseinandergehen konnten, aber sich gegenseitig nicht dieselbe Achtung entgegenbrachten. Die neue Schule hielt das, was ich mir von ihr erhofft hatte, zwar waren die Lehrer wohl zum Teil wie die an meiner alten Schule, aber die meisten wollten wirklich, daß wir etwas lernten.

Einmal kam ich nach der Schule nach Hause und sah, daß meine Sporttrophäe, die ich im Sommer im Clifton Park gewonnen hatte, in tausend Scherben auf dem Boden lag. Ich fing an, herumzuschreien, wer hat das getan, wer hat das getan. Ich dachte, es wäre vielleicht meine kleine Schwester oder mein Bruder gewesen, aber ich hätte mir nie träumen lassen, was mir Mama erzählte. Sie sagte, sie und Jack hätten sich geprügelt, und dabei sei die Trophäe zerbrochen. Ich kriegte einen Zusammenbruch und heulte. Ging in mein Zimmer und heulte die halbe Nacht. Mama schrie ständig rüber, ich sollte mit dem Gekreische aufhören, und ich flüsterte immer wieder vor mich hin, ich wollte, du würdest tot umfallen, du Miststück. Dann wurde ich hysterisch und machte die Tür auf und rannte raus und brüllte Mama an: «Du schimpfst ständig mit mir rum, daß ich es nie zu was bringe, und wenn ich's mal versuche, kommst du mir kein bißchen entgegen. Der soll mir meine Trophäe bezahlen, dieser fette Scheißkerl, oder ich bring den Fettarsch um, und mir ist egal, was du sagst, und dich bring ich auch um.» Mama stürzte sich wie eine Furie über mich und warf mir die übelsten Schimpfwörter an den Kopf. Ich hatte sie zum erstenmal in meinem Leben beschimpft, und jetzt zeigte sie mir, daß sie das nicht so einfach hinnahm. Sie schlug mich mit dem Besenstiel, bis er auseinanderbrach, und dann hämmerte sie auf meinen Rücken ein, bis mir das Blut aus der Nase lief. Und wie sie mich schlug, schrie ich: «Mir ist scheißegal, was du machst, du kannst mich schlagen, bis ich krepiere, aber ich hasse dich, ich hasse dich, ich hasse dich.» Mama schlug mich, bis sie keine Luft mehr bekam und den Arm nicht mehr heben konnte.

Ich ging ins Bad und wusch mir das Blut vom Gesicht und aus den Kleidern und sah mich im Spiegel an und dachte, wie ich diese Frau, meine Mutter, haßte und das Leben, das sie mir gegeben hatte, und daß ich so bald wie möglich abhauen würde. Ich überlegte mir Möglichkeiten, wie ich ausziehen und allein leben könnte, aber was sich da anbot, war nicht sehr rosig. Ich könnte schwanger werden und mich zur alleinstehenden Minderjährigen erklären lassen oder ich könnte mich wegen Diebstahls in eine Schule für schwer erziehbare Jugendliche stecken lassen, beides gefiel mir nicht sehr. Es würde zu lange dauern, bis ich irgendwo eine Bleibe gefunden hätte, wenn ich schwanger wäre, und bis dahin müßte ich mir dann doch noch Mamas Mist anhören, ich hab's dir doch gesagt, ich hab's gewußt, aus dir wird nie was. Oder ich müßte vielleicht zu lange in der Schule für Schwererziehbare bleiben, manchmal behielten sie einen dort, bis man einundzwanzig war, besonders wenn man aus einem Elternhaus wie meinem kam. Mir blieb nichts anderes übrig, als die Tage zu zählen und mir was zu suchen, was mich außer Haus beschäftigte.

Ich fing an, bei der kahlen Jackie herumzuhängen, das war eine Hure, die in der North Avenue wohnte, und ich fing an, alles zu stehlen, was mir unter die Finger kam. Mir war alles egal, und ich hatte auch keine Angst vor dem Gefängnis. Ich wußte nur, daß ich zum Leben Geld brauchte und daß ich mir Geld verschaffen konnte, wenn ich etwas stahl und wieder verkaufte. Die Schule schwänzte ich nicht, obwohl ich abends endlos auf der Straße blieb. Ich war noch Jungfrau, wollte es aber nicht mehr lange bleiben. Ich wurde fürchterlich damit aufgezogen, von Jungen und Mädchen, daß ich keinen an meine Muschi ranließ. Aber ich hatte solche Angst, so zu werden wie Mama, dann hätten die ganzen Lehrer und die Leute von der Sozialhilfe recht gehabt. Und ich war fest entschlossen, ihnen das Gegenteil zu beweisen. Wenn ich in ein Geschäft ging, um etwas zu klauen, sah ich mich erst mal ganz genau um, und ich nahm nur was von den Ladentischen, an denen verkniffene weiße alte Jungfern bedienten, die mich anguckten, als wäre ich ein Stück Dreck wegen meiner schwarzen Haut. Wenn ich eine Verkäuferin traf, die mich Kleider und Schuhe anprobieren ließ und höflich zu mir war, stahl ich nie etwas von ihrem Tisch. Durch das Klauen konnte ich zum erstenmal in meinem Leben die Unterhosen wechseln und brauchte nicht mehr jeden Abend dasselbe Paar zu waschen und sie manchmal morgens noch feucht anzuziehen, wenn es zum Trocknen nicht warm genug gewesen war. Und dasselbe mit meinen Strümpfen, die mußte ich morgens im Backofen trocknen und kam dann zu spät in die Schule und wurde bestraft dafür, daß ich versuchte, sauber zu kommen. Ich bekam Streit mit Mama, weil ich um Erlaubnis bat, Nylonstrümpfe zu tragen und mir die Lippen zu schminken. Sie sagte, ich sei reichlich unverschämt, und wenn ich es wagen würde, damit anzukommen, bevor ich achtzehn wäre, würde sie mich in ein Heim stecken. Ich sagte, leck mich doch, und ließ meine Strümpfe bei ein paar Mädchen, die ich kannte, und zog sie dann dort auf dem Schulweg an.

Meine Klauereien im weißen Einkaufszentrum in der Mondawmin Gegend in der Nähe meiner Schule wurden mir leicht gemacht, weil die Kaufhausdetektive alle so auffielen und so blöd waren, ein Haufen von weißen Opas in zerknitterten englischen Krimi-Trenchcoats. Gwen hatte Wind davon bekommen, daß ich klaute, und sie sagte, wenn einer stiehlt, dann stiehlt er von jedem, und einem Dieb könne man nicht vertrauen. Damit verletzte sie mich mehr, als sie glaubte, denn ich verstand das als persönlich gegen mich gerichtet und als einen Beweis dafür, daß sie mich doch nicht richtig gern hatte, wo sie es doch immer so beteuert hatte, wenn ich sie danach fragte. Ich sagte Mutter zu ihr während der Zeit, als ich meine Mutter mit gar nichts anreden mochte. Wenn ich sie ansprach, redete ich einfach los, ohne ‹Mama› oder ‹Mutter›.

Jetzt war ich so verletzt, daß ich mit den Schultern zuckte und sagte, Gwen soll mich doch auch lecken. Ich brauch die alle nicht, und mir geht's viel besser ohne ihre wohlfeilen christlichen Belehrungen darüber, was eine Dame ist. Um mich rum sah ich überall schwarze Frauen, und kein Mensch behandelte sie wie Damen. Kein Mensch hielt ihnen die Tür auf oder sagte etwas Nettes zu ihnen. Ich hörte nur, daß man sie Hure, Luder oder Votze nannte, also für wen in aller Welt sollte ich mich auf Dame trimmen. Aber Gwens ewige Lektion war, benimm dich wie eine Dame. Ich sah, daß alle paar Monate ein anderer Mann bei ihr wohnte und ihre Kinder alle diese Männer Onkel Soundso nannten, und wenn keiner bei ihr wohnte, dann kamen welche und schliefen mit ihr, jede Nacht waren das andere. Ich sah nur, daß das, was Gwen tat, nicht recht war und besonders, weil die meisten von diesen Männern verheiratet waren, und das tat mir weh, denn mein Vater war ja auch verheiratet und Mama hatte seiner Lust gedient, und was war das für ein Elend! Ich wußte, daß es nicht recht war zu stehlen, aber ich wußte auch, daß es noch schlimmer war, wenn man nichts zu essen hatte und vor allem nichts anzuziehen, wo einen doch jeder danach einschätzt, wie man aussieht, und daß ich immer müde und mies gelaunt war, wenn ich hungrig war, und streitlustig dazu.

Gwens Männer waren eigentlich ganz ähnlich wie die Männer, die Mama besuchten. Ein paar ließen ihr wenigstens ein bißchen Geld da, wenn sie sie die Nacht über halb tot gefickt hatten, aber meistens gab sie das Geld für schöne Kleider aus, und ihre Kinder stanken nach Pisse und hätten dringend ein Bad gebraucht. Sie war eine schöne Frau, aber verwahrlost wie Mama, und ihre Kinder mußten für ihre Verwahrlosung büßen und dafür, daß die Männer sie mißbrauchten. Ich hatte oft bei ihr übernachtet, bis sie herausfand, daß ich klaute. Da mußte ich nach Hause zurück und mir Mamas «Hab ich dir doch gleich gesagt, dieses gelbe Luder» anhören. Mama spielte jetzt keine so große Rolle mehr für mich. Und ich kam nicht mehr so oft nach Hause. Sie drohte, daß sie mich in eine Besserungsanstalt schicken würde, aber ich hatte keine Angst. Ich war immer noch Jungfrau, und das würde mich vor den wirklich schlimmen Heimen bewahren, und ich war auch noch nicht vorbestraft wegen Stehlen oder sonstwas. Und ich war auch öfter in der Schule als alle, die ich kannte, obwohl ich jeden Tag zu spät kam und immer ein oder zwei Stunden nachsitzen und treu und brav mein «Ich muß lernen, pünktlich zu sein» schreiben mußte. Ich konnte es in und auswendig, und diese Strafe bedeutete, daß ich länger von zu Hause weg war.

Dem stellvertretenden Rektor und ein paar anderen fiel es langsam auf, wie ich in das Zimmer für die Zuspätkommer reinkam und mich gar nicht beeilte wie die anderen, um die schrecklichen monotonen Sätze hinter mich zu bringen. Ich saß ganz ruhig drin und träumte so vor mich hin und dachte mir aus, wie eines Tages der Prinz Allesgut kommen und mich lieben und mein Leben in Ordnung bringen würde. Der stellvertretende Rektor drohte, er würde mich von der Schule verweisen und vielleicht an meine alte Schule im Ghetto zurückschicken, wenn ich mich nicht zusammenreißen und endlich nicht mehr zu spät kommen würde. Also fing ich an, pünktlich zu sein. Manchmal brachte ich den Nachmittag bei der Chorprobe zu und bildete meine herrliche Stimme, von der ich überzeugt war, bis die Chorleiterin mir eines Tages ins Gesicht sagte, daß ein Sopran wie meiner sich über die Jahre ziemlich ändern könnte und ich vielleicht erst mit fünfundzwanzig wüßte, ob ich eine hervorragende Stimme oder ein Organ wie eine Blechkanne hätte. Ich war ein wenig verletzt, weil ich wußte, daß ich gar nicht so lange warten konnte. Im Juni würde ich schon die Abschlußprüfung machen und dann in die Senior High School kommen, und bis dahin mußte ich es eigentlich schon wissen.

Ich wollte das erste Mädchen sein, das die Geschlechtsbarriere zum Newarker Knabenchor durchbrach. Das einzige, was meine Lehrerin dazu zu sagen hatte, war, den Finger an die Stirn zu legen, um mir anzuzeigen, ich sei wohl verrückt, und dazu sagte sie nur, nie nie nie. Und dann ging sie lachend davon und ließ mich stehen, und ich mußte über mich selbst lachen. Wenn ich nicht bei der Chorprobe war, war ich auf Achse, um im Einkaufszentrum zu klauen oder um das Zeug zu verkaufen, oder ich war in der Stadtbücherei. Und ganz plötzlich ging ich immer öfter zum Druid Hill Park und saß da lange vor der Fontäne im See und träumte von Prinz Allesgut. Ich wollte es Mama und diesen anderen Frauen mit ihren losen Mäulern zeigen, daß es irgendwo auf der Welt einen guten Mann gab und daß ich ihn bekommen würde. Ich würde ein gutes Leben führen und als Schwesternhelferin arbeiten, während ich studierte und Kinder bekam. Ich würde eine vollkommene Frau sein, glücklich, gebildet und ich würde auch Kinder haben. Ich würde nicht als einsame intellektuelle alte Jungfer allein vor mich hinleben wie so viele meiner Lehrerinnen. Mir schien, daß Frauen, die einen Beruf hatten, immer alleinstehend, hart und mager waren und ständig wütend schnappten und bellten. Und daß Frauen mit kleinen Kindern bedauernswert waren und keine Hoffnungen mehr hatten und sich einen Dreck drum kümmerten, ob sie je welche gehabt hatten. Aber offensichtlich hatten sie eines gemeinsam: Männer. Sie kamen nicht sonderlich gut mit ihnen klar. Die einen sprachen ganz offen schlecht über die Männer, und die anderen wurden nie mit welchen gesehen oder sahen einen Mann auch nur an.

13

Mein letztes Jahr in der Junior High School war das einträglichste Jahr meines Lebens als Diebin. Ich war im Mondawmin-Einkaufszentrum beim Stehlen erwischt worden, deshalb mußte ich dieses Revier aufgeben. Ich ging jetzt zum Stehlen ins Stadtzentrum. Die Geschäfte dort waren älter und von altmodischen Lampen nur schwach erleuchtet, wodurch überall Schatten entstanden. Mir gruselte ein wenig vor dem Zentrum, aber nicht so sehr, daß ich nicht trotzdem mein Glück dort versuchte. Ich war eine erstklassige Diebin geworden, und das wußte ich auch. Ich nahm von Erwachsenen und Kindern für alles, was einigermaßen in meinen Möglichkeiten lag, Aufträge entgegen. Meistens bekam ich gar kein Geld für die Dinge, die ich stahl, deshalb war ich immer pleite, egal wieviel ich klaute. Ich behielt immer ein bißchen Taschengeld zurück, und was ich brauchte und mir nicht kaufen konnte, klaute ich. Stehlen gab mir ein Gefühl der Befreiung, und ich genoß es. Manchmal stahl ich einfach aus Spaß daran, etwas zu nehmen, ohne erwischt zu werden. Es wurde nur dadurch erschwert, daß meine Schule so weit von der Gegend entfernt lag, wo ich stahl. Deshalb mußte ich meine Streifzüge auf samstags beschränken und auf die Tage, an denen ich die Schule schwänzte.

Durch das Stehlen fehlte es mir eigentlich an nichts Materiellem, aber immer noch blieb mein Bedürfnis nach Liebe und Geborgenheit. Aber allmählich bekam ich den Eindruck, daß das, was ich wollte, nur so ein Hollywoodtraum war; Hollywood zeigte jedenfalls nie, daß schwarze Frauen geliebt wurden. Ich hörte von den Männern in meinem Umkreis, was für sie Liebe bedeutete, und von so einer Liebe wollte ich nichts wissen. Diese Männer vergötterten ihren Schwanz, und er war das einzig Wichtige, und einer Frau «den Dicken reinzujagen», wie sie es ausdrückten, bedeutete für sie Liebe. Danach hatte ich nicht das geringste Bedürfnis, ich hatte gesehen, was diese Art von Liebe aus Mama gemacht hatte. Ich lief im Sommer immer noch bei Kämpfen mit, und manchmal auch im Winter in der Halle, und träumte noch davon, an einer Olympiade teilzunehmen. Lampkin hatte uns verlassen, er war in eine andere Gegend Baltimores versetzt worden, und seine Nachfolger konnten ihm nicht das Wasser reichen. Lampkin hatte uns eine Richtung gewiesen, in die wir gehen konnten, und ein Beispiel gegeben für etwas, für das sich Mühe und Anstrengung lohnten. Die Trainer nach ihm rauchten und soffen und trieben sich mit den älteren, schon weiter entwickelten Mädchen herum. Sie interessierten sich nicht für die jüngeren oder weniger entwickelten, so daß es Zwietracht und Eifersucht in unserem Team gab, was nie vorgekommen war, solange Lampkin uns trainierte. Was er aufgebaut hatte, wurde von Männern zerstört, die mehr daran interessiert waren, das Leben eines jungen Mädchens zu ruinieren, als es zu seinen vollsten Fähigkeiten zu entwickeln.

Ich fing an, mich abzusetzen, und wenn ich die anderen doch mal wieder traf, dann bekam ich meist Streit mit ihnen, und was ich sagte, schien ein paar der älteren Mädchen mehr zu empören als die Tatsache, daß unsere Trainer mit einigen von ihnen schliefen und sich die Mannschaft langsam auflöste. Im Lauf der Zeit konnte ich sie gar nicht mehr ernst nehmen. Die neuen Trainer ließen ihre Vorurteile in ihre Kritik an uns als Athleten einfließen, und ich war die einzige, die manchmal sagte, sie sollten doch ehrlich bleiben. Lampkin hatte uns nie kritisiert und seine Enttäuschung nie offen zur Schau getragen. Er sprach mit uns und ermutigte uns und vermied jeden Kontakt, der nichts mit der Sache zu tun hatte. Es gab nur eins, was ihn erboste, und das war, wenn wir nicht auf unseren Körper achteten. Wenn wir uns aufwärmten, sagte er uns manchmal, daß wir krumm liefen und daß ihm das nicht gefalle. Nachdem er versetzt worden war, kam er nie wieder. Ich sah ihn nur noch ein paarmal bei Wettkämpfen und schließlich überhaupt nicht mehr.

Zur gleichen Zeit schwärmte ich sehr für meinen Mathematiklehrer. Er merkte es, aber weder ließ er mich unbeachtet, noch ermutigte er mich. Gloria Thompson war meine beste Freundin in der Schule, und wir waren immer zusammen. Sie hatte eine Cousine Lena mit rotem Gesicht und rotem Haar, die mir immer wie eine nasse Ratte vorkam. Ich konnte sie nicht ausstehen, und sie wußte es. Als sie sich eines Tages sehr stark fühlte, wollte sie mich zu einer Schlägerei herausfordern. Ich versuchte, sie durch Lachen wegen meinem guten Verhältnis zu Gloria davon abzubringen, aber sie hörte einfach nicht auf. Die Prügelei ging los, und Gloria trat zwischen uns und sagte zu Lena: «Du bist meine Cousine, und ich soll mich nicht mit dir herumprügeln. Aber Sandra ist meine Freundin, und wenn du sie schlägst, mußt du mich auch schlagen, und du weißt, daß ich dir ganz schön in den Arsch treten kann.» Das beendete Lenas Angriffe.

Glorias älteste Schwester ging auch in die Lemmel-Schule, sie war im Verhältnis zu den anderen Schülerinnen sehr weit entwickelt. Sie war sehr groß, aber gut proportioniert und nicht so knochig und schlaksig wie Gloria und ich. Sie war zwei Klassen höher als wir, und wenn sie sich in ihrer gar nicht sonderlich anmutigen Art durch die Gänge bewegte, brachte sie den ganzen Lehrkörper in Aufruhr. Die Lehrerinnen versuchten, sie wie Luft zu behandeln, und die Lehrer versuchten, sich ihren Eindruck für einen späteren ungestörten Augenblick einzuprägen. Wegen uns Schülern versuchten die Lehrer, unbeteiligt zu wirken, aber es kam sie wohl ziemlich hart an, wenn dieses Mädchen direkt neben ihnen stand und sie in ihrer lässigen Art am Arm faßte. Sie war ebenso natürlich wie sexy. Gloria würde eines Tages genauso aussehen wie sie, aber im Augenblick hatte ich noch ein wenig Hoffnungen für mich selbst, weil Gloria jetzt noch genauso groß und knochig wie ich war. Ich hatte keine engeren Freundinnen in der Siedlung, und Peggy Newman war das einzige Mädchen aus meiner Umgebung, das auch in die Lemmel-Schule ging. Sie war groß und auch gut gebaut, aber ihr Gesicht war nicht gerade aufregend, und sie hatte ziemlich schlimme Pickel. Ich mochte ihr Lachen gern. Wir sangen alle zusammen im Chor, und Peggy war mein geheimes Idol, weil sie ein Einzelkind war. Sie wohnte im Haus hinter unserem, und ihre Mama war genauso gemein wie Dians Mama. Sie war frustriert, wie eine Frau es nur sein konnte, und schlug Peggy aus dem nichtigsten Grund. Ihre Lieblingsfrage an mich war, was ich werden wollte, wenn ich groß sei. Ich sagte, ich wollte aufs College, obwohl ich keine Ahnung hatte, was es mit dem College auf sich hatte. Ich wußte nur, daß die Leute, die etwas galten, Berufe hatten, auf die sie im College vorbereitet wurden. Sie lachte mich aus und sagte: «Man braucht Geld, um aufs College zu gehen, und nur ein Vater kann einem Geld geben.» Ihr Gesicht leuchtete vor Schadenfreude, wenn sie so etwas zu mir sagte.

Manchmal fragte ich mich voller Bitterkeit, warum ich keinen Vater hatte und keinen älteren Bruder. Warum waren wir ein Haus voller alleinstehender Frauen, genau wie die Familie meiner Großmutter? Die einzige Tante, die je geheiratet hatte, war jetzt geschieden und lebte allein mit ihren beiden Söhnen. Nicht eine einzige

Frau in meiner Umgebung sprach freundlich von ihrem Mann oder überhaupt von Männern. All das führte zu einem heftigen Konflikt in meinem Innern: Ich hatte das Bedürfnis, einem Mann zu begegnen, den ich als Mensch achten konnte, und gleichzeitig mußte ich allen Männern mißtrauen, weil ich immer wieder sah, was sie all den Frauen, die ich kannte, antaten. Ich wünschte mir, einmal einen Mann entsetzlich zu verletzen, ich wollte einen Mann am Boden sehen. Ich wußte noch nicht wie, aber ich wollte endlich einen Mann zugrunde richten.

Eines Abends ging Mama weg und kam etwa nach einer Stunde ganz atemlos zurückgelaufen. Ich stand am Fenster und wartete auf sie, als sie in unsere Straße gelaufen kam und hervorstieß: «Sandra mach auf, mach schnell die Tür auf.» Ich öffnete, und sie stürzte herein und fing an zu weinen. Sie hatte zwei Packungen Yat Komein in der Hand, aus denen die Sojasauce tropfte. Sie lief in die Küche, warf sie auf den Tisch und sagte, ich sollte bloß die Tür zuschließen. Ich ging und schloß ab, und sie wusch sich die klebrige Sauce von den Händen. Wir hatten kein Abendessen gehabt, und Mama war weggegangen und hatte gesagt, sie wollte ein bißchen Geld beschaffen, um was zu essen zu kaufen. Meine Schwestern und mein kleiner Bruder waren schon hungrig ins Bett gegangen.

«Mama, was ist denn passiert?» fragte ich, als jemand an die Tür klopfte und ihren Namen rief. Ich sah Entsetzen auf ihrem Gesicht, und sie zitterte wahnsinnig. Sie sah sich ganz gehetzt nach einem Ort um, wo sie sich verstecken konnte. Sie schlüpfte in den Wandschrank mit den abgelegten Kleidern. Als ich noch ein paar Kleider über sie warf, wurde das Klopfen heftiger und der Türknopf wurde gedreht. Ich schrie: «Wer ist denn draußen?» Der draußen fing an zu fluchen. «Was zum Teufel bildest du dir denn ein, du Luder? Einfach mit meinem Geld abzuhauen, ohne mich an deine Votze ranzulassen?» Ich rief raus, daß ich allein mit meinen Geschwistern sei und was er eigentlich meinte. Ich ging schnell in die Küche und versteckte das Yat Komein im Backofen. Ich nahm das einzige scharfe Fleischmesser, legte es auf die Spüle und deckte ein Küchenhandtuch drüber.

Er brüllte: «Mach die Tür auf!» Und ich sagte, ich sei allein und dürfte die Tür nicht aufmachen, wenn Mama nicht da sei. Es donnerte gegen die Tür und dann noch mal, und ich hörte das Holz splittern. Beim dritten Schlag fiel die Tür aus dem Rahmen, und ein

Mann stürmte herein, den ich ein paarmal in unserer Gegend gesehen hatte. Er packte mich und fragte, wo Mama sei, und ich sagte: «Sie ist weg.» – «Du lügst, du Luder, du, ich weiß, daß diese Nutte hier ist.» Er fing an, die Wohnung zu durchsuchen, und ich kam hinter ihm her. Er riß die Türen zu den Wandschränken und zum Bad auf und suchte Mama. Meine kleine Schwester und mein Bruder standen in der Tür zum Schlafzimmer, und meine andere Schwester lag im Bett. Sie hatte sich die Decke über den Kopf gezogen und zitterte vor Angst. Ich hatte solche Angst, daß ich gar nicht klar überlegen konnte, was ich sagen oder tun sollte. Seine Gegenwart brachte mich so in Wut, daß ich ihn anschrie: «Machen Sie, daß Sie hier rauskommen!» Ich hoffte, daß irgend jemand im Haus auf die Idee käme, die Polizei zu rufen.

Als er auf den letzten Wandschrank zuging, in dem Mama sich versteckte, fing ich an, ihn noch heftiger anzuschreien. «Hauen Sie bloß aus dieser Wohnung ab, sonst hol ich die Polizei!» Er schlug nach mir und wollte mein Gesicht treffen, und ich warf die Lampe nach ihm, die auf dem Sofatisch stand. Er versuchte, die Tür zum Wandschrank aufzumachen, und ich warf mich gegen die Tür und schrie meiner Schwester zu, sie sollte laufen und die Polizei holen. Er packte mich und fing an, mich zu schlagen, um mich aus dem Weg zu räumen. Ich brüllte, als sei ich vollständig verrückt geworden, und er schlug mich ins Gesicht. Hinter der Schranktür hörte ich Mama schreien: «Rühr sie nicht an, du Scheißkerl!» Mama drückte von innen gegen die Tür, um herauszukommen, und ich drückte von der anderen Seite, um sie drinnen zu halten, und er versuchte mich umzubringen, den Eindruck hatte ich jedenfalls. Er schlug mit der Faust auf meine Schläfe ein, und bei jedem Schlag stieß die andere Schläfe gegen die Wand. Mir wurde klar, daß ich ihm aus dem Weg gehen mußte, sonst würde ich bei einem der nächsten Schläge tot umfallen. Ich ließ mich auf den Boden fallen und schrie um Hilfe, aber niemand kam, und während ich schrie, hatte er Mama aus dem Schrank gezerrt und schlug auf sie ein und würgte sie. In Panik rappelte ich mich auf, und mit einem Sprung griff ich das Messer vom Spültisch und gleichzeitig das Küchenhandtuch. Ich schrie laut, wie vor entsetzlichen Schmerzen, und hieb das Messer mit aller Kraft in seinen Rücken.

Er würgte Mama noch eine ganze Weile, als hätte er gar nichts gespürt. Dann fuhr er plötzlich herum und riß mich mit, weil ich die

Hand noch am Messer hatte. Ich konnte es gar nicht loslassen und drückte es immer tiefer rein. Er versuchte mich zu schlagen, aber ich wich dem Schlag aus. Sein Gesicht war jetzt auch voller Angst, und ich hatte mehr Angst, als ich je für möglich gehalten hätte. Er fiel nach vorne auf die Wand und von dem Messer weg. Als das Messer aus seinem Fleisch glitt, mußte ich an eine angeschnittene Melone denken. Er krallte sich an der Wand fest, und die Venen an seinen Händen traten hervor. Er drehte sich zu mir um und warf sich nach vorn, und das Messer, das ich immer noch gepackt hielt, fuhr auch nach vorne. Ich hatte jetzt keine Angst mehr und ich brüllte: «Komm nur her, komm her, du Nigger, ich bring dich um!» Mama schrie, ich sollte das Messer wegtun. Ich hörte sie und hörte sie gleichzeitig nicht. Sie kam auf mich zu und rieb sich noch den Hals, und ich winkte ihr mit der linken Hand wegzubleiben, ohne diesen Mann vor mir, den ich so haßte, aus den Augen zu lassen. Ich schrie: «Ich bring ihn um, Mama, ich bring sie alle um. Dieser dreckige Scheißkerl! Er kommt mir nicht davon. Er hat meiner Mama weh getan!» Ich schrie so laut ich konnte, wie völlig wahnsinnig, und ging mit dem Messer in beiden Händen auf ihn zu. Ich war völlig von Sinnen, und ich wußte nur eins, daß mich nach Rache dürstete. Der Mann ging langsam rückwärts, und kurz bevor er die Tür erreichte, gelang es ihm, wegzurennen.

Ich stand in der Wohnzimmertür und hatte das Messer noch in den Händen, und von irgendwoher kam Mamas Stimme: «Sandra, hörst du mich? Gib mir das Messer, Kind, gib's mir.» Ich ließ das Messer sinken, und sie nahm es, und gerade als sie es weggelegt hatte, hob ich den Kopf und sah die Polizei in unserer eingeschlagenen Wohnungstür. Mama versuchte, alles zu erklären. Ich konnte gar nicht richtig sprechen. Ich hätte jetzt gern geweint, aber ich tat es nicht. Ich sagte der Polizei, daß ich es war, die mit dem Messer auf ihn losgegangen war und nicht Mama. Die Polizisten suchten in der ganzen Straße nach dem Mann, den ich in den Rücken gestochen hatte. Es fand sich keine Spur von ihm, und die Polizisten sagten, sie könnten ihn nicht anzeigen, wenn wir nicht wüßten, wer er sei, und sie könnten jetzt auch wegen der Messerstiche nichts unternehmen, wenn er nicht in irgendeinem Krankenhaus auftauchte. Der Arzt müßte es natürlich gleich der Polizei melden. Sie sagten, wir sollten die kaputte Tür wieder heil machen und gingen. Keiner von uns wußte, wer der Mann überhaupt war.

Ein paar Wochen später hatten Peggys Mutter und Vater eine wüste Schlägerei, direkt vor Peggys Augen. Ihr Vater schlug ihre Mutter, und Peggy schlug mit einer Bierflasche auf ihn ein. Noch tagelang danach ließ Peggy den Kopf hängen vor Scham. Egal, wie gemein ihre Mutter zu ihr sei, sie hätte einfach nicht für ihren Vater Partei ergreifen können, und als er ihre Mutter schlug, hätte sie ganz vergessen, daß er ihr Vater war. Am nächsten Sonnabend kam Peggy, um mich zu fragen, ob ich mit ihr nach Hause käme und ihr helfen würde, ihren Kleiderschrank auszuräumen. Sie sagte, sie würde die meisten von ihren alten Sachen weggeben, weil sie ihr zu klein würden, und ihre Mama würde ihr für das nächste Schulhalbjahr neue Sachen kaufen. Sie sagte, sie wollte, daß ich ihre alten Sachen bekommen sollte, ihre Mama hätte gesagt, es seien ihre Sachen und sie könnte sie geben, wem sie wollte. Ich war das einzige Mädchen, das sie kannte, das so groß wie sie war, wenn auch ein bißchen dünner.

So zogen wir ganz vergnügt zusammen los in ihr Schlafzimmer, und ich saß auf ihrem Bett, während sie jedes Stück zusammenlegte und mir auf den Schoß stapelte und dabei sagte: «Das ist für dich und dies ist für dich und das.» Wir waren glücklich und sprachen von der Zukunft, und Peggy schlug vor, daß ich mit ihr zusammen in die High School am anderen Ende der Stadt gehen sollte, die in einer weißen Gegend lag und in der die Rassen nicht getrennt waren. Ihr Vater guckte zur Tür herein, begrüßte uns und fragte uns lächelnd, wie es uns ginge.

Alles war wunderschön, bis zu dem Augenblick, in dem Peggys Mama den Kopf zur Tür hereinstreckte. Die schiere Boshaftigkeit stand auf ihrem Gesicht geschrieben. Ich sagte guten Morgen, doch sie beachtete mich nicht. Sie fragte Peggy, was sie da tue, und Peggy sagte unbekümmert, sie würde mir die Sachen schenken, die sie weggeben durfte. Ihr Vater lächelte immer noch, aber ihre Mama grabschte mir die Sachen vom Schoß und sagte, sie hätte es sich anders überlegt. Ihr Vater wurde wütend, nahm seiner Frau die Kleider weg und gab sie mir zurück. Ihre Mutter riß sie wieder an sich und brüllte, daß er da gar nicht mitreden könne, weil sie alles von ihrem Geld gekauft hätte. Er antwortete, daß fast alles hier im Haus von seinem Geld gekauft sei und er genauso viel Recht darauf hätte wie sie. «Rebecca, egal was du von dem Kind und seiner Familie denkst, führ dich doch nicht so auf.» Sie schrie etwas davon, warum er denn für mich Partei ergreifen würde und daß er höchstwahrscheinlich auch meine Mutter ficken würde. «Warum interessierst du dich denn sonst so für sie?» Das Gesicht von Peggys Vater verzerrte sich, er nahm das Bündel, warf es mir in den Schoß und sagte, ich könnte es haben und alles, was Peggy mir sonst noch schenken wollte.

Ich saß da und schmeckte das Salzwasser, das mir die Backen herunterlief. Das konnte ich Peggy nie vergeben. Ich wußte, daß sie nicht mehr meine Freundin sein könnte, weil ich ihre Mama nicht mehr achten konnte. Ich stand auf und sagte: «Ich kann nichts annehmen, wenn ihre Mama nicht will, daß ich es bekomme.» Ich drehte mich um und ging hinaus und kam nie wieder in ihr Haus, bis Peggy und ich erwachsen waren. Peggys Vater sprach weiter mit Mama und mir und hupte vor unserem Haus, wenn er Peggy morgens zur Schule fuhr. Ihre Mutter hupte nie, und wenn sie an mir vorbeifuhr in Regen oder Schnee oder Eiseskälte, bot sie nie an, mich mitzunehmen. Peggy und ich sahen uns noch in der Schule, bis ihre Abschlußprüfung uns trennte. Nach der Schule traf ich mich mit niemand, weil ich meine Zeit in diesem Sommer damit verbrachte, einen Job zu suchen.

In diesem Jahr starb die Frau unseres geliebten Mathe-Lehrers, und sein Schmerz war unvorstellbar. Er spann sich in seine Trauer ein wie eine Raupe. Der Gram umhüllte förmlich seinen ganzen Körper. Sein Gang veränderte sich, er ging jetzt mit gesenktem Kopf, vorgebeugten Schultern und mit den Händen in den Taschen. Er wurde ein Schatten seiner selbst, er war ständig abwesend. Über Nacht war er ein alter Mann geworden. Dieser Mann, den ich so verehrte, als wäre er mein Vater, litt unsäglich, und oft litten meine Freundin Gloria und ich mit ihm. Wenn er in der Klasse nicht mehr konnte, versuchten wir, die Stunde weiterzuführen. Doch auch uns kamen die Tränen. Mitten im Unterricht starrte er ins Leere, und manchmal verlor sich seine Stimme, als hätte er das nächste Wort vergessen. Gloria und ich versuchten, Faxen und Witze zu machen, nur wir beide wagten den Versuch, ihn abzulenken. Meistens halfen unsere Späße auch nichts, und er mußte das Klassenzimmer verlassen, um sich wieder zu fangen. Seine Augen waren immer rot und wäßrig und wurden bis zu meinem Abgang von der Lemmel-Schule nie wieder klar. Seine Tränen brachen uns das Herz, und sein Schweigen brach seine Seele. Allmählich zog er sich ganz von uns zurück, er sprach überhaupt nicht mehr, und wir verbrachten die Unterrichtsstunden damit, in unseren Büchern zu lesen oder aus dem Fenster auf die grünen Felder, die uns umgaben, zu sehen. Seine Stunden waren die einzigen, in denen die Schüler sich Mühe gaben, den Lehrer nicht zu stören.

In diesem Sommer ließ ich mich mit einem Mann ein, der mein Vater hätte sein können. Er hatte eine rote Haut und rote Haare, und alle nannten ihn Rusty, den Rostigen. Er rief mir was nach, als ich auf meinem Schulweg an einer Bar vorbeikam. Er hatte grüne Augen, die mir bei einem Schwarzen irgendwie komisch vorkamen. Er war «einer von der gemischten Sorte», wie Mama sagte. Die krausen roten Haare auf seinem Kopf hatten die gleiche Farbe wie sein Schnauzer und sein Bart. Ich merkte, daß ich mit dem Mann irgend etwas zu tun haben wollte, aber ich kannte mich mit diesem neuen Gefühl, das mich in der Gegenwart von Männern überkam, noch nicht aus. Ich wußte, wenn ich eines Tages zum erstenmal mit einem Mann schlafen würde, dann sollte es ein älterer Mann sein, damit ich nicht gleich schwanger werden würde wie die anderen Mädchen meines Alters. Die Jungen, die so alt wie ich waren, forderten mich auf, mit ihnen zu schlafen, aber ich ließ sie alle abblitzen, weil ich sie als einen Haufen blöder Kindermacher betrachtete. Ich brauchte mir nur die Mädchen in meiner Umgebung anzusehen, das reichte für meinen Entschluß, von den jungen Kerlen die Finger zu lassen. Manchmal waren drei oder vier Mädchen von demselben Vierzehnjährigen schwanger, und die schwangeren Mädchen schlugen sich um ihn, wirklich körperlich, auf der Straße. Und immer war es dieselbe Geschichte, die Schuld wurde dem Mädchen zugeschoben. Die Jungen standen an der Ecke und lachten über ihren anschwellenden Bauch und machten sich über sie lustig. Manchmal lachten sogar die Mütter der Jungen über die Mädchen. Das wollte ich nicht erleben. Die Leute warfen mir schon genügend Dinge vor, die nicht stimmten.

Mein früherer Mathe-Lehrer hatte neben Rustys Wohnung ein Immobilienbüro, und ich schaute manchmal bei ihm vorbei. Als er herausfand, wen ich hier in der Gegend besuchte, sagte er, ich solle die Finger von Rusty lassen. Rusty sei zu alt für mich, er würde junge Mädchen mißbrauchen. Natürlich hörte ich nicht auf ihn. Ich besuchte Rusty weiter, und wir machten weiter unsere Vorspielchen. Es kam nie zum Beischlaf, weil Rustys Bruder ständig zu Besuch kam. Das letzte Mal, als ich seinen Bruder sah, prügelte er mir fast die Seele aus dem Leib, warf mich raus und sagte, wenn ich noch einmal käme, würde er es Mama sagen. Er sagte, er täte das zu meinem eigenen Besten, weil sein Bruder nicht vernünftig genug sei, es selbst zu tun. Er und sein Bruder stritten sich vor meinen Augen ganz entsetzlich, deshalb dachte ich, es sei besser, nicht mehr in Rustys Wohnung zu kommen, obwohl er mich oft auf der Straße sah und mich einlud, mitzukommen und in seiner Wohnung meine Lieblingsplatte von Nina Simon zu hören. Sein Bruder hatte mich Knastköder genannt, und er hatte recht. Ich war unter einundzwanzig, und in Baltimore konnte jeder, der Lust dazu hatte, einen Mann, der es mit einem jungen Mädchen trieb, ins Verderben bringen. Rusty graste jetzt ohnehin auf fruchtbarerem Boden, bei meiner wohlgeformten und sehr fraulich aussehenden Freundin Janice.

Meine Freundin Janice hatte ordentlich Holz vorm Haus, wie alle sagten, sie war wirklich sehr gut gebaut. Sie war in unserer Gruppe eigentlich die einzige, die sexy war, und sie sah viel älter als vierzehn aus. Ihre Haut war ganz hell, und sie hatte rotes entkraustes Haar. Ich war in der Regel schon aus dem Rennen, wenn ein Mann, den ich gerne mochte, sie sah. Erstaunlicherweise war ich nicht eifersüchtig, sondern ich bewunderte sie ehrlich. Sie war eine ganz andere Art von Nutte als Jackie. Sie bekam Geschenke und Einladungen zum Essen von den meist sehr viel älteren Männern, mit denen sie schlief. Die jungen Männer taten meistens nichts anderes, als morgens, mittags und abends immer nur zu ficken. Jackie war für jeden da, der mal richtig loslegen wollte. Jackie fiel das Lernen leicht, sie konnte wochenlang in der Schule fehlen und sich dann innerhalb von ein paar Tagen an die Spitze der Klasse vorarbeiten. Aber ihr war nichts auf der Welt wichtig außer Ficken und Stehlen, und das beides in gleichem Maße. Janice hatte einen leeren Kopf, aber ihr Geldbeutel war immer voll.

Die Mütter der beiden schoben die Schuld für das schlimme Verhalten ihrer Töchter zum großen Teil mir zu, sie sagten, ich hätte einen schlechten Einfluß auf sie. Dabei war ich die einzige in der Gruppe, die immer noch Jungfrau war, und ich blieb es noch weitere zwei Jahre. Ich war zwar recht neugierig auf alles, was mit Sex zusammenhing, aber wenn ich Jackie besuchen ging und sie manchmal gerade mit zwei oder drei Männern im Bett lag, verspürte ich keine Lust mitzumachen. Ich hatte immer noch Angst vor diesen Lauten, die die Leute beim Geschlechtsverkehr ausstießen. Ich war nicht sicher, ob es Lust oder Schmerz war. Ich hatte es auch nicht sehr eilig, das herauszufinden.

Wohin ich blickte, vögelte alles herum, nur ich wartete auf etwas Unbestimmtes, das zur rechten Zeit geschehen würde. Ich hatte keine Ahnung, wann die rechte Zeit sein würde. Als geheime Hoffnung hatte sich bei mir irgendwo ganz versteckt die Vorstellung eingenistet, daß ich den Mann, mit dem ich zum erstenmal schlafen würde, auch heiraten wollte. Ich wollte nicht wie meine Freundinnen sein. Ich wurde von ihnen geneckt, und viele Leute erzählten mir, kein Mann wollte eine Jungfrau, das sei zu viel Mühe. Und daß auch kein Mann eine Jungfrau heiraten wollte, weil er dann ja keine Ahnung hatte, was er sich da einhandelte, vielleicht war sie frigide oder so was. So lernte ich, daß die Ware erst ausprobiert werden mußte. Jackie und Janice wurden von ein paar Söhnen von bekannten und angesehenen schwarzen Familien in Baltimore besucht, jungen Männern vom College, die sie nie einluden, ihre Eltern kennenzulernen. Die Mädchen waren für sie nur was zum Ficken, und das stand deutlich auf ihren Gesichtern geschrieben. Jackie und Janice vögelten überall, unter allen Bedingungen und vor jedem, sie hatten da keine Hemmungen. Oft fragten ihre Freunde, warum ich denn nicht auch bei dem Spaß mitmachen wollte, aber ich wartete in einem anderen Zimmer oder im gleichen Zimmer, bis sie fertig waren. Manchmal, wenn es mir zu bunt wurde, ging ich. Aber die Männer fanden es immer sehr lustig, daß ich Jungfrau war, und fragten immer gleich als nächstes, ob ich lesbisch sei. Ich wurde für nicht normal gehalten, und ich fing an zu glauben, daß ich wirklich nicht normal war. Ich blieb am Rand unserer Gruppe, weil ich sie eigentlich nicht verstand und sie mich auch nicht. Ich hätte all das, was sie taten, auch gerne gemacht, aber ich konnte einfach nicht. Obwohl ich es ihnen nicht nachtun konnte, war ich aber auch nicht der Meinung, daß sie etwas Unrechtes taten. Ich nahm es einfach als Tatsache hin, daß meine Zeit noch nicht gekommen sei. Und für mich hatte auch die Schule noch eine gewisse Bedeutung, und ich hoffte auch noch, daß eines Tages etwas aus mir werden würde.

Das war mein letztes Jahr in der Junior High School, und ich freute mich schon auf die respektvollere Haltung, mit der man behandelt wurde, wenn man in die High School kam. Dann hatten die Eltern es fast geschafft, und sie konnten ein bißchen aufatmen, wenn man es so weit gebracht hatte.

Ich hoffte bis zum letzten Augenblick, daß Mama sich um ein Kleid für meine Abschlußfeier kümmern würde, aber ich hoffte umsonst. Zwei Tage vor der Abschlußfeier kam eine meiner Lehrerinnen zu mir, der aufgefallen war, daß ich mir kein Kleid genäht hatte und auch nicht davon gesprochen hatte, daß ich an der Feier teilnehmen würde. Sie fragte mich, was in mir vorgehe. Ich vergesse die Namen von drei meiner Lehrerinnen nie, Mrs. Hudnell, Mrs. Waters und Mrs. Carroll. Sie kannten mich, sie sahen, wie ich mit mir und gegen mich kämpfte, und sie wußten, daß ich einen hoffnungslosen Kampf focht. Ich wußte damals nicht, daß sie mich wohl besser verstanden, als ich mich selbst. Mein Ruf war nicht sonderlich gut, und er hatte mich all die Jahre hindurch verfolgt. Von Schule zu Schule hatte mich immer die Geschichte von meiner trinkenden kinderkriegenden Mama begleitet und von meinem woanders lebenden Vater, und die Kommentare des Sozialamtes. Ich würde niemand um etwas bitten, ich wollte keine Hilfe. Ich wollte nur noch jemand sein, der nichts taugte, dann hätten die Leute vielleicht nichts mehr gegen mich vorzubringen. Das letzte Wort würde immer sein, sie ist wie ihre Mama, und so wird sie immer bleiben. Ich lag im Streit mit mir selbst, weil ich mehr sein wollte, als ich war, aber ich hatte noch größere Angst, daß ich es nie dazu bringen würde.

Mrs. Hudnell versuchte, mich zum Reden zu bringen, und sie sagte, gleichgültig, wie ich über mich selbst dachte, hätte ich ein Recht darauf, morgen mit den anderen meiner Klasse über die Bühne zu gehen. Ich sagte, es sei jetzt zu spät, und mir sei es auch egal. Sie sagte zu mir, du mußt allen das Gegenteil beweisen. Sie hielt mich an den Schultern fest und sagte: «Du, du mußt es ihnen zeigen! Du mußt es einfach tun, für deinen kleinen Bruder und deine Schwestern. Du mußt das erste Beispiel in deiner Familie sein, damit sie es dir nachmachen können. Das ist schwer, es ist immer schwer für den ersten, aber du mußt es tun.»

Ich legte meinen Kopf an ihre Schulter und weinte, wie ich eigentlich an der Schulter meiner Mama hätte weinen sollen. Sie nahm meine Hand und half mir, meine Tränen zu trocknen; sie setzte mich in ihr Auto und fuhr mit mir zum Einkaufszentrum, wo ich sonst immer klauen ging, und sagte, ich sollte mir einen Stoff aussuchen, der mir am besten für mein Kleid gefiele. Ich suchte einen feinen weißen Brokat aus mit ganz kleinen Blümchen auch in Weiß und ein blaues Pikee-Band als Gürtel. Den Rest des Tages bekam ich frei, und Mrs. Waters und ich nähten mein Prüfungskleid. Als die Schule zu Ende war, ging ich mit dem fast fertigen Kleid nach Hause. Den Saum würde ich zu Hause allein nähen. Am nächsten Tag hatte ich ebenfalls keine Schule, und ich suchte jemand, der mir mein Haar für die Abschlußfeier entkrausen und legen würde. Nicht einmal Gwen wollte sich an mein krauses Haar wagen, deshalb beschloß ich, die hoffnungslose Krause selbst in Form zu bringen. Ich ging in die Stadt und klaute mir Shampoo, Nagellack, ein Deodorant, ein Paar Unterhosen, einen Büstenhalter und einen Unterrock für mein neues Kleid. Ich verließ das Geschäft, und auf der Straße kam ein Schwarzer auf mich zu und sagte, ich solle mitkommen. Ich sagte: «Warum?» Und er zog seine Marke raus. Mein Herz sank, und ich stellte mir nur die Gesichter meiner Lehrer vor, wenn sie erfahren würden, daß ich gestohlen hatte.

Ich ging mit, und er führte mich in ein kleines Büro und fragte, warum ich es getan hätte. Ich dachte, er sei verrückt, mich zu fragen warum, und ich sagte nichts. Er nahm seine Brieftasche voller Fotos heraus und zeigte sie mir. Er sagte, das seien seine Kinder, und seine Tochter sei so alt wie ich. Er hieß Mr. Brown. Er war ziemlich klein, sogar kleiner als ich. Er hatte einen Schnurrbart wie Charlie Chaplin und dunkle, sehr tiefe Augen. Er fragte mich, wie alt ich sei, und ich sagte vierzehn, und er fragte mich nach meinen Eltern. Ich sagte, mein Vater tauge nichts, und meine Mutter versuche, sich so gut es ging alleine durchzuschlagen. Und dann fragte er noch mal, warum, und ich erzählte ihm, daß ich am nächsten Tag Abschlußfeier in der Junior High School hätte und mir keiner die Haare legen wollte, und keiner würde hingehen, um mich auf der Bühne zu sehen, und daß ich genauso hübsch wie die anderen aussehen wollte. Ich wollte gut riechen und wollte lackierte Nägel haben und ich ...

Ich konnte nicht mehr weitersprechen und weinte nur noch. Er nahm mir all die gestohlenen Dinge ab und zählte zusammen, was sie kosteten und gab mir genug Geld, alles zu kaufen, und dann gab er mir noch Geld, um zum Friseur zu gehen und sagte auf Wiedersehen und alles Gute. Als ich gehen wollte, sagte er: «Du schuldest mir noch etwas.» Ich dachte: «Ach du liebes bißchen, das war ja wirklich zu schön, um wahr zu sein, er will mich vögeln.» Ich machte gerade den Mund auf, um zu sagen, er sollte mich doch am

Arsch lecken, da sagte er: «Du schuldest mir das Versprechen, nie wieder zu stehlen, und wenn du was brauchst, kommst du hier in dieses Büro zu mir, und ich verspreche dir, daß ich dir helfe, wenn ich kann.» Mir war ganz schwindlig, mir war schlecht, ich war verletzt, und ich quoll über von Gefühlen, als ich sein Büro verließ. Ich kaufte jetzt alles, was ich vorher gestohlen hatte, und ging nach Hause. Später ging ich zu meiner Cousine Cottie, und sie legte mir meine krausen Haare für die Schule am nächsten Tag. Ich ging nach Hause und blieb den Rest des Tages und der Nacht in meinem Zimmer. Ich lackierte mir die Nägel, badete und konnte die ganze Nacht nicht schlafen.

Am nächsten Morgen bat ich Mama, sie solle doch kommen und meine kleine Schwester und meinen Bruder mitbringen. Mama sagte nein und senkte den Kopf und sagte, sie würde sich schämen, den Leuten ins Gesicht zu blicken, die mir das Kleid und alles andere für die Feier geschenkt hätten. Ich sagte zu ihr, sie solle sich nicht schämen zu kommen, ich hätte mich auch nicht geschämt, die Freundlichkeit dieser Leute anzunehmen. Schließlich kam sie doch mit, und meine kleine Schwester rief meinen Namen, als ich über die Bühne ging, und mein kleiner Bruder rief: «Mama, da ist Sandra, guck doch mal.»

Eines Abends kurz nach meiner Abschlußfeier kam Jackie mit zwei Männern in einem alten orangen Mercury vor unser Haus gefahren. Sie hießen Harry und Jerome, und ich hatte das Gefühl, daß sie verheiratet waren, das merkte ich an ihrer Nervosität und an der Art, wie sie meine vorübergehenden Nachbarn beobachteten. Sie benahmen sich so, als hätten sie Angst davor, erwischt zu werden. Jackie sagte, der eine sei ihr Freund, und der andere suche eine Freundin. Ich fragte beide, ob sie verheiratet seien, und beide antworteten nein. Ich mochte verheiratete Männer nicht, weil ich in allen meinen Vater sah. Jerome hatte Jackie neben sich und fuhr, und Harry und ich saßen hinten. Er fuhr natürlich zur Liebesallee im Druid Hill Park, und von dem Augenblick an, wo wir dort hielten, bis morgens um eins, als wir wieder wegfuhren, fickten Jackie und Jerome. Harry und ich saßen auf dem Rücksitz, er in seiner Ecke und ich in meiner, und wir unterhielten uns. Harry hatte vorstehende Zähne und so dicke Brillengläser, daß sie aussahen, als wären sie aus dem Boden von Wassergläsern rausgeschnitten. Ich mochte ihn eigentlich gar nicht. Jackie und Jerome stiegen aus, wahrscheinlich um allein zu sein. Harry küßte und küßte mich, bis er merkte, daß er mit mir nicht viel weiter kommen würde. Und so unterhielten wir uns dann wieder. Die Polizei kam und blendete einmal auf als Zeichen dafür, daß der Park geräumt werden mußte. Im Schweinwerferlicht sah ich einen Augenblick lang Jackie, als sie zum Auto zurückkam. Sie ging, als trüge sie einen Elefanten zwischen den Beinen. Ich dachte daran, daß Jackie morgen den ganzen Tag wieder das gleiche machen würde. Und ich würde in die Schule gehen.

Sie brachten mich zuerst nach Hause, und ich lief schnell hoch und direkt ins Bad. Mama sah mich mit ihrem seltsamen Blick an, und ich hörte ihren Feund, der da war, leise mit ihr sprechen. Als ich wieder ins Wohnzimmer kam, saßen sie in der Küche, und das Couchbett war aufgeklappt. Ich hatte es nicht bemerkt, als ich hereingekommen war, aber da war es wohl auch schon aufgeklappt gewesen. Immer wenn es aufgeklappt war, wußte ich, daß er die Nacht über bleiben würde.

Mama rief mich und ich ging rüber, um zu sehen, was sie wollte. Sie sagte, ich solle meine Unterhose ausziehen, ihr Freund wolle mich untersuchen. Ich war völlig von den Socken. Wie konnte sie nur so etwas vorschlagen? Ich drehte mich um, griff aufs Regal und nahm das Fleischmesser. Ich stellte mich mit dem Rücken zur Spüle und sagte, wenn einer von ihnen mich auch nur berührte, hätte ihr letztes Stündlein geschlagen. Mamas Freund mit seinem Wackelarsch hatte schon lange versucht, mich dazu zu zwingen, ihn drüberzulassen. Ich hatte ihm schon einmal angedroht, daß ich ihn umbringen würde, als er eines abends in mein Zimmer kam, während ich mich umzog. Er war aber trotzdem immer kühner geworden, und Mama stand dabei und sagte kein Wort. Er sagte zu Mama: «Ich seh auch, ob sie gefickt hat, wenn du mir ihre Unterhose gibst. Ich seh das an dem Fleck.» Ich drehte mich zu ihm und nannte ihn einen elenden Lügner. «Du willst mir doch nur unter den Rock, du Schwein. Das kannst du dir gleich aus dem Kopf schlagen, da würde ich lieber einen Buckligen ficken als dich.» Mama wurde sauer und sagte, ich sollte mein ungewaschenes Maul halten, und ich drohte, wenn sie ihn mir nicht vom Leibe hielte, würden wir uns alle vor Gericht wiedersehen.

Von da ab blieb ich oft über Nacht weg. Ich kam nach Hause, wenn es mir gerade paßte, und Mama drohte mir, sie würde es beim

Jugendamt melden. Mir war das ziemlich gleichgültig, weil ich wußte, daß unsere Beziehung nie so werden würde, wie sie sein sollte, und daß ich sowieso in ihrer Gegenwart nie lange glücklich war. Ich war sehr nervös und gereizt, und wegen der kleinsten Kleinigkeit beschimpfte ich meine Freundinnen und ließ meine Launen an ihnen aus. Ich hatte Zeiten, in denen ich lieber geweint hätte, aber statt dessen schlug ich um mich, körperlich oder mit Worten. Ich fuhr Mama an, und sie schnauzte zurück und drohte mit Miss White, der Aufseherin im Jugendgefängnis. Miss White hatte einen üblen Ruf, es hieß, sie würde Mädchen für ganz geringfügige Vergehen wie Stehlen, Schuleschwänzen oder nachts zu lange wegbleiben einsperren lassen, und wenn diese Mädchen dann wieder rauskamen, waren sie so abgebrüht, daß man sie gar nicht wiedererkannte und nicht wußte, wozu sie als nächstes fähig wären. Die meisten kamen als Lesbierinnen oder bisexuell und als Huren zurück. Ich kaufte eine Flasche Ätzsäure und stellte sie in mein Zimmer als Schutz gegen Mamas Freund. Ich nahm die Flasche vor den Augen der beiden aus meiner Tasche, und sie waren schockiert, und Mama sagte, das hätte grade noch gefehlt, und er war überzeugt davon, daß ich verrückt sei.

Ein paar Abende später tauchte Jackie wieder auf und sagte, daß ich ein paar Leute kennenlernen sollte, die um die Ecke wohnten. Wir gingen zu einer Frau namens Marion, die auch in der Siedlung wohnte. Marion war klein und braunhäutig, in den Zwanzigern und nicht sehr hübsch, aber ich mochte sie und sie war sehr offen. Als sie mich sah, warf sie mir einen sehr bösen, abschätzigen Blick zu, und ich hatte den Verdacht, daß irgend etwas nicht stimmte, konnte mir aber nicht denken was. Es war noch eine andere Frau da, die Sandra hieß wie ich, sie hatte ein Baby von vielleicht sechs Monaten auf dem Arm. Marion stellte uns vor, und sie sah mich lange kalt und hart an. Ich sagte: Warum siehst du mich denn so an, du kennst mich doch gar nicht?» Sie antwortete: «Du bist neulich die ganze Nacht mit meinem Mann weggewesen.» – «Ich, mit deinem Mann? Aber hör mal, das kann doch gar nicht sein. Ich geh vielleicht manchmal aus, aber bestimmt nicht mit verheirateten Männern. Ich kann diese Arschlöcher nicht ausstehen. Was wird hier eigentlich gespielt, und wer ist dein Mann überhaupt?»

«Harry ist mein Mann.»

Sie senkte den Kopf und sah so verletzt aus, daß ich ganz klein wurde. Sie war wirklich verletzt, das sah ich an ihrem Gesicht, auf dem derselbe Ausdruck lag, den ich von Mama kannte. Ich schwor ihr, daß ich mich mit ihrem Mann an dem Abend nur unterhalten hätte und sonst nichts. Aber sie konnte gar nicht glauben, daß wir uns bis ein Uhr morgens nur unterhalten hätten. Sie hielt ihr Kind in den Armen und weinte und schrie: «Warum hat Harry mir das bloß angetan?» Marion fragte mich aus, bis sie zufrieden war, und immer, wenn Jackie versuchte zu erzählen, wie sie die beiden kennengelernt hatte, fielen sie beide über sie her und brachten sie zum Schweigen. Jackie war sauer und wollte gehen, aber Marion stellte sich vor die Tür und beschimpfte Jackie mit allen üblen Schimpfworten, die ihr einfielen.

Ich verstand gar nicht, warum sie Jackie die ganze Schuld zuschoben, und ich fragte warum. Marion erzählte, daß Jackie eine gemeinsame Freundin von ihnen kannte, und daß sie dieses Mädchen besucht hätten, als Jackie vorbeikam und von einem Kerl prahlte, den sie neulich kennengelernt hätte, und daß sie die ganze Nacht gefickt hätten, und sie nannte den Namen des Mannes und beschrieb sein Auto. Sandra wußte, daß ihr Mann an diesem Abend mit Jerome zusammen war, und sie war empört, daß ihr Mann an dem Abend so lange weggeblieben war. Und jetzt wußte sie eben warum, weil er mit mir zusammengewesen war. Ich fragte Jackie, warum sie denn über so was rumprahlen müßte, und sie sagte: «Ich wußte nicht, daß er verheiratet ist», dann hielt sie inne und sagte: «Doch, ich wußte es, aber ich hab's dir nicht gesagt.» Sie erzählte weiter, daß sie sich darüber amüsiert hätten, wie häßlich ich sei, und deshalb hätte sie es auch nicht gesagt, weil sie fanden, daß ich so häßlich sei, daß mich sowieso kein Mensch ficken würde.

Während wir alle noch in Marions Wohnung waren, kam Harry rein. Seine Frau hatte einen Zettel an die Tür geheftet, er solle rüberkommen, wenn er zurück sei. So war er also in die Falle gelaufen. Als Marion die Tür aufmachte, fiel er aus allen Wolken, weil er mich neben seiner Frau stehen sah. Er sagte nichts zu mir, sondern beugte sich nur runter und küßte seine eiskalte wütende Frau. Sie schrie ihn an: «Warum sagst du denn nichts zu ihr, Harry? Neulich bist du doch die ganze Nacht mit ihr in der Liebesallee gewesen!» Er sah ganz versteinert aus, und ich sagte: «Ja, komm Harry, erzähl deiner Frau doch, was gewesen ist, vielleicht glaubt sie es dir, mir nimmt sie es jedenfalls nicht ab.» Sein Adamsapfel schien aus seinem Hals springen zu wollen, und er sagte ausdruckslos, daß wir uns nur unterhalten hätten. Ich hatte jetzt die Nase voll von ihren Tränen und ihren Vorwürfen, und ich sagte: «Hör mal zu, wenn ich was mit deinem Mann gehabt hätte, hätte ich's dir erzählt. Du weißt, daß ich mit ihm zusammen war, also würde ich doch auch den Rest nicht abstreiten, wenn es einen Rest gäbe.» Sie fing wieder an zu weinen, und Harry ging mit ihr nach Hause.

Als sie an mir vorbeigingen, sagte ich zu ihnen beiden, daß es mir leid tue, und sie giftete mich an: «Na, das soll ich wohl glauben!» Marion sagte: «Doch, Sandra, ich glaub's ihr.»

Nach dieser Geschichte weigerte ich mich, mit Jackie zu weiteren Verabredungen mit Unbekannten zu gehen und auch sonst überhaupt mit jemand auszugehen. Marion und ich wurden so gute Freundinnen, daß sogar ihre leiblichen Schwestern eifersüchtig wurden. Ich war enger mit ihr befreundet als mit irgend jemand zuvor, auch mit Gwen. Ich verbrachte fast meine ganze Freizeit mit ihr, und weil sie ein kleines Mädchen hatte, benützte ich das als Begründung, daß ich so viel bei ihr war.

Mama wurde immer sofort eifersüchtig auf meine Freundschaften und versuchte sie mir zu verleiden und behauptete, Freundschaften mit älteren Frauen hätten einen schlechten Einfluß auf junge Mädchen. Also gab ich als Grund an, daß ich bei Marion das Kind hütete. Marions Freunde waren natürlich alle wesentlich älter, sie waren fast alle schon als Jugendliche in Besserungsanstalten gewesen. Es waren Hochstapler, Taschendiebe, Ladendiebe und Huren, Transvestiten, Lesbierinnen und Schwule. Es war ein recht bunter Haufen, und ein paar von ihnen gefielen mir ganz gut. Ich lernte, Haare zu entkrausen und zu legen dadurch, daß ich ihnen zusah, und so hatte ich mir bald eine neue Fähigkeit erworben, mit der ich Geld verdienen konnte. Aus irgendeinem Grund scheute ich mich davor, chemische Mittel zum Entkrausen zu benützen, ich hätte das Zeug nicht einmal mit Handschuhen angerührt. Aber der Entkrausungskamm und die Lockenwickler wurden mein Wahrzeichen und Handwerkszeug. Ich lief rum mit der dichtesten Krause auf dem Kopf, die man sich vorstellen kann, aber ich machte für alle anderen die Haare glatt.

So ging das eine ganze Weile, aber bald nach meinem Eintritt in die Senior High School lernte ich noch mehr über Haare, und bald konnte ich sie mir selbst glätten, ohne mich dabei zu verbrennen.

Friseuse zu spielen machte mir eigentlich mehr Spaß als Stehlen. Meistens hatte ich gar keine Lust, etwas zu stehlen, aber ich wollte auch nicht ständig Dinge entbehren müssen, und ich fühlte mich moralisch dazu verpflichtet, nur zu stehlen, was ich wirklich brauchte. Sehr selten stahl ich irgendeinen Luxusgegenstand für mich selbst, meistens waren es Dinge, die ich wirklich brauchte. Ich hatte meine eigene Philosophie über das Stehlen. Man hatte mir beigebracht, daß Stehlen eine Sünde sei. Deshalb hatte ich das Gefühl, daß Gott mir nur vergeben könnte, wenn ich wirklich notwendige Dinge stahl. Meine Taktik wurde, zuerst einmal Mama um etwas zu bitten. Wenn ich es nicht bekam, hatte ich nichts dagegen, dafür zu arbeiten, aber wenn ich keine Arbeit fand, Putzen, Kinderhüten oder jemand die Haare entkrausen, mußte ich es eben stehlen.

Mir gelang es bald, einen Kundenstamm zu erwerben von Leuten, die fanden, daß ich eine geschickte Hand hatte, und die nicht viel dafür bezahlen konnten. Ich wußte, daß es viele Kolleginnen in der Gegend gab, die eine viel längere Erfahrung hatten als ich, aber ich hatte keine Angst vor der Konkurrenz. Ich tat es billiger, und ich benützte nicht so viel Pomade, und ich verbrannte fast nie jemand. Keiner stand mit angesengten Ohren von meinem Stuhl auf, und keiner mußte sein Ohr mit der Hand nach vorne klappen, um es vor dem heißen Kamm zu schützen. Ich arbeitete mit einem harten Gummikamm und schützte die Ohren mit meinen Fingern. Mein erstes Geld benützte ich, um mir eine Reihe von Hartgummikämmen zu kaufen, weil die Plastikkämme bei der Berührung mit dem elektrischen Entkrausungskamm schmolzen. Später kaufte ich mir auch einen neuen Entkrausungskamm, weil der alte das Haar brüchig machte. Ich kaufte in Doc's Drugstore ein Paar elektrische Lockenwickler auf Kredit und zahlte zwei Monate lang immer 5 Cent pro Woche ab. Ich hatte meinen Kamm und die Lockenwickler in einer braunen Papiertüte, und ich steckte noch ein Glas Blue Seal-Vaseline dazu, weil ich manchmal den Geruch der Pomaden nicht aushielt, die mir meine Kunden für das Entkrausen gaben. Ich nahm die Tüte überall mit hin, und ich entkrauste überall und jedem die Haare. Meine Klauereien wurden immer seltener und hatten praktisch aufgehört, ich hatte nur noch ganz selten den Drang, etwas zu nehmen, um mir eine Freude zu machen. Die Sache hatte ihren Reiz verloren, und nachdem ich etwas gestohlen hatte, wollte ich es gar nicht mehr haben, sondern schenkte es meistens weg.

Während der Sommer verging, reichte mir das Haarentkrausen nicht als einzige Beschäftigung. Ich hatte eigentlich zu Ferienbeginn einen Job als Schwesternhelferin in einem der Krankenhäuser in Baltimore annehmen wollen. Ich wollte in einem Krankenhaus arbeiten, um zu sehen, ob es mir wirklich zusagte und ob so etwas als Lebensaufgabe in Betracht kommen würde. Ich bewarb mich an mindestens fünf Krankenhäusern, die nicht allzu weit weg lagen. Ich wollte den Weg zu Fuß machen können. Alle wiesen mich ab, aus den unmöglichsten Gründen. Sie hatten alle einen echten Grund und eine gute Lüge, um ihn zu kaschieren. Ich ging den ganzen Sommer lang jede Woche einmal zu allen fünf Krankenhäusern hin und stellte fest, daß alle Schwesternhelferinnen Weiße waren. Ich ging noch mal hin und bot mich als freiwillige Hilfe ohne Bezahlung an, aber auch unter dieser Bedingung wollten sie mich nicht annehmen. «Man kann in einem bezahlten Beruf nicht als unbezahlter Freiwilliger arbeiten.» – «Wir stellen dieses Jahr keine neuen Hilfskräfte mehr ein, und wir können keine Bewerbungen bis zum nächsten Jahr vormerken.» – «Wir haben schon zu viele, und du bist nicht alt genug, und du brauchst eine Vorausbildung, zum Beispiel bei den Pfadfinderinnen.» – «Ist in deiner Familie eine Krankenschwester?» – «Nein, in meiner Familie ist niemand Krankenschwester.»

Ich war ernüchtert und enttäuscht, und ich mußte mit vierzehn Jahren erkennen, welch dürftiges Mäntelchen dem Rassismus da übergehängt wurde. Ich erfuhr am eigenen Leibe eine dieser Methoden, mit der auch meine Mutter unten gehalten und langsam zugrunde gerichtet wurde. Nach soviel geballter Frustration wäre ich am liebsten wieder losgezogen, um zu stehlen. Ich ärgerte mich, und ich versuchte, rauszubekommen, über wen ich mich ärgerte. Ich lief stundenlang durch die Straßen, ohne irgendwohin zu wollen, nur um diese Augen zu vermeiden, die mir vorwarfen, ich hab's dir doch gesagt, und die fatalistischen Mienen, die mich wieder zum Stehlen ermutigten. Ich wußte, daß ich das Stehlen irgendwann wieder anfangen würde, aber jetzt war ich erst mal damit beschäftigt zu ergründen, über wen ich mich ärgerte und warum ich anfing, mich selbst im Spiegel zu betrachten und zu hassen, was ich sah.

Damit ich den Sommer nicht ganz sinnlos verbrachte, beschloß ich, einen Sommerkurs in Mathematik mitzumachen. Meine Mathematikkenntnisse waren himmelweit von meinen Wunschvorstellungen entfernt, und ich wußte, daß ich sie verbessern konnte. Ich schaffte es, mich selbst davon zu überzeugen, daß es überhaupt nicht wichtig war, was die ganze Nachbarschaft darüber denken würde, wenn ich zur Sommerschule ging. Normalerweise ging man davon aus, daß jemand ziemlich beschränkt sein mußte, wenn er das tat.

Der Weg zur Lemmel-Schule war jetzt im Sommer viel angenehmer als im kalten Winter und im feuchten Frühling. Zum erstenmal in meinem Leben war ich mit weißen Schülern zusammen in einem Klassenzimmer. Es machte mich befangen, im selben Zimmer mit ihnen zu sitzen. Natürlich hatte ich mir immer gewünscht zu sehen, daß die Weißen gar nicht so perfekt seien und beileibe nicht alle Genies. Aber dies war der erste hautnahe Kontakt und die erste Begegnung auf gleicher Ebene mit ihnen. Sie waren zum größten Teil freundlich und gelassen. Ich saß den ganzen Sommer lang neben einem dicken jüdischen Mädchen, Stephanie Polsky. Am Anfang des Sommers erhoben ihre beiden anderen Freundinnen Einspruch; sie fanden, daß es sich nicht schickte, daß sie nach der Schule mit mir ging und im Bus neben mir saß. Sie hätten es lieber gesehen, wenn ich nach dem Unterricht verschwunden wäre und sie ihre Welt wieder für sich gehabt hätten, diese Welt, in der Schwarze keinen Platz hatten.

Unser Unterricht lief ganz anders, als ich es bisher gewöhnt war. Unser Lehrer, Mr. Johnson, war ein großer und gutaussehender Schwarzer. Er ließ es zu, daß die Schüler sich jederzeit unterhalten konnten, sogar während der Tests. Er war der Meinung, daß wir untereinander einen besseren Kontakt hätten und unbefangener wären und es uns nur nützen könnte, wenn wir uns gegenseitig bei den Mathematikaufgaben halfen. Ich erlebte zum erstenmal einen Lehrer, der nicht glaubte, die uneingeschränkte Autorität darzustellen. Er ermunterte uns dazu, einander zu helfen, und er hörte selbst auch mal zu.

Stephanie war mir eine große Hilfe und ich ihr auch, denn wir waren beide nicht allzu gut in Mathematik. Manchmal fuhren wir zusammen im Bus bis zur Reistertown Road, aber nie weiter. An diesem Punkt trennten sich die Wege für die, die auf der weißen Seite der Stadt wohnten, und für die, die wie ich nicht weit davon entfernt im schwarzen Ghetto wohnten. Ich stieg dort aus dem 51er Bus aus und ging zu Fuß nach Hause. Ich ging meistens die Pennsylvania Avenue entlang, weil sie die bunteste Straße im ganzen Ghetto war.

Dort war die berühmte *Red Fox Bar* und das *L'Age d'Or* und der *Weiße Elefant*. Der Weiße Elefant war Rustys Stammkneipe, und gelegentlich sah ich ihn auf dem Heimweg. Stephanie lud mich in der letzten Woche des Kurses zu sich nach Hause ein, aber ich lehnte ab und sagte, daß ich nicht in ihren Teil der Stadt dürfte. «Du weißt genauso gut wie ich, daß die Weißen uns nicht in eurem Teil der Stadt dulden.» Sie antwortete, daß ihre Eltern nicht so seien, aber trotzdem schlug ich die Einladung aus.

Die Bürgerrechtsbewegung hatte in Baltimore Fuß gefaßt, und ich war mir noch nicht im klaren über meine Gefühle und darüber, was ich tun sollte. Ich wäre gern zu den Sit-ins gegangen, aber meine ganze Familie fiel über mich her. Wieder einmal war ich in einem schweren Konflikt, und ich wußte, daß die Sache dieses Mal zu wichtig war, um einfach abzuwarten und die Zeit das Ihre tun zu lassen. Ich konnte nicht sagen, ob diese neue Welle von Energie in mir und dieser Drang, mich meinem Volk auf der Straße anzuschließen, wirklich aus der Überzeugung kam, daß ich und mein ganzes Volk gezwungen wurde, in Ungerechtigkeit zu leben, oder nur aus meinem persönlichen selbstsüchtigen Bedürfnis heraus, die Weißen zu verletzen. Ich hatte keine Angst, und ich wußte, daß meine Furchtlosigkeit mir die Entscheidung abnehmen würde.

Während der letzten Tage im Sommerkurs waren Stephanie und ich fast ständig zusammen, wir unterhielten uns und lachten mehr, als wir beide je für möglich gehalten hätten. Stephanie erzählte mir von ihrem Stolz darauf, Jüdin zu sein, und sie sprach von Israel und ihrer Familie. Wir lachten beide darüber, daß eine meiner Tanten Palestine, Palästina, hieß. Ich erzählte ihr, daß die Juden, für die meine Großmutter damals gearbeitet hatte, sie so genannt hatten. Sie sprach in einer Art und Weise von sich selbst, die mich dazu brachte, mein eigenes Verhalten in Frage zu stellen. Ich hatte noch nie gesagt, daß ich stolz auf meine schwarze Haut sei, ich hatte nie gesagt, daß ich stolz darauf sei, wie mein Volk leiden mußte. Aber sie war eben eine Weiße, und kein Mensch merkte ihr an, daß sie Jüdin war, wenn sie es nicht sagte und sie nicht wollte, daß man es wußte.

An unserem letzten Schultag lud sie mich ein, mit ihr und ihren beiden Freundinnen in dem Einkaufszentrum, in dem ich nicht mehr gewesen war, seit ich aufgehört hatte zu stehlen, einen Milchshake zu trinken. Ihre beiden jüdischen Freundinnen waren Stephanie aus dem Weg gegangen, seit sie nach der Schule immer mit mir ging und dann neben mir im Bus saß und sich mit mir unterhielt. Wir suchten ein Lokal, wo wir ein Milchshake trinken konnten. Shelley deutete auf das Restaurant *White Coffee Pot* und sagte, sie wüßte, daß es dort gute Milchshakes gäbe. Ich ging mit ihnen zusammen rein, und alle weißen Köpfe da drinnen drehten sich nach mir um und sahen mir ins Gesicht. Ich merkte sofort, was ich getan hatte, aber mir war ebenso klar, daß ich mich jetzt nicht mehr umdrehen und einfach rausgehen konnte. Ich hatte in meiner jugendlichen Unbekümmertheit eine Sekunde lang vergessen, daß ich schwarz war, und hatte ein Restaurant nur für Weiße betreten. Jetzt war ich da, und ich würde nicht den Schwanz einziehen und davonlaufen.

Die drei Mädchen, die mit mir am Tisch saßen, benahmen sich so natürlich, als sei nichts geschehen. Sie sprachen und kicherten und ich auch hin und wieder. Ein paar Weiße verließen das Lokal und warfen mir einen Blick zu, der mir zu verstehen gab, daß ich die Grenzen, die mir von ihnen zugewiesen waren, durchbrochen hatte. Ich fragte mich selbst, während ich dasaß und die Unruhe beobachtete, die ich unabsichtlich verursacht hatte, wie ich nur etwas so eindeutig Festgelegtes wie meinen Platz in dieser Gesellschaft hatte vergessen können. Wie hatte ich nur so natürlich und ohne ein Quentchen Furcht oder Zweifel durch diese Tür gehen können?

Der Geschäftsführer war von hinten gerufen worden, als meine Freundinnen ungeduldig wurden, weil sie vergebens nach einer Bedienung gewinkt hatten. Die beiden Kellnerinnen und der Kellner sahen ständig nervös herüber, aber keiner kam, um uns zu bedienen. Ich setzte mich ein wenig aufrechter hin und sagte mir, daß ich mich nach den Grundsätzen von Martin Luther King verhalten müsse, ich darf keine Gewalt anwenden, egal was sie mit mir machen. Eine halbe Stunde war vergangen, und die Mädchen, die mit mir dasaßen, merkten allmählich, daß etwas nicht stimmte. Shelley und Catherine sagten: «He, was ist denn bloß los, warum bedienen sie uns denn nicht?» Ich sagte: «Weil ich dabei bin.» Die plötzliche Angst in ihren Gesichtern war unglaublich. Stephanie hatte mehr oder weniger von Beginn an gemerkt, daß etwas nicht stimmte. Sie drehte sich um und sagte so laut, daß alle es hören konnten zu der nächsten Kellnerin, die nichts tat und nur dastand und uns anstarrte: «Bedient uns vielleicht mal jemand?» Der Geschäftsführer kam herüber und sagte: «Wir bedienen hier keine Farbigen, sie können hier nur was zum Mitnehmen kaufen. Ihr drei könnt hier was essen, wenn ihr wollt, aber eure Freundin muß draußen warten.»

Ich rührte mich nicht und sie auch nicht. Shelley schlug vor, ich sollte doch draußen warten und sie ihr Milchshake trinken lassen. Ich sah die drei an und sagte, ich hätte nicht die Absicht rauszugehen, es sei denn, sie weigerten sich, mich zu bedienen. Im ganzen Lokal war Totenstille, und alle Blicke ruhten auf mir. Ich sah den Geschäftsführer an und sagte ganz ruhig und entschlossen: «Weigern Sie sich öffentlich, mich zu bedienen?» Er kriegte einen roten Kopf und sagte böse: «Genau das hab ich eben gesagt.» Ich antwortete: «Ich habe nicht die Absicht, hier rauszugehen, wenn es nicht die Polizei anordnet.» Die Stille war gebrochen, als er über den Tisch faßte, mich eine Niggerhexe nannte und versuchte, mich an Shelley vorbeizuzerren, die neben mir saß; ich saß ganz in der Ecke. Er versuchte, mich von der Bank zu ziehen, auf der wir beide saßen. Ich leistete keinen Widerstand, und sie bewegte sich nicht. Er konnte mich nicht aus der Ecke rauskriegen, ohne den Tisch zu beschädigen. Er drehte sich wütend um und rief den Kellner zu Hilfe. Der Kellner kam herüber, und sie sprachen einen Augenblick zusammen, und der Kellner überredete ihn dazu, die Polizei zu holen. Sie kam ziemlich schnell, vier Mann hoch, und der Geschäftsführer wies sie zu unserem Tisch. Inzwischen waren die Gäste ärgerlich geworden und ich auch. Doch mein Gesicht zeigt nie die Wut, die in mir schwelt. Die Polizisten kamen herüber, und der Kellner wiederholte, daß ich den Frieden in seinem Restaurant störe, weil ich nicht freiwillig hinausginge. Er wiederholte: «Ich bediene die drei Weißen, aber hier drin sind keine Nigger erlaubt.»

Stephanie sprang auf die Füße und rief: «Dann wollen Sie bestimmt auch nicht mein Judengeld.» Sie sah Shelley und Catherine an und fragte, ob sie noch bleiben wollten. Sie sahen unentschlossen aus, aber Stephanie war schon bei der Tür. Ich blieb sitzen und die Polizisten sagten: «Na komm, Mädchen, du mußt hier raus.» Ich fragte, ob ich das Gesetz verletzt hätte, und sie sagten, ich sei verhaftet. Sie zogen mich zu zweit von meiner Bank hoch und führten mich hinaus. Inzwischen hatte sich auch draußen eine Menschenmenge angesammelt. Als wir draußen waren, sagten die Polizisten zu mir, sie wollten mich gar nicht verhaften, aber ich müßte versprechen, daß ich nicht mehr in das Restaurant reingehen würde, wenn sie weg seien. Ich versprach es und wurde gleichzeitig sauer, weil sie mich überlistet hatten, indem sie sagten, ich sei verhaftet, nur um mich rauszubekommen. Wir gingen zu C. G. Murphy und setzten uns an die Bar. Das Lokal war genau gegenüber vom *White Coffee Pot*. Aber niemand sagte etwas zu mir. Die Kellnerin kam herüber und fragte, was wir wollten. Ich stand auf und ging auf die Toilette. Ich schloß die Tür ab, und meine ganze Wut und Empörung machte sich Luft. «Warum, warum, warum», schrie ich lautlos in den leeren Raum, mit den Fäusten gegen die Wand schlagend. Ich weinte und weinte, bis ich mich ganz leer fühlte.

Ich faßte mich wieder, verließ die Toilette und verabschiedete mich von Stephanie. Ich wußte, daß ich sie nie wieder sehen würde. Ich ging sofort nach Hause und setzte mich in meinem Zorn hin und schrieb einen Brief an die Zeitung für Schwarze in der Hoffnung, daß meine Erfahrungen anderen helfen würden, unsere Lage in Frage zu stellen, und um andere, die schon angefangen hatten, unsere Situation kritisch zu sehen, wissen zu lassen, daß es noch mehr Leute gab, jung und unbekannt und ohne Möglichkeit, sich Gehör zu verschaffen, die in der Stille anfingen, Widerstand zu leisten. Der Zwischenfall in dem Restaurant hatte mich wieder auf eine Sache gebracht, die ich noch nicht völlig überschaute, aber sie hatte mich verändert, und ich würde nie wieder wie früher werden. Ich blickte weit über Baltimore hinaus und sah viele Horizonte, die unerreichbar schienen. Ich hätte fliegen wollen, wenn ich Flügel gehabt hätte. Eine Woche später erschien mein Brief in der Zeitung, und die Nachbarn redeten darüber. Viele gratulierten mir und sagten, ich hätte recht und ich sollte nicht aufgeben.

In der darauffolgenden Woche fing die Schule wieder an, und ich ging jetzt als erste meiner Familie in die Senior High School, ich war in der zehnten Klasse und sehr stolz auf mich. Ich hatte mich für die Fächer Nähen und Modezeichnen entschlossen, allerdings nur zögernd und nur, weil es das Fach meiner Wahl, Schreinerei, nur für Jungen gab, genau wie Buchdruckerei und Automechanik. Es gab natürlich auch endlos viele Wahlmöglichkeiten für Mädchen, aber ich wollte gern etwas machen, das nur Männern oder Jungen vorbehalten war. Die Senior High School hinderte mich auch an der Fortsetzung meines leichtathletischen Trainings, weil Mädchen nicht zum Aufwärmen und Trainieren zur gleichen Zeit wie die Jungen auf die Aschenbahn durften, und die Jungen hatten die Bahn fast täglich von früh bis spät mit Beschlag belegt. Sie trainierten nicht nur für leichtathletische Disziplinen, sondern auch für Fußball, und das spielte eine ganz wichtige Rolle im Ghetto, der High School Fußball.

Weil ich damals nicht in einer bestimmten Mannschaft lief, nahm ich hin, daß der Sport der Jungen wichtiger sei, aber trotzdem ließ ich all meine Lehrer wissen, daß mir die Vorurteile gegen die Mädchen durchaus nicht gefielen. Ein Sportlehrer sagte, wenn ich eine Mannschaft zusammenbrächte, eine Staffelmannschaft mit vier Mädchen und zwei Ersatzleuten, die jeden Tag trainieren wollte, dann würde er uns eine Zeit zum Trainieren geben, und wir könnten dann nach dem gleichen Plan wie die Jungen üben, die stärker seien als wir und mehr Ausdauer hätten.

Ich versuchte, andere Mädchen dafür zu interessieren, aber sie wollten lieber ihren Freunden beim Training zusehen, als mit ihnen zu konkurrieren oder zusammenzuarbeiten. Ich stand allein da, und mein Traum von einer wirklich starken Mannschaft war ausgeträumt. Dian war noch in derselben Schule wie ich, aber nach dem Eintritt in die Senior High School waren wir in verschiedene Kurse aufgeteilt worden und hatten jede unsere eigenen Freunde aus anderen Gegenden von Baltimore gefunden. Dian war mächtig in Ronald Ramseau verknallt, und sie ging immer hin, um ihm beim Training für die *Junior Varsity*-Fußballmannschaft zuzusehen. Ich verbrachte immer noch den größten Teil meiner Zeit in der Bücherei und alleine. Außerhalb meiner selbst schien mich nicht viel zu interessieren.

Ich konzentrierte mich auf die Schule und besonders auf Biologie. Ich war das einzige Mädchen meiner Klasse in diesem Kurs, weil es mir nichts ausmachte, einen Frosch zu zerschneiden oder einen Regenwurm zu sezieren oder mit den Fingern in einer Muschel zu wühlen. Mir machte jede Minute des Unterrichts Spaß, und ich weigerte mich, mit anderen Mädchen zusammenzuarbeiten, weil sie mir auf die Nerven gingen mit ihrem angeekelten Getue.

Nachmittags nach der Schule kaufte ich für Mama ein, und dann ging ich in die Bücherei. Ich merkte, daß ein weißer Junge, der in dem Supermarkt im Lager arbeitete, immer an mir vorbeiging, um mich zu grüßen und mich anzulächeln. Ich lächelte zurück und ging weiter. Der Supermarkt gehörte einem Juden, und er führte den Laden mit der Hilfe eines Mr. Brown, eines Schwarzen. Ich mochte

Mr. Brown sehr gerne, weil ich ihn nie anders als zuvorkommend und höflich erlebt hatte. Er war schon in dem Geschäft, solange ich mich erinnern konnte; er hatte früher im Lager gearbeitet und hatte sich zum Geschäftsführer hochgearbeitet. Er war für mich das erste Beispiel von einem Schwarzen, der sich seinen Möglichkeiten entsprechend entwickeln konnte. Er führte die Oberaufsicht im Laden und kümmerte sich zum Teil um Einstellungen und Entlassungen. Er beobachtete mich, während im Lauf der Monate meine Beziehung zu dem Jungen aus dem Lager sich zu einer Jungen-Mädchen-Freundschaft entwickelte. Er war der erste, der mich warnte, ich sollte bedenken, was die Leute dazu sagen würden. Ich schätzte seinen Rat, sagte aber, ich täte doch nichts Schlimmes, und daß wir uns nur miteinander unterhielten und daß das noch nie Schaden angerichtet hätte. Er kannte meine Mutter und meine Geschwister, und er kannte mich selbst gut, weil er mich hatte heranwachsen sehen. Seine Warnungen kamen nicht zu spät, und auf den Fersen folgten alle möglichen Schwierigkeiten.

Paul und ich waren gute Freunde, und wir sprachen im Geschäft ganz offen miteinander. Manchmal schob er mir den Wagen, half mir meine Tasche packen und ging mit mir zur Tür, um auf Wiedersehen zu sagen. Weil er auf der anderen Seite von Baltimore wohnte und ich im Ghetto, hatten wir nur das bißchen Zeit zusammen, das ich im Geschäft verbrachte, um miteinander zu reden. Montag- und mittwochabends, wenn er früher mit der Arbeit fertig war, gingen wir in die Bücherei und lasen dort zusammen. Manchmal entfernten wir uns so weit wie möglich von der Gegend, in der ich wohnte, damit die Leute, die mich kannten, mich nicht so voller Verachtung ansehen sollten. Aber gleichgültig, wohin wir gingen, die Blicke waren immer gleich. Ein paar meiner Klassenkameraden hielten mich sogar auf der Straße an, um mir zu sagen, daß sie das meiner Mutter erzählen würden. Ich machte mir darüber keine Sorgen, weil ich glaubte, daß Mama nichts dagegenhaben würde, wenn ich mich mit ihm unterhielt.

Paul suchte ein Zimmer oder eine Wohnung im schwarzen Teil Baltimores, weil er, wie er sagte, dort gern leben wollte. Ich fragte ihn, ob er teilweise schwarz sei, und er sagte nein. Er war neunzehn, und ich war vierzehn. Ich mochte ihn gern, aber auf welche Art, konnte ich noch nicht genau sagen. Wenn er und ich im Supermarkt zusammenstanden und sprachen, kamen manchmal meine Nachbarn vorbei, und ein paar sahen mich mit Blicken an, die jeden Gedanken, den sie dachten, ganz offen zeigten. Ich wurde auf der Straße und in der Schule die Zielscheibe von offenem Spott. Viele der Mädchen aus der Nachbarschaft wollten nicht einmal mehr mit mir zusammen gesehen werden, weil ich mich mit miesem weißen Pack abgab, wie sie sagten. Ich betrachtete das als Neid und Unwissenheit, und ich glaubte, je öfter sie uns beide zusammen sehen würden, wenn wir einfach nur miteinander sprachen, desto eher würden sie einsehen, daß es eine ganz unschuldige Geschichte war, und daß Paul mir bestimmt nichts anhaben würde.

An einem Samstagmorgen, als ich einkaufte, kam Toni Briscoes Mutter im Geschäft an mir vorbei, als ich gerade mit Paul sprach. Wir lachten und kicherten ganz unbeschwert. Mrs. Briscoe blieb stehen, drehte sich zu mir und sagte: «Kind, du solltest dich schämen, hier rumzustehen und dich mit diesem weißen Jungen abzugeben. Er gehört zu diesem Abschaum von armen Weißen, und er will nur deinen Körper haben, und dann läßt er dich fallen wie einen nassen Lappen.» Ich senkte den Kopf und schämte mich, nicht weil ich etwas Böses getan hätte, sondern weil diese Leute mich beschuldigten, ich täte etwas Böses, wo es doch ganz offensichtlich war, daß wir uns nur unterhielten. Sie ging aus dem Supermarkt raus und direkt zu Mama, weil ich auf ihre Beschuldigung geantwortet hatte, daß meine Mama wisse, daß ich mich manchmal mit ihm unterhalten würde. Wir beide merkten, daß die Sache anfing, häßlich zu werden, und ich bat Paul, zu uns nach Hause zu kommen und meiner Mutter zu sagen, daß wir nichts Schlimmes taten, und da wir uns ohnehin nur unterhielten, könnten wir das ja auch besser bei mir zu Hause tun als im Supermarkt vor versammelter Gemeinde.

Er kam nach der Arbeit und sprach mit Mama darüber, daß die Nachbarn uns beschuldigten und häßliche Dinge über uns sagten. Mama sagte, sie wolle, daß wir uns nicht mehr so oft sehen sollten, und sie glaube nicht, daß es gut sei, wenn wir befreundet wären. Er sagte, er hätte verstanden und ging. Als ein paar Tage verstrichen waren, kaufte ich wieder im Supermarkt ein, und wir grüßten uns noch, aber mehr nicht. Wir beschlossen, uns in der Bücherei zu treffen, und das war die einzige Möglichkeit, die es überhaupt noch gab. Die Zeit verging, und das Gerede legte sich, aber ich war in die Rolle der Ausgestoßenen gedrängt worden. Alle Türen blieben mir verschlossen. Ich hatte keine Freundinnen außer Jackie, Tina und

Janice, und ihre Mütter wollten nicht, daß sie mit mir gesehen wurden. Ich wurde als Schandfleck betrachtet, weil ich mich mit einem Weißen eingelassen hatte. Und dazu noch mit einem armen Weißen. Ich machte mir Vorwürfe, weil ich wußte, daß ich mich hätte klüger verhalten sollen. Ich hatte mein Leben lang von der Ungerechtigkeit, der Gewalttätigkeit und der Pein gehört, die die Weißen uns zufügten. Wie kam ich denn nur darauf, zu denken, daß ich in meinem Volk eine Ausnahme sei und versuchen könnte, einem Weißen zu vertrauen und ihn sogar als meinen Freund zu betrachten? Ich konnte meine Frage nicht beantworten, und sonst auch niemand.

Aber irgendwie hatte ich das Gefühl, daß mir nicht recht geschah. Wohin ich mich auch wandte, ich fühlte mich ausgestoßen, die harten, abschätzigen Blicke rissen mich in Stücke. Es gab niemand, an den ich mich um Trost hätte wenden können. Jetzt hatte keiner mehr Zeit für mich. Nicht daß vorher jemand viel Zeit für mich gehabt hätte, aber jetzt war es noch weniger. Die Leute sagten, sie würden sich zu meinem eigenen Nutzen von mir abwenden, ich sollte sie in Ruhe lassen, bis ich mich wieder gefangen hätte und klar sähe. Die Alten sagten, der Teufel hätte mich in seine Gewalt bekommen, und die anderen sagten geradeheraus, ich sei eine Nutte und einfach nur geil. Ich mußte mich fragen, wie ich denn dazu gekommen sei, einen armen weißen Jungen, den ich gar nicht mal gut kannte, in mein Leben treten zu lassen und mir damit die Verachtung meines eigenen Volkes einzuhandeln.

Ich hatte nie Pauls Haar oder seine Haut berührt, obwohl es mich sehr reizte. Tief in meiner Seele wollte ich so gerne wissen, wie sich weiße Haut und glattes Haar anfühlen. Das hatte ich mir mein Leben lang gewünscht. Immer wenn ich einen Weißen gesehen hatte, wollte ich wissen, ob sie so wie ich seien. Aber ich hatte meinen Wunsch geheimgehalten und so getan, als existierte er nicht, weil ich Angst hatte. Ich hatte Angst, daß das stimmen würde, was alle sagten, daß Paul nur so lange hinter mir her sei, bis er mir unter den Rock käme. Und ich wollte auch nicht, daß er denken sollte, ich wolle ihn dazu herausfordern, wenn ich sein Haar oder seine Haut berührte. In Wirklichkeit wußte ich, daß immer noch alle Augen auf uns gerichtet waren, obwohl wir uns nur noch in der Bücherei trafen. Und daß man mir nie wieder trauen würde, weil ich, wie meine Nachbarn es ausdrückten, eine

Schande vor Gott sei, und daß kein anständiges schwarzes Mädchen oder ein Junge sich mit mir blicken lassen könnten. Ich hatte es zu weit getrieben und ein Tabu verletzt.

Die Bürgerrechtsbewegung hatte sich langsam auch auf unsere Seite der Welt vorgearbeitet, und ich wollte wissen, warum in unserer Schule nicht darüber diskutiert wurde. In keiner meiner Unterrichtsstunden war die Rede davon. Martin Luther King und seine Anhänger organisierten sich und kamen in den Süden. Mein Geschichtslehrer argwöhnte, daß diese Bewegung sich nicht lange halten könnte und daß sie bald erstickt würde wie all die anderen Bewegungen seit Nat Turner. Da ich keine Ahnung hatte, mußte er mir sagen, wer Nat Turner gewesen war. Ich war perplex zu hören, daß es schon während der Sklavenzeit schwarze Aufstände gegeben hatte. Er erzählte mir eine Geschichte von sich selbst. Er war einmal an einer Universität in Virginia Professor gewesen und hatte dort versucht, eine Bewegung für die Rechte der Schwarzen zu gründen. Er wurde sofort als Kommunist abgestempelt, und sein Leben und seine Familie wurden bedroht. Als alle Drohungen nichts nützten, wurde er rausgeworfen und war nun in der ganzen Stadt als Kommunist verschrien. Er bekam keine Arbeit mehr, und es blieb ihm nichts anderes übrig, als mit seiner Familie nach Baltimore zu ziehen. Was er mir damit zu verstehen geben wollte, war, daß er so lange Anhänger gehabt hatte, bis es gefährlich geworden sei. Als es dann soweit kam, daß er seine Arbeit und seine Heimat verlor, war er plötzlich allein gewesen, und seine schwarzen Freunde waren die ersten, die ihn verließen. Er glaubte, daß Dr. King dasselbe Los haben würde, falls der Ku Klux Klan ihn überhaupt so lange am Leben lassen würde. Normalerweise machte ich in der Schule zu allem meine Einwände, wenn er es zuließ, aber an diesem Tag sagte ich nichts. Irgendwie sah er wohl den entschlossen Blick in meinen Augen, und er sagte, er sei stolz zu sehen, daß ich offensichtlich entschlossen sei, die Dinge in einer Richtung zu verändern, die ich für richtig hielte. Er sagte: «Ich verstehe deine Gefühle, und ich werde auch noch verstehen, wie du dich später fühlst, wenn dir das ein Trost ist.»

Am selben Abend las ich in der Zeitung der Schwarzen einen Artikel über den Vater von Anne Frank und eine kurze Darstellung von ihrem Buch. Ein Foto von Anne Frank und eins von ihrem Vater waren dabei. Ich ging in die Bücherei und lieh mir das Buch aus. Ich fing schon auf dem Heimweg an zu lesen. Als ich bei unserer Wohnung ankam, war ich vollkommen verwirrt. Ich hatte immer geglaubt, daß die Weißen nur uns zum Zeitvertreib umbrachten. Ich wußte, daß es zwei Weltkriege gegeben hatte, aber irgendwie waren die erklärbar. Doch keiner hatte mir je erzählt, daß Weiße die Juden ebenso haßten wie uns. Keiner außer meiner Großmutter, die gesagt hatte, daß die Juden die Mörder Jesu gewesen seien. Aber was hatten wir denn getan? Ich war völlig von diesem Buch gefangen und sog jedes Wort in mich auf. Ich weinte für Anne Frank, als müßte ich mit ihr leiden. Ich fing an, meinen Geschichtslehrer nach ihr auszufragen, und las alles über sie, was ich in Zeitungen oder sonstwo fand. Ich hoffte und ich wünschte, daß sie noch lebte. Als ich das Buch ausgelesen hatte, schlug ich die erste Seite auf und fing noch mal von vorne an. Die Tatsache, daß sie doch umgekommen war, die Farbe ihrer Haut und wie und warum sie gestorben war, beschäftigte und verfolgte mich von diesem Tag an. Ich war überzeugt, daß es für mich nie Sicherheit und Freiheit von Angst geben würde.

Das letzte Mal, als ich Paul sah, sprach ich von nichts anderem als von ihrem Tagebuch. Er lieh sich das Buch in der Bücherei aus und sagte, er wolle es auch lesen. Ich ging mit ihm zum Bus, und wir saßen auf einer Treppe bei der Bushaltestelle und unterhielten uns, während wir auf den Bus warteten. Der große gelbe Bus fuhr an die Seite, und alle Gesichter sahen uns an, als hätten sie eben den Leibhaftigen gesehen. Jedes Gesicht, ob schwarz oder weiß, urteilte uns ab, und keins bot mir auch nur ein bißchen Trost, als ich sah, wie Paul sich in der Masse von ärgerlichen, häßlichen und fragenden Blicken verlor. Der Bus brachte ihn auf seine Seite der Welt zurück und trennte uns, wie es sich gehörte.

Ich wußte nicht, daß uns eine Nachbarin zusammen gesehen hatte, die es natürlich meiner Mutter erzählen würde. Am nächsten Tag, als ich in der Schule war, kam diese Nachbarin zu Mama und erzählte ihr, daß sie uns auf der Treppe eines leerstehenden Hauses hatte sitzen sehen. Keiner von uns beiden hatte auf dieses Haus überhaupt geachtet. Mama ging sofort zum Supermarkt und sagte in ihrem Ärger zu Mr. Brown, er sollte Paul verbieten, sich weiter mit mir zu treffen. Mr. Brown versuchte Mama zu beruhigen und sagte, wir seien doch beide noch Kinder, und daß er uns vertraute. Er sei sicher, daß wir nichts anderes taten, als miteinander zu sprechen.

Mama war so wütend, daß sie nichts mehr einsehen wollte, wie ich später erfuhr. Sie hatte einfach Angst; sie hatte jetzt schon monatelang diese Gerüchte über mich gehört, und sie hatte keinen Grund zu glauben, daß sie nicht wahr seien, weil sie mich bei einer Lüge ertappt hatte. Denn ich hatte ihr erzählt, daß ich mich nicht mehr mit Paul träfe, und jetzt hörte sie wieder von den Nachbarn, daß man mich mit diesem weißen Jungen auf der Treppe zu einem leerstehenden Haus gesehen hatte.

Mama wartete gar nicht auf meine Erklärung, und sie brauchte sie auch gar nicht. Die Stimmen der Leute der Umgebung wiederholten immer dieselbe Geschichte und dieselben Ängste, alle salbaderten herum, es sei schlimm genug, wenn ein Mädchen ein Kind bekäme und keinen Vater dafür hätte, aber ein halbweißes Kind zu bekommen und dann keinen Vater dafür zu haben, das sei eine Schande. Ich hörte diesen Klatsch auch und die Gemeinheiten, die sie mir nachwarfen. Sie erzählten alle dieselbe Geschichte, daß der weiße Mann die Körper der schwarzen Frauen lange genug mißbraucht und sie dazu gezwungen habe, diese halbweißen Kinder auf die Welt zu bringen, diese gelben Nigger, die aufwachsen und glauben, sie seien etwas Besseres als der schwarze Schoß, der sie hervorgebracht hat.

Ich sagte nichts, aber ich wußte, daß es in Mama arbeitete. Als Mama ihre schreckliche Szene vor Mr. Brown abgezogen hatte, kam Paul an ihr vorbei und grüßte sie, wie er es immer getan hatte, seit er wußte, daß sie meine Mutter war. Mama holte aus und schlug ihn ins Gesicht. Seine Lippe platzte, und sie brüllte ihn an: «Wenn irgendein Farbiger mit meiner Tochter dasselbe getan hätte wie du, dann hätten sie ihn schon lange umgebracht. Bleib bloß von meiner Tochter weg, sonst bring ich dich um!»

Als ich völlig ahnungslos von der Schule kam, stand Mama da mit dem Gürtel in der Hand und sagte, ich solle ihr die Wahrheit sagen über mich und diesen weißen Jungen, mit dem man mich auf der Treppe hatte sitzen sehen. Ich lachte und sagte: «Mama, die Leute hier sind allmählich genauso schlimm wie die Weißen, von denen Paul mir erzählt hat.» Ich sprach leise und gelassen, weil ich noch nicht wußte, was sich inzwischen ereignet hatte. Mama schrie mich an: «Lach nicht über mich, du bist zu weit gegangen, du hast es zu weit mit mir getrieben.» Sie sagte, sie würde mich untersuchen lassen, ob ich noch Jungfrau sei, und ich sagte sofort nein.

Kein Mann guckt mir in den Arsch, schwor ich. Und jetzt wußte ich auch, warum sie so sauer war. Sie dachte, ich hätte mit Paul geschlafen.

Ich sagte zu ihr: «Mama, das stimmt nicht, ich habe mit keinem Mann und keinem Jungen geschlafen. Du machst mir immer Vorwürfe, und nie glaubst du etwas, was ich sage. Warum fällt es dir denn so leicht, den anderen zu glauben? Ich hab dir doch immer gesagt, daß ich nicht plötzlich mit einem Kind hier ankomme, und trotzdem machst du mir immer weiter Vorwürfe.» Ich sprach immer noch leise, und Mama hielt noch den Gürtel in der Hand und drohte, sie würde mir den Arsch versohlen und sagte: «Bloß weil du dich mit diesem lumpigen Weißen im Bett rumgetrieben hast, ist das noch lange kein Grund, daß ich dir nicht den Hintern versohlen kann.» Ich sah sie ernst an und sagte zu ihr, ich hätte das Gefühl, daß ich zu alt sei, um mit diesem Gürtel bedroht zu werden, und daß es jetzt wohl an der Zeit sei, mit mir zu sprechen und nicht zu schreien und rumzulärmen. «Mama, ich achte dich als meine Mutter, aber wenn du mich mit diesem Gürtel schlägst, dann schlag ich zurück.» Es tat mir weh, das Mama zu sagen, aber ich fand, daß ich sie warnen mußte. Ich würde Schläge jetzt nicht mehr einstecken. Mama sah ein bißchen unsicher aus, als wüßte sie nicht recht, was sie jetzt tun sollte, aber sie schlug mich nicht. Sie erzählte mir, wie sie Paul behandelt hatte, und ich ging in mein Zimmer und weinte. Mir wäre fast lieber gewesen, daß sie mich geschlagen hätte, als uns alle so in Verlegenheit zu bringen.

Paul zog woanders hin und ich sah ihn nie wieder, aber ich vergesse nie, wie er und ich versuchten, Freunde zu sein.

14

Ich machte bei den Bürgerrechtsfahrten mit, die mich durch Imbißbars und Restaurants in ganz Baltimore führten. Ich sah jetzt Lokale und Geschäfte von innen, an denen ich jahrelang vorbeigekommen war und die ich nicht hatte betreten dürfen. Geschäfte, die getrennte Ladentische für Schwarze hatten, und andere, die unser Geld nahmen, uns aber nicht erlaubten, im Geschäft ein Kleid anzuprobieren. Ich demonstrierte vor Geschäften, die früher Rätsel für mich gewesen waren, Geschäfte, die hinter ihren Wänden Geheimnisse verbargen, und mir war es verboten gewesen, sie zu ergründen. Die ganze Familie Lee war manchmal mit mir zusammen auf Streikposten, und es waren die einzigen, die ich in der ganzen Kette kannte. Ich war mit den Kindern zusammen in der Junior High School gewesen. Rosalind war siebzehn, sie wog zweihundertachtzig Pfund, und sie setzte sich einfach auf den Bürgersteig, wenn die Polizei kam, und sagte, sie sollten sie doch wegtragen. Die Sit-ins führten mich an die blutige Ostküste von Maryland, wo wir Verwandte hatten, wie Großmutter sagte, aber ich hatte nie das Vergnügen, sie kennenzulernen. Ich stand auf den Stufen des Capitols in Annapolis in Maryland und rief mit den anderen im Sprechchor: «Wir sind hier, wir bleiben hier», während George Wallace drinnen um die Unterstützung seiner Mit-Rassisten warb.

Bei dieser Demonstration lernte ich Phil Perkins kennen, und wir wurden gute Freunde und keiner, schwarz oder weiß, konnte uns daran hindern. Er war Quäker und kam aus dem Prince George-Bezirk in Maryland. Er ging mit mir zu ein paar Sit-ins, unter anderen zu einem in Annapolis, wo wir alle verhaftet wurden. Später kam die NAACP, die nationale Vereinigung zur Förderung Schwarzer, und holte uns gegen Kaution aus dem Gefängnis raus, aber ich werde nie vergessen, wie vor den Verhaftungen ein Mitglied der NAACP versuchte, seinen Bruder dazu zu zwingen, die Gruppe zu verlassen, um nicht verhaftet zu werden. Wo verhaftet wurde, war es ziemlich wahrscheinlich, daß die Polizei anfing, die Schlagstöcke zu schwingen.

Sein jüngerer Bruder sah ganz verzweifelt aus, weil er seinem älteren Bruder nicht den Gehorsam verweigern, aber andererseits bei der Gruppe bleiben wollte. Er kam aus einer schwarzen, in Baltimore angesehenen Familie, und er hatte wegen ihrer gesellschaftlichen Stellung schon manchen Vorteil gehabt. Sein Bruder wurde noch im selben Jahr Abgeordneter im Parlament von Maryland als erster Schwarzer überhaupt und machte mit diesem Namen einer ganzen Familie von Juristen Geschichte. Der Zwiespalt, den sein Gesicht zeigte, löste sich in dem Augenblick, als die Polizisten hereinstürmten und anfingen, uns hinaus auf den Bürgersteig zu zerren und uns in Lastwagen zu verladen.

Ich sah in das Gesicht des älteren Bruders und dachte, er würde weinen, als sie seinen Bruder an ihm vorbeizerrten und er nichts zu seinem Schutz tun konnte, was er doch sein Leben lang gelehrt worden war, denn in ihrer Familie zogen immer alle an einem Strang. Es galt immer: einer für alle und alle für einen.

Nachdem die Kaution bezahlt war, wurden wir freigelassen, und die meisten der Gruppe, Schwarze und Weiße, beschlossen, nach Baltimore zu fahren, und dort wollten wir uns in unserer Wohnung treffen. Als wir ankamen, konnten meine Nachbarn es gar nicht fassen, was für einen Skandal ich jetzt schon wieder über meine Familie brachte. Wir kamen im Triumph in unsere Wohnung und begrüßten Mama. Sie drehte sich um und ging in ihr Schlafzimmer. Ich sah, daß sie böse und schockiert war. Ich machte den Fernseher an, weil wir uns in den Spätnachrichten sehen wollten. Ich ging in die Küche und machte ein Paket Hackbraten und drei Büchsen mit Schweinefleisch und Bohnen auf und bereitete es zu. Begeistertes Geschrei brach aus, als in den Nachrichten über uns berichtet wurde und wir uns sahen, wie wir das System herausforderten. George Wallace sah wie ein Zwerg neben mir aus, als ich mit Phil Perkins vor ihn trat, und wir trugen beide ein Transparent «Wir sind alle gleich». Ich trug dieses Transparent, obwohl ich nicht so recht dran glaubte. Wir sahen, wie die Polizei uns aus dem Restaurant warf.

Ich holte Mama aus dem Schlafzimmer, weil sie das auch sehen sollte. Sie war ärgerlich auf mich, und ich wußte auch warum, aber mir war es egal. Jetzt geschah etwas Wichtiges, und das mußte sie sehen. Ich beobachtete sie, als sie meine Freunde im Zimmer ansah und sie dann auf dem Bildschirm wiedersah, wie sie geschlagen und weggezerrt wurden, und ihre weiße Haut war ein Zeichen dafür, daß sie all das gar nicht hätten mitzumachen brauchen. Ungläubiges Staunen lag auf ihrem Gesicht, als sie sah, daß David Wittlesey, der Krüppel, der keine Beine hatte, von der Polizei weggeschleppt und geschlagen wurde. Ich sah, wie es sie schauderte und wie sie den Kopf senkte, als sie mein Gesicht auf dem Bildschirm sah. Die Nachrichten waren vorbei und wir versuchten, sie noch mal auf einem anderen Sender reinzubekommen. Wir waren stolz, weil wir diese Demonstration selbst organisiert hatten. Keiner hatte gesagt, daß dieses Restaurant an diesem Tag das Ziel sein sollte, aber wir wurden durstig, nachdem wir auf den Treppen des Capitols demonstriert hatten, und wir wollten etwas trinken.

Ein paar von meinen Freunden gingen jetzt vom Fernsehapparat zum Tisch hinüber, um die Bohnen und das Fleisch zu essen. Andere wollten nichts essen, ich sah an ihren Gesichtern, daß sie vermuteten, daß es das einzige Eßbare war, was wir hatten. Es war wirklich alles, was wir hatten, aber es war für uns alle da. Mama bestand darauf, daß sie essen sollten, und ein paar gaben nach. Dann gingen die ersten, und Mama sagte, sie sollten vorsichtig sein, und sie sollten vorbeikommen, wenn sie mal wieder in der Gegend seien. Phil ging als letzter, und er unterhielt sich lange mit Mama über ihre Probleme mit der Sozialhilfe und ihr Leben im allgemeinen. Phil war Sozialarbeiter. Obwohl Mama ihm nicht ganz traute, hatte sie gleichzeitig Hochachtung vor ihm. Bald kam er regelmäßig in unser Haus und brachte uns viele Stunden voller Freude und interessantem neuen Wissen. Er nahm mich mit in Jazzkonzerte, und durch ihn lernte ich das hintergründige und weiche Horn von Coleman Hawkins kennen. Phil und ich verbrachten unsere freie Zeit bei seiner Familie oder bei meiner. Jedes Wochenende gingen wir in Museen oder schauten uns die Baudenkmäler in Washington an. Phil stand neben mir und ging mit mir durch viele Türen, durch die ich noch nie gegangen war. Endlich hatte ich einen Freund gefunden.

Mein Leben hatte einen ganz neuen Sinn bekommen, und ich hatte so ein gutes Gefühl, wenn ich mit Phil zusammen war, daß nichts schiefgehen konnte. Ich wußte, daß er für mich da war, und er kam und bewies es in jeder Hinsicht. Ich war einfach in Phil verliebt. Die Tatsache, daß er in mein Leben getreten war, änderte mich für immer, und er ließ mich eine Seite des Lebens kosten, die mich süchtig machte. Es waren Augenblicke voller Empfindsamkeit und Süße, und ich war fast nie ohne ihn. Er nahm mich mit in seine Kirche, die Quäkerkirche, und ich erlebte dort die seltsamsten Gefühle meines damaligen Lebens. Ich hatte mir ein neues Kleid genäht, es war aus lindgrünem Wollstoff. Seine Mutter war ans Haus gefesselt, weil sie von der Hüfte ab gelähmt war. Wir kamen zu der einfachen Kirche, alle begrüßten Phil, und er stellte mich vor. Es war das erste und letzte Mal in meinem Leben, daß ich Weiße traf, die mich nicht mit diesem «Wo kommst du denn her»-Blick ansahen.

Der Gottesdienst begann damit, daß ein älteres Gemeindemitglied sagte, jetzt wollten sie anfangen. Nach dieser Ankündigung wurde kein weiteres Wort gesprochen, außer wenn jemand der ganzen Gruppe etwas mitteilen wollte. Eine Stunde lang oder noch länger saßen wir alle Seite an Seite und sagten kein Wort zueinander, bis ein Mann aufstand und von seinen Erleuchtungen über die Schönheit des Lebens sprach, die wir alle kennenlernen könnten, wenn wir in Frieden mit Gott lebten. Ich hätte gern gesprochen, aber nicht zu allen, ich hätte Phil gern erzählt, wie seltsam ich es fand, in der Kirche zu sitzen, ohne daß ein Prediger Himmel und Hölle beschwor und über die Versuchung der Menschen und das Leiden Gottes und der Menschen eiferte. Ich hätte ihm gern erzählt, wie nüchtern es schien ohne Glocken und ohne einen Priester, der seine lateinische Liturgie herunterratterte, und ohne die Antworten der Gemeinde. Ich wollte ihm sagen, wie viel würdevoller es sei, in Gottes Gegenwart nicht erniedrigt und furchtsam und voller Reue über alle Sünden dazustehen, sondern als der Mensch, den er geschaffen hatte, still, und um zu geben und zu empfangen.

Phil hatte etwas wie Licht in mein Leben gebracht, obwohl sich an den tatsächlichen Verhältnissen zu Hause nichts verändert hatte. Ich fand, daß ich Mama jetzt viele Dinge erzählen konnte, wie ich es schon lange hätte tun sollen; dadurch, daß ich Phil zuhörte, wenn er mit Mama sprach und versuchte, ihr dabei zu helfen, bestimmte Dinge zu verstehen, merkte ich auch, daß ich mich bisher noch nicht ernsthaft genug bemüht hatte. Ich hatte so viele Probleme und Mama auch. Obwohl sie Phil mochte und ihn schätzte, hatte sie immer Angst davor, daß irgend jemand den Telefonhörer abnehmen und im Sozialamt anrufen würde, um zu erzählen, daß mich fast jeden Tag ein Weißer in meiner Wohnung besuchte. Mama fühlte sich von den empörten Äußerungen unserer Nachbarinnen getroffen, die ganz offen über uns beide herzogen und mich beschuldigten, ich sei kein bißchen besser als meine Mutter. Mama schaffte es an manchen Tagen sogar, mich zu verstehen, aber sie hatte soviel Angst und so viele Probleme, mit denen sie jeden Tag leben mußte. Manchmal fing sie aus reiner Frustration an, mich anzugreifen und ihren ganzen Ärger an mir auszulassen. «Was ist los mit dir, Mädchen, warum bist du denn so anders als die anderen? Sandra, du mußt dich zusammenreißen zu deinem eigenen Besten, und wenn du's nicht tust, mußt du dein Leben lang leiden. Du mußt aufhören von diesem Unsinn zu träumen, berühmt zu werden, die Siedlung zu verlassen und die Welt zu sehen. Dies ist deine Welt und glaub mir, den Rest siehst du nie und falls doch, was glaubst du denn, was du dort findest? Draußen gibt's auch nichts anderes für dich, und das Leben ist überall gleich.» Ich fragte mich sogar selbst, was bei mir eigentlich nicht stimmte und warum ich weiter träumte und was ich suchte. Ich wußte, daß ich kein Leben wie das von Mama wollte; ich wollte nicht eins von diesen vielen Siedlungsmädchen sein, die Kinder bekamen und von der Sozialhilfe lebten. Ich mußte aus dem Teufelskreis ausbrechen, aber wie?

Nachdem ich noch nicht sehr lange in der neuen High School war, kam ich eines Tages nach Hause und fand Mama völlig zusammengebrochen und in Tränen aufgelöst. Ich dachte zuerst, daß sie wieder eine ihrer Alkoholdepressionen hätte und aus Gründen weinte, die sie selbst nicht erklären konnte. Ich bat sie immer wieder, mir doch zu sagen, was los sei, und während ich noch auf sie einredete, merkte ich, daß in der Wohnung etwas anders war als sonst. Mein kleiner Bruder, der jetzt fünf war, lief nicht wie üblich herum, sondern saß allein in einem Sessel, in dem er und meine kleine Schwester sonst immer gemeinsam saßen. Sie saßen immer zusammen in diesem Sessel. Ich hatte ihnen schon den Spitznamen ‹die siamesischen Zwillinge› gegeben. Als ich ihn ansah, sagte er: «Marsha ist krank.» Ich sah zu Mama, und Mama erzählte mir, daß sie Marsha ins Krankenhaus gebracht hätte, und die Ärzte hätten ganz unverblümt gesagt, daß sie vermutlich Krebs hätte. Ich versuchte, Mama zu erklären, daß die Ärzte Idioten seien und daß man erst Untersuchungen vornehmen müßte, bevor man sicher sein konnte, daß es Krebs war. Sie weinte weiter, und ich fragte, wo das Krankenhaus sei, und sie sagte, es sei die Universitätsklinik der University of Maryland. Ich hatte Angst und wollte meine kleine Schwester so bald wie möglich sehen. Deshalb ging ich zur Tür und sagte zu Mama, daß ich zu Fuß hingehen wollte. Sie sagte, es sei noch zu früh für die Besuchszeit, aber ich war fest entschlossen, loszugehen. Es würde ohnehin eine gute halbe Stunde dauern, bis ich zu Fuß dort wäre. Unterwegs waren meine Gedanken bei meiner kleinen Schwester, die dort allein in der Klinik lag. Ich ging schneller, und als ich ankam, lag sie da mit einem Tropf am rechten Arm und schlief. Sie sah so blaß aus und hatte dunkle Schatten um die Augen. Auf dem Flur spielten und lachten andere Kinder, deshalb schloß ich die Tür zu ihrem Zimmer. In ihrem Zimmer waren noch andere Kinder, die im Bett liegen mußten, und sie sahen auch sehr schwach aus. Ich saß noch lange nach der Besuchszeit da, aber die Schwester schickte mich nicht raus.

Später wachte meine Schwester auf und sagte, sie hätte Durst und fragte nach Mama. Ich sagte, Mama könne nicht kommen, aber ich würde bei ihr bleiben. Die Krankenschwester sagte, sie dürfe nichts trinken, aber ich könnte ihre Lippen ein wenig befeuchten, weil sie ganz trocken und aufgesprungen waren. Ein Gefühl in mir sagte mir, daß sie sterben würde und Mama mit ihrer Verzweiflung recht hätte. Mir war es fast lieber, daß sie sterben würde, als so weiterzuleiden, wie sie es jetzt tat. Sie fing an zu weinen: «Sancha, es tut weh, es tut weh.» Ich ging zu der Schwester und sie sagte, sie könnte ihr nichts mehr gegen den Schmerz geben. Alles was ich tun konnte, war, mich wieder zu ihr zu setzen und zu versuchen, sie irgendwie zu trösten. Mama hatte mir gar nicht gesagt, daß sie so bald operiert werden sollte, und ich war ganz erschrocken von ihrem Anblick mit den Verbänden und dieser klaren Flüssigkeit, die in ihren winzigen Arm hineintropfte. Die Schwester gab ihr ein Schlafmittel für die Nacht, und nachdem sie eingeschlafen war, ging ich nach Hause.

Zu Hause fragte ich Mama nach der Operation, und sie sah mich völlig entgeistert an. Sie wußte gar nicht, wovon ich sprach. Sie hatten überhaupt nichts von einer Operation zu ihr gesagt, und sie fing wieder an zu weinen und sprach davon, daß die Stadt ihr Kind zum Versuchskarnickel machte. «Sie haben mich überhaupt nicht gefragt», sagte sie. «Sie haben gesagt, daß sie eine Punktion machen müßten, um zu sehen, ob es wirklich Krebs ist, und daß sie die Ergebnisse dann mit mir besprechen würden.» Mama war betroffen und ärgerlich und meinte, so sei es eben, wenn man Almosen annehmen würde.

Ich ging in mein Zimmer, schloß die Tür und dachte an die schmutzig-grüne Farbe der Kinderstation, deren obere Hälfte aus Glas war, so daß die diensthabende Schwester immer sehen konnte, was vor sich ging. Ich hatte solche Angst um meine Schwester, und wenn Mama recht hatte damit, daß die Ärzte die Operation gar nicht erwähnt hatten, dann experimentierten sie wirklich mit ihr herum, und dann hatte Mama auch recht damit, daß jeder Arzt, der in einer staatlich unterstützten Einrichtung arbeitete, mit den Mündeln des Staates alles tun konnte, was er wollte, ob Mama nun zustimmte oder nicht. Es war spät, und ich schlief in den Kleidern ein und wachte am nächsten Morgen zu spät für die Schule auf. Ich fragte Mama, warum sie mich nicht rechtzeitig für die Schule geweckt hätte, und sie sagte, ich sei am Abend vorher erst nach Mitternacht nach Hause gekommen und sie hätte gern, daß ich mit ihr in die Klinik ginge, weil sie Angst hätte, daß die Ärzte sich so kompliziert ausdrücken würden, daß sie es nicht verstände. So machten wir uns fertig, und Mama brauchte ihre Nylonstrümpfe, die ich immer in die Schule angezogen hatte. Ich gab sie ihr und zog weiße Söckchen an. Mama und ich lagen uns ständig in den Haaren wegen der Strümpfe, weil ich immer ihre nahm, wenn meine kaputt waren und ich keine Zeit oder keine Gelegenheit hatte, welche zu stehlen. Manche Tage eigneten sich einfach nicht zum Stehlen, und wenn das Stehlen zur Notwendigkeit wurde, weil ich bestimmte Dinge brauchte, hatte es seinen Reiz für mich verloren, und ich wollte auch nicht mehr dabei erwischt werden. Gwen hatte mir nur unter der Bedingung erlaubt, sie wieder zu besuchen, daß ich nicht wieder stehlen würde. An diesem Morgen war es mir wirklich völlig egal, mit weißen Söckchen in die Klinik zu gehen.

Mama und ich fuhren mit dem Bus zur Klinik. Sie rutschte auf dem Sitz hin und her, weil sie Strumpfbänder über ihren Strümpfen trug, und ich sagte zu ihr: «Warum trägst du eigentlich keinen Strumpfbandgürtel, diese Dinger sind doch so altmodisch.» Mama antwortete nicht, und ich sagte auch nichts mehr. Wir fuhren mit dem Fahrstuhl nach oben und gingen in Marshas Zimmer. Sie lag in ihrem Bettchen und bewegte sich nicht und sagte kein Wort. Ich begrüßte sie, aber sie blinzelte nicht einmal und sagte immer noch nichts. Sie gab kein Zeichen, daß sie wußte, wer wir waren. Sie tat das manchmal, wenn sie auf jemand ärgerlich war. Ich versuchte, sie zum Lachen zu bringen, aber auch das machte sie nicht munterer. Endlich kam eine Gruppe von Ärzten herein, an der Spitze der Arzt, der am Tag vorher mit Mama gesprochen hatte. Er gab durch nichts zu verstehen, daß er sie kannte, und das einzige, was er zu uns sagte, war, daß er uns aus dem Zimmer schickte, während er den Fall mit den anderen Ärzten besprach.

Ich explodierte wie ein kaltes Ei, das man in heißes Wasser wirft. Ich sagte zu ihm, daß die Frau neben mir die Mutter der Patientin sei, falls er das seit gestern vergessen hätte, und wenn es über meine Schwester etwas zu diskutieren gäbe, dann hätte er es doch wohl mit meiner Mama besprechen müssen, bevor er an meiner Schwester herumzuschneiden begann. Ich nannte ihn ein Arschloch von einem Metzger, und es gäbe immerhin Gesetze zum Schutz von solchen Menschen wie uns, auch wenn wir keine zahlenden, sondern staatlich unterstützte Patienten seien. Mama fing an zu weinen und bat mich, still zu sein. Ich hielt den Mund, aber ich weigerte mich, das Zimmer zu verlassen, und als Mama versuchte, mich dazu zu bringen, aus dem Zimmer zu gehen, sagte ich zu ihr, daß ihr Platz hier drin sei, sie müßte alles über das Schicksal ihres Kindes erfahren und nicht raus auf den Flur gehen wie irgendein Besucher. Mama wurde leicht wütend, wenn ich mein loses Maul, wie sie es nannte, nicht hielt, aber sie mußte immerhin zugeben, daß der Arzt mit ihr hätte sprechen müssen, bevor er meine Schwester operierte.

Die Ärzte gingen alle im Gänsemarsch aus dem Zimmer mit Blikken, als wären Mama und ich Möbelstücke oder so was und nicht zwei fühlende, verwundbare menschliche Wesen. Mama ging zu dem diensttuenden Arzt und sagte sehr höflich, er möchte ihr doch bitte in etwas einfacherer Sprache erklären, was er zu den anderen Ärzten über Marsha gesagt hatte. Ich beobachtete ihn voller Verachtung, und er sagte mit einer wegwerfenden Handbewegung zu Mama, daß er jetzt keine Zeit hätte. «Nach der Visite», brummte er, «und ohne dieses Wesen, das keinen Funken Anstand hat», und er zeigte auf mich. Mama drehte sich sofort um und sagte, ich solle gehen. Ich ging noch mal ins Zimmer, um meine Schwester zu sehen, und saß einen Augenblick bei ihr, dann ging ich nach Hause. Ich hätte so gern mit jemand darüber gesprochen, aber ich wußte, daß ich von allen dasselbe zu hören bekommen würde. Ich lehnte mich an die Mauer eines kleinen Friedhofs und weinte und wußte, daß ich Marsha nie mehr so sehen würde, wie sie gewesen war. Und ich sagte mir, daß ich es nicht so schwer nehmen dürfte. Im Laufe der Zeit, während der ich beobachtete, wie der Tod meiner Schwester immer näher kam, wurde dieser Gedanke für mich Wirklichkeit. Der Schmerz, den ich ja schon immer gekannt hatte, blieb nie lange, und ich würde schon ein Ventil finden, um meine Wut oder meine Frustration auszulassen, gegen wen oder was spielte dabei keine Rolle.

Ich war hin und hergerissen zwischen der Notwendigkeit, Mama zu helfen und ständig an ihrer Seite zu sein, und dem Drang, meine Sache auf der Straße zu verfechten und gleichzeitig zu versuchen, die High School zu beenden. Ich zog mich von allen zurück und war meistens allein. Ich wollte nicht sprechen, und ich tat es auch nicht. Die Schule interessierte mich jetzt nicht mehr, und meistens war ich ohnehin vom Unterricht befreit, um meine Schwester zur Klinik zu begleiten, denn sie war jetzt wieder zu Hause. Ich brachte sie jeden Tag hin, weil man in der Klinik festgestellt hatte, daß Mama wieder schwanger war, und sie nicht mehr mitließ wegen der radioaktiven Strahlen in der Klinik. Meine kleine Schwester hatte purpurrote Linien auf der Magengegend und der Brust, und die Haut um diese Linien herum war schon ganz verbrannt und fühlte sich hart an. Ich fragte Gott jeden Tag, warum er ausgerechnet sie so entsetzlich leiden ließ. In der Klinik nahm ich sie und legte sie auf den Tisch, und die Schwester sah mir zu und nickte, so sei es recht. Ich behandelte sie wie ein kostbares Stück Leben, das mir genommen werden sollte. Ich betete zu Gott, er solle doch statt dessen mich zu sich nehmen, weil ich wußte, daß Mama meine Schwester lieber mochte als mich, und es würde ihr nicht so weh tun, wenn ich es wäre. Ein riesiger Metalltubus hing über ihr, und die Schwester wies mir eine Ecke an, in der ich sitzen konnte, während sie den Apparat bediente und meiner Schwester noch eine Dosis dieser lebenaufzehrenden Energie verabreichte. Wenn ich dann hinüberging und sie vom Tisch hob, war sie manchmal so schwach, daß ich eine Stunde mit ihr auf dem Schoß warten mußte, bevor wir uns auf den Heimweg machen konnten.

An den Tagen, an denen Mama kein Geld für den Bus hatte, trug ich sie in den Armen zur Klinik und wieder nach Hause. Mamas Stahlarbeiterfreund beschimpfte sie, daß sie schon wieder schwanger sei und daß «es nicht von ihm» sei. Mama biß sich auf die Zunge und sagte nichts, weil er ihr manchmal Geld für die Fahrten zur Klinik gab. Eines Tages, als ich so die Nase voll hatte von seiner Klugscheißerei, sagte ich ihm alles ins Gesicht, was sich seit Jahren in mir angestaut hatte. «Hör mal gut zu, du nichtsnutziges Arschloch, du kommst hierher, wann es dir gerade paßt, und fickst meine Mama, als wäre sie dein Eigentum. Ich hör dich jede Nacht, wenn du herkommst und danach befriedigt abhaust, und Mama läßt du hier mit uns sitzen, ohne Geld und ohne was zu essen. Du pennst jetzt schon jahrelang mit ihr rum, seit ich zehn bin, und jetzt bin ich fast fünfzehn, und du jammerst schon seit Jahren das gleiche Lied, jedesmal wenn Mama schwanger ist, daß keins von diesen Kindern von dir ist. Du brauchst doch gar nicht herzukommen, uns geht's doch wegen dir nur noch schlechter. Und Mama sollte es eigentlich gar nicht nötig haben, dich um Essen für sich selbst und ihre Kinder zu bitten, sie braucht dich ja auch nicht drum zu bitten, die Hose runterzulassen.» Mama hatte schon gemerkt, daß mein Verhältnis zu Jack immer schlechter wurde, aber sie hatte mich noch nie so zu ihm sprechen hören. Ich sah sie an, und sie sah ganz verlegen aus, und ich schämte mich, daß ich das alles vor ihren Ohren zu Jack gesagt hatte; aber sie selbst würde so was ja nie sagen, und ich wußte, daß es mal gesagt werden mußte. Jack ging, und von da weigerte er sich, in die Wohnung zu kommen, wenn ich zu Hause war, und Mama ging dann hinunter und unterhielt sich im Auto mit ihm. Mich ärgerte schon, daß Mama überhaupt noch mit ihm sprach.

Ich fing jetzt an, viel über Sex nachzudenken und darüber, wie er Leute offensichtlich aneinander kettete, auch noch unter den schlimmsten Bedingungen. In mir schwelte ein seltsamer Haß, und bald fühlte ich mich ganz voll davon. Ich haßte jeden Mann, sobald ich ihn nur ansah, und jetzt schien mir Großmutters Beschreibung auf alle Männer zu passen, «ein Haufen von Taugenichtsen», und ich würde sie alle dafür büßen lassen. Ich würde sie mir aussuchen, sie an der Nase rumführen, sie ficken und sie dann vergessen. Ich würde mich nicht wie Mama mißbrauchen lassen, ich würde diejenige sein, die den Mann mißbrauchte. Aber mein Plan war, zunächst abzuwarten. Ich hatte noch kein Interesse daran, jetzt sofort loszuziehen und jemand zu finden und mit ihm zu schlafen, und abgesehen davon hatte ich Angst davor, weil dieses Ding zwischen den Beinen der Männer so viel Leid über alle Frauen gebracht hatte, die ich kannte oder sah; sie trieben ab und starben manchmal dabei und kriegten ihre Kinder allein und kämpften sich allein durch und waren verloren in ihrer Einsamkeit. Jede Frau, die ich sah, war wie Mama, ein paar hatten es etwas besser, andere noch schlimmer. Es sollte Jahre dauern, bis ich einer Frau begegnen würde, die ihren Mann liebte und das laut sagte, so daß jeder es hören konnte.

Meiner kleinen Schwester schien es eine Weile etwas besser zu gehen, dann kamen die Schmerzen wieder, und sie verbrachte die ganze Nacht weinend in Mamas oder meinen Armen. Ich bat Mama, sie wieder ins Krankenhaus zu bringen, und sie sagte, der Arzt hätte ihr mitgeteilt, sie sei geheilt. Aber Mama hatte den Mann völlig mißverstanden, meine kleine Schwester war schwer krank. Die Strahlentherapie hatte den Krebs nicht aufhalten können, die Ärzte hatten schon eine Niere herausoperiert, und jetzt hatte sich der Krebs auf die andere ausgebreitet. Sie machten weiter mit der Strahlentherapie bis zur letzten Minute, und dann sagten sie mir anstatt Mama, daß es keine Hoffnung mehr gäbe, sie wäre spätestens innerhalb von sechs Monaten tot. Sie sagten, ich solle sie mit nach Hause nehmen, weil der Krebs sich schon auf die Lunge und die Leber ausgebreitet hätte, und sie hätte es zu Hause bei uns besser.

Ich konnte es Mama nicht sagen, und ich konnte niemand etwas erzählen, weil es niemand gab, dem ich vertraute. Als wir am nächsten Tag kamen, um sie abzuholen, sagte der Arzt zu Mama, Marsha solle doch noch eine Weile dableiben, sie wollten noch eine Untersuchung vornehmen, und der Arzt nahm mich beiseite und erklärte mir, daß sie über viele Dinge mit Mama nicht sprechen könnten wegen ihrem Mangel an Bildung, sie würde einfach nicht verstehen, was sie meinten. Ich nickte und verstand, und er sagte mir, daß er das Gefühl hätte, es wäre besser für meine Schwester, im Krankenhaus zu bleiben, als in unsere kleine und laute Wohnung nach Hause zu kommen. Sie schlief nicht sehr gut, und er meinte, daß sie diese Mittel, die sie gegen den Schmerz brauchte, besser von einer Fachkraft bekommen sollte. Sie stand jetzt den ganzen Tag unter Medikamenten, und sie brauchte die Medikamente. Der Arzt bat mich, es Mama irgendwie zu erklären, und ich sagte, daß ich ihr dasselbe sagen würde wie er, weil sie zusammenbrechen würde, wenn ich ihr die Wahrheit sagte. Er zuckte mit den Schultern und ging. Ich ging wieder zu Mama und dachte, während ich auf sie zuging, daß es schon immer so gewesen sei, die schlimmsten Dinge mußten Mama und ich immer alleine durchstehen. Ich war nur ein Kind, und ich kannte mein Bedürfnis, jemand zu haben, mit dem ich reden konnte, und ich hatte niemand, deshalb wußte ich, daß Mama als Frau noch ein viel stärkeres Bedürfnis danach haben mußte, und sie hatte immerhin mich.

Mama und ich wechselten uns ständig bei meiner Schwester in der Klinik ab. Sie war nie allein, gleichgültig was wir anstellen mußten, um es einzurichten. Mama und ich waren beide barfuß, und Mama war auch noch schwanger, aber das spielte keine Rolle, ob es nun regnete oder schneite. Mama kam morgens früh, damit ich in die Schule gehen konnte, und die fromme Dame, die neben uns wohnte, hütete meinen kleinen Bruder, bis ich von der Schule nach Hause kam und das Essen machte. Wenn ich Geld für den Bus hatte, brachte ich Mama ihr Essen auf einem Teller ins Krankenhaus; wenn ich laufen mußte, war ich sicher, daß das Essen kalt werden würde, bis ich hinkam, dann ließ ich ihren Teller stehen und brachte ihr ein Sandwich mit. Manchmal blickte Mama auf und lächelte und sprach plötzlich davon, wie gut meine kleine Schwester aussähe und daß sie glaube, daß es nicht mehr lange dauern würde, bis wir sie mit nach Hause nehmen könnten. Mama hatte recht, meine kleine Schwester sah schön aus, aber es war nicht die Schönheit gesunden Lebens. Die Hände des Todes liebkosten sie jeden Tag ein wenig mehr.

Marsha wünschte sich so sehr eine Babypuppe, die sprechen konnte. Jeden Abend, wenn ich kam, sagte sie als erstes: «Sancha, hast du meine Puppe?» Ich hatte das Stehlen ja aufgegeben, aber ich wußte, daß sie diese Puppe haben mußte, und beschloß, sie zu stehlen. Inzwischen kamen meine Großmutter und meine Tanten, die der Krankheit meiner Schwester bisher keine Beachtung geschenkt hatten, um sie zu besuchen. Meine Tante Chelsea hatte sie einmal besucht und hatte den anderen erzählt, daß es so aussähe, als müßte sie bald sterben. Sie kamen jetzt alle ständig und strapazierten die ohnehin schon schwachen Nerven von Mama und mir. Großmutter, Annette und Palestine kamen eines Abends und fingen fast mit dem jungen Mann, der den Fahrstuhl führte, Streit an. Daniel war sehr nett, und er schaute jeden Abend herein, um mich zu begrüßen. An dem Abend, an dem sie alle kamen, saß ich auf dem Flur mit Daniel, ich hatte Marsha gerade verlassen, nachdem die Schwester ihr eine starke Schmerzspritze gegeben hatte und sie nichts mehr von dieser Welt merkte und fest schlief.

Ich saß im Flur und sprach mit Daniel, als sie alle kamen. Großmutter war die erste, die anfing, sie sah Daniel an und sagte: «Haben Sie denn nichts zu arbeiten?» Daniel antwortete: «Doch, und ich tu es auch.» Er sagte gute Nacht zu mir und ging zurück zum Lift. Großmutter fing an, mich zu beschimpfen. Ich sollte mich schämen, am Totenbett meiner Schwester mit Männern zu reden. Meine Zeit gehöre meiner Schwester. Ich achtete nicht auf sie, sondern ging zurück ins Zimmer meiner Schwester und setzte mich neben ihr Bett. Sie stellten sich dazu und sprachen darüber, wer schuld sei, daß sie sterben müßte, und sie waren sich alle einig, daß es Mamas Schuld sei, weil sie versucht hätte, sie abzutreiben. Großmutter sagte, es sei ein Jammer und eine Schande, und daß dies Gottes Weg sei, Mama für all das Böse, das sie getan hätte, leiden zu lassen. Ich drehte mich zu ihnen um und sah sie an und wäre am liebsten auf alle drei losgegangen. Ich hätten ihnen gern so viel gesagt, aber ich blieb still. Besonders zu Großmutter hätte ich gern gesagt, was für eine gemeine Hexe sie sei und wie sie Mama mit uns immer wieder auf die Straße geworfen hatte, solange ich mich zurückerinnern konnte, und wenn sie nur versucht hätte, Mama zu helfen, hätte sie sich vielleicht nicht Männern zuwenden müssen, um Trost zu erfahren und Essen und Unterkunft zu bekommen, und ihren Körper nicht benützen müssen als einziges Zahlungsmittel, das sie im Austausch für die notwendigen Dinge, die ihre eigene Mutter ihr und ihren Kindern versagt hatte, anbieten konnte. Vielleicht hätte sie auch dann uns alle geboren, aber die Umstände wären sicher anders gewesen, wenn Großmutter ihr hin und wieder den Weg gewiesen hätte.

Dünne harte Drähte von den Operationen schoben sich durch die Haut meiner Schwester nach außen, und ich riß mir daran die Finger auf, wenn ich sie gegen den Schmerz streichelte. Sie verlangte immer wieder nach zwei Dingen, nach der Babypuppe und danach, daß Mama oder ich ihr den Magen reiben sollten. Wir verbrachten Stunden damit, ihren geschwollenen Bauch zu streicheln, der an diese Bilder von verhungerten Kindern erinnerte. Sie konnte nichts mehr essen und hatte praktisch keine Verdauungsbewegungen mehr. Ihr klagendes Stimmchen durchdrang alle meine Gedanken. «Sancha, hilf mir, hilf mir bitte, mir tut's weh.» – «Wo tut's dir weh?» – «Hier.» Und ich rieb, und eine Sekunde später führte sie meine Hand zu einer anderen Stelle. Ich fragte, warum man ihre Medikamente nicht verstärkte, und sie sagten, das sei gefährlich, aber ich konnte das nicht glauben. Ich war davon überzeugt, daß sie für irgendein Experiment benutzt wurde. Von ihrem Weinen her mußte ihr ganzer Körper schmerzen. Ich saß an ihrem Bett und betete jeden Abend zu Gott, daß er in dieser Nacht ihr Leiden beenden möge.

Eine von Mamas Schwestern versprach, ihr die Puppe zu kaufen, aber bei jedem Besuch kam sie wieder ohne die Puppe in die Klinik. Endlich regte mich das auf, und ich fragte sie, warum sie etwas verspräche und dann ihr Wort nicht hielte. Sie stand am Fußende des Bettes meiner Schwester und sagte in Gegenwart von Mama: «Ach weißt du, ich hab gestern abend mit dem Arzt gesprochen, es lohnt sich nicht mehr, ihr eine Puppe zu kaufen, sie stirbt sowieso bald.» Bevor ich selbst wußte, was geschah, wurde ich wild und schlug auf meine Tante ein mit aller Kraft, die ich aufbrachte. Ich wollte sie umbringen, ich wollte es wirklich. Sie hatte sich schon wochenlang mit mir darüber gestritten, ob man Mama sagen solle, daß Marsha sterben würde, und ich hatte darauf bestanden, daß es zuviel für Mama sei, weil sie doch schwanger war. Jetzt hatte sie über die Puppe eine Möglichkeit gefunden, Mama den Schlag zu versetzen und sie noch mehr leiden zu sehen, wo es ihr ohnehin schon so schlecht ging.

Mama sprang auf, um mich an der Prügelei zu hindern, und ihre andere Schwester auch. Ich würgte meine Tante und schrie dabei: «Ich bring dich um, du Luder, ich bring dich um.» Ein paar Ärzte kamen herein und trennten uns und fingen sofort an, uns darüber zu belehren, daß dies keine Straßenkneipe sei und daß von heute an nur noch die allerengsten Familienmitglieder zu Besuch zugelassen seien, und daß Mama bestimmen sollte, wer das sei. Sie nannte sich selbst und mich, und die anderen wurden aufgefordert, zu gehen und nicht wiederzukommen. Ich schämte mich und hätte fast geweint, aber zuviel Wut blockierte meine Tränen. Ich wußte, daß Mama mich jetzt zur Rede stellen würde, ob es stimmte, daß meine Schwester sterben müßte, und wie sollte ich ihr erklären, was ich ihr absichtlich nicht gesagt hatte? Sie hatte oft gesehen, wie der Arzt und ich über meine Schwester sprachen, und ich hatte mich immer herausgeredet, wir hätten darüber gesprochen, was sie essen könnte und ähnliches.

Ich wartete darauf, daß Mama anfangen würde, Fragen zu stellen, aber sie sagte kein Wort. Die nächsten Tage vergingen, und sie sagte immer noch nichts. Statt dessen sprach sie davon, daß sie ihr Kind bald nach Hause holen wolle. An der Behandlung meiner Schwester waren viele Ärzte beteiligt, aber nur einer von ihnen war einigermaßen menschlich. Ihm fiel auf, daß Mama angefangen hatte, sich wieder mehr zu pflegen, und daß sie dem Personal und den Besuchern ganz ernsthaft erzählte, daß sie ihr kleines Mädchen bald mit nach Hause nehmen würde. Sie sagte, Gott hätte ihre Gebete erhört. Mama hatte die Tatsache völlig verdrängt, daß meine Schwester nur noch ein menschliches Skelett war, aus dem die chirurgischen Drähte herausstanden, und dessen Bauch so aufgedunsen und geschwollen war, als müßte er bei der geringsten Berührung platzen. Kleine Augen, die ins Nichts starrten, und ein Mund, der nicht einmal mehr darum bat, gestreichelt zu werden. Eine Grimasse des Schmerzes verzerrte von Zeit zu Zeit ihr Gesicht und erinnerte daran, daß sie noch zu den Lebenden und Leidenden gehörte, ihre schöne Haut war ganz gelb geworden, und die schönen dunklen Augen blickten für immer verloren.

Ich kam eines Abends wie üblich in die Klinik und traf Mama bei ihrer Wache an, und sie sagte in aller Unschuld zu mir: «Geh bitte und frag die Schwester, ob sie ihr Hustensaft geben kann, sie hat ein bißchen Husten, es scheint ziemlich tief zu sitzen.» Dieser Arzt, der ein bißchen menschlich war, sorgte sich um Mamas Geisteszustand, wo sie doch schwanger war. Er sah mich kommen und sagte, bei meiner Schwester höre man das Todesröcheln, und es sei nur noch eine Sache von Stunden. So viel ich auch darum gebetet hatte, ich war doch nicht darauf vorbereitet, daß meine Gebete so bald erhört werden würden. Als Mama mich um den Hustensaft bat, sank mein Herz, und mir wurde ganz kalt, denn ich sah, daß sie nicht merkte, was mit ihrem kleinen Mädchen geschah. In ein paar Stunden würde sie nicht mehr da sein. Ich schickte Mama nach Hause und sagte, sie brauche ein wenig Ruhe, weil sie am Abend vorher so lange in der Klinik gewesen war. Sie ließ mich versprechen, daß ich Marsha nicht verlassen würde, bis sie fest eingeschlafen sei. Ich gab ihr mein Wort und sie ging.

Ich saß am Fußende des Bettes und wandte meine Augen nicht von dem Gesicht meiner Schwester. Ich wollte ihr Gesicht in mein Gedächtnis eingraben, ich wollte dieses Gesicht voller Leid und Tod vor mir nie vergessen. Ich wollte nie mehr etwas davon hören, daß Gott uns liebe und uns nicht mehr auferlege, als wir ertragen können. Ich schob ihr graues Kliniknachthemd weg und sah ihren Körper an, der zu Haut und Knochen zusammengeschrumpft war, und dafür sollte ich Gott auch noch danken? Ihre Augen öffneten sich und schlossen sich wieder, leer, ohne etwas zu sehen. Die letzten Worte des Arztes klangen mir noch im Kopf. «Es ist eine Schande und ein Jammer, daß du und deine Mutter all das allein durchmachen müßt, wo ist denn dein Vater?» Und ich hatte geantwortet: «Wir haben keinen.»

Das rasselnde Geräusch in ihrem Hals wurde schlimmer, und ich saß auf ihrem Bett und wiegte sie in meinen Armen, und die Flasche mit der künstlichen Nahrung wiegte sich mit. Sie sagte ihre letzten Worte: «Sancha, Durst.» Ich wußte, daß sie nichts trinken konnte, deshalb sagte ich, sie solle schlafen, ich würde ihr etwas bringen, wenn sie aufwachte. Sie kniff die Augen zusammen, als sei sie zu schwach zu sprechen. Ich legte meine Lippen auf ihre und fragte: «Ist das besser?» Sie sagte nichts mehr. Ich schlief ein, während sie in meinen Armen starb. Ich wachte um vier Uhr morgens auf und fand sie tot in meinen Armen, und ich legte sie hin und stand von ihrem Bett auf. Die Schwester kam nicht, um nach ihr zu sehen, weil ich bei ihr war, und vielleicht wußte sie, daß sie sowieso nichts mehr für sie tun konnte. Ich deckte sie zu und ging aus der Tür. Dann drehte ich mich doch noch einmal um und sah sie noch einmal an und glaubte, vielleicht hätte ich mich getäuscht. Ich legte meinen Kopf auf ihre Brust und hoffte und hoffte es gleichzeitig nicht, daß ich ihr Herz schlagen hören würde, aber es war nichts. In meinem Kopf war es, als ob eine Falltür aufgesprungen und ein Kontrollmechanismus herausgekommen wäre, der sagte, du darfst jetzt nicht schreien oder weinen, du darfst nichts fühlen. Du kannst gar nichts empfinden, es ist alles vorbei für sie, und Tränen sind nicht nötig.

Ich ging aus dem Zimmer und durch den stillen Korridor an den schlafenden Kindern vorbei. Ich kam am Zimmer der Schwestern vorbei, und die Schwester blickte auf und fragte: «Alles in Ordnung?» Ich nickte und sagte: «Sie schläft.» Ich ging den langen Weg nach Hause, ohne eine einzige Träne zu vergießen. Der Weg kam mir endlos vor. Ich ging falsch, wo ich noch nie falsch gegangen war. Als ich in unsere Wohnung kam, lag Mama auf dem durchgesessenen kaputten Sofa. Sie schlief halb und war halb wach. An der Uhr sah ich, daß ich zwei Stunden für den Heimweg gebraucht hatte. Mama wollte wissen, warum ich erst so spät nach Hause käme. Ich zuckte mit den Schultern, und zum erstenmal hatte ich das Gefühl, daß gleich etwas aus mir herausbrechen würde. Ich ging hinaus auf unseren Balkon und sah zu dem Baum hinüber, auf dem die Vögel für alle Menschen sangen, die noch wach waren. Im Winkel meines Auges sah ich den Kirchturm der katholischen Kirche, und ich wandte mich hinüber und verfluchte Gott. Mama kam zur Tür und sagte hinter mir: «Gehst du heute in die Schule?» Ich sagte «ja», und sie sagte: «Dann versuch doch wenigstens noch die paar Stunden zu schlafen, bevor du wegmußt.» Ich sagte nein, weil der Gang nach Hause mich ganz wach gemacht hatte. Mama senkte die Augen und sagte:« Hat sie geschlafen, als du weg bist?» Ich sah sie direkt an und sagte: «Ja, sie hat geschlafen.» Mama hatte die Augen noch immer auf den Boden geheftet. «Eines Tages werd ich das alles wieder an dir gutmachen, ich weiß noch nicht wie, aber ich mach es bestimmt.»

Ich ließ Mama nicht weitersprechen, ich schnitt ihr das Wort ab und sagte: «Mama, du schuldest mir überhaupt nichts. Das ist doch das mindeste, was man tun kann und tun muß. Sie ist meine Schwester, und ich hab sie lieb.» Mama liefen die Tränen über das Gesicht, und sie sagte mit erstickter Stimme: «Du hast jede Minute mit mir gelitten, wie es die anderen gar nicht können. Du hast doch nicht drum gebeten, auf die Welt zu kommen, und die anderen auch nicht.» Ich unterbrach sie wieder und sagte: «Ja, Mama, ich weiß schon, aber es hätte noch viel schlimmer sein können, du hättest uns verlassen oder uns bei irgendwelchen fremden Menschen unterbringen können.» Danach hätte ich gerne meine Arme um sie gelegt, aber ich konnte es nicht. Ich hätte sie gern in die Arme genommen und gesagt, daß wir beide zusammen es schon schaffen würden. Aber die Worte kamen nicht, und meine Arme waren ganz steif. Ich sagte, ich wolle baden und mich für die Schule fertigmachen. Mama machte das Frühstück und trank mit mir Kaffee. Maxwell Kaffee war ein Luxus, den Mama sich hin und wieder leistete, aber sie machte ihn immer mit zuviel Wasser und zu wenig Kaffee. Es war März und zwei Monate nach dem vierten Geburtstag von Marsha, und Mama hatte Geburtstag gehabt, und das war die letzte Gelegenheit gewesen, bei der ich etwas hatte stehlen müssen. Ich hatte eine Packung Nylon-Strümpfe in ihrer Lieblingsfarbe, Fuchsrot, für sie gestohlen. Ich fragte sie, ob ich ein Paar für die Schule leihen könnte, und sie sagte nicht unfreundlich ja.

Ich hatte an diesem Tag nur Nähen und würde also den ganzen Tag im selben Klassenzimmer sitzen. Meine Lehrerin war eine frustrierte Ziege mit einem harten Gesicht, die immer in die Kirche rannte. Sie war schwanger, soviel konnte ich an der Veränderung in ihrem Gesicht und an ihrem Bauch sehen. Sie war nicht verheiratet, und es brachte sie an den Rand des Wahnsinns. Sie würde ihre Stelle verlieren, wenn es bekannt würde. Wenn sie sich beurlauben lassen würde und es verheimlichen könnte, konnte sie sich vielleicht danach versetzen lassen. Sie war ein Nervenbündel, und sie tat mir fast leid, aber ich wußte auch, daß sie sich in der Schicht von Schwarzen, der sie angehörte, nicht mehr lange Sorgen machen müßte, weil der Mann sie bestimmt heiraten würde, weil sie einen Beruf hatte und wahrscheinlich mehr verdiente als er.

Ich trat an diesem Morgen ins Klassenzimmer, ohne guten Morgen zu sagen. Sie saß an ihrem Tisch und sagte kalt und sehr betont

«Guten Morgen». Ich drehte mich zu ihr um und nickte mit dem Kopf, und sie sagte: «Kleine Mädchen nicken nicht mit dem Kopf, sie machen den Mund auf und geben den Gruß zurück.» Ich ging weiter zu meinem Platz, während sie sprach. Als ich mich setzte, dachte ich an die Worte «kleine Mädchen» und daran, daß ficken und sich dabei schwängern lassen noch keine zur Dame machte. Ich hätte es so gerne laut hinausgesagt, daß ich schon jedes Wort auf der Zunge schmeckte, aber ich kaute nur auf den Worten rum und schluckte sie hinunter. Im Grunde genommen wollte ich nur in Ruhe gelassen werden. Ich besserte etwas aus für eine andere Lehrerin in der Schule, ich flickte Kissenbezüge. Ich saß an meiner elektrischen Nähmaschine, als das Haustelefon klingelte, und ich blickte auf und meiner Lehrerin direkt in die Augen. Ich sah schon an diesem angewiderten Blick, den sie mir zuwarf, daß es für mich war. Sie hängte ein und sagte zu mir, ich solle zum Direktor. Ich schaltete meine Maschine ab und ging so schnell ich konnte hinüber. Ich wußte, was er wollte, und als er zu mir sagte: «Du hast eine kleine Schwester in der Klinik, die sehr krank ist», nickte ich; er sprach weiter: «Deine Mutter ist allein und schwanger.» Ich nickte wieder. «Du mußt ins Krankenhaus, sie braucht dich.» Ich nickte wieder und wollte gehen. Er fragte mich, ob ich Geld für den Bus hätte, und ich sagte nein. Er gab mir ein Formular, einen Schuldschein, den ich ausfüllen mußte, und dann gab er mir das Geld für den Bus.

Ich ging noch mal ins Klassenzimmer, und meine Lehrerin fragte, was los sei. Ich drehte mich zu ihr hin und sagte, daß meine Schwester gestorben sei. Ich räumte meine Sachen weg und ging und ließ sie zurück mit einer Maske des Schreckens auf dem Gesicht. Ich nahm den Bus, denselben Bus Nr. 1, mit dem Mama und ich immer gefahren waren, und stieg einen Block vor der Klinik aus. Ich ging den Rest zu Fuß und überlegte, was soll ich nur sagen, und was kann ich nur für Mama tun. Ich wußte keine Antwort. Ich fuhr mit dem Lift in den vierten Stock und hörte schon auf dem Flur Mamas Stimme, sie schrie und weinte. Ich fing an zu laufen und fand mich im Zimmer meiner Schwester, sie war weg und ihr Bett war auch nicht mehr da. Ich drehte mich um, und über mein Gesicht strömten die Tränen. Ich hörte das Schluchzen meiner Mutter, sah aber nicht, wo sie war. Ich folgte dem Schluchzen und fand Mama allein in einem Zimmer bei meiner Schwester. Das Zimmer war kalt, eine Klimaanlage hielt es auf Kühlschranktemperatur. Das Zimmer war voller Stühle wie ein Vorlesungsraum, und alle waren leer, außer dem einen, auf dem Mama saß. Sie saß in der ersten Reihe, hochschwanger und in Tränen aufgelöst. Der Körper meiner Schwester lag in ihrem Bett, so wie ich sie verlassen hatte, nur hatte ihr jemand ihren Morgenmantel übergezogen. Ich sagte nicht gleich etwas zu Mama. Ich ging erst zu meiner Schwester. Ich weinte hemmungslos und versuchte, sie aufzuheben, fand aber, daß sie schon zu steif war. Erst jetzt hatte mich der Schmerz völlig erfaßt und umfangen.

Zu sehen, daß aus meiner Schwester etwas Steifes, Kaltes geworden war, war einfach unfaßbar. Ihre Augen waren halb offen und ihr Mund auch, und ich sah ihre schönen Kinderzähne, die so gleichmäßig und winzig und weiß waren. Ich berührte sie in ihrer steifen Kälte, und dann ging ich zu Mama hinüber. Sie grub ihre Fingernägel in meine Arme und schrie: «Warum mein Kind? Warum?» Ich konnte nicht sprechen, und ich wollte es auch nicht. Ich war verletzt und war wütend. Ich fragte mich, warum sie Mama in ihrem Zustand in diesem Zimmer allein mit ihrem toten Kind sitzen ließen, aber im gleichen Atemzug konnte ich mir die Antwort darauf selbst geben. Keiner trug Verantwortung für Mama. Sie war eine ledige Frau mit vier Kindern und dem fünften unterwegs, kurz nach dem Tod des vierten. Sie hätte einen Mann haben müssen, den Vater dieser Kinder, der sie jetzt getröstet hätte, keine Unbekannten, Ärzte oder Krankenschwestern. Aber Mama hatte niemand, nicht einmal ich konnte ihr mit meiner Berührung Trost geben. Kein Kind konnte einer Frau geben, was sie jetzt am meisten gebraucht hätte, das Gefühl, nicht allein zu sein. Ich nahm Mamas Hand und sagte zu ihr, sie müßte gehen, aber sie wollte nicht.

Die Männer von der Leichenhalle kamen, um Marshas sterbliche Reste zu holen, und Mama schrie und wollte sie daran hindern. Im nächsten Augenblick platzte Mamas Fruchtblase, und die Ärzte kamen, um sie wegzubringen. Sie brachten sie nur dazu mitzugehen, indem sie sagten, daß das andere Kind, das sie erwarte, in Lebensgefahr sei und vielleicht abgehen würde, wenn sie sich nicht behandeln ließe. Eine Bahre wurde gebracht, und Mama wurde weggetragen. In meiner Verwirrung wußte ich nicht, was ich tun sollte, mit Mama gehen oder bei dem Leichnam meiner Schwester bleiben. Irgend jemand sagte endlich zu mir: «Geh mit deiner Mama, sie braucht dich, geh.» Ich ging hinter Mama her in den Erste-Hilfe-Raum und saß bei ihr. Man gab ihr ein Beruhigungsmittel, und sie wurde tamponiert und nach Hause geschickt. Ich brachte Mama nach Hause und sagte zu dem Taxifahrer, daß ich kein Geld hätte, um ihn zu bezahlen, aber daß ich es später tun würde. Er wollte gerade anfangen grob zu werden, aber dann merkte er, daß Mama schwanger war und weinte. Ich stieg aus und half Mama beim Aussteigen, dann ging ich auf die Fahrerseite und erklärte, daß ich nicht versuchte, ihn übers Ohr zu hauen. Ich zeigte ihm das Haus, in dem wir wohnten, und sagte ihm die Nummer, und er nickte zustimmend und fuhr weg. Mama war schon in den Armen der Nachbarin, Miss Marie.

Die Tage danach waren weitaus schlimmer, als ich mir je vorgestellt hätte. Mama hatte kein Geld für die Beerdigung und nicht einmal eine schwarze Umstandsbluse anzuziehen. Gwen über uns setzte sich hin und nähte in einer Stunde für Mama eine schwarze Bluse. Jack, Mamas Stahlarbeiter, kam und hielt Mama erst einmal eine Moralpredigt, bevor er endlich einsah, daß meine kleine Schwester ihm immerhin so ähnlich sah, daß er anstandshalber das Begräbnis bezahlen mußte. Der Leichnam wurde zu einem entfernten Verwandten gebracht, der ihn für den Sarg fertig machen sollte, aber entfernt wie er ohnehin war, wurde er noch entfernter, als es ums Bezahlen ging. Mamas Freund hatte sich bereit erklärt, für die Beerdigung aufzukommen, aber nicht für das Kleid und die Schuhe, in denen sie begraben werden sollte. Ich hätte die Sachen für sie gestohlen, aber ich hatte Angst, sie in gestohlenen Kleidern zu begraben. Meine Tante, auf die ich vor ein paar Wochen losgegangen war, sagte, sie hätte das Kleid ja gekauft, aber wegen mir würde sie es jetzt nicht tun. Das sagte sie auch zu Mama, und Mama flehte sie an, sie solle das Kleid doch kaufen. Ich bat Mama, mit dem Betteln aufzuhören, nahm meinen Entkrausungskamm und die Lockenwickler und fing an, bei allen Häusern an die Türen zu klopfen und zu fragen, ob jemand die Haare gemacht bekommen wollte.

Ich hatte eigentlich den Grundsatz, nie schmutziges Haar zu entkrausen oder zu locken, aber an diesem Tag tat ich alles, was sie wollten, an schmutzigem oder gewaschenem Haar. Ich verlangte diesmal mehr als sonst dafür, aber niemand sagte etwas. Ein paar von meinen regulären Kunden wollten mich nicht arbeiten lassen, bevor meine Schwester unter der Erde wäre, und sie bezahlten schon im voraus. Sie verstanden die Dringlichkeit der Lage, ohne daß ich ein Wort sagen mußte. Ich kam spät abends mit schmerzenden Füßen nach Hause und bat Mama mir zu sagen, wie sie das

Kleid haben wolle, in dem Marsha beigesetzt werden sollte. Der Ausdruck «beisetzen» kam von Mama, mir gefiel er nicht, aber Mama hörte ihn lieber als begraben.

Früh am nächsten Morgen kam meine Tante mit einem weißen Kleid, weißen Schuhen und neuer weißer Unterwäsche und Socken. Sie sagte zu mir, sie hätte sich zwar wegen der Geschichte mit der Puppe über mich geärgert, aber das hätte ja nun nichts damit zu tun, daß Marsha tot sei und sie Kleider brauchte, in denen sie beerdigt werden sollte. Ich zog mich an und ging mit dem Paket zum Bestattungsunternehmen und kaufte unterwegs noch Haarband und weiße Handschuhe. Ich setzte mich auf die Treppe vor dem Haus des Leichenbestatters und wartete, bis sie fertig waren, sie hatten mich nicht zusehen lassen wollen. Ein junger schwarzer Alkoholiker, der dort arbeitete, kam heraus und sagte, daß die Tote aufgebahrt sei und ich sie ansehen könne. Ihr winziger weißer Sarg sah in dem Zimmer so klein aus, und sie selbst sah kleiner aus als vier Jahre. Ihr Gesicht erschien mir wieder schön, auch im Tod. Ihre langen schwarzen Wimpern sahen aus, als wollten sie sich gleich öffnen und der Spuk wäre vorbei. Wie konnte nur etwas so Kostbares für immer von uns gehen? Ich schüttelte den Kopf, um meine Augen frei von Tränen zu machen, und hob ihr Kleid ein wenig an.

Um ihren linken Oberschenkel war ein Stück Plastik gewickelt, und kleine Flecken von getrocknetem Blut waren auf der Plastikfolie und auf ihrem Bein. Der Angestellte kam näher und sagte, die Plastikbinde sei dort wegen der Autopsie. Er sagte, die Ärzte hätten ihren Oberschenkelknochen herausgenommen. Ich bat ihn, die Plastikbinde abzuwickeln, und er lief, um meinen sogenannten entfernten Cousin zu holen. Der kam, er hieß George und hatte einen langen weißen Bart und eine Brille und einen seltsam unsteten Blick. Ich wiederholte meine Bitte, und er wickelte die Plastikbinde ab, und ich sah den Schnitt über die ganze Länge ihres Oberschenkels. Er zeigte mir den Autopsiebericht und sagte, ihr ganzer Körper sei so umwickelt, weil die Leute, die die Autopsie vorgenommen hätten, wild an ihr herumgeschnitten hätten. Ich bekam keine Luft mehr und versuchte, nicht umzufallen, der junge Angestellte zog mich zu einem Stuhl, und der alte Leichenbestatter kam hinterher, und irgend jemand hielt mir Riechsalz unter die Nase. Ich fragte den alten Mann, ob so etwas normal sei, und er sagte, wenn sie fragte, müßte er ihr die Wahrheit sagen, aber wenn sie nicht fragte, würde er auch nichts sagen. Ich bat ihn, die Plastikbinde so zu befestigen, daß man sie nicht so sähe, und er nickte und sagte, es täte ihm leid, daß ich es gesehen hätte. Ich ging nach Hause und erzählte Mama, wie schön Marsha aussähe, und sie bat mich, mit ihr hinzugehen, damit sie sie ansehen könnte.

Wir gingen durch die vertrauten Straßen im Ghetto und versuchten, den Menschen zuzulächeln, die uns anlächelten. Ein paar Frauen riefen aus Fenstern herunter, wir sollten stark sein und zusammenhalten, das Leben sei hart und nicht immer gerecht, und Gott habe Mama das eine genommen und das andere gegeben. Ein paar alte Damen, die Mama von Kindesbeinen an kannten, nahmen ihre Hand und weinten, aber wir gingen weiter. Ich hätte auch gern Mamas Hand genommen, aber ich konnte es nicht. Als wir endlich ankamen, waren so viele Menschen dort, um meiner Schwester Lebewohl zu sagen, daß die Schlange bis vors Haus reichte. Ein paar Leute kannten wir gar nicht, sie hatten uns jeden Abend in der Klinik gesehen, und andere hatten es unter den Todesnachrichten im Afro-Blatt gelesen. Als wir hineintraten, verstummte das Geschwätz, und keiner bewegte sich mehr. Hinter Marshas Sarg standen Blumen von Leuten, die wir kannten, und anderen, die wir nicht kannten. Der Anblick der Blumen ließ mir die Tränen hochsteigen, aber vor Mama konnte ich nicht weinen. Meine Tante Grace war da, und sie ging mit uns nach Hause. Sie blieb bis zum nächsten Morgen bei uns und ging nur weg, um sich für das Begräbnis fertig zu machen.

Am Anfang der Woche hatte Mama in der Kirche, in der sie jeden Sonntag mit meiner kleinen Schwester und meinem Bruder zum Gottesdienst gegangen war, Bescheid gegeben, daß sie den Gottesdienst halten sollten. Ich konnte es kaum fassen, als der Prediger persönlich an unsere Tür kam und sagte, der Gottesdienst könnte nicht in der Kirche abgehalten werden, wo sie getauft worden war, weil sie ein Bastard und, wie er es ausdrückte, außerehelich geboren sei. Deshalb mußte der Bestattungsunternehmer seine Zustimmung geben, daß der Gottesdienst in seinem Saal abgehalten werden konnte. Und Mama ließ es zu, daß dieser Heuchler die Predigt hielt. Ich hätte meinen Protest am liebsten laut hinausgeschrien, aber ich hatte das Gefühl, daß ich sie schon oft genug in peinliche Lagen gebracht hatte.

Als die Autos für den Leichenzug kamen, hatten meine Großmutter und meine Tanten irgendwie die Sitzordnung festgelegt. Es gab zwei Limousinen, und sie saßen alle in der zweiten, und Mama und ich mit meiner Schwester und meinem Bruder in der anderen. Ich wollte, daß Tante Grace bei Mama mitfahren sollte, wie sie es auch gewollt hatte, aber sie hatten es mit viel List und Tücke so arrangiert, daß sie mit Unbekannten zusammen im Auto fahren mußte. Tante Grace ging weg, ich protestierte und Mama bat sie, zu bleiben. Als der Chauffeur die Tür schloß und wegfuhr, sah ich, daß Tante Grace Tränen über das Gesicht liefen. Die Beerdigung war kurz, und als wir nach Hause kamen, wechselte ich sofort meine schwarzen Kleider gegen hellblaue und ging, um Tante Grace zu besuchen. Sie war bei ihrer Tochter, Cousine Cottie. Ich bat sie, mitzukommen, weil Mama sie so brauchte und nach ihr fragte. Sie kam mit, und ihre beiden Töchter, Cousine Cottie und Delores, auch, und als wir hineinkamen, sagte ich zu Mama, sie solle kommen und etwas essen und die schwarzen Kleider ausziehen und anfangen, an sich selbst zu denken, sie sei ja schließlich schwanger.

In unserer Wohnung hatten sich ein paar Leute versammelt, und meine Großmutter und meine Tanten waren auch da. Sie warfen mir böse Blicke zu und schimpften, weil ich wollte, daß Mama die schwarzen Kleider ausziehen sollte. Großmutter sagte, es sei eine Schande, gleich nach der Beerdigung meiner Schwester in Hellblau auf der Straße rumzulaufen. Tante Grace sagte, ich hätte recht; in schwarzen Kleidern und Trauer zu leben, würde auch nichts ändern, und Mama würde jedesmal, wenn sie diesen schwarzen Rock und die schwarze Bluse anziehen würde, wieder ihr totes Kind vor sich sehen. Großmutter erinnerte Tante Grace daran, daß das wegen der Familie sei und nicht wegen ihr selbst, und Tante Grace sagte geradeheraus, wie sie war, ein paar Dinge zu Großmutter, die Großmutter in Wut brachten, und meine Tanten fingen an zu schreien, daß Tante Grace abhauen sollte, weil sie ihre Mutter beleidigt hätte.

Mama sagte, sie wolle, daß Tante Grace dabliebe, und meine Tanten drohten mir, sie würden mir in den Hintern treten. Cousine Cottie und Delores kamen in mein Zimmer, wo auch Tante Grace war, und sagten, sie hätten wahrhaftig schon lange genug darauf gewartet, den Youngs mal in den Arsch zu treten, und heute könnten sie den Anfang machen. Es gab ein Gedränge und Geschrei, und Mama sprang in die Mitte, um uns zu trennen. Sie fiel hin, und ihre Fruchtblase platzte, und sie bekam sofort wieder eine Blutung. Ich rannte aus dem Haus zu den Nachbarn und rief einen Krankenwagen. Natürlich war die Polizei zuerst da, und sie kamen hoch und sahen Mama und gingen, um einen Krankenwagen zu besorgen. Während wir warteten, sagte Tante Grace den Youngs all das ins Gesicht, was sie ihnen schon lange hatte sagen wollen, und sie nannte Mamas Bruder einen nichtsnutzigen Galgenvogel, weil er sich geweigert hatte, mit Mama zusammen den Saal des Bestattungsunternehmens zu betreten, wie wir es festgesetzt hatten, weil sie keinen Mann hatte und er das älteste männliche Familienmitglied war. Er hatte sich geweigert, weil Mama zu viele Kinder von zu vielen Männern hätte. Die Sanitäter nahmen Mama mit, und ich versicherte Tante Grace und meinen Cousinen, daß sie nicht mit in die Klinik zu kommen brauchten, ich ging mit Mama und blieb fast die ganze Nacht bei ihr.

Ich hatte Phil nicht in die Tragödie, die unser Haus getroffen hatte, einbezogen. Ich wußte, daß Mama schon genug gelitten hatte, und ihre alten Ängste vor dem Sozialamt würden wieder erwachen, wenn er in der Nähe war. Das Sozialamt hatte uns schon mitgeteilt, daß sie Mamas Scheck stoppen würden, weil sie wieder schwanger war; aber sie würden noch bis nach der Beerdigung damit warten. Phil tauchte ein paar Wochen danach auf und fragte, warum ich ihn ausgeschlossen hätte und warum ich ihm nicht gesagt hätte, daß Marsha gestorben war. Ich konnte nicht antworten, weil es zu viel gab, was meiner Ansicht nach keiner verstehen konnte. Keiner würde das verstehen, was uns geschehen war, das mußte man durchgemacht haben. Es war unser Kummer und unser privates Leid, und ich wollte keine Außenstehenden teilnehmen lassen. Es war unser Augenblick voll Leid und Gram gewesen, und wieder waren wir allein gewesen.

15

Es war Frühling, und nach dem Aprilregen, der alles zum Knospen brachte, kamen die Sonnenschauer des Mai. Es war warm und schön, und die Tage strahlten gelb und blau. Ich hatte mich von allen und allem um mich her zurückgezogen, die Schule ausgenommen. Ich sprach mit niemand, und nichts interessierte mich, und ich hatte keine Pläne. Ich verbrachte den größten Teil meiner Zeit im *Druid Hill Park* und starrte ins Nichts. Eines Tages fand ich ein Röhrchen mit Tabletten. Ich hatte keine Ahnung, woher sie kamen und wofür sie waren. Ich steckte sie in meine Tasche und nahm sie mit in die Schule. Aber auch die etwas gewitzteren Jungen in der Schule, von denen ich dachte, daß sie vielleicht wüßten, was es war, konnten mir nicht viel sagen. Ich lag nachts im Bett und dachte, daß es sinnlos sei weiterzuleben. Ich war überzeugt davon, daß alles, was noch vor mir lag, genauso sei wie das, was ich schon mitgemacht hatte. Ich sah nirgendwo Hoffnung, und es gab niemand oder nichts, woran man glauben konnte.

Am nächsten Tag ging ich in der Schule aus der Nähstunde raus und auf die Mädchentoilette, schloß die Tür einer der Zellen ab und nahm alle Tabletten aus dem Röhrchen. Als ich gerade die letzte schluckte, schrillte die Feueralarmglocke. Eine Lehrerin, die die Übung beaufsichtigte, kam herein und schaute unter die Tür von jeder Zelle und sah die Füße von denen, die drin waren. Sie befahl uns allen rauszukommen, und ich machte die Tür auf und ging raus. Das ganze Gebäude wurde geräumt, und wir mußten auf der anderen Straßenseite warten, bis die Feuerabteilung das Zeichen zum Alarmende gab und die Übung vorbei war. Ich stand allein drüben auf der anderen Straßenseite und wollte nirgendwo dazugehören. Die anderen Schüler schwatzten und lachten und freuten sich, ein paar Minuten außerhalb des Klassenzimmers zu sein. Ich lehnte mich an einen Briefkasten, weil ich mich ein bißchen schwindlig und übel fühlte. Die Klingel zur Rückkehr läutete, und ich ging langsam hinüber zum Schulgebäude. Meine Füße schlurften am Boden, und ich hörte nichts mehr. Kalter Schweiß bedeckte mich, und mein Mund wässerte endlos. Ich hatte Angst, und mein einziger Wunsch war, wieder zurück in die Toilette zu kommen und mich einzuschließen.

Ich mußte drei lange Treppenabsätze hochgehen, und in der Mitte der zweiten Treppe fiel ich nach hinten die Treppe hinunter, die ich eben heraufgekommen war. Alles war dunkel und unzusammenhängend, genau wie ich es wollte. Ich wußte, daß bald alles vorbei sein würde, und ich würde nicht mehr sein. Als ich bewußtlos wurde, hatte ich vor nichts mehr Angst. Die größte Enttäuschung war, als ich im Erste-Hilfe-Raum wieder zu mir kam und noch lebte und die Krankenschwester Kaffee in mich hineinschüttete und mich ohrfeigte. Sie wies zwei Schüler an rauszukriegen, was ich als letztes getan hatte, bevor ich die Tabletten geschluckt hatte. Sie fanden die Tablettenschachtel auf dem Fußboden in der Toilette. Sie sagte, sie hätte bei der Apotheke angerufen, deren Namen draufstand, und hätte dem Apotheker die Nummer genannt, die auf einem Stück Papier stand, das in der Packung steckte. Ich war wütend und fing an zu weinen und die Krankenschwester anzuschreien, sie sollte sich gefälligst um ihre eigenen Probleme kümmern, es sei meine Sache, wenn ich sterben wollte.

Sie zerrte mich vom Bett, und zwei riesige Schüler mußten mich unter die Arme fassen und mit mir umhergehen. Ich fing an mich zu übergeben und gleichzeitig zu weinen. Sie ging mit mir hin und her, nachdem ich wieder allein stehen konnte, und versuchte mit mir darüber zu sprechen, warum ich es getan hätte. Sie fragte einfach immer wieder, warum denn, und sagte: «Du weißt doch, daß deine Mutter schon genug durchgemacht hat.» Sie sagte, Mama sei doch allein und brauche mich. Ich ging hin und her und weinte, und sie ging mit mir hin und her, und ich beschloß, daß ich es sofort noch einmal versuchen würde und daß kein Mensch mich daran hindern sollte. Die Schwester schickte mich nach Hause und ließ mich versprechen, daß ich es meiner Mutter nicht erzählen würde, sie würde es ihr auch nicht sagen. Ich gab ihr mein Wort, und es war die größte Lüge, die ich je erzählt hatte.

Noch am selben Abend ging ich zu einem Dealer, der sich meistens an der Ecke vor der *Fulton Bar* aufhielt, und sagte, ich brauchte was, um ein Arschloch umzubringen. Er kannte mich vom Sehen und kannte den Haufen, mit dem ich mich rumgetrieben hatte, Jackie, Janet und Tina. Er wußte, daß sie ausgeflippt waren, und dachte, ich wollte vielleicht auch aussteigen und all diese blöden Träume über Bord werfen, daß ich eines Tages berühmt werden wollte. Er verkaufte mir einen braunen Umschlag mit etwas, das er Shit nannte. Er sagte: «Dieses Shit hier legt dir garantiert jeden um.» Ich sagte, ich wollte einem Nigger eins auswischen, der mich fickte, und er lächelte zustimmend und sagte: «Slim, du bist in Ordnung.» Sein Lächeln änderte sich, als ich sagte, ich hätte kein Geld, um das Zeug zu bezahlen. Er lachte und sagte, ich könnte in Naturalien zahlen. Er sagte: «Bei so 'nem jungen Ding wie dir muß doch zwischen den Beinen ganz schön was los sein.» Ich war hin- und hergerissen und konnte mich nicht entscheiden, ob ich ihm meinen Körper geben oder etwas stehlen und es dann verkaufen sollte. Ich fragte ihn, wie lange er noch an der Ecke stünde, und er sagte, so lange, wie ich brauchen würde, um mich zu entschließen. Ich sagte: «Gut, dann gib mir 'ne halbe Stunde.»

Ich fühlte, wie mit mir eine Änderung vor sich ging. Ich kam jetzt in Bewegung, und nichts würde mich mehr zurückhalten können. Ich warf ihm einen schnellen raffinierten Blick zu und genoß die vibrierende Spannung zwischen uns. Ich rannte zu Doc's Drugstore hinüber und becircte Wilbur, das war der junge Mann, der dort arbeitete und dessen O-Beine mich immer so antörnten und seine erdnußbutterfarbene Haut und seine roten Haare. Dieser Kerl machte mich ganz wild, und ich lächelte mein bewußtes Lächeln für ihn, als ich zur Tür hereinkam, dieses Lächeln, das ihm versprach, daß ich ihm alles gewähren würde, wenn er nur den Mumm hätte, mich zu fragen. Ich wußte, daß er scharf darauf war, mich zu ficken, aber sich nicht traute, es mir vorzuschlagen. Ich lehnte mich über den Ladentisch und fragte, wann. Ich sagte sonst nichts, aber schon spannte sich seine Hose zwischen den Beinen, und das war ihm peinlich. Wie immer floh er erst mal nach unten in den Keller und blieb eine Weile dort. Doc war hinten in seinem Büro und stellte Rezepte zusammen und konnte mich nicht sehen.

Ich faßte über den Ladentisch und stahl eine Brownie Camera und einen Wecker und verduftete. Die *Fulton Bar* war schräg gegenüber dem Drugstore, und mein Mann stand immer noch da. Er hatte mein ganzes Spiel gesehen, und er grinste sein geiles Grinsen und sagte zu mir: «Slim, du bist wirklich 'ne irre Nummer. In ein paar Jahren bist du einsame Klasse.» Ich sagte, ich würde ihm den Fotoapparat und den Wecker für das Shit geben.

Er gab mir einen kleinen Manilaumschlag und sagte: «Hoffentlich erwischst du das Arschloch, wer über ein Mädchen wie dich rübervögelt, verdient, daß er um die Ecke gebracht wird.» Ich nahm den Umschlag und ging. Ich ging nach Hause in mein Zimmer, und Mama sah mich sorgenvoll an und sagte: «Was ist denn das, was ich da über dich in der Schule gehört hab?» Ich sagte: «Mama, was hast du denn gehört?» Und sie sagte, sie hätte gehört, wie ein paar Kinder erzählten, daß ich versucht hätte, mich umzubringen. Ich sah sie an und lächelte und sagte: «Jetzt gehst du wieder dem Klatsch auf den

Leim. Glaubst du nicht, daß die Schule dich benachrichtigt hätte, wenn ich so was versucht hätte?» Sie seufzte ein erleichtertes «Ja, stimmt schon» und legte weiter die Wäsche zusammen.

Ich ging ins Bad, nahm ein Glas Wasser und schluckte sämtliche Tabletten aus dem Briefumschlag. Ich ging in mein Zimmer, machte die Tür zu und legte mich hin. Der Schlaf, in den ich sank, kam schnell und plötzlich wie ein Sturz von einem Felsen, ein Fallen ohne Aufhören. Aber wieder wachte ich auf, diesmal im Krankenhaus, und die Ärzte und Schwestern machten besorgte Gesichter. Mama saß ganz steif dabei, wie ein Geist, wie etwas Unwirkliches. Der Arzt versuchte mit mir zu sprechen, aber ich sagte nichts. Ich konnte nichts sprechen, und es kam mir so vor, als fände die Unterhaltung, die ich hörte, ganz woanders statt, nicht in der Welt, die ich kannte. Ich war in derselben Klinik, in der meine Schwester gestorben war, und Mama war immer noch schwanger, allein und voller Trauer. Ich fühlte mich nur krank. Ich spürte keine Reue, keine Schuld und keine Empfindungen für irgendwen. Mama litt wegen mir, aber auch das spielte im Augenblick keine Rolle. Mir war alles, was um mich herum geschah, egal. Sogar als ich hörte, wie die Ärzte sagten, daß mein Zustand instabil sei und ich ständig überwacht werden müßte, reagierte ich nicht.

Ein Psychiater stattete mir einen Besuch ab, und ich zog die Schultern hoch, rollte mit den Augen und sog durch die Zähne Luft ein als Antwort auf seine Fragen. Ich hatte nichts zu sagen. Er gab mir einen dicken Saft, der mich zum Erbrechen brachte. Ich wurde von heftigen Magenkrämpfen geschüttelt. Als er zum letztenmal kam, schaffte er es doch, mich aus meinem Schneckengehäuse hervorzulocken, als er sagte, daß die Welt mir nichts schulde, und wie ich wohl drauf käme zu denken, daß ich so schrecklich wichtig sei, vielleicht ginge es auf der Welt viel besser ohne solche wie mich, die allen anderen das Leben zur Hölle machten. Und am Schluß seiner geschliffenen Ausführungen teilte er mir mit, daß es Mama gar nicht gut ginge wegen ihrer Schwangerschaft. Und ich wäre ein egoistisches kleines Nichts, sie so leiden zu lassen. Ich brüllte ihn an: «Und was ist, wenn *ich* leiden muß? Wie ist das mit den Leuten, die mich abstempeln, ich wäre nichts Besseres als meine Mutter, und was ist mit all dem, was ich erzählen möchte und keiner hört mir zu? Ich hasse dieses Weibsstück, und ich wünschte, sie hätte mich das Klo runtergespült, statt mir so ein Leben zu schenken! Ich will was aus mir machen und nicht wie sie sein.» Ich schrie, bis alles raus war, und er saß in der anderen Ecke des Zimmers und sagte kein Wort mehr. Als ich fertig war, ging er weg und ich ging nach Hause.

Niemand erwähnte das, was ich zu tun versucht hatte, außer Mama. Sie weinte und fragte warum. Ich zog nur die Schultern hoch und sah weg. Ich ging nicht mehr in die Schule, sondern blieb zu Hause und saß rum und sah mir mit Mama im Fernsehen Seifenopern an. Sie schien meine Gesellschaft zu genießen, und ich sah endlich, was sie den ganzen Tag lang machte, wie sie in der Küche die Wäsche wusch und zwischendrin immer mal zum Fernsehen rüberschaute, wenn die Musik drastisch wurde, und wie sie sich über den Ansager aufregte, wenn er sagte: «Und morgen zur gleichen Zeit und im gleichen Programm sehen wir uns wieder, um zu erleben, wie es dem tollsten Flintenweib Amerikas oder der treusorgendsten Hausfrau und Mutter Amerikas weiter ergeht. Wird sie ihren eigenen Mann behalten, oder wird sie den von einer anderen nehmen?» Ich sah Mama an, dies war ihre Welt: unsere Wohnung, das Haus, ihre Kinder und rührselige Fernsehopern. Ich wertete nicht und ich sagte nichts. Ich sah nur zu.

Eines Tages während meiner Abwesenheit von der Schule tauchte eine Freundin aus New York an unserer Tür auf. Wir waren zusammen in der High School gewesen, aber sie war ausgestiegen und war in den Norden gegangen auf der Suche nach ihrem großen Traum, was immer das war. Sie hieß Liz, und sie sagte, New York sei hart, aber gut. Und die Schwarzen seien völlig verrückt. Sie rauchten am hellichten Tag auf der Straße Reefers und hätten an jeder Ecke Huren und Prostituierte stehen. Die Kneipen machten nie zu, und es sei eine Stadt, in der ständig gefeiert würde. Die Bullen würden sich überhaupt nicht drum scheren, was man tut. Mich machte das an, und ich war so aufgeregt wie an jenem ersten Weihnachten, als ich bei Großmutter die Treppen hinuntergesaust war und nichts gefunden hatte, keinen Weihnachtsbaum, keine Geschenke und nicht mal was zu essen. Liz fuhr wieder nach New York zurück, und ich beschloß, daß das die Stadt sei, die ich sehen mußte, New York, New York.

Ein Junge aus der Nachbarschaft, der ein Zeuge Jehovas war, kam mich besuchen. Er war der netteste Junge in der ganzen Umgebung, aber er war eben ein Zeuge Jehovas, und ich mußte mich zurückhalten, wenn es um ihn ging. Er war unberührbar. Er versuchte, mich dazu zu bringen, wieder zur Schule zu gehen, aber ich hatte meinen Entschluß schon gefaßt, ich wollte nicht. Er sprach von Gott und vom Paradies, und ich dachte an New York. Ich mußte immer wieder an das denken, was Liz mir von den Mädchen erzählt hatte, die dort hinkommen und innerhalb von einem halben Jahr unheimlich gut aussehen, sich toll kleiden und schnelle Autos fahren. Natürlich waren sie Nutten, aber das war jedenfalls noch besser, als was Liz tat, sich den ganzen Tag den Arsch in einer Fabrik plattsitzen und dafür 35 Dollar pro Woche nach Hause zu bringen.

Liz sagte, sie hätte Angst vor dem Leben als Nutte, wegen der Zuhälter, die seien meistens ziemlich gewalttätig, und sie sagte, sie könnte sich einfach nicht vorstellen, mit jedem beliebigen ausgetrockneten Alterchen schlafen zu müssen. Ich dachte viel daran, seit sie weg war, und ich konnte einfach nicht die Gedanken an Harlem durch die Liebe Gottes ersetzen.

Es war im Juni, und Mama sollte dieser Tage niederkommen, um ihr fünftes Kind zu gebären. Wir alle hofften, daß es ein Mädchen werden würde, das die Stelle unserer toten Schwester einnehmen könnte. Mamas Wehen fingen eines Nachts an, und sie ging hin und her und unterhielt sich mit mir, bis sie es nicht mehr aushielt. Ich ging hinüber zur Ecke bei der Fulton Bar und wartete auf ein Taxi. Es war der beste Platz, um ein Taxi zu kriegen, weil die Taxis hier immer vorbeifuhren, um die Barbesucher aufzulesen oder um welche herzubringen. In dieser Nacht dauerte es aber mindestens eine Viertelstunde, bis ich ein Taxi bekam. Ich sagte zu dem Fahrer, ich wollte an unserem Haus halten und meine Mutter abholen, die ein Kind bekäme. Er drehte sich um und sagte noch zu mir: «Tut mir leid, aber ich will mir mein Auto nicht mit Blut und all dieser Scheiße versauen.» Ich wurde wütend und nannte ihn einen armseligen Arschnigger und schrie: «Sie sind doch auch irgendwo geboren, oder?» Ich stieg aus und wartete wieder an der Ecke auf ein anderes Taxi. Diesmal sagte ich nichts, ich stieg ein und sagte, ich müßte unterwegs noch mal anhalten. Er brachte mich vor unsere Tür, aber als ich die Treppe runterkam mit Mama, der man ansah, daß sie schwanger war und Hilfe brauchte, fuhr er einfach weg. Ich ließ Mama auf einer Bank sitzen und rannte zu einem Nachbarn, der mit seinem Auto manchmal Taxi fuhr. Ich schlug fast seine Tür ein und sagte, Mama sei soweit und müßte in die Klinik. Er kam raus, nur mit einer Hose an und ohne Hemd. Ich hatte ganz vergessen, daß es mitten in der Nacht war. Ich half Mama von der Bank, sie stöhnte, und ich setzte sie vorne ins Auto.

Wir kamen im Krankenhaus an, und ich brachte sie in den Erste-Hilfe-Raum. Ich sagte, sie sei Patientin dieser Klinik, und ihr Termin sei in diesem Monat. Sie fragten Mama, wie lange sie schon Wehen hätte, und sie antwortete unter Schmerzen, daß es schon den ganzen Tag ginge. Sie fragten, warum sie so lange gewartet hätte und nicht vorher gekommen sei, und sie sagte, daß sie nicht gewußt hätte, ob es schon Wehen seien. Mama wurde in einen Rollstuhl gesetzt und nach oben in den Kreißsaal gebracht. Ich ging bis zur Tür mit, aber ich durfte nicht mit rein. Ich fing an, dem Pfleger seltsame Fragen zu stellen, ob mit Mama alles in Ordnung sei. Ich sagte, ich würde sie nicht gern allein lassen, sie brauchte mich vielleicht. Er zog die Schultern hoch und sagte fast bedauernd: «Es gibt nichts, was du jetzt noch für sie tun kannst.» Ich sah ihm nach, wie er Mama wegfuhr, einen langen Flur entlang in ein Zimmer, das mich irgendwie an ein Gefängnis denken ließ. Ich saß auf einer Bank und wartete und wartete.

Die ganze Nacht durch sagte kein Mensch auch nur ein Wort zu mir, die Ärzte und die Schwestern kamen vorbei, aber keiner sagte was zu mir. Der nächste Morgen kam, und ich konnte mich nicht länger zurückhalten. Ich hielt einen Arzt an und fragte, ob er wüßte, wie es meiner Mama ginge. Ich hatte Angst, als ich fragte, und meine Lippen zitterten. Er zuckte mit den Schultern und ging weiter. Ich fragte einen anderen und dann noch mal einen, bis endlich ein Dr. Ryan mir sagte, ich hätte einen kleinen Bruder bekommen, und daß Mama es sehr schwer gehabt hätte, weil er so groß sei. Er wog 10 Pfund, und sie hätte genäht werden müssen und ziemlich viel Blut verloren. Ich fragte, ob ich sie sehen könnte, aber er sagte, sie brauche jetzt Ruhe. Er sagte auch, ich könnte Mama sehr helfen, wenn ich jeden Tag kommen und einen dieser weißen Kittel anziehen würde, die sie für Besucher hier hatten, und meinen kleinen Bruder füttern würde, weil sie sicher zu schwach sei, es selbst zu tun. Er sagte, Privatpatienten hätten Krankenschwestern, die das machen würden, aber sie sei eine staatlich unterstützte Patientin, und die bekämen niemand bewilligt. Ich sagte, daß ich es machen wollte, und kam jeden Tag morgens in die Klinik und war den ganzen Tag bei Mama und meinem kleinen Bruder. Ich konnte kaum glauben, daß er mein Bruder war, weil seine Haut keine Farbe hatte und seine

Lippen rosa waren und auf seinem Kopf hatte er glatte schwarze seidige Haare.

Mama sagte nicht viel während meiner täglichen Besuche. Sie lag nur da und versuchte zu schlafen. Sie sagte, nachts hätte sie Schmerzen und könnte nicht schlafen. Sie sagte, es seien Nachwehen. Ich fragte, warum sie, als wir in die Klinik kamen, gesagt hätte, daß sie den ganzen Tag schon Wehen gehabt hätte, wo sie mir doch erzählt hatte, daß die Wehen erst in der Nacht angefangen hätten. Sie lachte und sagte, Schwestern seien so blöd, daß sie einen nach Hause schicken würden, wenn man nicht den ganzen Tag Wehen gehabt hätte. Sie sagte, so wäre es gewesen, als mein anderer Bruder geboren wurde. Mama seufzte und sagte, sie würde sich überlegen, ob sie sich eine Totaloperation machen lassen würde, damit sie keine Kinder mehr bekommen könnte. Ich war erleichtert und sagte, das sei eine gute Idee. Sie erzählte mir, daß sie es schon nach der Geburt meiner nächstälteren Schwester gewollt habe, und die Ärzte hätten gesagt, sie sei noch zu jung, und daß ja schließlich meiner Schwester und mir was passieren könnte. Mama sagte verächtlich: «Wenn sie es damals gemacht hätten, kannst du dir vorstellen, welche Probleme mir erspart geblieben wären! Und dir und deiner Schwester auch.» Ich dachte, ach, wenn sie ihr damals nur zugehört hätten, das hätte uns wirklich viel Kummer erspart. Ich nahm Mama nach vier Tagen mit nach Hause.

Es war Hochsommer und unerträglich heiß, die Hitze war erstikkend. Das Baby war voller Schweiß und weinte die ganze Zeit, weil Mama es zu warm anzog. Ich beschloß, daß ich für den Kleinen sorgen würde, und ich tat es auch, bis ich mal wieder Lust hatte, irgendwo hinzugehen, und Mama bat, auf ihn aufzupassen. Eines Abends hatte ich eine hitzige Auseinandersetzung mit ihr, weil sie ausgehen wollte und ich auch. Sie sagte, ich müßte zu Hause bleiben und auf meine beiden kleinen Brüder aufpassen. Ich versuchte ihr klarzumachen, daß ich das doch ständig täte und daß ich an diesem Abend zum Tanzen wegwollte. Mama wurde wütend und ging einfach weg und überließ mir die Kinder. Mir wurde klar, daß sie meine Hilfe wohl nicht ausreichend schätzte, und ich beschloß, daß ich nicht mehr auf die Kinder aufpassen würde. Jetzt waren die Spannungen zwischen uns wieder da, und jede von uns glaubte, im Recht zu sein.

Ich fing wieder an, mit meinem alten Haufen rumzuziehen und

fing an zu trinken, weil ich dadurch gelöster und zufriedener wurde. Wenn ich trank, dachte ich nicht mehr an Mama und die anderen. Ich feierte in der ganzen Stadt herum bis in die frühen Morgenstunden. Meine alte Gruppe war wieder zusammen, nachdem sie in der Besserungsanstalt gewesen waren wegen Prostitution und anderen geringfügigen Vergehen. Wir feierten alle im Royal Theatre, und die ganzen Schauspieler kamen dazu, und wir hingen tagelang mit ihnen auf der Straße rum. Eines Morgens, als ich nach Hause kam, sah ich, daß vor dem Haus ein Polizeiauto stand. Ich dachte mir nichts dabei, weil die Bullen immer irgendwo waren. Mama sagte kein Wort. Die Bullen brachten mich zu einer Unterredung mit Miss White. Ich dachte, dieses Weibsbild sei völlig verrückt, wie sie mit ihrem spitzen Finger vor meinem Gesicht herumfuchtelte. Ich sollte sagen, mit wem ich geschlafen hätte. Sie wollte einfach nicht glauben, daß ich noch Jungfrau war. Sie kriegte fast einen Anfall, weil ich bei meiner Geschichte blieb. Sie dachte, sie würde uns dreien, Jackie, Janet und mir, einen Schrecken einjagen damit, daß sie eine ärztliche Untersuchung anordnete. Ich wollte das Gesicht dieser Hexe sehen, wenn sie den Untersuchungsbericht lesen würde. Ich wollte sehen, daß sie einen Herzanfall bekam. Sie sagte, das gäbe es einfach nicht, daß sich ein fünfzehnjähriges Mädchen die ganze Nacht bis in die frühen Morgenstunden auf der Straße rumtreiben würde, ohne sexuelle Beziehungen mit Männern zu haben. Ich lachte ihr ins Gesicht und sagte, mich könnte keiner zu irgend etwas zwingen, und daß ich mit diesen Schauspielern rumzöge, weil das die beste Garantie für mich sei, mindestens einmal am Tag was zu essen zu bekommen. Ich wußte, daß der einzige Grund, warum die Männer in der Gruppe mit mir nichts anfingen, nur war, daß ich zu dürr und zu doof war. Ich war nicht so chic wie meine Freundinnen, denn sie hatten Make-up und hübschere Kleider. Ihre ganze Art war anders als meine. Ich paßte eigentlich gar nicht zu ihnen, aber ich lief trotzdem mit ihnen mit.

Und so lag ich jetzt auf dem Untersuchungsstuhl, und ein gleichgültig aussehender Arzt sah in meine Scheide. Wir warteten alle, bis das letzte Mädchen untersucht worden war, und dann brachte uns die Polizistin, die uns hergebracht hatte, wieder zurück in unsere Elternhäuser, wenn man sie überhaupt als solche bezeichnen konnte. Ich war an diesem Tag ein paar ganz schön abgebrühten Gestalten begegnet, und ich hatte mit allen gesprochen trotz des

Verbots der Polizistin. Wir wurden vom härtesten Kern abgesondert, aber irgendwie gelang es uns doch, Kontakt aufzunehmen. Das Mädchen, das mir am lebhaftesten in Erinnerung ist, war zwölf, und sie sah wie zwanzig aus. Sie hatte schon richtige Hüften und überall Rundungen. Sie hatte ein gemeines Gesicht wie eine Bulldogge, und sie sagte, sie sei wegen Mord hier. Wir sahen sie ungläubig an. Sie saß da mit gespreizten Beinen, lehnte sich zurück und sagte, ja, sie sei zwölf und ihre Mama hätte sie auf den Strich geschickt, als sie neun war, und sie hätte einen Freier umgebracht, der sie gefickt hätte und nicht bezahlen wollte. Sie lachte und sagte, sie hätte ihm ein Messer in die Eier gejagt. Die Polizistin sagte zu ihr, jetzt sei es genug, und sie warf einen dreckigen Blick in ihre Richtung.

Der harte Kern wurde in einem anderen Auto als wir gebracht und wieder weggefahren, weil sie aus der Besserungsanstalt kamen. Nach der Untersuchung wurde ich noch mal bestellt, und man sagte mir, daß festgestellt worden sei, daß ich die Wahrheit gesagt hatte und daß ich gehen könnte. Aber erst wollten sie noch die Namen von den Typen, die mit uns zusammengewesen seien, weil sie Haftbefehle für sie ausstellen lassen wollten. Ich erzählte ihnen ganz ernsthaft, daß sich bei uns kein Mensch um irgendwelche Namen kümmern würde, und die meisten hätten sowieso Namen von Musikinstrumenten. Meine Antwort gefiel ihnen nicht, aber sie konnten mich nicht dabehalten, weil ich immer noch das Hymen hatte, und es gab kein Gesetz, was das verbot. Jackie und Janet wurden ein Jahr lang in die Besserungsanstalt geschickt, aber kaum waren sie zurück und wieder auf der Straße, da taten sie genau dasselbe wie vorher. Ich holte auf, was sie mir voraushatten, und beschloß, mich weiter mit ihnen rumzutreiben.

Dieses Mal beklagte Mama sich nicht und sagte auch nichts. Ich bekam keine Warnungen mehr zu hören, was wäre, wenn es mich erwischte und ich geschwängert würde. Sie glaubte immer noch, daß ich Jungfrau sei, weil der Gerichtsarzt vor einem Jahr so befunden hatte. Ich wußte, daß ich noch nicht gerissen genug war, und ich fing wieder an zu stehlen, und ich stahl geschmackvolle Kleider und Parfum und Schmuck. Ich ging ins *Fort Meade* und feierte mit den Soldaten. Ich war über das Royal hinausgewachsen, und außerdem suchten meine Freundinnen neues Terrain.

Fort Meade wurde unser Tummelplatz. Ein paar Soldaten waren

ziemlich grob und hatten kein Benimm. Mir gefiel der Mannschaftsclub nicht, deshalb beschloß ich, den Offiziersclub zu besuchen. Die Atmosphäre im Offiziersclub war zu trocken, und die meisten Offiziere hatten Ehefrauen und Wunschträume von einer großen Karriere in der Armee. Die Unteroffiziere waren wirklichkeitsnäher und taten, was ihnen gerade Spaß machte. Schräg gegenüber dem Mannschaftsclub, an einer Straße, die der Strich hieß, war noch ein Club. Es war eigentlich nur ein Loch und voll von den übelsten Frauen, die ich je gesehen hatte. Besonders Janet konnten sie nicht leiden, und eines Abends gab es eine Schlägerei, weil eine von diesen starrköpfigen Frauen, eine, die immer hier war, Janet mit ihrem Kerl erwischte. Der schlug die arme Frau, bis sie bewußtlos war, und kein Mensch rührte einen Finger. Die Bar war voller Männer, die tranken und rauchten, und sie drehten sich um und beobachteten die Schlägerei, als sei es ein Titelkampf im Fernsehen.

Als alles vorbei war, kamen ein paar Freundinnen der geschlagenen Frau und brachten sie an die Seite, und sie saß da und weinte die ganze Nacht wegen ihrer Liebe zu Bookie. Ihre beiden Augen waren fast zugeschwollen, und sie mußte den Kopf zur Seite drehen, um überhaupt was zu sehen. Von ihrem Kopf tropfte überall das Blut runter. Ich beschloß zu gehen und nie wieder hierher zu kommen. Bookie fuhr uns nach Hause und versuchte zu erklären, daß er wüßte, daß wir schockiert seien von dem, was wir gesehen hätten, weil wir nicht so abgebrüht seien wie diese anderen Weiber. Er sagte, er hätte sie wirklich fertigmachen müssen, sonst hätte sie wahrscheinlich einer von uns das Gesicht zerkratzt und versucht, ihn auch noch zu verletzen. Ich wußte, daß dies nicht die richtigen Leute für mich waren, und ich hatte auch keine Lust, Bookie wiederzusehen.

Am nächsten Abend ging ich nicht nach *Fort Meade* und auch danach den ganzen Sommer nicht mehr. Ich fühlte mich sehr müde und schlief viel und stand nur auf, um Mama ein bißchen im Haus zu helfen und um was zu essen. Meine Beine taten mir weh, und ich konnte gar nicht rauskriegen, was es eigentlich war. Ich dachte, vielleicht weil ich zuviel getrunken hatte. Die ganze Zeit hatte ich ziemlich viel getrunken und kaum was gegessen. Ich wollte nichts außer tanzen, trinken und mich amüsieren. Ich wollte endlich aufhören, täglich an meine kleine tote Schwester zu denken. Manchmal war mir, als hörte ich ihre Stimme, und ich mußte weinen. Ich merkte, daß Mama auch gelegentlich wieder trank, meistens am Wochenende. Seit meine Schwester gestorben war, machte sie sonntags keine Anstalten mehr, in die Kirche zu gehen. Sie schien in einer ganz anderen Welt. Wir kamen in derselben Wohnung aneinander vorbei und hatten uns fast nie etwas zu sagen.

Eines Nachts wachte ich spät auf und weinte vor Schmerzen, meine Beine waren schwer, und ich konnte sie nicht bewegen. Ich weinte und rief Mama und versuchte immer wieder, mich zu bewegen. Mama kam mit einem gereizten Blick herein und sagte, jetzt würde ich nach ihr jammern, und all meine oberflächlichen Freunde, mit denen ich auf der Straße rumliefe, seien nicht da, jetzt wo ich Hilfe brauchte. Sie sah mich an und sagte: «Egal was du hast, komm bloß nicht zu mir damit. Ich hab dir nicht dabei geholfen, so zu werden.»

Ich wußte genau, was sie meinte. Ihre alte Furcht war wieder da, ich sei schwanger. Ich wunderte mich, wie dumm und ängstlich Mama manchmal sein konnte. Ich sagte, es sei was mit meinen Beinen, und sie sagte, wahrscheinlich hätte ich Syphilis. Ich sah sie empört an und legte mich wieder hin, und Mama drehte sich um und ging raus. Ich lag die ganze Nacht da und ängstigte mich zu Tode, weil ich nicht aufstehen konnte, egal wie ich mich anstrengte.

Jackie und Janet machten sich Sorgen, nachdem sie mich eine Woche oder so nicht mehr gesehen hatten. Sie tauchten an meiner Zimmertür auf und sagten, ich sähe aus wie ausgespuckt und was denn bloß über mich gekommen sei? Sie standen da und lachten und sagten, ich sollte mich doch zusammenreißen, und: komm wir gehen einen draufmachen. Ich sagte, ich brauchte sie, um mich ins Krankenhaus zu bringen. Aus ihrem Lachen wurde Besorgnis, und Janet ging zum Telefon an der Ecke und rief einen Freund mit Auto an, er solle kommen und uns in die Klinik fahren. Ihr Freund kam, und er half mir aufstehen, aber er konnte mich nicht loslassen. Er trug mich auf den Armen ins Auto, und wir fuhren in dieselbe Klinik, in der ich so oft gewesen war. Wir warteten stundenlang in der Ambulanz, endlich kam ein Arzt und fragte, was los sei. Ich sagte, daß ich seit einer Woche nicht mehr gehen könnte und ständig Schmerzen hätte. Er sagte, daß sei eine Unfallstation, und zu der Schwester, sie solle mir für einen der nächsten Tage einen Termin in der Klinik geben. «Hier werden Notfälle behandelt. Wenn du eine Woche lang warten konntest, bevor du überhaupt gekommen bist, dann kannst du auch noch ein paar Tage länger warten, bis du in der Klinik untersucht wirst.»

Meine Freunde fuhren mich wieder nach Hause, und Mama war besorgt und wollte wissen, was sie gesagt hätten. Ich sagte, daß ich auf einen Termin in der Klinik warten müßte. Janets Freund, der uns gefahren hatte, gab mir für die Zwischenzeit Marihuana. Ich hatte Schlimmes über dieses Kraut gehört und nahm es nicht, sondern versteckte es in meinem Zimmer und wartete unter ziemlichen Schmerzen auf meinen Termin. Die Tage vergingen langsam, und ich lag nur da in meinem verblichenen blauen Zimmer und dachte daran, wie ich abhauen könnte, und dann, daß Mama es vielleicht allein nicht schaffen würde, wenn ich wegging. Trotz unserer Schwierigkeiten miteinander war ich immer noch der einzige Mensch, mit dem sie reden konnte, und wenn es ganz schlimm kam, dann fand ich immer noch eine Möglichkeit und konnte ihr helfen, damit fertig zu werden.

Ich ging zu meinem Kliniktermin, und so ein flotter junger Arzt kam rein und fragte, was sei. Ich antwortete: «Wenn ich es selbst wüßte, brauchte ich ja nicht zu Ihnen zu kommen, oder?» Er warf mir einen Blick zu, und ich gab ihm einen zurück, der besagte, und du mich auch. Ich sagte, daß ich meine Beine nicht mehr bewegen könne und daß die Schmerzen ziemlich schlimm seien, und daß ich manchmal auf dem Fußboden zur Toilette robben müßte. Er ließ die Schwester eine Blutprobe nehmen und schlug mir auf beide Knie und sagte, ich sollte in einer Woche wiederkommen. Ich gab der Sekretärin meine Krankenkarte von der Sozialhilfe, und sie ließ sie durch eine Maschine laufen wie eine Scheckkarte und gab sie mir dann zurück. Ich ging und fand, daß meine Beine vielleicht doch nicht so weh taten.

Aber als ich zu Hause ankam, waren die Schmerzen wieder so schlimm geworden, daß ich kaum allein die Treppen raufkam. Ich ging in mein Zimmer und legte mich hin und blieb ein paar Tage im Bett. Nachts waren die Schmerzen manchmal unerträglich, und ich schleppte mich raus und legte mich in die Mitte unseres Hofes und versuchte mich zu hypnotisieren, indem ich den Sternenhimmel betrachtete. Die Sterne waren wunderschön, und ich lag da und schlief manchmal ein. Die Erde unter meinem Körper tat mir wohl, und ich fing an, Erde zu essen, und dachte dabei, daß ich vielleicht verrückt geworden wäre. Ich hatte Angst vor dem, was ich als nächstes denken oder tun würde. Die Erde aus dem Garten schmeckte gut, und manchmal aß ich ganze Hände voll. Oft brach ich, nachdem ich die Erde gegessen hatte, in Tränen aus und ging in mein Zimmer und schlief. Ich hatte immer mehr Schmerzen und große Angst. Jede Nacht hatte ich die gleichen Alpträume, ich sah meine tote Schwester vor mir, aber ich erzählte niemand was davon. Eine ganze Woche lang lebte ich in der Angst, daß ich Knochenkrebs hätte, und jeden Tag ging ich zu einem anderen Krankenhaus, um mir was gegen den Schmerz geben zu lassen.

Die Untersuchung meiner Blutproben in der Klinik ergab nichts, und eine weitere Klinik hatte mir auch Blutproben entnommen und nichts gefunden. Ich dachte ernsthaft dran, daß ich vielleicht verrückt sei oder was, und ich war nahe dran, laut loszuschreien. Ich saß den größten Teil der Nacht auf meinem Bett und wiegte mich vor und zurück und summte vor mich hin. Ich merkte gar nicht, daß ich typische Verhaltensweisen meiner toten Schwester übernommen hatte, zum Beispiel das Hin- und Herwiegen in der Nacht. In einer Nacht fing ich an, Unzusammenhängendes vor mich hinzulallen, und Mama bekam zum erstenmal wirklich Angst. Sie ging los und suchte jemand mit einem Auto und brachte mich ins *Bon Secour*-Krankenhaus. Es war ein katholisches Krankenhaus, und sie hatte gehört, daß die Ärzte und Schwestern dort freundlich seien. Wir waren noch nie dort hingegangen, weil unsere Krankenkarte dort nicht galt, und ich war schon in allen Krankenhäusern gewesen, die solche Patienten wie uns annehmen.

Ein Arzt kam und sprach mit der Schwester, und sie versuchte zu erklären, was ich ihr gesagt hatte. Ich lag da und sprach auf etwas ein, das man nicht sah. Der Arzt fragte mich, was sei, und ich lallte weiter und sagte zwischendurch immer wieder: «Bitte helfen Sie mir, geben Sie mir was gegen die Schmerzen.» Mein Mund füllte sich mit Speichel. Er untersuchte mich und fand nichts. Er stand vor einem Rätsel und ließ einen Spezialisten kommen. Ich merkte, trotz meines wirren Zustands, daß dies das erste Krankenhaus war, in dem keiner fragte, ob wir Sozialhilfepatienten seien. Der Spezialist kam, und ich war sehr erstaunt, daß es ein Schwarzer war. Er war der erste schwarze Arzt in einem weißen Krankenhaus, den ich je gesehen hatte. Bisher war ich schwarzen Ärzten nur in Krankenhäusern für Schwarze begegnet.

Ich erfuhr erst sehr viel später, was sein Spezialgebiet war. Er sprach mit mir über Dinge, die mir seltsam vorkamen. Er schickte Mama aus dem Zimmer und fing an, mich nach meinem Zuhause, der Schule und meiner Beziehung zu Mama zu fragen. Er wollte alles über den Tod meiner Schwester wissen, und was ich im Augenblick von meinem Leben hielt. Er hörte zu, als ich von meinen Ängsten sprach, den wahren und den eingebildeten. Als ich still war, fragte er, ob ich fertig sei, und ich sagte nur ja. Er sagte, er wollte noch mal mit mir sprechen, aber es gäbe eine Schwierigkeit, Mama hätte der Schwester gesagt, daß wir vom Staat unterstützt würden. Ich nickte, und er dachte ein paar Minuten nach. Ich sagte, ich sei schon in allen Kliniken gewesen, die Sozialhilfepatienten annähmen, und nie hätte jemand mit mir gesprochen, und sie hätten alle gesagt, daß mir nichts fehle. Er seufzte und sagte: «Gut, ich geb dir was gegen den Schmerz, aber nimm es nur, wenn du es wirklich brauchst, und ich möchte dich in zwei Tagen wieder hier in meinem Büro sehen.» Er sprach nicht mehr davon, wie es bezahlt werden würde.

Ich ging das nächste Mal hin, und wir unterhielten uns wieder, und er gab mir noch mal einen Termin, aber diesmal an meinem Lieblingsplatz, im Park. Ich dachte, er wäre verrückt, weil er sich im Park mit mir treffen und dort mit mir sprechen wollte, und ich fing an, mich zu wundern, warum er mir denn kein Blut abnahm oder sonstwas, sondern immer nur redete. Er wollte wissen, ob ich meinen Vater liebte, und ich sagte, ich hätte keinen Vater, jedenfalls keinen richtigen. Ich erzählte, daß Mama gezwungen gewesen war, ihn nach der Geburt meines Bruders vor Gericht zu bringen, und wie er gebrüllt hätte, wir seien alle Bastarde und Mama sei eine Hure, und wie die Richter und die Zuschauer abfällig gegrinst hatten und ihn nicht für schuldig befunden hatten, der Vater meines Bruders zu sein, und das, nachdem ich ihn und Mama so oft zusammen gehört und gesehen hatte. Er nannte uns alle in unserem Beisein vor dem Gericht Bastarde, und das verletzte mich. Aber was meinen Haß auf ihn und Mama noch bestärkt hätte, sei gewesen, daß er vielleicht einen Monat danach zu Mama zurückgekommen sei und sich damit entschuldigt hätte, daß er das wegen seiner Familie hätte sagen müssen, die auch im Gerichtssaal gesessen sei, und daß Mama ihn wieder reingelassen hätte. Ich hatte keinerlei Achtung mehr vor ihnen, mein Haß auf sie brannte. Mama sah die gehässigen Blicke, die ich ihnen zuwarf, und sie sagte eines Abends zu mir: «Wenn du eine Frau bist, verstehst du das alles.» Ich sagte, das würde ich nie im Leben verstehen.

Der Arzt sagte, er könnte das verstehen, er stand auf und sagte, ich solle ihn in der Klinik anrufen, um einen neuen Termin zu vereinbaren. Er ging noch ein Stück mit mir, und wir trennten uns an der Ecke zwischen Reistertown Road und Fulton Avenue. Die Abendsonne schien mir rot ins Gesicht und blendete mich. Ich hörte, wie vor mir jemand mich mit meinem Vor- und Nachnamen ansprach, und ich kannte diese kühle Stimme. Es war Will, er war der einzige schwarze Geschäftsführer in Baltimore in einer Bierbrauerei. Er rief: «He, Schätzchen, was machst du denn hier?» Er sprach lässig, und er zog die Wörter gern in die Länge, um ihren Klang voll auszukosten. Dies war seine Straßenstimme, mit der er die Leute einwickelte. Als ich ihn besser kannte und ihn zu ein paar dienstlichen Arbeitsessen begleitete, sprach er nie in diesem Straßenjargon. Da hörte er sich an wie ein gescheiter Professor. Er konnte einen wahrhaftig einwickeln, er konnte Gottvater persönlich die Schöpfung verkaufen und noch einen Riesenprofit aus den exklusiven Reproduktionsrechten dabei herausschlagen.

Er legte seinen Arm um meine Taille, lächelte und drehte mich in die andere Richtung, mit dem Rücken zur Sonne. «He, Slim, du wirst von Tag zu Tag hübscher, wo gehst du denn hin?» – «Ich geh nach Haus.» – «Nach Haus!» schrie er, wich ein Stück zurück, stampfte mit dem Fuß auf und lachte, als hätte ich den Witz des Jahrhunderts rausgelassen. «Nein, nein, das tust du nicht, du bleibst heut nacht bei uns.» Da merkte ich erst, daß er noch andere Leute dabeihatte, ein paar Frauen in den Dreißigern, von der schlimmsten Sorte, wie ich merkte: sie sind noch nicht alt genug, um hinzunehmen, daß sie alt sind, und sie wissen genau, daß sie ganz schöne Konkurrenz haben in den jungen, blühenden Mädchen in meinem Alter.

Die alten Ziegen beäugten mich, als wollten sie mich mit ihren Blicken durchbohren. Mir war das scheißegal, ich hatte mich dran gewöhnt, seit ich mit älteren Männern ausging. Er stellte uns einander vor, und ich sah sie nur an, sagte aber nichts; ich kannte ihre Gesichter. Ich hatte sie schon in *Fort Meade* gesehen und in ein paar Bars in Baltimore, in die ich mich reingemogelt hatte. Diese Ziegen versuchten, ihre Eifersucht zu kaschieren, indem sie mir diese «Hallo, kleines Mädchen»-Blicke zuwarfen. Mir gefiel das Spiel, das wir spielten, und ich war sicher, daß ich es besser konnte als sie. Wir gingen alle zusammen in eine Kneipe und tranken was. Die Ziegen waren gereizt, als ob ihr Hahn im Korb bedroht sei. Ich plusterte kein Federchen. Ich sagte nichts. Will lud mich zu sich zum Essen ein, und wir beide gingen und ließen die anderen in der Kneipe zurück.

Will machte einen irren Hamburger und sagte, er hätte mich schon lange beobachtet und mit mir sprechen wollen. Er kam gleich zur Sache. Er wollte mich auf eine Mannequinschule schicken, und er plante eine Modenschau in der Brauerei. Sie würde öffentlich angekündigt werden, und die Zeitungen würden darüber berichten. Er fand, daß ich Klasse sei, aber noch ein bißchen ungehobelt. Er fand, daß ich hübsch sei und daß ich eines Tages ein Top-Weib werden würde, wenn der richtige Mann mich in die Hände bekäme und alles aus mir rausholen würde. Er kiffte, und ich vermutete, das sei wohl der Grund für seine Pläne und Wunschvorstellungen.

Er sah es an meinem Gesicht und packte mich am Arm und sagte eindringlich: «Du mußt mir glauben, oder du bist genauso wie dieser Haufen, mit dem du auf der Straße rumrennst.» Ich sah diesen Narren an und sagte: «Weißt du, ich hab mein Leben lang die Leute reden hören, und beim Reden ist es auch geblieben.» Er gab mir die Zigarette und sagte, ich sollte dran ziehen. Ich sagte, ich hätte keine Ahnung von Joints. Er sagte: «Das ist das erste, was du lernen mußt.» Ich sah ihn an und sagte: «Ich brauch kein Hasch.» Er behauptete: «Jede Biene, die so flott ist wie du, braucht jede Menge Reefers. Aber das ist gar nicht, was ich sagen wollte, Slim. Du mußt aufhören zu sagen, was du denkst. Zu 'nem Kerl darfst du nie sagen, daß du nicht rauchst, du gibst zuviel von dir preis. Du mußt sagen, jetzt nicht, und das reicht, kapiert, mein Schätzchen? Du mußt 'nen Mann immer an dir rumrätseln lassen, sonst zieht er dich in die Scheiße.» Er zog an dem Joint und gab ihn mir. Ich machte es ihm nach, und das Brennen in meinen Nasenlöchern und in meinem Hals ließ mich nach Luft schnappen. Er brüllte: «So isses gut, Schätzchen, jetzt schluck's runter, los, schluck's runter und halt's schön brav mit der Zunge unten.» Ich hätte nie gedacht, daß es so brennen würde; aber ich zog weiter, bis die Zigarette mir zu kurz wurde, und ich beobachtete ihn, wie er sie in eine Zigarettenspitze steckte und weiterrauchte, bis nichts mehr übrig war außer der rauchenden Asche. Dann ging er mit mir ins Bett und schlief mit mir und sprach dabei die ganze Zeit zu mir und gab mir Kosenamen. Ich hatte ein seltsames Gefühl und hatte eigentlich Angst, aber ich konnte nicht aufhören und wollte eigentlich auch nicht. Gerade, als mich ein überwältigendes Gefühl überkam und ich dachte, ich müßte losschreien, ließ er von mir ab. Er drehte sich um und schlief ein, und ich, weil ich so jung und unerfahren war, dachte, so müßte es wohl sein. Ich kannte keinen Orgasmus, bis ich in den Zwanzigern war.

Er hielt sein Wort und brachte mich zu seinen Freunden mit der Mannequinschule. Ich ging jede Woche hin, und es machte mir Spaß, und ich bezahlte für meinen Unterricht, indem ich mit Will schlief. Ich kleidete mich mit Gestohlenem. Er brachte mir alles über Sex bei, was er in zweiundvierzig Jahren an Erfahrung gesammelt hatte. An Will war etwas Unheimliches, das mir Angst einjagte. Er versuchte ewig, meine Gefühle zu kontrollieren. Er brachte mir bei, ich sollte nie bis zum Orgasmus kommen, weil ich dem Kerl ausgeliefert wäre, wenn ich es täte. Ich würde diesem Typ hörig werden, wenn ich mich von ihm bis zum Höhepunkt bringen lassen würde. «Solange ein Kerl scharf auf dich ist und er dich nicht zum Höhepunkt bringt, frißt er dir die Scheiße vom Schuh. Der tut dir alles zu Gefallen. Männer sind seltsame Geschöpfe, sie lieben die Frauen, die sie hinhalten und leiden lassen. Lieb einen Mann nie zu sehr. Je mehr du selbst liebst, desto weniger bekommst du; und tu selbst nicht zu viel, je mehr du tust und gibst, desto weniger gibt dir der Mann.»

Was er sagte, klang gut und richtig und irgendwie wußte ich, daß es stimmte, was er sagte. Er beschrieb meine Mutter als eine von den Frauen, die viel zu viel gegeben hätten, und alles, was sie dafür bekommen hätten, sei ein Stall voller Kinder. «Du bist hübsch, Slim, und jedes Arschloch auf der Welt will eine schöne Frau, und die meisten wissen nicht, was alles nötig ist, um sie zu halten. Du sollst schön aussehen, und wenn dein Kerl das nicht schafft, dann gib ihm den Laufpaß. Nimm nur das Beste und verlaß ihn.»

Er nahm mich überall mit, wo er hinging, und stellte mich den Leuten vor, mit denen er mich in Kontakt bringen wollte. Mir fiel auf, daß seine Philosophie irgendwo eine Lücke hatte, denn weder gab er mir was, noch sorgte er dafür, daß ich schön aussah. Das sagte ich eines Tages zu ihm, und er schlug mir so heftig ins Gesicht, daß ich Sterne sah. Er erwiderte, daß das, was er mir beibrächte, wertvoller sei als alles, was ich je erfahren würde. Er verschwand eine Woche lang, und dann war er eines Tages einfach wieder da mit diesem Lächeln und dieser Art, einen einzuwickeln, als wäre nichts gewesen. Ich nahm ihn, wie er war, ich fragte nicht warum oder sonstwas. Er stellte mich allen als seinen Schützling vor, und ich lernte alle möglichen interessanten Leute kennen. Einmal hörte ich, wie einer seiner Freunde nach mir fragte. Es war ein Profi-Basketballspieler, und er wollte wissen, ob ich zur Verfügung stünde, und ich hörte, wie Will zu ihm sagte: «Nicht für die Scheiße, die du machst, Junge, sie ist meine Puppe.»

Will sparte mich für sich selbst auf, er machte die Frau aus mir, die er für sein Leben brauchte, um seine Bedürfnisse und seine Phantasien zu befriedigen. Er kam in meine Mannequinstunden und wachte jeden Abend über mich und nahm mich dann mit zu sich. Ich war kaum mehr zu Hause, und er versicherte Mama, daß es mir gut ginge, und ihr war es irgendwo auch egal, weil ich ihr dann jedenfalls nicht im Weg war.

Der September kam, und damit wieder einmal der Schulanfang, und ich lebte praktisch mit Will zusammen. Er hatte seine Parties und seine Verpflichtungen, und bei einigen war ich eingeschlossen und bei anderen nicht. Ich blieb allein und machte meine Hausaufgaben und ging aus mit ihm und beglückte ihn im Bett. Manchmal kam er rein und erzählte von seinen anderen Frauen, älteren Frauen, alt genug, um meine Mutter zu sein. Ich kannte sie, aber sie konnten nur vermuten, was sich zwischen Will und mir abspielte. Manchmal erzählte er mir die ganze Nacht von seinen Problemen als Mann und der Scheiße, die er den Frauen vormachen mußte, weil sie ihn in die Enge getrieben hatten. Ich war die einzige, die ihm seinen Frieden ließ, sagte er. «Noch», dachte ich sarkastisch im stillen.

Im nächsten Jahr lief diese Modenschau in der Brauerei, wie er versprochen hatte. Aber es war alles andere als ein großes öffentliches Ereignis. Die Zeitungen waren da, und meine Lehrer Carter und Will machten am nächsten Tag einen Riesenaufstand, weil unter allen Mannequins ausgerechnet das Mädchen mit der hellsten Haut für die Bilder in der Zeitung ausgesucht worden war. Carter und Will sagten, die hätten es absichtlich getan, und nannten sie einen Haufen von Arschlöchern mit Rassenvorurteilen. Warum hätten sie denn sonst ein gelbes Mädchen für ihre Bilder ausgesucht und uns anderen alle, deren Farben von Hellbraun bis Schwarz reichten, abgelehnt? Will brachte die ganze nächste Woche damit zu, Leute von seiner Wohnung aus telefonisch zu beschimpfen. Ich fand es offengestanden nicht so schlimm, weil ich immer noch kein Selbstvertrauen hatte, aber das durfte ich Will nicht zeigen oder sagen.

Will brachte mich morgens in die Schule und gab mir Geld für das Mittagessen und für den Bus nach Hause, wenn er mich nach Schulschluß nicht abholen konnte. Er sagte mir immer vorher, ob er abends zu Hause sein würde oder weg. Ich brauchte nie zu fragen, und ich hätte es auch nicht getan. Manchmal kam er in der Mittagspause und sprach mit mir oder nahm mich irgendwo mit hin und brachte mich damit in Schwierigkeiten, aus denen ich mich dann wieder herauslügen mußte. Ich war mit Will zusammen, ich bekam, wenn ich wollte, drei ordentliche Mahlzeiten am Tag, aber tief in meinem Innersten fühlte ich mich nicht glücklich. Ich konnte niemand in seine Wohnung einladen und durfte auch nie mit meinen Freunden von der Schule, den alten oder neuen, ausgehen. Ich war in einem Kreis von lauter Erwachsenen, und ich wäre vielleicht weitgehend damit zufrieden gewesen, aber ihre Sexspiele jagten mir Angst ein. Sie hatten ihre Orgien, und Abtreibungen waren an der Tagesordnung. Aber sie wurden fachkundig vorgenommen, von ihren Freunden, die Ärzte waren.

Der Kreis von Wills Freunden bestand hauptsächlich aus Leuten, die einen Beruf hatten, und sie feierten von morgens bis abends, jeden Tag und jede Nacht. Will hatte mich vor vielem bewahrt und mir auch viel gezeigt, aber seine Vorstellung davon, welche Rechte er über mich hatte, änderte sich im Lauf der Zeit. Eines Abends hatte er einen anderen schwarzen Geschäftsleiter einer Brauerei nach Baltimore eingeladen, und wir gingen zusammen essen und danach in einen Jazz-Club. Der Besucher kam aus Virginia und hatte eine Familie und war offensichtlich schockiert, daß ich noch so jung war. Ich trank und rauchte und war wie immer, bis wir zu seinem Motel kamen. Will und ich sollten ihn dorthin zurückbringen, weil er Baltimore nicht kannte. Wir brachten ihn also zu dem Motel, und Will ging mit ihm zur Tür, und dann rief er zu mir rüber, ich sollte kommen und noch einen kleinen Schlaftrunk nehmen. Ich ging rein und setzte mich auf eins der beiden Betten und zog meine hohen Schuhe aus. Ich rieb meine Füße und lehnte mich zurück an das Kopfende. Will machte Champagner auf, und wir tranken alle. Ich fing an schwindlig zu werden und legte mich quer über das Bett. Ich war halb eingeschlafen, als ich hörte, daß Will plötzlich das Thema wechselte und was über mich sagte. «Mann, sieht sie nicht gut aus, wie sie da so liegt? Mein Knüppel juckt schon.» Er kam herüber und knöpfte seine Hose auf. Er packte mich an den Haaren und versuchte mein Gesicht an seinen Penis zu drücken. Ich fing an mich zu wehren und schob ihn weg. Der Besucher stand entsetzt dabei. Will schlug mir heftig ins Gesicht und machte einen Schritt zurück, und sein Penis schwang in der Luft, und er sagte, so ein Weibsbild wie mich könnte er nicht brauchen, die ihm vor seinem Freund ein bißchen Spaß verweigern würde. Dann ließ er sich in einen Sessel fallen und war in zwei Sekunden eingeschlafen.

Ich war sehr verlegen, als ich meine Schuhe anzog. Der Fremde wollte mich nach Hause bringen, aber ich hatte Angst und nahm ein Taxi, und während ich vor seinem Zimmer auf das Taxi wartete, unterhielten wir uns, und er entschuldigte sich für Will. Ich nahm seine Entschuldigung an und schluckte meine Pein hinunter. Er wollte wissen, ob das schon öfter passiert sei, und ich sagte, nein, das sei das erste Mal gewesen. In dieser Nacht verließ ich Wills Kreis und kehrte nie wieder zurück.

16

Ich war also wieder zu Hause bei Mama, und Will versuchte immer wieder, mich zu überreden, ich solle doch Vernunft annehmen und nicht so idiotisch sein, sondern wieder mit ihm und seinem Kreis losziehen. Ich brachte es nicht fertig, für mich war die Sache gelaufen, und ich schleppte mich auch nur noch durch die Schule. Ich war in der 11. Klasse, und jetzt waren es noch drei Monate bis zum Schuljahresende, und dann würde ich wieder den ganzen Sommer auf der Straße sein. Liz, meine frühere Schulkameradin, die in New York wohnte, tauchte wieder auf, und wir sprachen von New York. Ich brannte jetzt wirklich drauf, dieses schicke freie Leben in New York zu sehen. Sie lud mich ein, sie nach der Schule zu besuchen, wenn ich wollte. Ich versprach, daß ich kommen würde.

An dem Sonntag, an dem sie wieder abfuhr, begleitete ich sie zur Bushaltestelle, und wir standen draußen davor und sprachen über die alten Zeiten, als sie noch in meine Klasse ging. Sie erzählte, daß sie in New York ein Baby hätte und daß eine alte Frau aus der Nachbarschaft es hüten würde, während sie in Baltimore sei. Ein weißer fabrikneuer Thunderbird parkte vor uns, und ein Mann mit dunkelbrauner Haut saß hinter dem Steuer. Liz bekam Angst und dachte, er sei vielleicht von dem Zuhälter, mit dem sie in New York befreundet war, beauftragt worden, sie zurückzubringen oder ihr zu folgen und sie zu beobachten. Der Kerl stieg aus und kam über die Straße zu uns herüber, und Liz starb fast vor Angst. Ich sagte, er sähe doch ganz nett aus. Er fragte uns, ob wir hier auf den Bus nach New York warteten, und wir sagten, oder besser ich sagte ja. Liz nickte wie ein Idiot. Er sagte, das weiße Auto gehöre ihm, und daß er zurück nach New York führe, und ob wir das Geld für die Fahrt sparen und mit ihm fahren wollten, weil er Gesellschaft haben wolle. Liz hatte Angst, und sie sagte mit zitternder Stimme nein, und ich sagte: «Und wenn ich mitfahre?» Sie sagte, sie würde es tun, wenn ich mitkäme, und sie würde ihre Fahrkarte umtauschen und mir dann die Rückfahrt bezahlen. Ich stellte mich und Liz vor und der Typ sagte, er hieße Clyde. Wir stiegen alle ins Auto und hielten unterwegs noch bei unserer Wohnung, um meine Sachen zu holen, und dann ging's los.

Die Reise nach New York war sehr angenehm. Das Auto war voller Essen und Zigaretten und Alkohol. Wir waren alle high, als wir abends nach New York hineinfuhren. Liz lachte und sagte: «Na, Slim, jetzt hast du's ja geschafft.» Ich war ganz aufgeregt. Clyde drehte sich zu mir und lächelte und sagte: «Ist das das erste Mal, daß du rauskommst?» Ich lachte und nickte aufgeregt. Clyde hielt vor einer Bar, die *Allens Alley* hieß. Nina Simons Stimme dröhnte mit «Mississippi goddam» aus der Musikbox. Eine Kellnerin mit einem Riesenmund und einem Riesenbusen half Nina singen. Clyde führte uns rein und setzte uns an die Theke, und er zog die Kellnerin mit dem Riesenmund an sich und umarmte sie. Sie hörte gar nicht auf zu singen und zu reden, sie sagte auf Wiedersehen zu jemand, der ging, und umarmte dabei gleichzeitig Clyde.

«He, Schätzchen», brüllte sie Clyde an, und jetzt achtete sie auf niemand anderen mehr. «Wie geht's dir denn so? Seit wann biste denn aus dem Süden zurück?» Sie drehte sich um und rief allen Leuten in der Bar zu: «Dieser Nigger hier kommt gerade aus M. zurück!» Liz und ich hörten erst jetzt, daß er auf der Rückreise von

Mississippi war, als er in Baltimore Station gemacht und uns mitgenommen hatte. Mann, dachte ich, kein Wunder, daß er Gesellschaft gebraucht hat. Er stellte uns der Kellnerin vor, die Ali hieß, und bestellte was zu trinken. Liz wollte einen Seagrams Seven und ein Seven Up. Ich sah sie entsetzt an, als das über ihre Lippen kam. Liz sagte, sie würde gar nicht gern trinken, aber sie tat's, um chic und weltläufig zu wirken. Ich trank alles, was mir grade einfiel, und rauchte Zigaretten und Stoff. Ich beobachtete ein Mädchen, das ein Stück weiter an der Bar saß, und mir fiel auf, wie sie dasaß, und ich wußte, daß es unheimlich chic war, so an der Bar zu sitzen, halb zur Seite gedreht. Das würde ich so bald wie möglich nachmachen. Ich fand auch irre gut, wie sie die Zigarette hielt, und ihre Haare waren auch ganz schön scharf, und sie sprach richtig blasiert, ohne Erregung und nicht schnell, aber auch nicht so langgezogen wie vom Land. Genau so wollte ich sein.

Wir saßen eine Weile in der Bar, dann ging's weiter in eine andere, und danach noch mal in eine. Clyde kannte alle Bars, und jeder in den Bars kannte ihn. Er sagte, er sei Juwelier, und ihm gefielen kleine Frauen, die so ein bißchen kindlich aussähen wie Liz. Er erzählte mir, daß große Frauen oder Frauen mit langen Fingern für Männer gefährlich seien. Er sagte, bei ihnen sei die Scheide ganz besonders geformt, so daß die Männer süchtig nach dieser Scheide würden, und danach könnte keine andere Scheide sie mehr richtig befriedigen. Er sagte, er studiere Frauen und die Wissenschaft von den Scheiden schon seit er zwanzig sei, da hätte er mal einen alten Kerl kennengelernt, der im Gefängnis gewesen war, weil er seine Frau umgebracht hatte. Dieser Kerl hatte ihn gewarnt, er sollte sich vor großen Frauen oder Frauen mit sehr langen Fingern hüten, weil sie Scheiden hatten, in denen jeder Mann sich für immer einnisten wollte. Und deshalb hatte er seine Alte umgebracht, weil sie versucht hatte, ihn zu verlassen, und er war hinter ihr hergelaufen und hatte sie gebeten, zurückzukommen, weil er es nicht ohne sie aushalten könnte. Der alte Kerl hatte ihm erzählt, daß ihre Scheide so war, wie wenn man an den heimeligsten Ort auf der Welt gekommen und das Herz einem voller Glück gewesen sei. Sie hatte ihn ausgelacht, und er hatte sie umgebracht.

Clyde sagte, er glaubte es, weil er später auch eine Frau gehabt hatte, die sehr groß war, und alles, was der Alte ihm erzählt hatte, war eingetreten. Er sagte, er sei ganz verrückt nach der Frau geworden. Er hätte sie vierundzwanzig Stunden am Tag begehrt, und keine andere hätte sie ersetzen können. Und sie sei ihm weggelaufen. Ich lachte, aber Clyde nicht, er meinte es todernst. Er sah mich an und sagte: «Ja, ich weiß, das klingt verrückt, aber vergiß nicht, was ich dir gesagt habe. Eines Tages hast du auch so einen Mann, der nicht mehr ohne dich leben kann, und der bringt dich eher um, als daß er dich gehen läßt.» Ich sagte, er solle mit dem Scheiß aufhören, er würde Liz verschrecken, und ich hätte allmählich den Eindruck, er sei übergeschnappt. Er lächelte ein bißchen unsicher und sagte: «Na gut, kommt wir gehen.»

Er brachte uns in Liz' Wohnung in der 121. Straße zwischen der Lenox und der 17. Avenue. Es war eine dunkle schmutzige Straße, und der Hauseingang sah schäbig und ein bißchen unheimlich aus. Das Haus war uralt und offensichtlich in Tausende von kleinen Einzimmerwohnungen aufgeteilt. Liz' Wohnung war im obersten Stock des fünfstöckigen Treppenhauses. Clyde kam mit uns rauf und schlief auf einem alten zusammengebrochenen Sofa ein, über das Scharen von Küchenschaben krabbelten wie auch über alles andere im Zimmer. Das Zimmer war absolut ärmlich, alles war zerbrochen und kaputt und verblichen und voller Küchenschaben. Ich fragte mich unwillkürlich, auf was ich mich da bloß eingelassen hatte. Mama war arm, aber dies hier, das war unbeschreiblich.

Clyde schlief, und die Schaben krabbelten einfach über ihn. Jedesmal, wenn ich eine wegschnippte, wachte er auf und bedankte sich. Liz sagte leise zu mir, sie hätte Angst, ihn hier zu haben, wegen ihrem Zuhälterfreund, der oft vorbeikäme, besonders wenn er Licht bei ihr sähe. Ich fragte, wer denn die Miete bezahlte, und sie sagte, sie selbst, aber er sei verrückt, er hätte schon mal versucht, sie aus dem Fenster zu stürzen, weil eines Abends ein anderer Typ sie besucht hätte, und er sei gegenüber im Schulhof gesessen, bis der Typ weggegangen war, und dann war er hochgekommen und hatte Liz krumm und lahm geschlagen.

Clyde hörte, was sie sagte, und stand auf und entschuldigte sich dafür, daß er ihr Unannehmlichkeiten gemacht hätte. Ich ging ins Bett, aber ich konnte nicht schlafen, der Gedanke an diese vielen Küchenschaben und Ratten in dem kleinen Zimmer jagte mir eine Gänsehaut nach der anderen über den Rücken. Am nächsten Morgen stand in aller Frühe dieser Zuhälter Tommy vor der Tür mit einem anderen Kerl und Liz' kleiner Tochter. Das Kind war wunderschön. Sie war ein Bild, an dem man sich gar nicht sattsehen kann. Tommy hatte seinen besten Freund dabei, der Poppa-Son hieß, und sie rauchten beide Reefers. Ich zog auch ein paarmal dran, und Poppa-Son lud mich zu einer kleinen Rundfahrt ein, er wollte mir den Central Park zeigen. Ich fuhr mit, in einem silbergrauen Bentley. Die ganze Seventh Avenue entlang hielt er immer wieder an. Dann wendete er, um den Park zu umfahren, und dann ging es weiter.

Er hielt ständig an, um mit irgendwelchen Frauen oder anderen Zuhältern auf der Straße zu quatschen. Er zeigte sie mir aus dem Auto und sagte: «Kuck mal, das ist eine von meinen Nutten und das auch und die da drüben.» Ich zählte mindestens zehn. Er erzählte mir, daß sie alle zusammenwohnten, und ich müßte mal irgendwann mitkommen und sein Haus ansehen. «Es ist ein gutes Leben», sagte er, «du weißt schon, wie ich das meine», und er stieß die Wörter durch die Nase raus, während er einen großen Schluck Hustensaft trank. «Weißt du, es ist eben so, Slim, es macht dir doch nichts aus, wenn ich dich Slim nenne, oder?» Ich schüttelte den Kopf. «Siehste, diese Kleinen kommen aus dem Süden hierher, und hier können sie ganz schön ins Schlamassel kommen, weil es eben gute Zuhälter gibt und den Abschaum. Ich bin gut zu meinen Frauen. Ich muß sie gut behandeln, denn sie behandeln mich ja auch gut.» Er lachte leise in sich rein. «Diese Weiber bringen mir 'ne Menge Geld rein, und du hast sie ja gesehen, sie sehen doch alle gut aus, oder? Die sind doch alle unheimlich scharf angezogen und sauber und hübsch bis zum Gehtnichtmehr, stimmt's?» Ich antwortete nicht, ich hörte zu.

Er nahm noch mal einen Schluck Hustensaft und bot ihn mir auch an. Ich lehnte ab und sagte: «Ich bin nicht erkältet.» Er lachte sich halb tot und sagte: «Hör mal, Schätzchen, das Zeug hier ist nicht gegen Erkältung, das ist, damit du high wirst. *Robetussin.*» Er spuckte das Wort aus, als ob er was ganz Tiefgründiges sagte. Wir fuhren um den Park herum und wieder in die Wohnviertel. Er ließ mich vor Liz' Tür heraus und sagte: «Hast du Lust, heut abend mitzukommen, dann zeig ich dir Harlem.» Ich sagte okay und ging rein. Liz sah mich seltsam an, und ich fragte, was los sei. Sie legte gleich los: «Paß bloß auf, du bist noch keine fünf Minuten hier, und schon ziehst du los mit dem schlimmsten und gemeinsten Luden, den Gott sich je hat einfallen lassen. Er ist ein Vampir. Er schnappt sich alle jungen und unschuldigen Mädchen in Harlem, die zum erstenmal hier im Norden sind, und macht aus ihnen die größten Nutten, die es je gegeben hat!» Ich sagte: «Schon gut, mach dir nur keine Sorgen.» Ich saß an ihrem Fenster und sah hinunter auf die Schule, die ihrem Haus gegenüberlag. Die Kinder spielten mitten im übelsten Treiben. Die Rauschgifthändler und die Nutten standen an allen Ecken und lockten und handelten hier vor den Augen und Ohren der Kinder und prügelten sich und fluchten in ihrer unmittelbaren Nähe. Die Kinder ließen sich bei ihrem Spiel gar nicht stören, als sei das andere alles gar nicht wichtig.

Poppa-Son kam, um mich abzuholen, und lachte und nannte mich eine Lumpenliese. «Mensch, Slim, haste denn nichts Besseres als das da?» Aus irgendeinem Grund ließ die Komik, mit der er das sagte, bei mir gar kein verletztes Gefühl aufkommen. Wir fuhren los, und während des Fahrens sagte er: «Ich staffier dich jetzt gleich mal mit ein paar Fähnchen aus, heut abend noch.» Er brachte mich zu einem Haus, das ich für ein Stundenhotel hielt. Die Haustür war verschlossen, und er hatte einen Schlüssel und schloß hinter uns wieder ab. Wir kamen in einen schmalen Korridor und noch mal an eine verschlossene Tür und danach noch mal in einen Korridor, von dem nach beiden Seiten Türen abgingen. Man hörte Frauen lachen und sprechen. Er machte eine Tür auf zu einem Zimmer, das voller Frauen war. Sehr chic aussehende Frauen, und sie lagen alle in Morgenröcken und Bademänteln herum, und ein paar waren dabei, sich an- oder auszuziehen. Ein paar andere waren mit ihrem Make-up beschäftigt, aber alle hielten inne, um Poppa zuzunicken. Eine Hure, die ich für die älteste und die Leiterin des Haufens hielt, sagte was zu ihm über das Geschäft und fünfzig pro Stunde und zweitausend, die reinkämen. Ich merkte erst später, daß die Rede von Geld war. Poppa strich ihr über den Arm und sagte leise was zu sich, als er meine Hand nahm und allen meinen Namen sagte, und daß ich jetzt zu der Familie gehöre, und sie sollten sich um mich kümmern. Sie lächelten und machten dann weiter, was sie vorher getan hatten. Poppa führte mich zu einer Reihe von Schränken, die vom Fußboden bis zur Decke reichten. Er machte alle Türen auf, und soviel ich sehen konnte, waren da drin nur Kleider. Es sah aus wie in einem Kaufhaus. Er schrie nach einem Mädchen namens Fanny und sagte, sie solle mich einkleiden. Er streckte sich hinter mir auf einer Chaiselongue aus, und sie zeigte ihm ein Kleid nach dem anderen, bis er endlich entschied, was ihm gefiel. Mein Haar war lang und reichte bis an die Schultern, und das war das einzige, was er an mir mochte.

Als sie fertig war, war ich von Kopf bis Fuß schwarz gekleidet, und sie nahm meine Hand und sagte gute Nacht. Wir gingen und zogen durch Greenwich Village von einer Bar zur anderen. An der Ecke von Bleeker Street und Macdougal Alley hielt er mit dem Auto, um einen Kontakt zu machen, wie er sagte, er wollte was zum Rauchen und Koks für die Mädchen kaufen. Ein Mann setzte sich hinten rein, und wir fuhren mit ihm los, ohne ein Wort zu sagen. Wir setzten den Mann an der Hudson Tube ab und gingen nach Chinatown zum Essen. Zwischen uns fiel kaum ein Wort, außer um etwas auf dem Tisch rüberzureichen und zu bestellen. Er sagte, er möge mich gern, weil ich nichts sage. Er fiel ziemlich mit der Tür ins Haus und wollte wissen, ob ich in sein Unternehmen einsteigen wolle, und ich sagte: «Huren an der Ecke ist nichts für mich. Da wird's im Winter so kalt und im Sommer so heiß.» Er fragte mich, wie alt ich sei, und ich sagte achtzehn, und er lachte und sagte, mehr acht als zehn. Er sagte, ich sollte mit ihm gleichziehen, weil er mit mir wohin gehen wollte, wo man mindestens achtzehn sein müßte, um keine Schwierigkeiten zu kriegen. Ich sagte, sechzehn, und er sagte, dann müßte er mir auf der 42. Straße bei einem Fälscher Papiere machen lassen. Wir aßen fertig und fuhren zurück zu seinem Haus und waren dort allein. Er gab mir ein bißchen Kokain, und da fiel mir ein, daß ich die Tasche gar nicht mehr im Auto gesehen hatte, nachdem wir vom Essen weggekommen waren. Er sagte, er hätte sie abholen lassen. Er zeigte mir, wie man schnupft, und ich versuchte es und war von der Wirkung von Coke mehr beeindruckt als von den Reefers. Es ging schnell los, und ich war schon in einer anderen Hemisphäre. Ich fühlte, wie er mich in den Armen hielt und mir in einen Sessel half.

Ich lag da und sprach mit mir selbst, und er lachte. Ich hatte das Gefühl, als würde ich fliegen und dann wieder landen und wieder starten, und das alles in diesem Sessel. Ich lachte und redete Unsinn, und so plötzlich, wie ich anfing zu sprechen, so plötzlich hörte ich auch wieder auf. Ich wollte weitermachen, aber meine Gedanken bewegten sich schneller als mein Mund, und ich versuchte, sie einzuholen. Ich schlief irgendwann in der Nacht ein, und als ich am nächsten Morgen aufwachte, war ich allein in einem Zimmer und ausgezogen in einem Bett.

Keiner war im Zimmer, außer mir, und die Tür war abgeschlossen. Ich hörte keine menschliche Stimme und keine Bewegung. Ich ging wieder ins Bett, wütend, weil der Idiot weggegangen war und mich eingeschlossen hatte. Ich lag im Bett und hoffte nur, daß Liz sich nicht zu große Sorgen machte und ärgerlich war, daß ich nicht zu ihr nach Hause gekommen war. Ich hatte am Abend vorgehabt, zu ihr zu gehen, aber schon der Gedanke an die Küchenschaben ließ mir ganz übel werden. Ich hatte das Gefühl, daß Poppa meine Falle gut mit Ködern auslegte und die Wurst vor meiner Nasenspitze tanzen ließ, damit ich nicht nein sagen konnte, wenn er mich schließlich auf die Straße schicken würde. Ich dachte über das Leben einer Hure nach und darüber, ob ich es bringen würde. Ich erinnerte mich daran, daß Poppa gesagt hatte, als er mir die Huren beschrieb, die er hielt: «'ne Frau wird so oder so gefickt, also ist es doch besser, wenn sie 'n bißchen Geld dafür kriegt, damit sie sich's gemütlich machen kann, wenn sie alt wird. Und wenn kein Mann sie mehr ficken will, dann hat sie's doch wenigstens ein bißchen nett.» Er kam mir seltsam vor und ungewöhnlich, und ich merkte, wie in mir Angst vor ihm aufstieg.

Endlich kam er ein und sagte, ich sollte die Kleider anziehen, die er auf dem Arm hatte. Ich wollte ihn beschimpfen, aber die Art, wie er sich benahm, gab mir zu verstehen, daß ich mich lieber nicht aufregen sollte. Ich zog ein Paar graue Hosen an und ein graues Hemd, und er hatte eine graue Lederjacke über der Schulter. Wir gingen, und er kaufte mir ein paar marineblaue Schuhe mit einem grauen Herzen auf den Zehen. Wir gingen zu *Tacs and Macs* zum Frühstücken und dann auf die Straße. Er ging in Bars und Clubs ein und aus wie eine Feldmaus auf ihrem heimischen Gelände. In einige ging ich mit rein, bei anderen wartete ich draußen. Ich sagte, ich müßte gehen und Liz sagen, daß mir nichts passiert sei. Ich schaute bei Liz rein und spielte ein bißchen mit dem Kind und ging dann wieder. Liz sah mich ziemlich kühl an, und als ich rausging, sagte sie zu mir: «Sag nachher bloß nicht, ich hätte dich nicht gewarnt.»

Poppa fragte mich, was ich eigentlich könnte, und ich sagte, nähen und stehlen. Er lachte und sagte: «Was stehlen?» Ich sagte alles. Wir fuhren in die Stadt, und er nahm mich mit in ein Juweliergeschäft und sagte zu mir: «Klau was.» Ich ging rum, stahl eine Uhr und ging raus. Er sah mich an und lachte, und wir fuhren zurück stadtauswärts. Von da an verbrachte ich meine Nächte in den Bars und schlief im Nuttenhaus, und tagsüber stahl ich in der Stadtmitte, und ein paarmal rannte ich irgend so einem Ladendetektiv davon, der zu alt war, mich einzuholen. Poppa und ich hatten einen Treffpunkt ausgemacht, und er war jeden Tag dort. Die Nutten in seinem Haus waren glücklich, und ich hatte eine anständige Bleibe. Ich ging ein paarmal Liz besuchen, aber sie war ärgerlich und überzeugt davon, daß ich dem Stoff und dem Huren verfallen sei. Ich hatte kein Kokain mehr geschnupft seit dem erstenmal, aber ich haschte. Einen Monat lang ging ich gar nicht mehr zu Liz, und Poppa versuchte mich dazu zu bringen, noch den nächsten Schritt zu tun und ganz bei ihm einzusteigen. Er sagte, ich sei ein phantastisches schwarzes Weibsbild, und jedes weiße Arschloch in der Stadt würde 'ne Menge auf den Tisch legen, um an mich ranzukommen. Er nannte mich eine Zicke und sagte, ich würde meine Möglichkeiten vergeuden.

An dem Abend nahm er mich mit in die Stadt zu einem irre luxuriösen Apartmenthaus mit Portier und Haussprechanlage und einem Liftmann in Uniform. Er sagte, die Männer hier seien aus den besten Schichten, und sie würden sich nur mit schwarzen Nutten abgeben, in denen was drinstecke. Als wir reingingen, traute ich meinen Augen nicht. Da waren nicht nur schwarze Nutten, sondern auch weiße, und Männer in Abendanzügen, die Zigarren rauchten und dabei irgendwelchen Frauen den Po streichelten. Der Gastgeber kannte Poppa gut, und er starrte mich von oben bis unten an und dann wieder von unten nach oben. Ein paar Männer spielten Karten, andere Backgammon. Im Lauf des Abends fiel mir auf, daß die Männer sich gegenseitig mit Initialen bezeichneten, und ich wurde allen mit Anna vorgestellt. Es war wie eine ganz ehrbare Party, und es gab Essen und viel zu trinken, aber mir fiel auf, daß keiner Hasch rauchte, nicht einmal die Nutten. Als die Gäste gingen, sah ich, daß bestimmte Nutten mit ihnen das Haus verließen. Ich merkte, daß Poppa plötzlich gereizt aussah und offensichtlich jemand suchte. Endlich stand er vom Tisch auf, ging raus, und als er wiederkam, winkte er von der Tür aus, ich sollte hinüberkommen. Ich ging hin und wir brachen auf, er und ich und ein anderes Mädchen, eine Weiße, die nicht mit uns hergekommen war. Wir gingen alle drei ins Nuttenhaus zurück, und kaum waren wir drinnen, da fing er an, sie entsetzlich zu schlagen. Alles was ich herausbekam war, daß sie im Haus des Gastgebers mit einem Gast verschwunden war, und jetzt beschimpfte er sie, so was gäbe es nicht, Sondernummern wären nicht drin. Er zerrte sie hinter sich her und schlug sie vor den Augen der anderen Nutten, und bei jedem Schlag schwoll ihr Gesicht mehr an und das Blut lief ihr aus der Nase und aus dem Mund. Ich ließ mich in einen Sessel fallen, hielt mir Augen und Ohren zu und tat nichts, genau wie die anderen. Ich blieb die ganze Nacht in dem Sessel sitzen und versuchte mir vorzusagen, daß das, was ich gesehen hatte, gar nicht wahr gewesen sei. Am nächsten Morgen, als ich das Haus verließ, hatte ich beschlossen, nie wieder hierher zurückzukommen, aber die Nacht vor diesem nächsten Morgen war unglaublich lang. Mein Leben verfolgte mich wie ein Film auf einer seltsamen Leinwand, als ob es das Leben einer anderen sei und nicht meins. Ich wollte mit aller Macht raus, aber diesmal dachte ich nicht an Selbstmord. Ich ging zu Liz' Wohnung, und sie war zu Hause und sah sehr niedergeschlagen aus. Sie sagte, sie sei wieder schwanger, und sie wollte abtreiben. Ich hoffte, daß ihr Zuhälter nicht käme und nach mir suchen und in ihrer Wohnung einen Aufstand machen würde. Der Abend ging in die Nacht über, und keiner von uns sagte viel. Sehr spät klingelte die Türglocke, und ich wußte, daß es Poppa war, der nach mir suchte. Ich rief aus dem Fenster runter, daß ich käme.

Während ich die fünf Stockwerke runterrannte, versuchte ich mir zu überlegen, wie ich ohne Schwierigkeiten entkommen könnte. Als ich die Tür aufmachte, war ich ganz überrascht, weil es der Mitarbeiter von Mamas altem Versicherungsmann war. Eugene stand da und sah sehr ernst aus: «Was machst du denn hier?» fragte ich ihn voller Freude und Erleichterung. Sein Gesichtsausdruck änderte sich nicht. Ich wurde unruhig, irgend etwas war nicht in Ordnung, aber was konnte es nur sein? «Woher weißt du denn, wo ich wohne, und warum bist du gekommen?» Mama hatte eine Lebensversicherung gehabt, die aber erlosch, noch bevor meine Schwester starb, und er hatte damals jeden Monat den Beitrag kassiert, meistens bekam er das Geld nicht, weil Mama den Dollar nicht bezahlen konnte. Er war groß und sah gut aus, und ich mochte ihn gern, aber er war verheiratet, deshalb hatte ich schon alle meine Wünsche und Träume, die ihn betrafen, abgelegt. Er sagte zu mir: «Ich komme, um dich nach Hause zu holen, deine Mutter braucht dich, sie ist im Krankenhaus, und sie hat Krebs.»

Der Greyhound-Bus brauste die Straße entlang, und mit jeder Meile schien die Nacht dunkler zu werden und länger und einsamer.

Ich dachte an Mama. Nächte im Krankenhaus sind schrecklich. Ich war sicher, daß sie sich Sorgen machte, und ich hoffte, daß meine beiden kleinen Brüder in ihrer Abwesenheit nicht zu sehr gelitten hätten. Der Bus fuhr durch die verlassenen Straßen und in den schlafenden Busbahnhof von Baltimore. Keiner war da, und Eugene brachte mich nach Hause und sagte, ich solle Mama am nächsten Mittag besuchen. Ich sagte ja und bedankte mich, und er verschwand langsam in den frühen Morgen.

Die Kinder waren alle zusammen, meine Schwester sorgte für sie, aber sie hatte sie genau an diesem Tag zu verschiedenen Verwandten bringen wollen, die sie behalten sollten. Ich saß rum, bis es Zeit war, Mama zu besuchen, und ich nahm meine beiden kleinen Brüder mit und ließ den größeren den Sportwagen mit dem Kleinen schieben, als wir hochgingen, um Mama zu besuchen. Ich sah sie in ihrem Bett liegen, und als sie mich sah, konnte sie es kaum glauben. Ihre Stimme zitterte, und sie versuchte, aus dem Bett zu steigen, und ich lief auf sie zu. Ich fiel über ihr Bett und weinte, und die anderen Frauen im Zimmer sagten zueinander: «Das ist sicher die, auf die sie jeden Tag gewartet hat. Dem Himmel sei Dank, daß sie zurückgekommen ist».

978/2